無錫文庫

第二輯

無錫國學專修學校概況
無錫國學專修學校規程
無錫國專季刊
無錫國專年刊

鳳凰出版傳媒集團
鳳凰出版社

ISBN 978-7-5506-1019-4
9 787550 610194 >

圖書在版編目（CIP）數據

無錫國學專修學校概況等 / 無錫國專等編. -- 南京
: 鳳凰出版社, 2011.12
（無錫文庫. 第2輯）
ISBN 978-7-5506-1019-4

Ⅰ. ①無… Ⅱ. ①無… Ⅲ. ①無錫國學專修學校－概
況②國學－中國－民國－文集 Ⅳ. ①
Z126-40②Z126.276-53

中國版本圖書館CIP數據核字(2011)第248307號

責任編輯 王　劍
裝幀設計 姜　嵩
出版發行 鳳凰出版傳媒集團
鳳凰出版社（原江蘇古籍出版社）
南京市中央路165號　郵編 210009
發行部電話 025－83223462
集團網址 鳳凰出版傳媒網　http://www.ppm.cn
印　　刷 無錫市證券印刷有限公司
無錫市揚名高新技術産業園B區75號　郵編 214024
開　　本 889×1194毫米　1/16
印　　張 32.75
版　　次 2011年12月第1版　2011年12月第1次印刷
標準書號 ISBN 978-7-5506-1019-4
定　　價 450.00圓
（本書凡印裝錯誤可向承印廠調換，電話：0510－85435666）

無錫文庫工作委員會

無錫文庫編輯委員會

主　編

王立人

副主編

須　儉　姜小青

編　委（按姓氏筆畫排列）

王進雄　王賡唐　卞惠興　全　勤　吴　迪　沙無垢
金其楨　夏剛草　倪培翔　徐小躍　徐志鈞　浦學坤
陳文源　過旭明　過耀華　許墨林　張志清　程勉中
湯可可　蔡家彬　劉桂秋　錢建中　錢菲菲　顧文璧

執行編委

王華寶　王　劍　薛　飛　陳紅彦　林世田　謝冬榮
徐憶農　陈　立

編務人員

顧志堅　李躍光

無錫文庫學術顧問

（按姓氏筆畫排列）

朱玉麒　朱維錚　江慶柏　李文海
沈衛榮　武秀成　金良年　胡福明
莫礪鋒　徐中玉　陳熙中　許倬雲
張仲禮　張廷銀　彭　林　程章燦
馮　遠　馮其庸　楊天石　趙生群
劉玉才　錢　遜　錢中文　錢文忠

總序

七千年文明史，三千年建城史，江南名城無錫，襟長江依太湖，自古以來就是魚米之鄉，禮儀之邦。無錫文化自泰伯南奔以來，騰蛟起鳳，尚德崇文，在數千年的傳承發展中，教化常持，經世務實，人杰輩出，大家林立，文藻絢麗，錯彩鏤金。舍南舍北皆春水，欲與湖山作主人，數千年的人文傳統，賦予了風光秀美的無錫以獨特的文化魅力，鑄就了城市剛柔相濟、秀逸清麗的的文化品格。

無錫是中國吴文化的發源地。早在商代晚期，周太王古公亶父的長子泰伯三讓王位，携其弟仲雍奔吴，定居無錫梅里，建『勾吴國』，『端委以治周禮』，施以禮儀教化；興修水利，授以農桑，不數年而『民人殷富』。泰伯帶來的中原文化與無錫本地土著文明相結合，吴文化以及作爲其重要組成部分的無錫文化就此發端。晉室南渡，北方人群大量南遷，帶來了中原的文化技術，促進了無錫農業、水利、手工業和商業的發展，中原文明再度與吴文化進行融合互滲。在本土文化與异地文化的碰撞和交融中，不斷推動着無錫這座城市的文明進步。

無錫歷史文化『迨歷七千餘載歲月滌蕩，遂經四大轉折而成其廣大深厚：泰伯西來，吴文化成焉；永嘉南渡，江左文脉振焉；宋室波遷，江南文風始焉；歐風東漸，錫邑占風氣之先，民族工商文化始焉。數百代鄉彦賢達智慧與創造累積，文獻足徵，無慮百千』（《錫山先哲叢刊》重版弁言）。無錫文化以兼容并蓄多樣化的形態不斷發展。

崇文尚教，以教促文。北宋嘉祐三年（一〇五八），無錫始設縣學；北宋政和元年（一一一一），理學傳人楊時在無錫創建東林書院，此後無錫出現了喻樗、尤袤、李祥、蔣重珍等一批知名的教育家。至明代，顧憲成、高攀龍等在東林書院講學，此後又有許多書院相繼而起。古代無錫對教育的重視，促進了『崇文』和『尚教』的風氣，也造就了大量的人才。自隋朝開創科舉取士到清末廢除科舉，無錫共出了五名狀元、三名榜眼、六名探花和三名傳臚，并有五百四十名進士，一千二百多名舉人；『一榜九進士』、『六科三解元』，自古傳爲佳話。近代以來，經濟的繁榮進一步帶動了教育的興盛。無錫籍國學大師錢穆曾説：『晚清以下，群呼教育救國，無錫一縣最先起。』此後無錫的實業家紛紛出資興辦文化教育事業。教育的繁興，在極大程度上促進了無錫的文化發展，出現了空前的文化人才崛起的高峰。

文脉綿延，後出轉强。歷來『文化』的概念有廣義和狹義之分，這裏的『文脉』之『文』，用的是狹義的概念，即指經史、文學、藝術等人類所創造的精神財富的總和。在無錫的歷史文化傳統中，自古及今，悠悠文脉，如瓜瓞之綿綿。必須指出的是，從文化發生學的角度來看，早期中華文化的中心是在黄河流域的中原地區，無錫在宋元以前，雖有像顧愷之、李紳、尤袤、蔣捷、倪瓚等一批人文英才，但在整體上，無錫的文氣是自明清以迄近現代達到巔峰。在整個江南地區文教昌明和無錫經濟繁盛、教育勃興的大背景下，無錫地區在經史、文學、繪畫、音樂等諸多領域中，建樹卓越，俊才雲蒸，真正呈現出『人文之盛，冠於南國；碩彦輩出，著述繁富』的局面。

求實務本、重工崇商。無錫自古爲江南富庶之地、魚米之鄉。明代東林講學者將士商并列爲『本行』，講求經世致用；近代早期維新的思想家、實踐家薛福成提出『黜浮靡，崇實學』，大力倡揚『工商爲先，耕戰植其基，工商擴其用』的觀念，這些都成了近代以來無錫人求實務本、重工崇商的重要的思想根源；兼以明清時期，封建自然經濟解體，資本主義開始萌芽，無錫經濟日趨繁盛。鴉片戰争以後，上海開埠，由於商品經濟的發展和商業資本積累的增加，逐步形成了一個以上海爲中心的，北接江陰、靖江，西連蘇州、無錫、常州的經濟區域。有布、米、絲、錢『四大碼頭』的無錫，被譽爲『小上海』。到了十九世紀末、二十世紀初，無錫許多有識之士積極引進西方生産技術，大力興辦工廠，形成了近代六大資本系統，無錫成了近代中國民族工商業的發祥地和蘇南經濟中心。經濟的繁盛，不僅爲無錫文化的不斷發展提供了堅實的物質基礎，而且也形成了無錫文化的主流形態之一的，具有鮮明特色和豐富内涵的『工商文化』。

文化源長，文獻宏大。在歷史上，無錫有過兩次較大規模的文化整理。一八九九年，《常州先哲遺書》是包涵無錫在内的第一次區域性文化整理集成。一九二一年，《錫山先哲叢刊》是無錫真正意義上從城市角度進行的一次文化整理。當時，國家積貧積弱，社會動蕩離亂，身處亂世的有識之士高擎文化的旗幟，以縱覽千古的魄力和毅力致力於城市文化傳統的繼承與弘揚，爲無錫地方人文教育提供了文化楷模，對增强無錫崇文興教氛圍發揮了重要的作用，爲無錫躋身江南名城提供了文化動力，其意義至今爲後人感念。

滄桑巨變，天上人間。經過近一個世紀的奮鬥探索，特别是改革開放三十多年來的迅猛發展，中華民族强勢崛起。國運昌隆，盛世修典。中共無錫市委、市政府高度重視地方傳統文化的整理弘揚工作。自二〇〇七年提出『建設文明無錫，打造文化名城』以來，無錫全面深入開展歷史文化遺産的挖掘、清理、保護和修復工作，傳承弘揚優秀傳統文化，彰顯城市人文歷史底蘊，掀起歷史文化名城建設新高潮。此後，市委、市政府在《無錫市文化大發展大繁榮行動綱要》中明確要求全面整理出版地方歷史文獻，市委、市政府在《關於深化文化體制改革加快文化强市建設的決定》中再次明確要求編纂《無錫文庫》，正式啓動迄今爲止無錫地區規模最大、綜合性鄉邦文獻集成的修編工作。爲確保《無錫文庫》的編纂工作順利進行，市委、市政府專門成立了『無錫文庫工作委員會』，由市委宣傳部牽頭，設立了『無錫文庫編輯委員會』，計劃用三年時間完成編纂出版工作。《無錫文庫》的編纂，將以嶄新的學術角度和現代學科框架對城市歷史文化進行全面梳理和弘揚，站在時代的高度，充分展示城市深厚的歷史底蘊，彰顯先賢哲人的智慧創造，解讀無錫文化的獨特個性，提煉升華無錫的人文精神，光前裕後，古爲今用，以文化人，由人化文，以史爲鑒，開啓未來。

《無錫文庫》的編纂出版必將發揮重要的文化功能：首先是搶救文獻。無錫自古即有豐富的地方文獻，無論經史子集，都有重要著作流傳於世。然而無錫近代歷經戰亂，一些重要典籍已毁佚，僅有書名存留；還有一些珍貴的明清地方史籍，也以孤本存世，處於若存若亡之間。由於各種原因，一些代表無錫文化的典籍保存於國内外各大圖書館中，在無錫不易見到。從清末到民國期間，在文化上有不少重要成果，而這部分書籍因長期被忽視而處於毁佚的邊緣。《無錫文庫》的編纂就是爲了搶救文獻，保存文脉。其次是古籍整理。無錫先賢留下的載籍很多，但現存書籍，版本雜亂，良莠不齊，整體而言没有經過系統編排梳理，使用不便。《無錫文庫》的編纂，就是從版本目録學的角度加以梳理，每書皆撰提要，鈎玄指要，便於閱讀使用。第三是服務大衆。《無錫文庫》所收皆爲地方古史遺文，是研究無錫歷史沿革和文化傳承的必讀書目。《無錫文庫》的編纂出版，使這些書籍的使用更加便捷和廣泛，對無錫的文化建設、城市規劃、古迹保護、名勝開發都具有很高的學術價值和實用價值。

歷史唯物主義觀是《無錫文庫》編纂出版工作的重要指導思想。《無錫文庫》是一部具有社會主義新時代特點的典籍集成，編纂理念和選編觀念更加科學，注重學術性、實用性和經典性相結合，并且儘量收入古籍版本研究的新成果，廣泛收集流散在國内外的珍貴典籍。編纂工作中，始終堅持『尊重歷史、尊重科學、尊重規律、尊重專家』的原則，堅持『雙百』方針，對傳統文化中重要的不同學派、不同觀點的資料兼收并蓄，力求客觀、完整和全面。當然，《無錫文庫》不可能包羅萬象，而以文史哲爲主要内容，兼顧其他類别著述，整體呈現出無錫歷史文化的發展脉絡。强化編纂工作的學術規範，提倡實事求是的良好學風，對文庫的整體規模、體例框架、所收書目、版式裝幀等進行反復論證，反復比較，多方聽取意見，慎之又慎，力争使《無錫文庫》成爲一部真正代表無錫文化的綜合性鄉邦文獻集成。

編纂出版《無錫文庫》的盛舉，得到了海内外衆多著名的文史專家、學者教授的熱烈響應。許倬雲、馮其庸、楊天石、李文海、徐中玉、馮遠、胡福明等無錫籍文化名人和劉玉才、程章燦、江慶柏、張廷銀、金良年等專家學者應邀擔任《無錫文庫》的學術顧問，他們扎實的學術功底、嚴謹的治學風範、卓越的學術見識，爲《無錫文庫》提供了有力的支撑。

千年吳地文明，百年工商繁華，賦予無錫人聰慧和靈秀，創造了具有獨特品質的城市文化和城市精神。當我們手捧先哲留下的珍貴文化遺産，不僅滿懷感恩、敬畏之心，更涌動着不負前賢、勵志圖新的激情，去努力創造城市文化嶄新的輝煌，讓無錫文化大發展大繁榮的春天更加姹紫嫣紅、繽紛燦爛！

無錫文庫編輯委員會

二〇一一年一月

凡例

一、《文庫》所收爲無錫籍作家的著述和與無錫相關的歷代文獻，分爲《官修舊志》、《地方史料專著》、《年譜家乘》、《無錫文存》和《近現代名家名著存目》五輯。

二、無錫地域範圍以現行行政轄區爲準。《文庫》立足無錫市區，兼顧江陰、宜興，適當選收江陰、宜興具有代表性的著作。

三、《文庫》所收著作，以史料價值高、使用價值大爲原則，適當兼顧其版本價值。

四、《文庫》主要采用影印方式出版，《近現代名家名著存目》收入作家小傳和主要著述目録。

五、《文庫》所收著作，其編纂年代下限爲一九四九年；《近現代名家名著存目》則不受此限。

六、《文庫》所收著作，原書如有蠹損、殘缺、漫漶不清處，原則上以相同版本予以換頁、補頁，使全書清晰、整齊。

七、《文庫》對所收每種圖書，均撰寫提要，置於每種書扉頁之背面；每册均新編頁碼，自爲起訖。

八、《文庫》編制書名索引和著者索引，以方便讀者使用。

第二輯編輯説明

本輯爲《無錫文庫》之第二輯《地方史料專著》。這些書籍皆爲個人著作，它們是官修方志之外最重要的地方史料，是對地方歷史更爲精細的記録和闡述。其中保存了官志中看不到的材料，所以也是官志極其重要的補充。無錫自古以來人文薈萃，所以歷史上存留下來的地方史料專著也非常豐富。明清以來這些著述得到了長足的發展。作爲方志體裁的史書，這些著作所述史事已細化到一個鄉村，一座寺廟，一幢宅第，一座園林，一所學府，一項工程，一個專題等，從而爲後人保存了大量第一手的史料。進入民國後，隨着社會的發展，在政治、經濟、文化、教育等方面，出現了許多專門的出版物，這些具有時代特色的文獻，爲我們保存了民國時期原生態的歷史材料。從這些文獻中可以看到當時無錫向現代都市邁進的步伐。第二輯所收書籍，不少都是孤本，彌足珍貴。特別是一些藏於外地圖書館的珍貴書籍，這次也盡了最大的努力加以搜集。由於歷史的原因，一些地方史籍已失傳，僅有書名存留，不無遺珠之憾。一些民國書籍也偶有缺葉。敬請讀者見諒。從另一個角度而言，也更説明了這次文庫編纂的必要。

目録

無錫國學專修學校概況

無錫國專 編

《無錫國學專修學校概況》，無錫國學專修學校編輯、發行，無版權頁，封面於書名下注明『二十二年度』。《無錫國學專修學校概況》之主要内容有：大事記、簡章、二十二年度校曆、二十三年度校曆、現任校董一覽、前任校董一覽、現任教職員一覽、前任教職員一覽、歷年經濟概況表、歷年學生人數比較表、歷届畢業學生人數比較表、圖書館舊書比較表、歷届畢業生一覽、在校學生一覽、教職員通訊處補遺等。在上述内容中，大事記爲無錫國專自民國九年（一九二〇）十二月至民國二十三年（一九三四）四月辦學大事之簡記。簡章中之宗旨條云：『本校宗旨在研究本國歷代之文化，明體達用，發揚光大，期於世界文化有所貢獻。』按民國十九年（一九三〇）初編印發行之《無錫國學專修學校規程（附概況）》中云：『本學校宗旨在研究本國歷代文化，討論其得失，期與世界文化有所貢獻。』兩相比較，表明此時學校對其辦學宗旨之闡述，又有所調整變化。本《概況》中所收録之各項内容，可以反映民國二十二年（一九三三）時無錫國專的基本面貌。

本書據原刊本影印。

（劉桂秋）

教育部立案

無錫國學專修學校概況

二十二年度

無錫國學專修學校概況目錄 二十二年度

無錫國學專修學校概况目錄

二

無錫國學專修學校概況

大事記

施省之先生捐撥經費創辦國學專修館延請唐蔚芝先生爲館長民國九年十二月

議定館章呈報立案定名爲無錫國學專修館聘請朱叔子 陸景周兩先生爲教授沈健生 王慧言兩先生爲職員賃館舍於惠山招收第一班學生三十人九年十二月

行開館禮十年一月

刊印十三經十年二月

孫鶴卿先生重建尊經閣作爲教室施省之先生另建宿舍由縣公署函請本館遷入十年十月

聘請陳柱尊先生爲教授十年十月

招收第二班學生三十人十年十二月

刊印十三經完竣十一年十一月

刊印高忠憲公別集十一年十二月

招收第二班插班生十四人十二年三月
選印學生成績初編十二年六月
派遣高材生五人赴寶應鈔朱子全集校注十二年十月
舉行第一班學生畢業禮共二十八人並印講演集初編十三年一月
招收第三班學生三十人十三年一月
舉行第二班學生畢業禮共二十七人並印講演集二編十四年一月
招收第四班學生三十人十四年一月
補行第二班插班生畢業禮共六人十五年一月
選印學生成績二編十五年一月
舉行第三班學生畢業禮共三十四人十五年十二月
招收第五班學生四十二人十六年一月
改名爲國文大學十六年三月
以時局影響停課兩月十六年四五月

董事會成立改名國學專門學院呈請　教廳備案十六年七月

第五班學生因上學期停課兩月改爲秋季始業添招九人共五十一人十六年九月

聘請錢子泉先生爲教授陳柱尊先生辭職聘請馮振心先生繼任十六年九月

聘請錢子泉先生兼主任十六年十一月

招收第六班學生四十人十七年二月

聘請錢子泉先生爲教務主任馮振心先生爲院務主任高涵叔先生爲訓育並租校外宿舍十七年二月

參照國立大學中國文學系各項必修選修學程務期本院畢業學生程度與國立各大學中國文學系畢業程度相當實行學分制規定三年畢業必修選修科至少讀滿百二十學分十七年二月

中央大學特派汪東寶王灃兩先生調查本院狀況囘京覆呈極稱辦理完善十七年四月

增設國技選科聘請徐哲東先生教授並舉行全體早操練習彈腿八字弓兩項十七年五月

大學院特派俞仲還先生蒞院監攷三民主義學生全體應試十七年六月

館主孫鶴卿先生病歿特開追悼會十七年六月

舉行第四班學生畢業禮共十二人十七年七月

招收第七班學生五十人十七年八月

大學院特派柳詒徵薛光錡兩先生來院切實調查報告條例符合成績優良即於九月二十日批准立案十七年九月

教授徐哲東先生職員沈健生先生辭職聘請徐管略孫颷香先生繼任十七年九月

聘請劉覺民先生任黨義教授侯敬輿先生任國技教授十七年九月

董事會添聘經濟董事十人十七年十二月

董事唐保謙先生等提議在本院宿舍後空地建造鶴卿圖書館請程炳若先生總理其事

遵照鶴卿先生遺囑補助本院三年經費共陸千伍百元移作建造圖書館經費十八年一月

遵照　教育部通令增加軍事訓練聘請史渭清先生教授十八年四月

舉行圖書館奠基禮十八年四月

招收第八班學生五十六人十八年八月

聘請單束笙先生爲教授十八年八月

軍事訓練教授史涓清先生辭職聘請蔡味畲先生繼任十八年九月

圖書館落成十八年九月

由北平太倉兩處先後運來圖書一萬五千册連同本院原有圖書六千册移庋新建圖書館舉行開幕典禮十八年十月

奉 教育部令改名私立無錫國學專修學校參照大學規程第五章專修科辦理 十九年一月

依據 教育部令利用文廟餘屋作爲教育產業之用本校爰修葺文昌閣及其他餘屋擴充校舍並在無錫縣政府教育局備案十九年二月

教授單束笙先生辭職聘請鄧傳若先生繼任又聘請陳湘圃先生爲教育學教授 十九年二月

舉行第五班學生畢業禮共二十九人十九年六月

教授朱叔子鄧傳若陳湘圃三先生辭職聘請葉長卿陳保之兩先生繼任并聘請陳斠玄先生爲特約講師十九年八月

招收第九班學生八十人十九年八月

選印畢業論文定名學生叢刊十九年十月

校長製成校歌請上海沈叔逵先生編譜並定作新民三字爲校訓請校董華繹之先生書匾二十年一月

舉行十週紀念并第六班學生畢業禮共十七人一月一日上午行紀念式由校董穆藕初先生給憑致訓辭二十年二月

聘請甘導伯先生爲教育學教授二十年二月

招攷插班生二十年二月

舉行國文全體競賽核計平均分數最多之班給以錦標奬旗以後每學期舉行一次二十年四月

遵照　教育部令舉行十九年度錄取新生甄別考試合格者共五十四人二十年五月

建築第一進新校舍八幢共費洋九千六百元請本邑陶達三先生督工全任義務不受酬謝二十年六月

舉行第七班學生畢業禮共二十八人二十年六月

教職員會議議决自下學期起兼收女生因宿舍不敷概行通學二十年七月

招收第十班學生七十四人二十年八月

聘請陳石遺先生爲特約講師二十年八月

聘請普仁醫院美籍薛女士教授女子救護隊課二十年十月

國聯會教育科員唐克爾培根倫來校參觀並請演講兩君謂中國文化賴本校一綫維持贊歎不置二十年十一月

訓練總監部派李啓朝教練官來校加緊軍事訓練二十年十一月

新校舍落成二十年十二月

補行第六班學生畢業禮共二人二十一年一月

招攷插班生二十一年一月

教授陳保之先生辭職仍聘請朱叔子先生繼任二十一年二月

本年春因受滬戰影響雖各教授齊集而學生到者不及半數諸同人互相激勵照常開課並通知未到學生從速到校二十一年二月

李教練官由訓練總監部召回二十一年三月
不放春假補足遲到學生功課二十一年四月
舉行第八班學生畢業禮共二十一人二十一年六月
招收第十一班學生四十六人二十一年八月
黨義教授劉覺民先生辭職聘請邱友珍先生繼任軍事訓練教授蔡味畲先生辭職聘請董志堯先生繼任葉長卿先生辭職聘請周哲肫先生繼任又聘秦亮工先生爲書法教授二十一年八月
舉行第九班學生畢業禮共九人二十二年一月
招攷插班生二十二年一月
敦請章太炎李印泉蒙文通陳柱尊諸先生蒞校演講二十二年三月
赴惠山駐錫第八十八師司令部練習實彈射擊二十二年四月
派男女生赴江南中學男女部試教二十二年五月
舉行第十班學生畢業禮共十九人二十二年六月

招收第十二班學生共八十人二十二年七月

建築第二第三進新校舍十二幢又擴充運動場一區二十二年七月

教授周哲肫邱友珍秦亮工職員丁書堂諸先生辭職聘請葉長卿 李惕平曹衡之吳澂亭諸先生繼任又聘陳天倪先生爲教授二十二年八月

敦請章太炎先生蒞校演講二十二年十月

舉行第十一班學生畢業禮共十二人二十三年一月

本校叢書第一種通鑑紀事本末書後出版二十三年一月

租借左鄰空地開闢運動場二十三年一月

招攷插班生二十三年二月

就原有運動場改闢校園並建亭棚栽植花木二十三年三月

本校叢書第二種禮記大義第三種孟子概要第四種史漢文學研究法出版二十三年四月

簡　章

一宗旨　本校宗旨在研究本國歷代之文化明體達用發揚光大期於世界文化有所貢

獻

一管教　本校管教之組織分左列三項

(甲)本校設校長一人綜理全校

(乙)本校設教務主任一人綜理一切教務事項校務主任一人綜理一切教務外之事項

(丙)本校教職員均爲校務委員凡遇校中重要事務由校長臨時召集開會開會時以校長爲主席議決後由校長執行之

一班級　本校學生現分第一年第二年第三年三級第一年級兩班二三年級各一班每班以五十人爲額

一投考　本校入學資格須曾在已立案之公私立高級中學或同等學校畢業或具有同等學力經入學試驗及格者但取錄同等學力之學生以錄取總額五分之一爲度

一納費　本校學生每學期入校註冊時應納學費三十元膳費三十元宿費六元講義費二元圖書費二元雜誌費一元運動費二元醫藥費二元僕役費一元書籍自備又初入

校時須繳制服徽章費十元多還少補 另繳存損失保證費五元畢業時 查無損失退還 如中途離校所繳各費概不發還

一畢業　本校學生在校滿三學年修足本校規定學分時由校長召集校務委員會核給畢業文憑(學分詳課程表)

一課程　本校課程分必修選修兩科必修科規定六十四學分選修科規定至少須修滿六十六學分至多不得過八十六學分

課程表

一必修科（共六十四學分　第一年三十四學分　第二年三十學分）

課程	每週授課時數	教學年數	學分	第幾年必修	用書
1 中山學說	一	二	四	一 二	中山全集
2 軍事訓練	二	二	四	一 二	
3 國學概論	三	一	六	一	講義
4 文學史	三	一	六	一	講義
5 文字學	三	一	六	一	段注說文彙講義

科目	每週授課時數	教學年數	學分	第幾年選修	用書
6 文化史	三	一	六	二	柳詒徵中國文化史
7 修辭學	二	半	二	二	講義
8 目錄學	三	一	六	二	四庫簡明目錄彙講義
9 散文選	四	二	一六	一二	古文辭類纂經史百家雜鈔
10 韻文選	二	二	八	一二	古詩源三朝詩別裁彙講義

二選修科

(甲)義理類

(子)經學	每週授課時數	教學年數	學分	第幾年選修
1 論語	二	半	二	一
2 學庸	一	半	一	一或二
3 孟子	四	半	四	一
4 孝經	一	半	一	一
5 易經	二	半	二	三
6 春秋公羊穀梁傳	二	半	二	二或三

(丑)周秦漢諸子學	每週授課時數	教學年數	學分	第幾年選修

	每週授課時數	教學年數	學分	第幾年選修
1 老子	二	半	二	二或三
2 莊子	四	半	四	二或三
3 荀子	四	半	四	二或三
4 董子	二	半	二	二或三
5 墨子	四	半	四	二或三
6 管子	四	半	四	二或三
7 韓非子	三	半	三	二或三
8 孫子	二	半	二	二或三
9 公孫龍子	一	半	一	二或三
10 呂氏春秋	三	半	三	二或三
11 淮南子	三	半	三	二或三
12 論衡	三	半	三	二或三
(寅)魏晉玄學	三	半	三	二或三
(卯)隋唐佛學	三	半	三	二或三
(辰)宋元明清理學				

無錫國學專修學校概況

1 宋元學案	四	半	四	二或三
2 明儒學案	三	半	三	二或三
3 學案小識	二	半	二	二或三
4 近思錄	二	半	二	二或三
5 思辨錄	二	半	二	二或三
6 朱子年譜	二	半	二	二或三
7 陽明集要	二	半	二	二或三
(乙)辭章類				
(子)文學批評類	每週授課時數	教學年數	學分	第幾年選修
1 文心雕龍	二	半	二	二或三
2 詩品	一	半	一	二或三
3 史通	二	半	二	二或三
4 文史通義	二	半	二	一或二
(丑)總集類	每週授課時數	教學年數	學分	第幾年選修
1 詩經	三	半	三	二或三

一四

	每週授課時數	教學年數	學分	第幾年選修
2 楚辭	二	半	二	二或三
3 文選	四	半	四	二或三
4 花間集	二	半	二	二或三
5 花菴詞選	二	半	二	二或三
6 絕妙好詞	二	半	二	二或三
7 元曲選	四	半	四	二或三

（寅）別集類

	每週授課時數	教學年數	學分	第幾年選修
1 曹子建集	二	半	二	二或三
2 陶淵明集	二	半	二	二或三
3 謝康樂集	二	半	二	二或三
4 庾子山集	二	半	二	二或三
5 徐孝穆集	二	半	二	二或三
6 李太白集	三	半	三	二或三
7 杜少陵集	三	半	三	二或三
8 陸宣公集	二	半	二	二或三

9 韓昌黎集	三	半	三	二或三
10 柳柳州集	二	半	二	二或三
11 白香山集	三	半	三	二或三
12 李義山集	二	半	二	二或三
13 歐陽文忠集	二	半	二	二或三
14 曾子固集	二	半	二	二或三
15 王荊公集	二	半	二	二或三
16 蘇東坡集	二	半	二	二或三
17 黃山谷集	二	半	二	二或三
18 陸劍南集	二	半	二	二或三
19 元遺山集	二	半	二	二或三
20 歸震川集	二	半	二	一或二
21 姚惜抱集	二	半	二	一或二
22 洪北江集	二	半	二	二或三
23 惲子居集	二	半	二	一或二

24 曾文正集	二	半	二	一或二
(丙)考據類				
(子)經類	每週授課時數	教學年數	學分	第幾年選修
1 尚書	二	半	二	二或三
2 周禮	二	半	二	二或三
3 儀禮	二	半	二	二或三
4 禮記	三	半	三	二或三
5 爾雅	三	半	三	二或三
(丑)史類	每週授課時數	教學年數	學分	第幾年選修
1 左傳(附國語)	四	半	四	二或三
2 史記	四	半	四	二或三
3 漢書	四	半	四	二或三
4 後漢書	四	半	四	二或三
5 三國志	三	半	三	二或三
6 南北史	三	半	三	二或三

	每週授課時數	教學年數	學分	第幾年選修
7 五代史	三	半	三	二或三
8 資治通鑑（附讀史方輿紀要）	四	半	四	二或三
9 續通鑑	三	半	三	二或三
10 通鑑紀事本末	四	半	四	二或三
（寅）述學類	每週授課時數	教學年數	學分	第幾年選修
1 南雷文集	二	半	二	二或三
2 鮚埼亭集	二	半	二	二或三
3 潛研堂集	二	半	二	二或三
4 研經室集	二	半	二	二或三
5 汪容甫叢書	二	半	二	二或三
6 魏默深集	二	半	二	二或三
7 龔定菴集	二	半	二	二或三
（卯）札記類	每週授課時數	教學年數	學分	第幾年選修
1 困學紀聞	二	半	二	二或三
2 日知錄	二	半	二	二或三

3 東塾讀書記	二	半	二	二或三

（丁）經世類

	每週授課時數	教學年數	學分	第幾年選修
1 通典（附續通典清通典）	四	半	四	二或三
2 通志（附續通志清通志）	四	半	四	二或三
3 文獻通考（附續通考清通考）	四	半	四	二或三
4 經世文編（賀正盛續）	三	半	三	二或三
5 胡文忠全書	二	半	二	二或三
6 曾文正全書	三	半	三	二或三
7 左文襄全書	三	半	三	二或三
8 李文忠全書	三	半	三	二或三

一 休假　本校休假日期除本校特別紀念外悉依　部頒修正學校學年學期及休假日期規程之規定

一 考試　本校分臨時考期考畢業考三種

民國二十二年度校曆

第一學期

年	月	日	星期	事項
二二	八	一一	二	停報招考第二次新生並開始報名
		二〇	日	先烈廖仲愷先生紀念日不放假派代表參加縣黨部紀念會
		二一	一	全校施行大清潔
		二六	六	全校大清潔完竣
		二七	日	孔子誕辰紀念休假一天舉行紀念式
		三〇	三	第二次招考新生
		三一	四	第二次新生揭曉
	九	一	五	開始註册
		五	二	行始業式上課
		九	六	總理第一次起義紀念不放假派代表參加縣黨部紀念會。各班舉定班舍長
		一一	一	開始補考
		二一	四	先烈朱執信先生紀念不放假派代表參加縣黨部紀念會
		二二	五	補考完竣
	一〇	一	日	宣佈九月分各班缺課表
		五	四	停止註册
		一〇	二	國慶紀念休假一天舉行紀念式
		一一	三	總理倫敦蒙難紀念不放假派代表參加縣黨部紀念會
		一二	四	第一次各班小考開始。由教務處通知各教授分擬畢業論文題目

年	月	日	星期	事項
		二一	六	第一次各班小考完竣。彙齊畢業論文題目付印
		二三	一	宣佈畢業論文題目限十二月二十日繳卷
	一一	一	三	宣佈十月份各班缺課表
		一二	日	總理誕辰紀念式休假一天舉行紀念式
		二三	四	第二次各班小考開始
	一二	一	五	宣佈十一月分各班缺課表
		二	六	第二次各班小考完竣
		五	二	肇和兵艦舉義紀念不放假派代表參加縣黨部紀念會
		二〇	三	收齊畢業論文試卷分發各教授評閱
		二五	一	雲南起義紀念不放假派代表參加縣黨部紀念會
		三一	日	畢業論文試卷評閱完竣
二三	一	一	一	中華民國成立紀念舉行紀念式。年假開始共三日
〃		四	四	照常上課
		六	六	停課溫習。宣佈全學期各班缺課表
		八	一	學期考試開始
		一六	二	學期考試完竣
		一八	四	寒假開始共十四日
		二一	日	全校施行大清潔開始
		二六	五	全校大清潔完竣
		三一	三	招考轉學插班生

第二學期

年	月	日	星期	事項
二三	二	一	四	開始註冊

	五	一	行始業式上課
	一〇	六	各班舉定班舍長
	一二	一	開始補考
	二二	四	補考完竣
三	一	四	宣佈二月份各班學生缺課表
	五	一	停止註册
	一二	一	總理逝世紀念休假一天舉行紀念式
	一三	二	第一次各班小考開始。由教務處通知各教授分擬畢業論文題目
	一八	日	北平民衆革命紀念日不放假派代表參加縣黨部紀念會
	二三	五	第一次各班小考完竣。彙齊畢業論文題目付印
	二五	日	宣佈畢業論文題目限五月二十日繳卷
	二九	四	革命先烈紀念休假一天舉行紀念式
四	一	日	宣佈三月份各班學生缺課表。春假開始共七日
	九	一	照常上課
	一二	四	清黨紀念日不放假派代表參加縣黨部紀念會
	二三	一	第二次各班小考開始
五	一	二	宣佈四月份各班學生缺課表
	三	六	第二次各班小考完畢
	五	六	革命政府紀念休假一天舉行紀念式
	九	三	國恥紀念日不放假舉行紀念式
	一八	五	先烈陳英士先生紀念日不放假派代表參加縣黨部紀念會
	二〇	日	收齊畢業論文試卷分發各教授評閱
	二一	四	畢業論文試卷評閱完竣
六	一	五	本校復興紀念舉行紀念式
	六	三	三年級停課溫習。宣佈三年級學生全學期缺課表

年	月	日	星期	事項
		八	五	畢業考試開始。各班停課溫習。宣佈各班學生全學期缺課表
		一一	一	學期考試開始
		一六	六	總理廣州蒙難紀念不放假派代表出席縣黨部紀念會。畢業考試完畢
		一九	二	學期考試完畢
		二〇	三	籌備畢業典禮
		二一	四	舉行畢業典禮
		二三	六	暑假開始
	七	二	一	登報招考新生考期爲八月二日並開始報名
		九	一	國民革命軍誓師紀念日集會慶祝

民國二十三年度校曆

第一學期

年	月	日	星期	事項
二三	八	二	四	招考新生
		三	五	新生揭曉
		五	日	登報招考第二次新牛考期爲八月三十日並開始報名
		二〇	一	先烈廖仲愷先生紀念日不放假派代表參加縣黨部紀念會
		二一	二	全校施行大清潔
		二六	日	全校大清潔完竣
		二七	一	孔子誕辰紀念休假一天舉行紀念式
		三〇	四	第二次招考新生

		三一	五	第二次新生揭曉
	九	一	六	開始註册
		五	三	行始業式上課
		八	六	各班舉定班舍長
		九	日	總理第一次起義紀念不放假派代表參加縣黨部紀念會
		一〇	一	開始補考
		二一	五	先烈朱執信先生紀念不放假派代表參加縣黨部紀念會。補考完竣
	一〇	一	一	宣佈九月份各班學生缺課表
		五	五	停止註册
		一〇	三	國慶紀念休假一天舉行紀念式
		一一	四	總理倫敦蒙難紀念不放假派代表參加縣黨部紀念會
		一二	五	第一次各班小考開始。由教務處通知各教授分擬畢業論文題目
		二三	二	第一次各班小考完竣。彙齊畢業論文題目付印
		二五	四	宣佈畢業論文題目限十二月二十日繳卷
	一一	一	四	宣佈十月份各班學生缺課表
		一二	一	總理誕辰紀念休假一天舉行紀念式
		一七	六	舉行全校國文競賽
		二一	三	第二次各班小考開始
	一二	一	六	宣佈十一月份各班學生缺課表。第二次各班小考完竣
		五	三	肇和兵艦舉義紀念不放假派代表參加縣黨部紀念會
		二〇	四	收齊畢業論文試卷分發各教授評閱
		二五	二	雲南起義紀念不放假派代表參加縣黨部紀念會
		三一	一	畢業論文試卷評閱完竣
二四	一	一	二	中華民國成立紀念舉行紀念式。年假開始共三日
		四	五	照常上課

年	月	日	星期	事項
		五	六	停課溫習。宣佈全學期各班學生缺課表
		八	二	學期考試開始
		一六	三	學期考試完竣
		一八	五	寒假開始共十四日
		二一	一	全校施行大清潔開始
		二六	六	全校大清潔完竣
		三一	四	招考轉學插班生

第二學期

年	月	日	星期	事項
二四	二	一	五	開始註册
		五	二	行始業式上課
		九	六	各班舉定班舍長
		一一	一	開始補考
		二一	四	補考完竣
	三	一	五	宣佈二月份各班學生缺課表
		五	二	停止註册
		一二	二	總理逝世紀念休假一天舉行紀念式
		一三	三	第一次各班小考開始。由教務處通知各教授分擬畢業論文題目
		一八	一	北平民衆革命紀念日不放假派代表參加縣黨部紀念會
		二三	六	第一次各班小考完竣。彙齊畢業論文題目付印
		二五	一	宣佈畢業論文題目限五月二十日繳卷
		二九	五	革命先烈紀念休假一天舉行紀念式
	四	一	一	宣佈三月份各班學生缺課表。春假開始共七日

	一八	一	照常上課
	一二	五	清黨紀念日不放假派代表參加縣黨部紀念會
	二〇	六	舉行全校國文競賽
	二二	一	第二次各班小考開始
五	一	三	宣佈四月份各班學生缺課表
	二	四	第二次各班小考完畢
	五	日	革命政府紀念休假一天舉行紀念式
	九	四	國恥紀念日不放假舉行紀念式
	一八	六	先烈陳英士先生紀念日不放假派代表參加縣黨部紀念會
	二〇	一	收齊畢業論文試卷分發各教授評閱
	三一	五	畢業論文試卷評閱完竣
六	一	六	本校復興紀念舉行紀念式
	六	四	三年級停課溫習。宣佈三年級學生全學期缺課表
	八	六	畢業考試開始。各班停課溫習。宣佈各班學生全學期缺課表
	一〇	一	學期考試開始
	一六	日	總理廣州蒙難紀念不放假派代表出席縣黨部紀念會。畢業考試完畢
	一九	三	學期考試完畢
	二〇	四	籌備畢業典禮
	二一	五	舉行畢業典禮
	二三	日	暑假開始
七	一二	二	登報招考新生考期爲八月二日
	九	二	國民革命軍誓師紀念日集會慶祝

現任校董一覽

教育股

姓名	字	籍貫	備註
錢基博	子泉	江蘇無錫	董事長
錢基厚	孫卿	同上	
顧倬	述之	同上	
高陽	踐四	同上	
陳綸	穀岑	江蘇江陰	
顧寶琛	彬生	江蘇無錫	
秦毓鈞	達軒	同上	
馮振	振心	廣西北流	
孫家復	颬香	江蘇無錫	
陶守恆	達三	同上	

經濟股

姓名	字	籍貫	備註
唐滋鎮	保謙	江蘇無錫	董事長

前任校董一覽

姓名	字	籍貫
丁彥章	梓仁	同上
薛慈明		江蘇無錫
任傅榜	筱珊	江蘇吳江
張廷桂		江蘇上海
吳雲山		江蘇江陰
華士巽	繹之	同上
楊壽柟	味雲	同上
楊壽楣	翰西	同上
榮宗銓	德生	同上
榮宗錦	宗敬	同上
孫宗海		同上
蔡文鑫	彙三	江蘇無錫

鄒家麟		同一	江蘇無錫		
俞復	仲還	同上			
丁福保	梅軒	同上			
蔡其標	虎臣	同上			
陸仁壽		同上			
穆湘玥	藕初	江蘇上海			
劉鴻生	鴻生				

現任職教員一覽

姓名	字	籍貫	職務	履歷	通信處
唐文治	蔚芝	江蘇太倉	校長	前南洋大學校長	本校
錢基博	子泉	江蘇無錫	校務主任	前國立清華大學教授現任上海光華大學國學系主任	無錫城內七尺場
馮振	振心	廣西北流	教務主任	前北流中學校長國立交通大學教授國立暨南大學教授大夏大學教授	本校
陳衍	石遺	福建閩侯	教授	前國立北京大學教授廈門大學教授	蘇州胭脂橋毛家弄
朱文熊	叔子	江蘇太倉	教授	前南洋大學教授	本校

陳鼎忠	天倪	湖南益陽	教授	前東北大學湖南大學教授	本校
曹銓	次菴	江蘇無錫	教授	前無錫師範學堂教員	無錫圖書館前
徐景銓	管略	江蘇常熟	教授	前常熟縣督學	無錫七尺場
葉長青	長卿	福建閩侯	教授	前金陵大學教授	本校
陸修祜	景周	江蘇太倉	教授兼文牘	前南洋大學教授	本校
甘豫源	導伯	江蘇上海	教授	國立東南大學教育學士歷任中央大學區教育行政院科員現任江蘇省立教育學院講師兼研究實驗部副主任	
董志堯	紫瑤	江蘇宜興	軍事教官	上海中國體操學校畢業歷任江蘇省立四中六中如中太中體育主任軍事訓練現任省立錫師體育國術中國童子軍第一五七團團長兼教練	省立無錫師範學校
李惕平		江蘇無錫	黨義教師	無錫縣黨部常務委員	無錫四郎君巷
侯鴻鈞	敬輿	江蘇無錫	國技教師	歷任無錫勸學所勸學員縣立初級中學教員	四郎君廟巷
吳良澍	溉亭	江蘇溧陽	訓育	歷任江蘇省立第三第六中學教員及第三第四師範教員江蘇特設藝術專修科主任教員南京美術專門學校教員國立中央大學教授	本校
孫家復	颭香	江蘇無錫	會計	前尊經雅益友小學校長	本校
高文海	涵叔	江蘇無錫	教務	前東林三師附小教員	本校
秦秉衡	秉衡	江蘇無錫	校醫	無錫療養院長	無錫療養院

王紹曾	介八	江蘇江陰	圖書館管理	本校畢業前商務印書館編輯	本校
何德培	梅生	浙江峽石	圖書館管理	本校畢業	本校
姜謀深	謀深		書記		本校
黃彬昌	紫城		書記		本校

前任職教員一覽

姓名	字	籍貫	職務
王保譿	慧言	江蘇太倉	職員
王蘧常	瑗仲	浙江嘉興	教授
蔣天樞	秉南	江蘇豐縣	職員
章煥章		江蘇無錫	職員
陳柱	柱尊	廣西北流	教授
沈炳康	健生	湖南長沙	職員
單鎮	束笙	江蘇吳縣	教授
劉覺民		四川榮縣	教授

鄧　楫	傅若	江蘇無錫	教授
陳光蘅	湘圃	江蘇丹陽	教授
蔡莘耕	味畲	江蘇吳縣	教授
何葆恩	芸孫	江蘇常熟	職員
陳保之		江蘇南通	教授
周　激	哲肫	江蘇常州	教授
邱有珍	有珍	江蘇淮陰	教授
秦仁存	亮工	江蘇無錫	教授
丁儒侯	素堂	江蘇泰興	職員

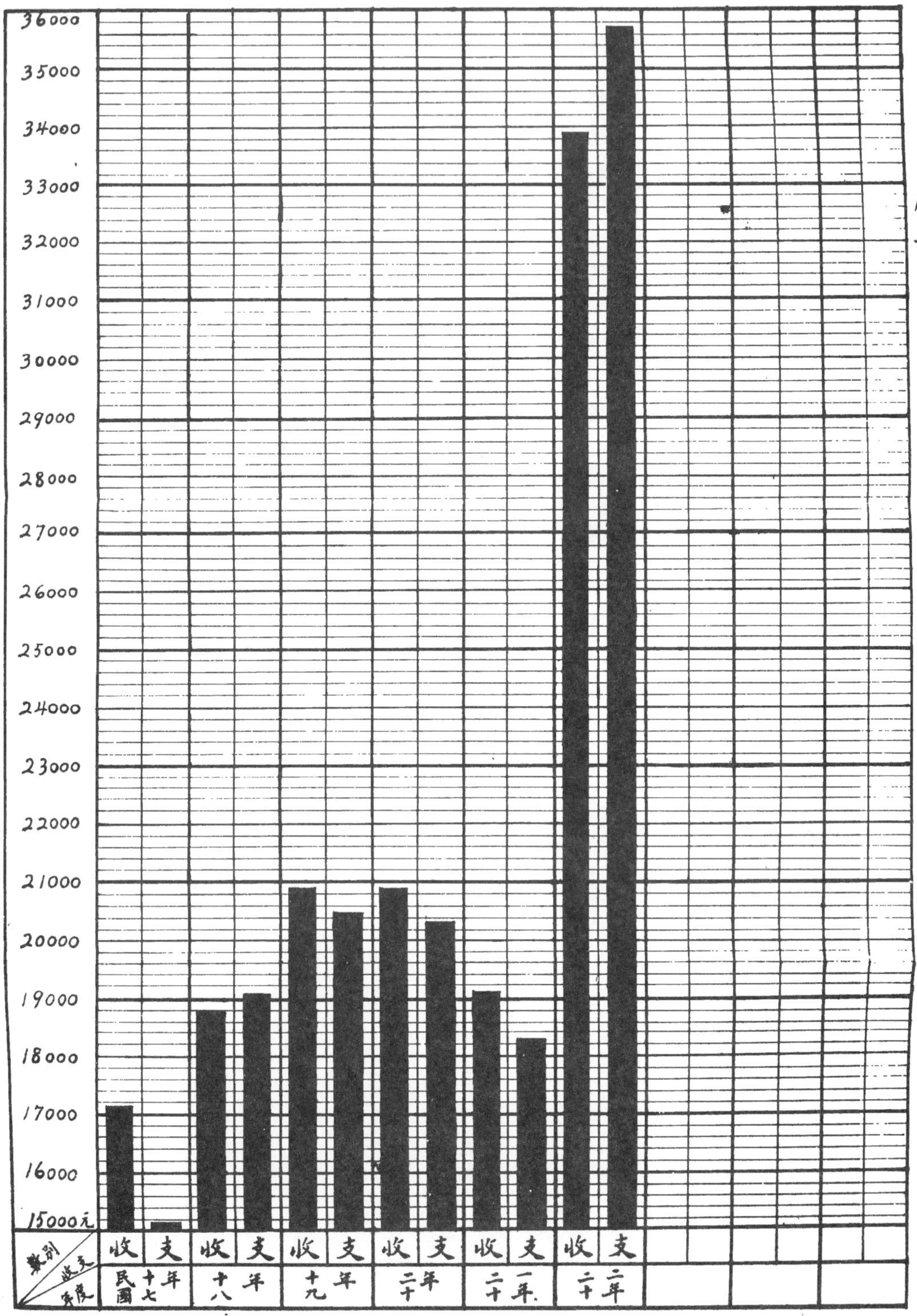
36000
35000
34000
33000
32000
31000
30000
29000
28000
27000
26000
25000
24000
23000
22000
21000
20000
19000
18000
17000
16000
15000元
數別
收支
年度
收 支
民國十七年
收 支
十八年
收 支
十九年
收 支
二十年
收 支
二十一年
收 支
二十二年

歷年經濟概况表

歷年學生人數比較表

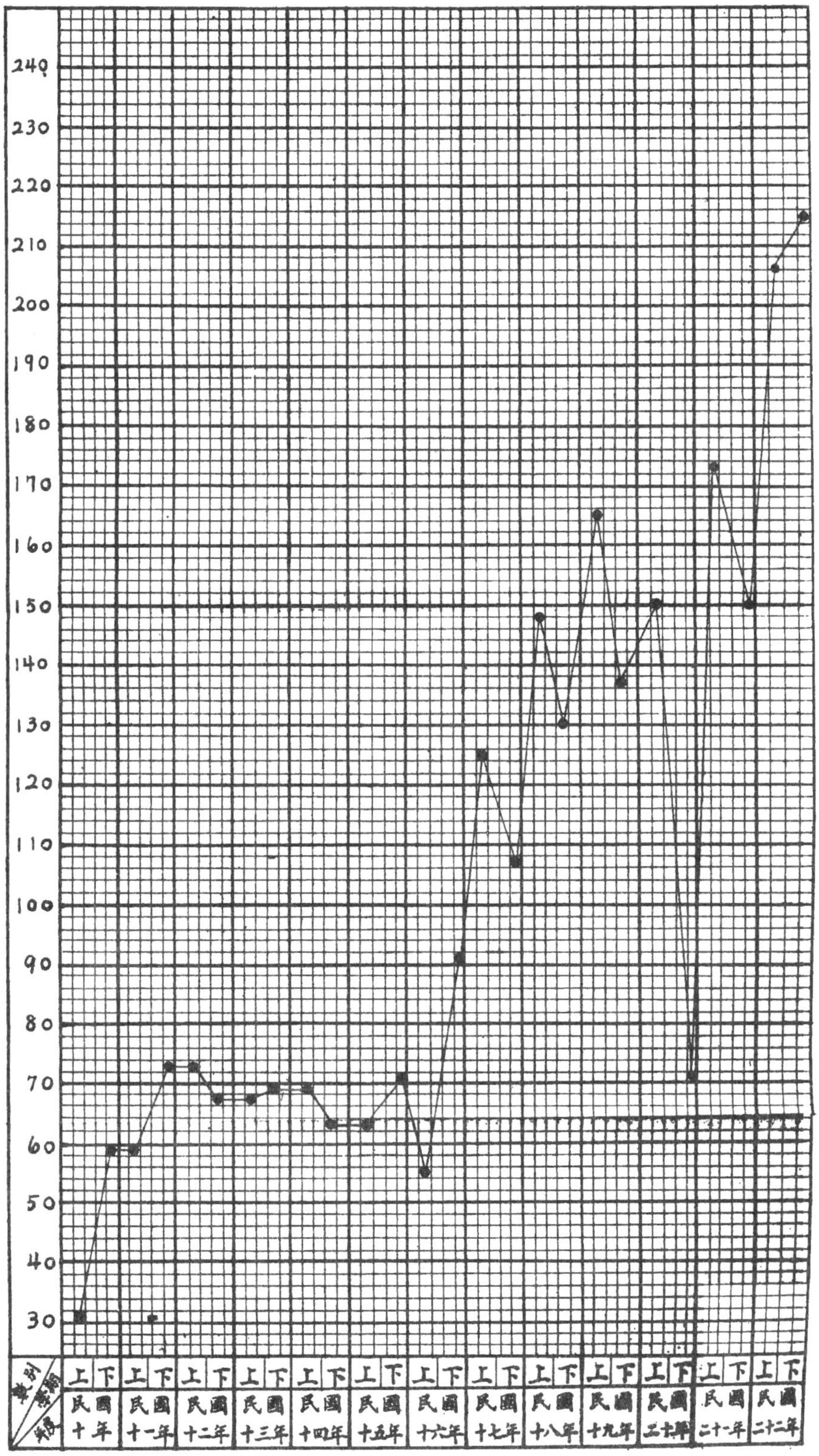

備註
民國二十年下學期因一二八戰事學生不能到校故人數驟減

本校歷屆畢業生比較表　附註：自第八屆起因受一二八戰事影響故畢業人數減少

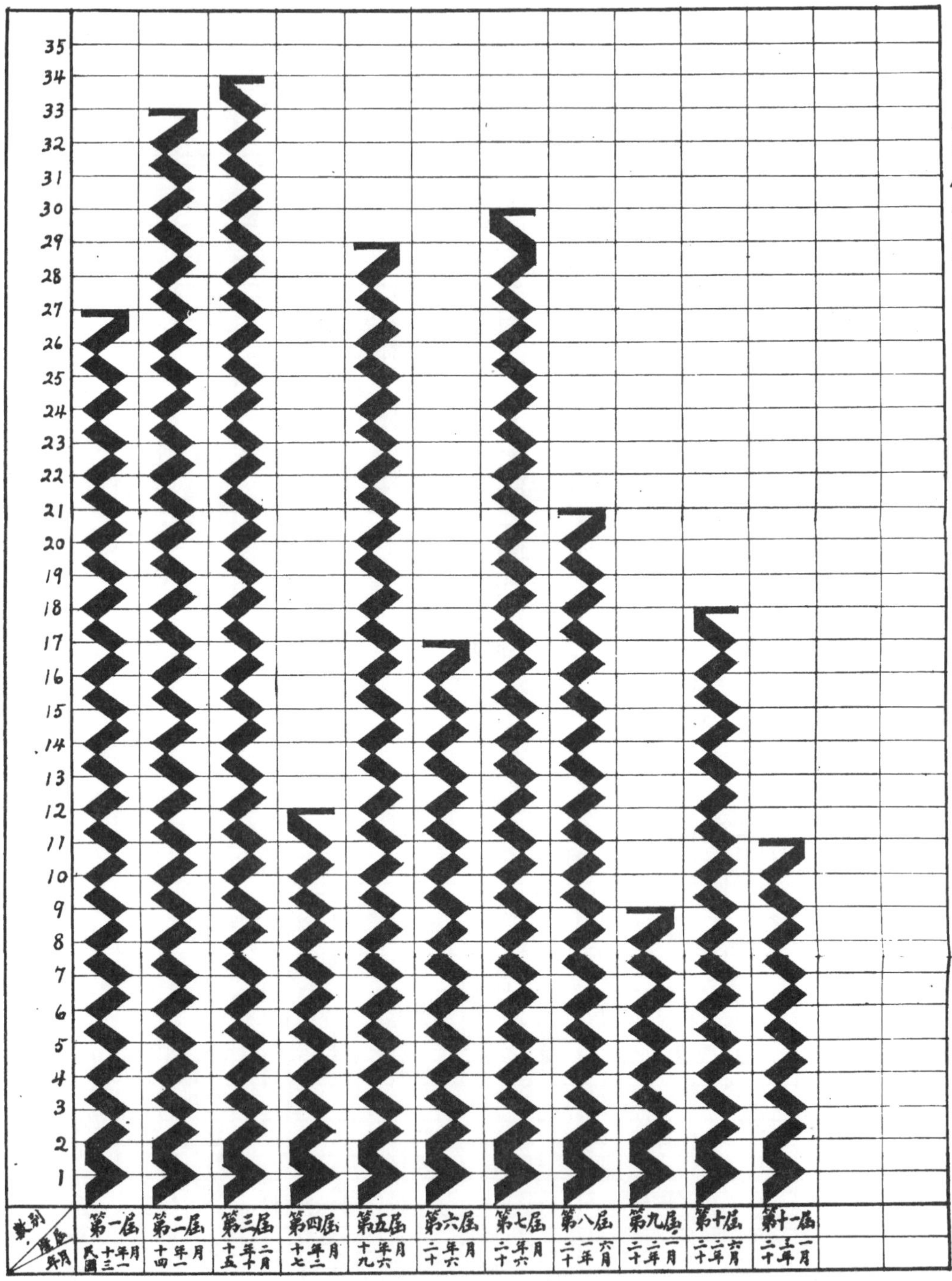

在校學生籍貫統計表

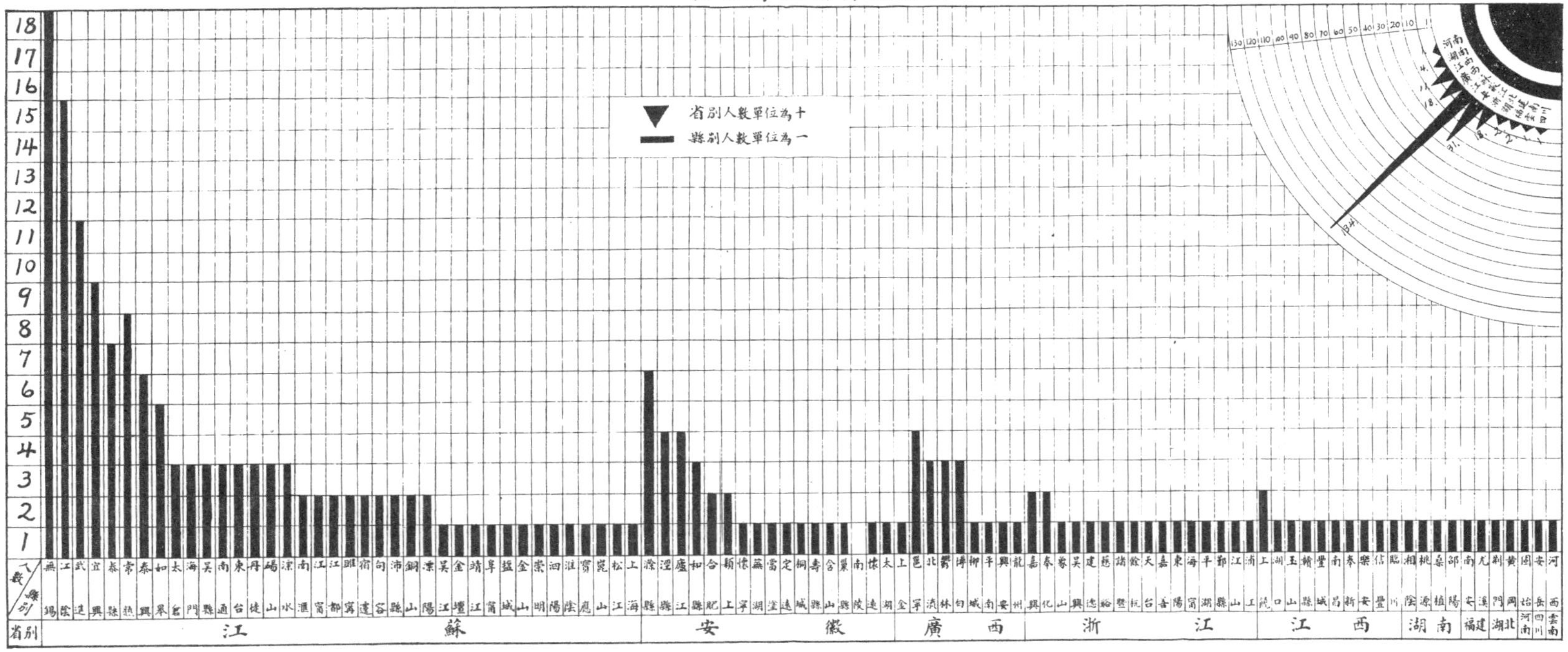

圖書館舊書比較表

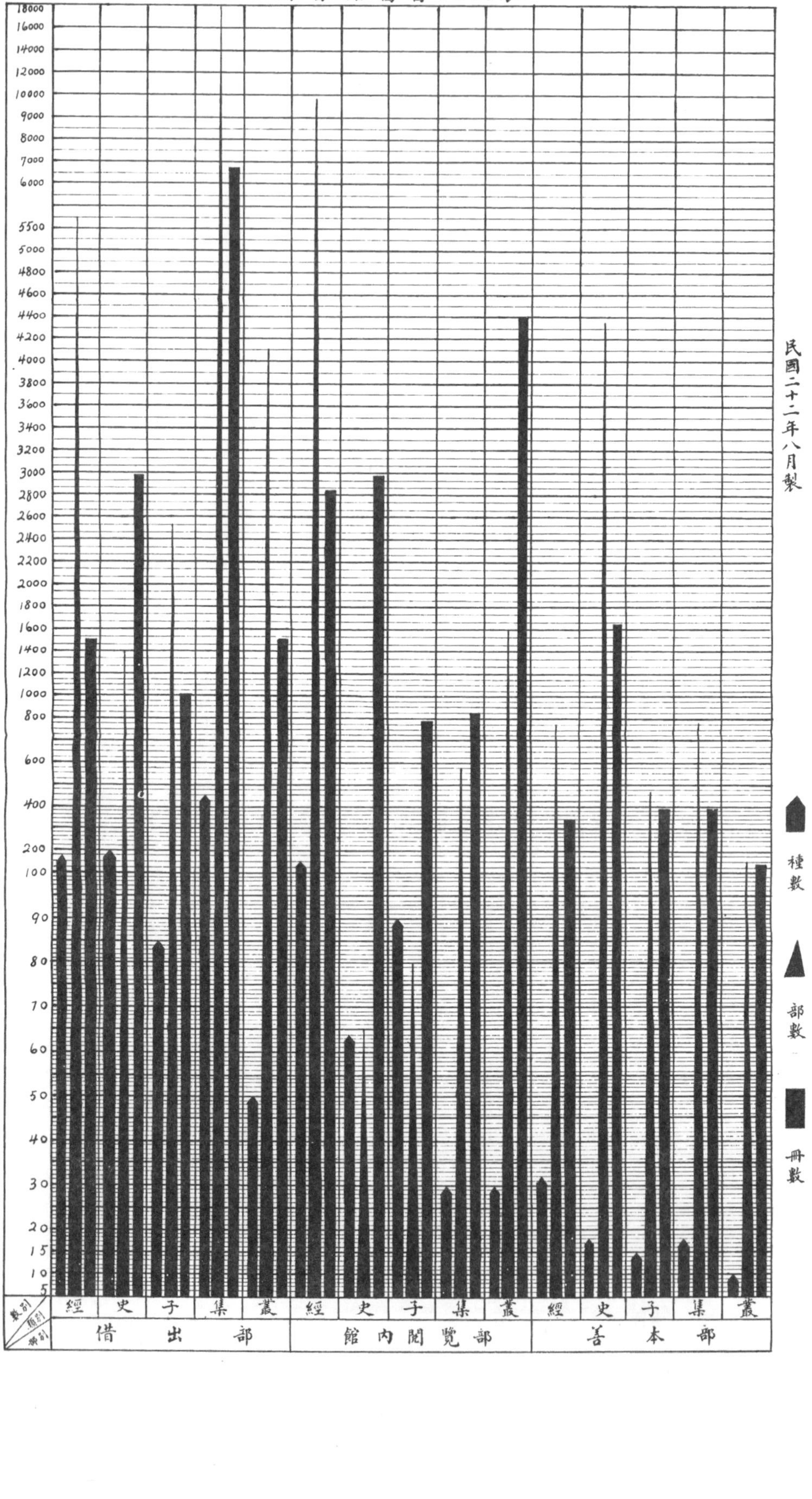
18000
16000
14000
12000
10000
9000
8000
7000
6000
5500
5000
4800
4600
4400
4200
4000
3800
3600
3400
3200
3000
2800
2600
2400
2200
2000
1800
1600
1400
1200
1000
800
600
400
200
100
90
80
70
60
50
40
30
20
15
10
5
數目
類別
部別
經
史
子
集
叢
經
史
子
集
叢
經
史
子
集
叢
借出部
館内閲覽部
善本部
民國二十二年八月製
種數
部數
册數

圖書館新書比較表

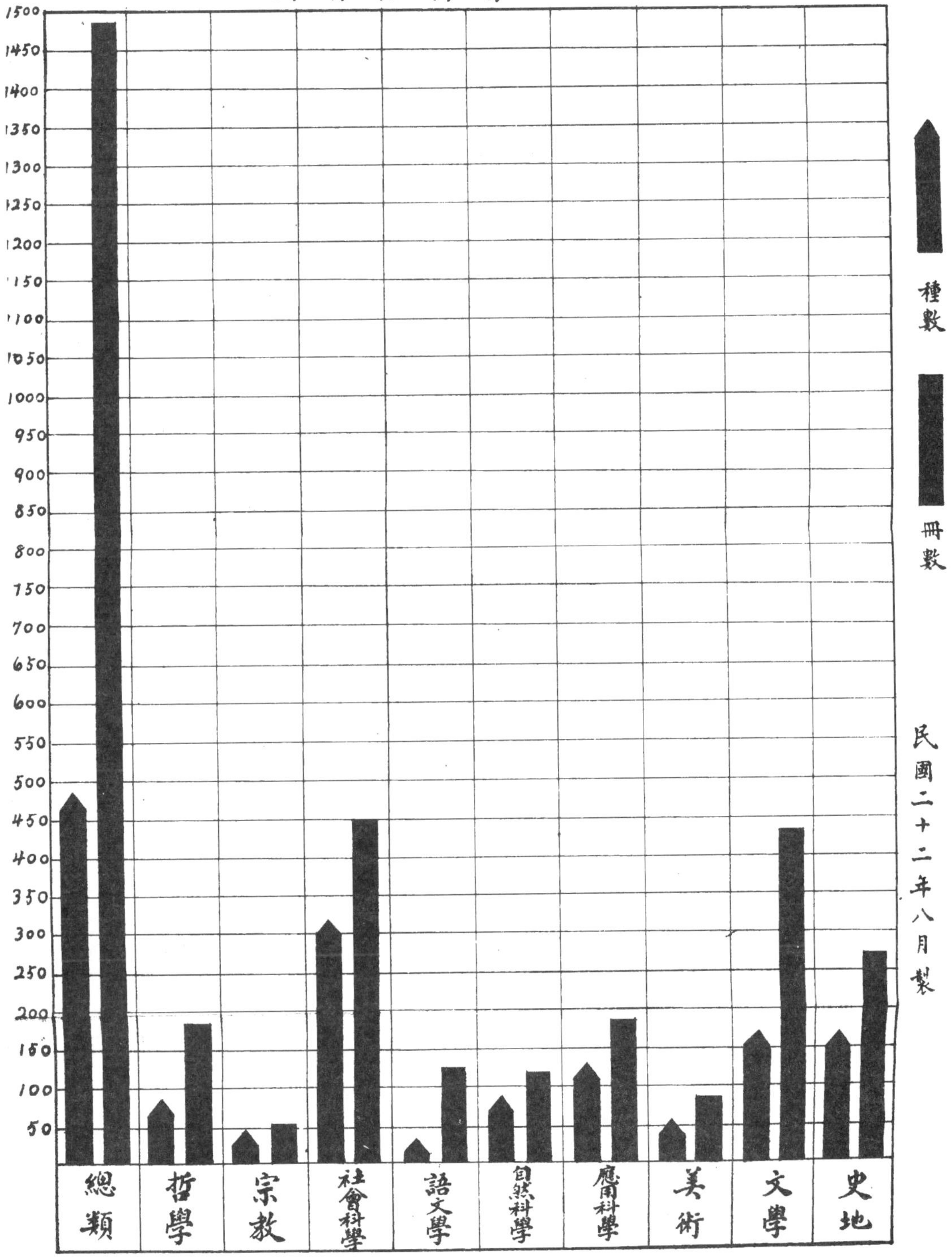
1500
1450
1400
1350
1300
1250
1200
1150
1100
1050
1000
950
900
850
800
750
700
650
600
550
500
450
400
350
300
250
200
150
100
50
總類
哲學
宗教
社會科學
語文學
自然科學
應用科學
美術
文學
史地
種數
冊數
民國二十二年八月製

歷屆畢業生一覽

第一屆畢業生以姓氏筆劃多寡爲次

姓名	字	年齡	籍貫	經歷	通訊處
丁天兆	子厚	三四	浙江餘姚	上海震亞織造廠職員	上海閘北西寶興路倫敦路震亞織造廠
丁儒侯	素堂	三七	江蘇泰興	曾任本校訓育員兼圖書館員 現在無錫錫鐘中學教員	泰興北門小橋下周用行轉
王鍾恩	仲雅	三四	江蘇崑山		崑山西塘街三四號
王鴻栻	式軒	三五	江蘇太倉	上海錢業中小學校教員	上海蓬路錢業中小校或太倉靑雲頂
王璿常	璞仲	三四	浙江嘉興	上海光華大夏大學教授	上海赫德路春平坊八四號
白盧	心齋	三六	江蘇武進	上海錢業中小學校校長	常州廟頭鎮或上海蓬路中小學校
吳其昌	子馨	三一	浙江海寧	曾任北平清華大學講師 現任武漢大學教授	武昌珞珈山武漢大學
政思興	起豪	三四	江蘇太倉	前任上海中國女子文學專校教員	太倉劉河
俞漢憶	志超	三一	江蘇無錫	廣西龍州省立第七中學教員	無錫藕塘橋或廣西龍州省立七中
侯堮	芸圻	三四	安徽無爲	北大女子文理學院教授	北大女子文理學院
袁鵬騫	怒飛	三四	江蘇崇明	上海錢業中小學校教員	崇明虹橋鎮或上海蓬路錢業中小學校

郭其俊	峻峨	三八	江蘇崇明	南京市立救濟院職員	崇明三橋鄉斜港或南京市立救濟院
陸呂年	師尚	三六	江蘇川沙	上海國醫學院經文公學教員	川沙城內金粟堂或上海盆湯弄經文公學
陸遵義	次雲	三四	江蘇太倉	上海錢業中小學校教員	太倉城內痘司堂街或上海蓬路錢業中小學校
陳寶恭	思恩	三二	江蘇無錫	上海經文公學教員	常州徐墅或上海盆湯弄經文公學
陳紹堯	慕唐	三八	江蘇鹽城	鹽城十四區公所職員	鹽城草堰口或上岡第十四區公所
唐蘭	立厂	三四	浙江嘉興	奉天東北大學教授	奉天東北大學
唐景升	堯夫	三三	江蘇南匯	上海錢業中小學校教員	浦東張江柵潤元藥材轉或上海蓬路中小學校
許師衡	心魯	三六	江蘇無錫	無錫梅園豁然洞讀書社教員	無錫北門外通匯橋
畢壽頤	貞甫	三八	江蘇太倉	上海經文公學校長	蘇州景德路一二四號或上海愛文義路一五〇號施宅
錢國瑞	鳳書	三八	江蘇無錫	前任無錫新安鄉行政局長	無錫巡塘鎮
蔣庭曜	石渠	三七	江蘇武進	上海交通大學教授	常州東青鎮代渡橋或上海交通大學
嚴濟寬	伯儔	三五	江蘇無錫	中央黨部祕書處幹事	無錫陸區橋或南京中央黨部
顧季吉	紹隨	三四	江蘇太倉	吉林永衡官銀號職員	太倉小西門街或吉林永衡官銀號

以上均於民國十三年一月畢業

第二屆畢業生

姓名	字	年齡	籍貫	經歷	通訊處
王道中	燿平	三四	安徽無爲	曾任南京務本墾植公司經理	南京道署街九號務本墾植公司
王震	子威	三八	江蘇武進	常州延陵中學教員	常州羊頭橋或常州延陵中學
朱宗洵	潤夫	三八	江蘇無錫	無錫揚名鄉志海小學校長	無錫方橋轉許富橋或揚名鄉陳大巷志海小學
李家俊	章民	三八	江蘇太倉		太倉瀏河新塘市
周天游	滌中	三六	江西臨川	曾任北平師範大學教授現任廣西政治軍校兼省立第一高中教員	江西臨川雲山市恆利貞號或廣西南寗省立第一高級中學
胡集勛	紹周	三二	江蘇寶應	寶應教育局科員	寶應城內朱家巷
姚繼虺	仲誥	三〇	浙江杭縣	肄業上海法學院	杭州臨平亭址或上海愛文義路眉壽里四七號
孫執中	道權	三三	江蘇寶應	蘇州桃塢中學教員	寶應朱家巷八字牆張宅或蘇州桃塢中學
孫品珩	卓吾	三二	江蘇太倉		太倉城內石皮街口
陸慶熙	揖文	三一	仝上		太倉城內痘司堂街
陳學裘	倘同	三〇	廣西北流	廣西南寗省立第一高級中學教員	廣西北流城大街或廣西南寗省立第一高級中學
陳渭犀	鑑亭	三六	江蘇高淳	高淳東壩縣中教員	高淳東壩或東壩縣初中
陳雪艇	鐵眞	三三	江蘇武進	上海錢業中小學校教員	常州北大門篦村裕豐號或上海蓬路錢業中小學校
陳拔彰	實夫	三三	廣西北流	曾任廣西北流陵城中學教員	廣西北流蘿村

無錫國學專修學校概況

徐靖瀾	少陵	三四	安徽無爲		無爲草市共興煙莊轉或南京水西門外上新河螺絲橋中和堂藥號轉
徐世城	萬里	三三	江蘇無錫	上海中國運輸堆棧職員	無錫顧橋下或上海小沙渡中國運輸堆棧
黃希眞	璞厂	三四	安徽無爲		無爲皇華坊
馮勵青	勖純	三〇	江蘇武進	上海錢業中小學校教員	武進余巷或上海蓬路錢業中小學校
楊焱	頌華	三四	江蘇太倉	上海南洋中學教員	太倉毛市鄉或上海龍華路外日暉橋西南洋中學
秦艾三	火臺	三三	江蘇江甯		南京西門陳家牌坊二二號
楊仁溥	克念	三五	江蘇無錫	上海法學院法學士現在無錫執行律師職務	無錫陸區橋或城內新生路楊仁溥律師事務所
劉文灝	瀚修	三二	江蘇江陰	曾任上海南洋中學教員現任無錫普仁慈善會養眞學校教員	無錫北瀰鎮或城內希道院巷普仁慈善會
錢定安	靜遠	三一	江蘇無錫	上海正風文學院教授	無錫洛社南雙廟或上海正風文學院
蔣天樞	秉南	三一	江蘇豐縣	遼甯第三高中教員	豐縣城內棋杆街蔣寓或遼甯第三高中
蕭雋亮	國英	三八	江蘇武進	常州延陵中學教員	常州奔牛鎮通裕號或常州延陵中學

以上均於民國十四年一月畢業

何葆恩	芸孫	三三	江蘇常熟	曾任本校訓育員兼圖員現任江蘇省政府財政廳科員	常熟城內草蕩八號
施秉鋆	頌平	三二	江蘇太倉	無錫江南中學教員	太倉南牌樓或無錫江南中學
黃謨秦	淵卿	三三	江西臨川	江西吉安省立五中教員	江西臨川李家渡轉許家渡或吉安省立五中

四

黃謨沁	深卿	三〇	仝上	前任厦門集美中學教員	江西臨川李家渡轉許家渡湖西村
蕭詠南	舜翠	三四	江蘇高淳	東壩縣立初中教員	高淳東壩曹雍昌行或東壩縣立初中
嚴雲鶴	沛棠	三三	江蘇武進	上海錢業中小學校教員	武進西夏墅同春藥號或上海蓬路錢業中小學校

以上均於民國十五年一月畢業

第三屆畢業生

姓名	字	年齡	籍貫	經歷	通訊處
丁儒珍	玉如	三一	江蘇泰興		泰興北門嚴家巷馮雨亭轉
王志熊	禹九	三七	江蘇崇明	前任川沙建設局職員	崇明南堡鎮
王士培	浙明	三一	浙江杭縣	上海上南川鹽公堂職員	上海十六鋪上南川鹽公堂
王承堪	守根	二七	江蘇太倉	前任上海實學中學教員	太倉劉河河西街
印文燦	醉棠	三三	江蘇泰興	前任泰興縣黨部幹事	泰興焦家邊應曉莊
安鍾群	雲五	三五	江蘇無錫	上海市公局用科員	無錫安鎮或上海斜橋市公用局
李耀春	和卿	三〇	仝上	上海法學院法學士現任無錫錫鐘中學教務主任	無錫開化鄉周潭橋或無錫錫鐘中學
吳鴻璋	大聲	三一	江蘇鹽城	上海法政大學法學士	鹽城上岡朱義和號
周岐	昌明	三六	江蘇無錫	前任上海錢業中小學校教員	無錫玉祁

無錫國學專修學校概況

周渭泉	永清	三四	仝上	曾任無錫縣立初中教員現任無錫錫光中學訓育主任	無錫南門外華大房莊或無錫錫光中學
金鳳鳴	仞千	三三	江蘇崇明	崇明縣立初中教員	崇明城內東門街或崇明縣中
易義	象明	三〇	江蘇南通		南通西亭北二總渡
芮良珍	聘之	三五	江蘇高淳		高淳城內芮宅
胡沭堯	葆初	三〇	安徽無爲		蕪湖荻港吳同興煙莊
夏敷章	祖禹	三三	江蘇武進	無錫競志女學教員	無錫戴溪橋瞿家巷或無錫競志女學
孫學靜	繩祖	三一	仝上	安徽蒙城菸酒局職員	常州東門政成橋一〇一號或安徽蒙城菸酒局及蚌埠三河尖督銷局
張壽賢		三〇	仝上	中央黨部幹事	東橫林昌泰布莊或南京中央黨部
張文郁	從周	三二	江蘇高淳	東壩縣立初中教員	溧陽東壩李廣泰轉安興戴延記號或東壩縣中
張述明	子容	三四	安徽南陵	南京中央大學教授	南陵青弋江王同春轉或南京中央大學
陳起予	覺先	三〇	廣西北流	廣西興業中學教員	廣西北流蘿村或廣西興業中學
陳起紹	介之	三〇	仝上	北流陵城中學教員	廣西北流羅村或北流陵城中學
徐玉成	湘亭	三〇	江蘇武進	無錫江南中學教員	戚墅堰或無錫江南中學
徐輿		三一	江蘇寶應	前任上海總商會職員	上海辣斐德路成裕里十號
倪殿揚	鐵如	三一	江蘇無錫	無錫江南中學教務主任	無錫巡塘鎮或無錫江南中學

六

倪可均	志平	二九	仝上	濟南茂新第四麵粉廠職員	無錫巡塘鎮或濟南茂新第四廠
莊錫元	彝鼎	三〇	江蘇武進	武進坂上公立初級小學教員	武進坂上鎮
黃文中	吉厂	二九	安徽無爲	前任南京務本墾植公司文牘	無爲皇華坊
黃雨播	魯浛	三二	江蘇鹽城	廣州中山大學歷史語言研究所畢業	鹽城進化書局
趙履坦	康莊	三四	江蘇無錫		無錫洛社鵝子岸或城內駐驄橋楊宅
劉作邦	頌魯	三四	仝上	曾任私立無錫中學教員	無錫周橋或陸區橋轉
錢尊孫	仲聯	二七	江蘇常熟	上海大夏大學教授	常熟章家角或上海大夏大學
謝宗元	念修	三七	江蘇無錫	前任無錫十七區助理員現任無錫縣初中教員	無錫周橋或縣立初中
龐天爵	澹人	三一	江蘇常熟	曾任廣西桂林國民中學校長上海聖母利亞女校教員現任上海南方中學太湖中學教員	常熟西塘橋

以上均於民國十五年十二月畢業

第四屆畢業生

姓名	字	年齡	籍貫	經歷	通訊處
丁漢英	次咸	三〇	安徽無爲	南陵教育局科員	蕪湖開城橋或安徽南陵教育局
王樹槐	世澤	二七	江蘇武進	前任桂林國民中學教員現任靖江縣立女中教員	常州奔牛王瑞豐號或靖江縣立女中
周袒旦	希晦	二九	廣西容縣	廣西容縣都嶠中學教員	廣西容縣靈山盧同益號轉六查或容縣都嶠中學

周達泉	淵博	二七	江蘇無錫	上海申新紡織七廠職員	無錫華大房莊或上海楊樹浦申新七廠
徐廼昌	縵華	二八	江蘇鹽城	鹽城教育局科員	鹽城吳家牌坊
徐友三		二七	江蘇無錫		無錫寨門轉滸村
柴壽煦	韻和	二七	江蘇寶應		寶應北門內水門橋王震大轉
崔履宸	希拱	三〇	廣西容縣	廣西北流縣立一中教員	廣西容縣城內崔公館或北流縣立一中
章鵬若	扶九	二七	江蘇無錫	南京市教育局科員	無錫楊墅園或南京教育局
張惟明		二七	江蘇江陰	前任廣西容縣中學教員現任靖江縣政府第二科長	江陰猛將堂或靖江縣政府
許岱雲	宗嶽	三三	江蘇無錫	無錫江南中學訓育主任	無錫周新鎮或無錫江南中學
路式遵	籥食	二六	江蘇宜興	上海法學院法學士南京中央政治學校政治訓練班畢業	宜興白果巷二九號

以上均於民國十七年六月畢業

第五屆畢業生

姓名	字	年齡	籍貫	經歷	通訊處
丁學賢	迪豪	二五	安徽無爲	日本帝國大學研究院肄業	無爲一字城劉謙泰號
王冰川	天任	二六	江蘇丹陽		丹陽南門福成醬坊
王正氣	浩然	二九	江蘇高淳		高淳東壩王隆泰號

姓名	字	年齡	籍貫	履歷	通訊處
王紹曾	介人	二五	江蘇江陰	曾任上海商務印書館編輯現任本校圖書館管理	無錫轉璜塘
王祖蔭	文森	二五	江蘇無錫	上海徐士浩律師事務所文牘	無錫北門外布行弄王氏醫室或上海四川路徐士浩律師事務所
方驥齡	雲程	二四	江蘇江陰	江陰徵存中學教員	無錫祝塘或江陰徵存中學
孔令煥	成章	二四	江蘇高淳	曾任高淳清鄉局職員	高淳固城鎮朱森順號
朱星元	毅興	二三	江蘇宜興	上海金科中學教員	宜興大浦鎮或上海膠州路新嘉坡路金科中學
宋應宏		三〇	江蘇江陰	無錫劉莊小學校長	無錫璜塘錢隆昌號或無錫周橋劉莊小學
宋寶書	玉森	二九	江蘇鹽城	曾任上海勞動大學職員	鹽城岡門西公茂轉小宋村
吳世洪	雪齋	二七	江蘇海門	肄業上海法學院	海門大生三廠市場或上海江灣路上海法學院
柳　鐸	仲鐸	二八	江蘇鎮江	曾任鎮江公共汽車站文牘	鎮江新河街八五號
馬燮基	理臣	二五	江蘇無錫	曾任杭州電話局職員現任海州招商局職員	無錫西水關或海州招商輪船局
倪攀龍		二五	仝　上	曾任儀徵縣政府科長現任無錫慶豐紗廠文牘	無錫槐樹巷
翁以觀	智田	二四	江蘇武進	曾任無錫競志女學教員現任常州正衡中學教導主任	常州察院弄民元里或烏衣橋正衡中學
許壽平	成侯	二六	江蘇上海	曾任上海宏遠美術鑄金公司協理現任上海培明女校教員	上海大通路青雲里
黃聿祥		二六	江蘇鹽城	曾任上海東南女子體育專門學校教員	鹽城北溝墩鎮王裕興號
張功元	壽毓	二四	江蘇江陰	曾任南京內政部科員現任無錫縣公安局科員	江陰城內小塔巷一號或無錫縣公安局

姓名	字	年齡	籍貫	經歷	通訊處
張光昶	曜[illegible]	二九	江蘇江陰	崇明新民中學教員	無錫璜塘萬和燭號
張浩鎮		二六	江蘇無錫	曾任無錫南門實驗民衆教育館職員現任民衆教育學院職員	無錫西門外棉花巷九十九號或省立民衆教育院
馮新巽		二六	仝上	無錫江南中學教員	無錫南門外清名橋下塘
過瑞炯	養和	二六	仝上	無錫培南中學教員	無錫南門外培南中學
鄒靜九		三〇	江蘇武進	常州延陵中學教員	常州東戴鎮或常州延陵中學
趙榮長		二四	江蘇江陰	曾任上海商務印書館編輯現任國民政府參軍處總務局科員	江陰西大街永裕衣莊對門
巢箴	叔傑	二七	江蘇武進	曾任宜興精一中學教員現任海門錫類中學教員	常州奔牛西夏墅或海門錫類中學
錢鍾夏	禹謩	二六	江蘇無錫	曾任上海商務印書館編輯現任無錫輔仁中學教員	無錫西門日暉巷
蔣庭海	克明	二九	江蘇武進	常州貧兒院教員	常州東青鎮代度橋
蔣庭榮	毅厂	二五	仝上	上海經文公學教員	仝上

以上均於民國十九年六月畢業

第六屆畢業生

姓名	字	年齡	籍貫	經歷	通訊處
毛鵬基	希逵	二六	江蘇宜興	上海商務印書館職員	宜興楊港鎮天順號或上海林肯路華豐鑄字廠
史秩甫	翰卿	二五	江蘇溧陽		溧陽上黃鎮汪森茂轉

吉向榮	吉父	三一	江蘇泰縣		泰縣溱潼闕村
李希白	銷華	二五	江蘇溧陽		溧陽
何德培	梅生	二四	浙江海甯	本校圖書館管理員	浙江硤石西南河保守坊六四號或上海法租界小北門外惠順里四號
沈貫之	華清	三〇	江蘇宜興	上海徐匯師範教員	宜興新莊街生生堂交或上海徐家匯徐匯師範
林達祖	涵齊	二三	江蘇吳縣	曾任天津大公報駐蘇記者	蘇州吳縣前西河九〇號
許明俊	農圃	二五	江蘇宜興	宜興報編輯	宜興大街豫和轉
濮書耕	硯稔	二七	江蘇溧陽		溧陽山下橋正泰號
張鍾鍼	錫君	二二	江蘇無錫		無錫圓通路張氏醫室
陸繼濂	溪清	二八	江蘇鹽城	曾任江陰徵存中學教員	鹽城高作陸家墩
陸寶和	致中	二六	江蘇南通	曾任私立無錫中學教員	南通唐閘陳園豐生糧行轉
梅儀年		二五	江蘇武進	武進中學教員	常州前北岸二九號或武進中學
湯客琴	鳴陵	三一	江蘇泰縣	上海滬東公學教員	泰縣溱潼開村或上海楊樹浦滬東公學
錢一如	士譔	二六	江蘇無錫		無錫華大房莊
盧國鈞	心竹	二六	江蘇南通		南通惠民坊西巷
薛桐軒		二九	江蘇啟東		啟東三星鎮

無錫國學專修學校概況

以上均於民國二十年二月畢業

第七屆畢業生

姓名	字	年齡	籍貫	經歷	通訊處
丁肇軒	述東	二九	江蘇鹽城		鹽城岡門張宏大號
白謙九		三二	江蘇武進		武進萬塔鎮
江鴻濤		二九	江蘇常熟		常熟沙州市南興鎮
李元樓	善夫	二五	江蘇鹽城		鹽城岡門養生齋轉周家伙
祝廷樞	星北	二五	江蘇無錫	曾任太平洋肥皂廠職員	無錫大河上三號
姚榜元		二三	江蘇武進	曾任江陰徵存中學教員	武進鄭陸橋
俞月秋	子懷	二七	江蘇無錫		無錫陸區橋
陸理誠	宗實	二四	江蘇武進	曾任鎮江職業中學教員	常州東下塘五九號
耿維賢	睎顏	三一	江蘇泰興		泰興北門萬資生藥號
陳炳元	汝鵬	二二	江蘇武進	南京航空測量學校畢業航空測量學校宣傳隊隊長	常州仁育橋龔家弄四號或南京航空測量學校
陳茂林		二八	江蘇溧陽		溧陽下壩鎮胡一美號轉許家埂
陳祖德		二八	江蘇武進		武進東青鎮

陳廷憲		二八	江蘇鹽城	曾任上海培明女校廈門集美學校教員	鹽城農民協會轉
陳學東	嘯青	二五	仝上	江蘇省立揚州中學教員	鹽城南門亭子巷東口八號或省立揚州中學
陳學斌		二七	江蘇江陰	曾任山東省立第二鄉村鄉範教員	江陰南街
郭則瀓	晴湖	二七	福建閩侯	私立無錫中學訓育主任	蘇州盤門師古橋四號轉或無錫羊腰灣私錫中
郭則清	小蘇	二四	仝上	上海持志大學法科肄業	蘇州盤門師古橋四號或上海江灣路持志大學
張良淇		二五	安徽桐城	曾任省立民衆教育學院職員	無錫北塘承裕街
張聯芬		二八	江蘇南通	曾任暨南大學附小主任	南通劉橋市
馮　拔	拔得	二五	廣西北流	廣西南甯省立第一高級中學教員	廣西北流振文書局轉或南甯省立第一高級中學校
程鵬搏	圖南	二九	江蘇泰縣	上海聖瑪利亞女校教員	鎮江口岸大泗莊高大成烟莊轉曹子莊
廣　健	健人	二七	江蘇金壇		金壇丹陽門街五六號
蔣立之		二六	江蘇武進	曾任上海聖瑪利亞女校教員 現任上海太湖中學教員	武進東青鎮
劉子厚		二六	安徽全椒		安徽全椒復興集
鄭廣華		二三	浙江海甯	上海文生氏英專肄業	浙江硤石方便弄南新裕祥京貨號轉或上海匯山路大連灣路文生氏英專
戴錫昌		二八	江蘇武進		武進奔牛湯莊橋
魏守謨		二八	安徽巢縣	日本帝國大學研究院肄業	安徽巢縣槐林鎮盛廣泰號

以上均於民國二十年六月畢業

第八屆畢業生

姓名	字	年齡	籍貫	經歷	通訊處
王道平		二五	江蘇武進	常州延陵中學教員	常州南宅公和號轉
李懷清	式夷	二八	江蘇泰興	鎮江縣黨部執行委員	泰興黃橋雙泰橋巫元泰號轉或鎮江縣黨部
吳毓麟	天石	二六	江蘇南通	南通縣立女子中學教員	南通西門外大木排巷四四號
周樹慈	倚梅	二七	江蘇太倉		太倉裕華綢莊轉
周繼昌		三〇	江蘇無錫		無錫張舍梅豐溝
范兆楨	翼華	二五	江蘇太倉		太倉沙溪長隆梅記
馬厚德		二五	江蘇吳縣		蘇州閶門外山塘街黃土橋航船
繆文達	雲溪	二三	江蘇江陰	北平國立圖書館館員	無錫北周莊謙泰恆號
葉潤青		二六	安徽秋浦		安徽秋浦
姚雲照		三〇	江蘇江陰	曾任無錫養正學校教員	江陰東門外太字圩港
崔竹生		二五	江蘇武進		常州奔牛湯莊橋轉張公橋
陳震		二六	安徽滁縣		安徽滁縣古樓官井巷

姓名	字	年齡	籍貫	經歷	通訊處
陳振東	枕亞	二五	江蘇東臺		東臺時堰市史家堡
戚元良	以貞	三〇	江蘇武進	無錫錫光中學教員	無錫禮社
郭則湘	衡九	二八	福建閩侯	曾任松江縣法院書記官 現在文生氏英專肄業	蘇州盤門師古橋四號轉或上海滙山路大連灣路文生氏英專
黃　棨	戟侯	二三	江蘇武進		常州東直街四六號
黃元亨		三一	江蘇沛縣	曾任福建福安縣政府祕書	沛縣大張寨濟生堂藥舖
曹廿霖	子章	三一	江蘇蘇錫		無錫周橋鎮
傅鴻漸	劍虹	三〇	江蘇東臺		東臺南安豐杜家巷杜龍伯轉
盛和鳴	聲伯	三〇	江蘇武進		常州大北門外潘市
蔣占梅		二八	江蘇宜興	曾任上海暨南大學附中教員	宜興鈕家村仁和堂
顧爾鉞	珥亦	三一	江蘇南通		南通西南營馮棋杆巷

以上均於民國二十一年六月畢業

第九屆畢業生

姓名	字	年齡	籍貫	經歷	通訊處
王玉衡	伯濬	二二	安徽無爲	上海持志學院法律系肄業	安徽蕪湖開城橋
徐　則	靜庵	二三	江蘇金壇		金壇吹鼓橋董宅

姓名	字	年齡	籍貫	經歷	通訊處
高君仁	伯仁	二五	江蘇碭山		碭山中山街恆聚號
高申第	也如	三一	江蘇嘉定		嘉定城內啓良學校轉
孫樹恩		二五	安徽懷遠	北平國立圖書館館員	安徽懷遠河溜
周明湘	楚卿	二五	安徽秋浦		安徽秋浦城內榮和號
徐靖坤	夢樵	二六	安徽無爲	北平國立圖書館館員	安徽蕪湖吉和街半畝園三號
竇　彬	劍影	二六	江蘇邳縣		山東郯城滂溝郵局轉郇樓或上海小沙渡路海防路安豐里707號
陳　猷		二八	江蘇高淳		高淳城內恆泰雜貨號

以上均於民國二十二年一月畢業

第十屆畢業生

姓名	字	年齡	籍貫	經歷	通訊處
丁舜年	箎孫	二五	浙江長興	吳興縣立女子中學教員	長興大西街或吳興縣立女中
王正履	旋伯	二二	江蘇江都	興化縣政府科員	鎮江轉嘶馬鎮或興化縣政府
周兌庵		二七	江蘇宜興		宜興計亭橋德源號
徐　義	仁甫	二九	安徽舒城		安徽舒城千人橋
倪志僩	瑟仙	二五	江蘇鹽城		鹽城新興市

俞振楣	子石	二五	江蘇金山	金山縣初中教員	松江干巷鎮或金山縣初中
孫謙六		二四	山東嶧縣		徐州壩子街榮茂生藥棧
屠　楨	致祥	二五	江蘇武進	上海美豐第四廠廠長	常州周線巷七二號或武進中學或上海美豐第四廠
黃姚棠		二四	江蘇宜興	滸墅關大有蠶校教員	宜興和橋春聚或滸墅關大有蠶校
楊炳方		二六	安徽無爲	曾任廣益中學教員 現任培風中學教員	安徽涇縣南街寶盛和轉
楊全綏		二五	江蘇溧陽	蘇州樂益女中教員	溧陽茂新號或蘇州樂益女中
鮑元豫	智孫	二二	江蘇丹徒	鎮江縣立女子中學教員	鎮江城內第一樓街三四號或鎮江縣立女中
戴宏復		二四	江蘇吳縣	上海持志學院法科肄業	蘇州柳巷八號或上海江灣路持志學院
薛玄鶚	思明	二五	江蘇吳縣	丹陽正則女中教員	蘇州同里太平或丹陽正則女中
錢緒堂		二五	江蘇常熟		無錫合興街
蕭佩三		二七	江蘇高淳		高淳滄溪蕭家灣
劉　瀠	筱園	三一	江蘇泰縣		泰縣溱潼鎮儲寶興銀樓
黃奉璋		二一	江蘇江陰		無錫轉西暘橋
陳士華		二二	湖南長沙		

以上均於民國二十二年六月畢業

第十一屆畢業生

姓名	字	年齡	籍貫	經歷	通訊處
于省年	永平	二九	江蘇泰興		鎮江轉口岸大泗莊德生藥號轉
王芊嘉	立方	二九	江蘇太倉		太倉西門內高橋南
朱裕昌		二八	江蘇常熟	南京清異小學校教員	常熟灣灣橋周宅轉
任穀	授經	二五	江蘇興化	浦東三墩鎮義務小學校長	興化東嶽廟橋南
余曉峯		二六	江蘇銅山		徐州城內鑰匙橋
吳德明		二三	江蘇松江		松江猪行街電報局隔壁
余沂	樂山	二五	安徽滁縣	浦東三墩鎮義務小學教員	滁縣烏衣張泰和
葉榮賓	勁秋	二四	江蘇泰興		泰興北門林仁和轉老葉莊
董道南	贊揚	二八	江蘇沛縣		沛縣西門內陳公順先生轉
臧鯤	天池	二五	江蘇宿遷		安徽五塘坡一號
顧永悌	尹甸	二二	江蘇南通		南通城內西大街九二號
蘇奎炳	涇川	二八	江蘇武進	南京東方中學教員	常州鄭陸橋鎮

以上均於民國二十三年一月畢業

已故畢業生

姓名	字	籍貫	畢業屆數
吳寶淩	雲閣	江蘇寶應	第一屆畢業
夏雲慶		江蘇江甯	第一屆畢業
楊養吾		江蘇無錫	第一屆畢業
鈕方義		江蘇興化	第二屆畢業
龔天玉		江蘇武進	第三屆畢業
施閑		江蘇海門	第五屆畢業
趙大觀	伯慈	江蘇鎮江	第七屆畢業
向長庚	夢白	江蘇宜興	第七屆畢業
陶存煦		浙江山陰	第八屆畢業

在校學生一覽

三年級

無錫國學專修學校概況

姓名	字	年齡	性別	籍貫	通訊處
王見久	夢周	二二	男	安徽滁縣	滁縣南街
王桐蓀	彤生	二一	男	江蘇江陰	江陰祝塘
顧伯榕		二三	男	江蘇武進	武進後菱蒲巷讓德里
卞玉麟		二四	男	江蘇海門	海門十二扺鎮瑞成昌轉
石巖	少逸	二三	男	江蘇海門	海門縣海新池街二號
汪兆成	韶九	二一	男	安徽滁縣	滁縣四牌坊
吳壽祺		二五	男	安徽涇縣	蕪湖轉涇縣茂林村學灌園
呂蘊華		十九	女	江蘇武進	武進雪堰橋或新庵巷二號
李步青		二五	男	江西湖口	九江廿棠南路四十九號
李灼華	子實	二五	男	江蘇泰縣	泰縣城南大泗莊郵轉花彭鄉
李穠	躍先	二五	男	湖南桃源	桃源東街德順福轉鄭河鄉三益謙號
周祥龍		二五	男	江蘇南匯	上海浦東卜沙鎮
徐振亞	西橋	二五	男	江蘇江陰	江陰西石橋徐廣億號
俞洛生	玄環	二二	男	江蘇宜興	無錫和橋

姚希曾	省三	二一	男	江蘇無錫	無錫胡埭
曹書坤		二四	男	江蘇武進	常州魏村范春和轉
張明凱	弛	二二	男	江蘇徐州	徐州西北鄉鄭集
張逸仙	嘉俊	二四	男	安徽合肥	安徽巢縣北門百二十七號
張建中		二三	男	江蘇碭山	碭山城内文明巷二號
張尊五	徽齡	二一	男	江蘇江陰	江陰大巷
程雅農	埜農	二五	男	安徽繁昌	蕪湖轉峨橋尚志學校
程詠沂	勇毅	二五	男	安徽定遠	滁縣正泰號轉天長集王元吉號
喬伯夷		二四	男	江蘇淮陰	清江浦南門卅號轉
華元龍	雲裳	二二	男	江蘇無錫	蕩口鎮
敬雲從	龍龍	二一	男	安徽和縣	和縣小西門敬森發號
聞駿材	豹龕	二三	男	江蘇太倉	太倉城内州西街
臧蔭篪	又怡	二三	男	江蘇宿遷	徐州東關灣益壽堂
劉幹	紹楨	二七	男	安徽懷寧	安慶西門外洪家鋪
樊恭煊	公宣	二五	男	浙江象山	甯波象山陳兆轉

鄭高崧	鎮亞	二四	男	江西玉山	浙衢轉玉山西門巫寓
錢宗元		二〇	女	江蘇無錫	無錫七尺場
盧景純	伯雅	二一	男	江蘇如皋	南通城南路二十三號通泰辦事處
顧增賢	敉頤	二一	男	江蘇太倉	太倉沙頭長隆協記
閻桂潘	樹屏	二八	男	碭山	碭山城內五槐巷

二年級

姓名	字	年齡	性別	籍貫	通訊處
王淵	素行	二〇	女	江蘇無錫	無錫石皮巷四號
王愼庵			男	江蘇東台	東台林家橋
任以鋼	秉成	二二	男	江蘇宜興	宜興大人巷十六號
向景華	鶴蓀	二一	男	江蘇江陰	江陰城內青果巷三號
東康	兆熊	二一	男	江蘇宜興	宜興城內青果巷十一號
吳覺成	志道	二五	男	安徽桐城	桐城北鄉麒麟橋
李亞崐	孤桐	二一	男	安徽滁縣	安徽滁縣公館巷第一號
李競西	韜哲	二三	男	雲南河西	雲南昆明市文廟西巷十四號

何濟勳	濟	二四	男	廣西上金	廣西上金縣正街
胡嘉烓	堯瑞	二三	男	浙江奉化	浙江奉化松林區方門通結埼
邵鴻勳	銘府	二六	男	江蘇碭山	碭山中山街永隆號轉
郝立人		二〇	男	江蘇鹽城	揚州東圈門大街六一號
徐林	孟武	二四	男	安徽廬江	桐城東湯池卅里埠
徐文淵		二三	男	安徽廬江	同上
徐炎文		二二	男	安徽廬江	同上
徐景賢	讓言	二四	男	江蘇宜興	宜興西庵巷光祿第
粟孚	次松	二二	男	湖南邵陽	上海麥特赫司脫路三四一弄八號
秦桂祥		二五	男	廣西博白	博白文橋街一號轉
唐建祖		二二	男	廣西邕寧	南寧共和路一四九號
張人駿	白厂	二四	男	江西贛縣	江西贛縣城內南大街一五三號
張如愈		二八	男	浙江天台	天台平鎮溪邊張
張葉欣		二二	男	安徽滁縣	安徽滁縣鼓樓街第八號
張惠藻		二二	女	江蘇無錫	無錫西城外壩東雁巷

童魁	紹鏡	二八	男	江蘇江都	鎮江北岸大橋鎮童家河
錢永之		二〇	男	江蘇無錫	光復門外張巷十七號
錢寶康	玉如	二九	男	江蘇常熟	常熟鹿苑東街
萬肇康	希齡	二三	男	江蘇泰興	泰興刁鎮樹德堂藥號轉
黃源澂	石溪	三八	男	江西豐城	江西樟樹鎮覷上圩洲上村
鄧怡惠	崇夏	二五	男	廣西柳城	大埔圩鄧和益
蔡成璋	玉輝	二五	男	江蘇宿遷	宿遷埠集
蹤寧八	正式	二六	男	江蘇沛縣	沛縣教育局轉
戴漢傑	裕仁	二六	男	江蘇溧陽	溧陽蹩橋莊廣大號轉
顧邁修		二五	女	江蘇吳江	盛澤北浜卅號
譚權		二三	男	安徽滁縣	津浦烏衣大生堂藥號轉
歐陽革辛		二二	男	廣西平南	廣西平南縣歐氏公館

一年級甲

姓名	字	年齡	性別	籍貫	通訊處
王卓如	立生	二三	男	江蘇常熟	常熟西門灣湧源號轉六房巷航

王國彪	炳文	一九	男	江蘇吳縣	蘇州古市巷九十一號
王惟遂	砯	二一	男	浙江吳興	吳興埭溪白道地
史惠南	惠儒	一九	男	江蘇宜興	宜興西尤場巷十號
包槐森	蔭庭	二三	男	江蘇武進	武進橫山橋
史龍雲	俊才	二六	男	江蘇宜興	宜興官村韶巷
任家梁	廈成	二二	男	江蘇吳江	上海法租界恩理和路卅號蘇州蕭家巷四十五號
吳方鈞	瑞孚	二六	男	浙江奉化	浙江湖州梅溪萃豐木行
吳自予		二六	女	四川安岳	無錫西水關堰橋南十一號
吳雨蒼	芋蒼	一九	男	江蘇蘇州	無錫槐樹巷三號蘇州花蓴里
邱茂森		二二	男	浙江龍游	龍游靈山芈大昌號轉寺下
宋恩培	紹周	二四	男	江蘇常熟	常熟鹿苑
吳梅溪	靖	二三	男	安徽和縣	江浦橋林鎮同昌和轉金城廟邵元成
金敬泰	亦旃	二一	男	江蘇常熟	常熟城內大步道巷
金漢聲	炅孫	二二	男	江蘇靖江	靖江南門內大街第四號
邱鏡平		二三	女	江蘇海門	海門三陽鎮邱氏醫室

無錫國學專修學校概況　二六

洪長佳		一九	男	安徽涇縣	上海新聞路福康里B字三六號
姚景文		二〇	男	江蘇溧水	溧水牛場口愼餘源醬園號
宮傳瓚	玉珊	二二	男	安徽懷遠	安徽蚌埠轉洛河街宮萬盛大房
孫易	百朋	二〇	男	安徽壽縣	壽縣梁家拐十一號
唐鼎新	益明	二三	男	浙江建德	建德大洋林益生堂轉交
倪雲裳		二〇	女	江蘇無錫	無錫槐樹巷
張可久	耐山	二〇	男	江蘇無錫	無錫張涇橋東街
陳松英	懷風	一九	女	廣西北流	廣西北流民樂郵局轉
陳起昌	參	二四	男	廣西北流	廣西北流民樂郵局轉
陳慧棠		二二	男	江蘇睢甯	睢甯傅仁和號轉交
康覦逵		二二	男	江蘇如皋	如皋薛庵郵局轉
陶鍾秀	君毓	二〇	男	江蘇無錫	無錫北門後竹場巷十三號
彭天龍	鶴濂	二二	男	江蘇金山	金山洙涇西市衛生藥材對門莊學淵轉
喬選	德江	二四	男	江蘇句容	丹陽寶堰鎮恆升茂布號交
葉煒白	嘯霞	二一	男	江蘇江陰	無錫楊舍葉宅

虞壽勳	仁齋	二三	男	江蘇金壇	金壇矢巷
楊德岷	陟崙	二六	男	江蘇東臺	東臺安豐鎮義昇恆號轉
潘振元	抱一	二四	男	江蘇常熟	常熟城內青果巷四十號
蔣家塤		二一	男	廣西北流	北流民樂來安轉
錢君白	潔人	一九	男	江蘇江陰	江陰布政坊巷
衛聲秀	仲實	二〇	男	安徽含山	蕪湖對江運漕鎮
錢韻蘭	可澄	二三	女	江蘇宜興	周鐵橋
謝之勃	惕齋	二一	男	浙江慈谿	浙江寧波六家埠
謝學裘	駿良	二〇	男	江蘇江陰	江陰城內文昌巷
戴傳安	筱堯	一九	男	江蘇鎮江	揚州粉粧巷二四號
韓寶榮		一九	男	安徽巢縣	蕪湖北岸河沿街二三三號
蘇瑩烜	景坡	一七	男	江蘇鎮江	鎮江演軍巷六號
顧士樸	芙初	一九	男	江蘇無錫	無錫城內獻喜巷顧宅

一年級乙

姓名	字	年齡	性別	籍貫	通訊處

于德淵	肇詒	十八	男	江蘇南通	南通城內順壽堂
方恭綏	履通	二一	男	江西南昌	九江丁官路八十九號
孔昭庚	西明	二五	男	江蘇泰縣	泰縣鐘樓巷
卞長鵬	展程	二〇	男	江蘇泰興	口岸大泗莊
卞敬業	勤生	十九	男	江蘇江都	嘶馬鎮南場
王纘武		二一	男	江蘇南通	南通西門祭壇巷
王宗禮	典三	二四	男	江蘇泰興	泰興河頭莊
王錫章	逸羣	十八	男	江蘇崇明	城內富民街
左桂華	又明	二三	男	江蘇泰縣	泰縣北門外萬泰菸莊轉忘私鎮
吳之英	紫豹	二一	男	安徽涇縣	蕪湖轉涇縣茂林村
何爲龍	肇祥	二五	男	廣西博白	博白東圩恆盛轉英橋同興隆轉六良村
沈錫九	禹章	二二	男	安徽潁上	潁上縣鹽店巷十八號
沈訒	希乾	二〇	男	江蘇上海	上海小西門江陰街祥齡里八號
武宗燦		二〇	男	江蘇銅山	徐州南門外奎西巷五十七號
徐恩濤	觀伯	二三	男	江蘇泰縣	泰縣北門外老漁行鎮

徐　谷	小陵	二三	男	江西上饒	上饒南鄉黃市鎮鄉村信櫃轉
陳玉清	潔瑜	二三	男	江蘇泰縣	泰縣西倉汪恆順轉
袁夢金	問月	二五	男	浙江諸暨	浙江諸暨江東袁同生堂
陸昌寅	義賓	二一	男	江蘇南京	南京城內馬道街
崔　龍	雲濬	一九	男	江蘇武進	武進城內公園路
章松齡		十九	男	浙江餘杭	浙江餘杭倉前
莫善述		二二	男	廣西博白	博白東圩恆盛轉英橋同興隆轉上埇村
覃克己		二三	男	廣西南寧	廣西南寧德鄰路世昌號轉四塘朝川學校轉交
葛昌基	建華	二一	男	江蘇溧水	溧水同人磁器號
楊家興	幼安	一九	男	江蘇溧水	南京安品街
楊同蘇		二三		江蘇如皋	如皋曹家巷一號
趙宗湘	鉄帆	二三	男	江蘇阜寧	阜甯東大街
趙家驥	德良	二二	男	江蘇泰興	泰興新鎮市轉
劉斯楠	梁選	二五	男	江西奉新	江西奉新木牌樓義孚煤油公司轉
錢大成		二〇	男	江蘇常熟	常熟西山塘涇岸

盧寄漚		二四	男	泰縣	泰縣城內大林橋
顧時		二二	男	江蘇武進	常州西門外夏莊橋
龔永日		二三	男	廣西興安	廣西興安大溶江陶惠昌號轉六洞東村

補習班

姓名	字	年齡	性別	籍貫	通訊處
刁宗道	希聖	二〇	男	江蘇鎮江	丹陽寶堰鎮魏義昌轉
王錫齡	鶴遐	二一	男	安徽潁上	皖北潁上醫學巷二十四號
江善明		二二	男	浙江嘉善	嘉善西塘江凝聚行
汪祖清	孟穆	十八	男	江蘇太倉	太倉高橋河沿
吳文殊		二一	女	浙江東陽	無錫皂莢弄十一號
吳家駒		十八	男	江蘇無錫	無錫廿露鎮後西街
吳樹宜		十八	男	浙江海寧	硤石鎮人和綢莊
李釗	希康	二一	男	江蘇東台	如皋角斜汪恆泰號轉
李櫟	阿愚	二一	男	江蘇江陰	江陰長壽鎮
李光九	野樵	二〇	男	江蘇東台	如皋角斜汪恆泰號轉

李士杰		二一	男	江蘇江陰	無錫后塍鎮九豐油廠交
周道心	小髯	二一	男	江蘇宜興	宜興蒲墅
周嘉志	義夫	二四	男	廣西鬱林	鬱林蒲塘圩善興店
姜浩生	鍊	二一	男	江蘇溧陽	溧陽恆升轉
姜於善	楚卿	二五	男	江蘇泗陽	宿遷大興集慶源轉
胡淵		二一	男	江蘇武進	武進潞城
徐璐	佩瓏	二六	男	江蘇淮陰	淮陰徐家溜郵轉
徐善同	舜揚	十八	男	浙江平湖	過家浜
秦久元		二〇	女	江蘇無錫	無錫盛巷橋下四十七號
郝玉儀		三五	男	江蘇寶應	寶應西槐樹街
宮白楚		二五	男	安徽懷遠	懷遠洛和街宮三和堂
桂博文		十九	男	湖北黃岡	無錫西塘墅
許浩福		十七	男	江蘇武進	武進南門外廟橋鎮王福昌號
郎擢西	檢亭	二三	男	廣西龍州	龍州南街
陸家雎	梁川	十七	男	江蘇崐山	蘇州陳墓鎮長橋堍

陳會瀛	堅明	二〇	男	安徽滁州	滁州南門口協泰祥糧行
陳顯道	天元	十九	男	江蘇如皋	如皋石家甸
張光旦	耀昇	十八	男	江蘇江陰	無錫璜塘萬和燭號
張廣生	燮	十九	男	江蘇如皋	如皋城內十字街張榮生雜貨號
詹世法	準平	二三	男	江西樂安	江西豐城東禪巷十六號
程鵬漢	倬雲	三二	男	江蘇太縣	口岸大泗莊高大成
萬鈞	叔衡	二四	男	江蘇太興	鎮江嘶馬鎮同泰昌
黃蘊眞		二一	女	江蘇無錫	無錫花園弄底頤護廬北街
黃麟瑋	滄浪	二三	男	廣西鬱林	鬱林城外怡昌店
趙俊龍	夢湘	二〇	男	江蘇鎮江	鎮江八和綢莊轉
廖犇	少華	二三	男	廣西南甯	南甯三戒街百草堂
樂燦文		二六	男	河南固始	固始西鄉迎沙集
鄭學弢	公略	十六	男	浙江嘉興	嘉興州東灣
鄭治垛	力拓	二二	男	湖南桑植	桑植西正街
鮑正鵠		十八	男	浙江甯波	上海東有恆路寶隆里四號

蔣鍾芳		二四	男	江蘇武進	武進南大街三十六號
劉慕萱		二四	女	安徽太湖	無錫西水關南九號裴宅
劉友益		二五	男	江蘇睢林	古邳慶豐號轉
劉鎮坤	定國	二六	男	江西信豐	信豐小江莊田園黃生發號轉
魏恆葆		二二	男	安徽蕪湖	蕪湖中山路鴻泰昌號
蕭　拱	洪邁	二一	男	江蘇常熟	常熟虹橋下塘
過悟新		二〇	女	江蘇無錫	無錫中市橋上塘二十六號
余漱石		十九	女	江蘇無錫	無錫打鐵橋日升山房內
龔其華		二四	女	江蘇無錫	無錫三下塘五十八號
周書誥	儒欽	二〇	男	江蘇江陰	無錫顧山蔚盛祥內又本城公園路金子英內
陳其昌		十八	男	江蘇無錫	無錫大婁巷四十五號
陳新猷		二〇	男	江蘇江陰	常州北門外石莊鎮又無錫留芳聲巷十七號
金尚與		二〇	男	江蘇江陰	常州北門外石莊鎮
胡尚志		二一	男	江蘇無錫	無錫南門外板橋鎮仙河頭
梁立楷		二五	男	廣西邕甯	邕甯良慶代理郵務

馮庸之		二〇	男	江蘇江甯	南京府西大街馮萬金雙號
芮剛	立鈞	二〇	男	安徽當塗	南京南門外義倉巷
劉一先		二三	男	江蘇江甯	南京評事街一六四號
金志勉		二一	男	浙江浦江	浦江孝門橋轉盧溪
戴雙倩		十八	男	安徽盱眙	南京古鉢營八號
烏嗣忠	彝銘	二四	男	江西臨川	南京鼓樓二條巷
周少雲	曉風	十九	男	安徽合肥	南京邊營五十八號
虞念祖		二〇	男	江蘇常州	常州瞿家巷
胡一德		十九	男	江蘇南滙	上海浦東下沙
吳希陶	繼潛	二〇	男	江蘇江陰	無錫顧山裕大廠內
徐琚		十九	男	浙江江山	浙江江山城內慶仁堂號轉
洪祖邁	聿幹	二二	男	福建尤溪	福州尤溪
張懷民			男	安徽和縣	和縣萬家街二號
祁維谷		二三	男	江蘇常熟	常熟大義橋趙恆豐花邊公司

職教員通訊處補遺

馮　振　廣西北流西山郵局轉山園
陳鼎忠　長沙靖港轉朱良橋乾豐祥
葉長青　福建福州鋪前頂程厝衕七號
陸修祜　太倉城內小月池
甘豫源　無錫社橋省立教育學院
吳良澍　無錫小婁巷三十九號
孫家復　無錫迎溪橋
高文海　無錫歡喜橋
王紹曾　無錫轉璜塘
何德培　浙江硤石西南河保秀坊
姜謀深　崑山張浦鎮
黃彬昌　太倉城內縣署西首

無錫國學專修學校規程

無錫國專 編

《無錫國學專修學校規程》，無錫國學專修學校編輯、發行，無版權頁。據書中内容判斷，此規程應編印於民國十九年（一九三〇）初。

《無錫國學專修學校規程》之主要内容有沿革、大事記、校董會章程、現行組織大綱、入學規程、學課規程、試驗規程、考查學業規則、發給修業證書條例、辦理請假缺席規則、操場規則、講堂規則、管理規則、圖書館簡章、圖書館任務細則、圖書館借閲條例、校董一覽、教職員一覽、畢業生一覽、在校學生一覽、附修改考試章程等。在上述内容中，『沿革』與『大事記』爲無錫國專自民國九年（一九二〇）十二月至民國十九年（一九三〇）一月辦學大事之簡記。民國十六年（一九二七）七月，無錫國專成立學校董事會。本《規程》中之『校董會章程』，規定校董會分經濟及教育兩股，『經濟股以經濟董事十人組織之，負保管學校財産及支配學校經濟之責任。教育股以教育董事十人組織之，負學校教育計劃及指導實施之責任』。在『現行組織大綱』中之『宗旨』條云：『本學校宗旨在研究本國歷代文化，討論其得失，期與世界文化有所貢獻。』這一陳述表明：在立案轉制以後，無錫國專的辦學宗旨已有所變化。在『學課規程』中，則云：『參照國立大學文學院中國文學系各項必修、選修學程，務期本院畢業諸生程度與國立各大學文學院畢業程度相當。』

無錫國專於民國十七年（一九二八）九月被國民政府教育部批准立案，並於民國十九年（一九三〇）一月，奉教育部令，由原先之無錫國學專門學院改名爲無錫國學專修學校，表明該校從此納入國家高等教育之正規體制。在此過程中，該校訂立一系列規章制度，在管理體制、課程設置、教學内容等方面，與批准立案前相比，皆有較大之變化。而這一系列之規章制度，皆較完整地收録於本《規程》中。

本書據原刊本影印。

（劉桂秋）

無錫國學專修學校規程（附概況）

無錫國學專修學校規程（附概況）目次

二

圖書館簡章
圖書館任務細則
圖書館借閲條例
校董一覽
教職員一覽
畢業生一覽
在校學生一覽
附修改考試章程

二

沿革

自民國九年冬錢塘施先生省之等、發起創辦國學專修館、期發揚國華、振我漢聲、呈報立案、延聘唐先生蔚芝任館長、先生以親老在堂、不忍遠走京師、却之、施先生乃創辦于無錫惠山之麓、翌年春正月之元日、遂正式開學、嗣由錫人孫先生鶴卿、苦惠麓租屋之陋、乃相宅于學宮尊經閣舊址、建築教室、並由施先生省之另建宿舍、落成、由縣公署函請本館遷入、十六年、改名爲國文大學、因時局影響停課、旋國民政府成立、由董事會議改名爲國學專門學院、呈請教廳並中央大學備案、十七年春、擴充校外宿舍、夏四月、中央大學派員汪東寶王瀣、審查本院狀況、回京復呈、極稱辦理完善、六月、大學院復特派柳貽徵薛光錡蒞院調查、呈報大學院、辦理合法、批准立案、十八年春、成立經濟董事會、建築圖書館、秋雙十節落成、由陸先生勤之、將歷年收藏北京國學專修總館圖書、暨太倉家藏舊籍、前後捐存乙萬五千册、歷次招生八屆、已畢業者四屆、十九年一月奉教育部令改名私立無錫國學專修學校、參照大學規程之第五章專修科辦理、

二

大事記

施省之先生捐撥經費創辦國學專修館延請唐蔚芝先生爲館長民國九年十二月

呈報立案定名爲無錫國學專修館議定館章聘請朱叔子陸景周兩先生爲教授沈健生王慧言兩先生爲職員賃館舍于惠山招收第一班學生三十人九年十二月

行開館禮十年一月

刊印十三經十年二月

孫鶴卿先生重建尊經閣設立教室並由施省之先生另建宿舍由縣公署函請本館遷入十年十月

聘請陳柱尊先生爲教授十年十月

招收第二班學生三十八人十年十二月

招收第二班插班生十四人十二年三月

選印館生成績錄初編十二年六月

派遣高材生五人赴寶應鈔朱子全集校注十二年十月

舉行第一班學生畢業禮共三十八人並印講演集初編十三年一月

招收第三班學生三十八人十三年一月

舉行第二班學生畢業禮共二十七人並印講演集二編十四年一月

三

招收第四班學生三十八人十四年一月

補行第二班插班生畢業禮共六人十五年一月

選印館生成績錄二編十五年一月

舉行第三班學生畢業禮共三十四人十五年十二月

招收第五班學生四十二人十六年一月

提高程度改名爲國文大學十六年三月

以時局影響停課二月十六年四五月

奉　教廳令由縣政府出示保護開學十六年五月

院董事會成立議改名國學專門學院呈請　教廳備案十六年七月

第五班學生因上學期停課二月改爲秋季始業添招九人共五十一人十六年九月

聘請錢子泉先生爲教授陳柱尊先生辭職聘請馮振心先生繼任十六年九月

聘請錢子泉先生兼主任十六年十一月

招收第六班學生四十人十七年二月

聘請錢子泉先生爲教務主任馮振心先生爲院務主任高涵叔先生爲訓育並租校外宿舍十七年二月

參照國立大學文學院中國文學系各項必修選修學程務期本院畢業諸生程度與國立各大學文學

院畢業程度相當從下學期開始實行十七年二月

實行學分制規定三年畢業必修選修科至少讀滿百二十學分十七年三月

中央大學特派汪東寶王瀣兩先生調查本院狀况回京覆呈極稱辦理完善十七年四月

增設國技選科聘請徐哲東先生教授並舉行全體早操練習彈腿八字弓兩項十七年五月

大學院特派俞仲還先生蒞院監攷三民主義學生全體應試十七年六月

館主孫鶴卿先生病歿特開追悼會十七年六月

舉行第四班學生畢業禮共十二人給發修業證書者一人十七年七月

招收第七班學生五十八十七年八月

大學院特派柳貽徵薛光錡兩先生來院切實調查報告條例符合成績優良即于九月二十日批准立案十七年九月

教授徐哲東先生職員沈健生先生辭職聘請徐管略孫陛香先生繼任十七年九月

聘請劉覺民先生任黨義教授侯敬輿先生任國技教授十七年九月

院董會添聘經濟董事十八十七年十二月

院董唐保謙先生等提議在本院宿舍後空地建造鶴卿圖書館請程炳若先生總理其事遵依鶴卿先生遺囑補助本院三年經費共陸千伍百元移作建造圖書館經費十八年一月

五

遵照　教育部通令增加軍事教育訓練聘請史渭清先生教授十八年四月

舉行圖書館奠基禮十八年四月

招收第八班學生五十六人十八年八月

聘請單束笙先生爲教授十八年八月

軍事訓練教授史渭清先生辭職聘請蔡味畬先生繼任十八年九月

圖書館落成十八年九月

由北平太倉兩處先後運來圖書一萬五千册連同本院原有圖書六千册移庋新建圖書館舉行開幕典禮十八年十月

奉教育部令改名私立無錫國學專修學校參照大學規程之第五章專修科辦理十九年一月

校董會章程

第一條　本校董會以維持私立無錫國學專修學校振興學務發揚文化爲宗旨

第二條　本校董會分經濟及教育兩股經濟股以經濟董事十人組織之負保管學校財產及支配學校經濟之責任教育股以教育董事十人組織之負學校教育計劃及指導實施之責任

第三條　本校董會經濟及教育兩股第一任董事均由本校校長函請之教育董事任期兩年每年改選半數開常會選舉之連舉得連任經濟董事任期四年連舉得連任

第四條　經濟股及教育股各推主席董事一人各股董事各別推定之

第五條　經濟股董事每人每年担任學校經費五百元每年學校會計年度開始時繳納之

第六條　本校董會每年開常會一次於寒假前由校長商准經濟及教育二股主席董事召集之常會主席由出席董事臨時推定但出席常會董事不及十人時不得正式開會

第七條　除常會外校長商准經濟或教育股主席董事于適當時間得單獨召集經濟董事臨時會或教育董事臨時會經濟董事單獨開會時得由校長請教育董事兩人列席有表決權教育董事單獨開會時亦得由校長函請經濟董事兩人列席有表決權

第八條　學校教育方案未經教育董事會議通過不得實施年度預算及年度決算未經經濟董事會議通過經濟董事不負其責

第九條　關於經濟之議案須得經濟董事過半數之同意通過之關于一般之議案須得常會出席董事過半數之同意通過之

第十條　各股董事有缺額時由常會函聘補充之

第十一條　本章程有未盡事宜經常會議決得增加或修改之

現行組織大綱

一　名稱　定名爲無錫私立國學專修學校

七

二　校址　本學校設於無錫學前街

三　宗旨　本學校宗旨在研究本國歷代文化討論其得失期與世界文化有所貢獻

四　學制　本學校但設本科不設預科

五　學年　本學校采取學分制規定三年畢業必修選修兩科至少須讀滿百二十學分惟得由全體教授會議酌量增減之

六　組織　本學校組織分左列三項

甲　本學校設校長一人秉承校董會議決事項總管全校聘免教職員

乙　本學校設教務主任一人處理一切教務事項校務主任一人處理一切校務事項

丙　本學校教職員均爲校務委員凡遇校中較重要事務由校長臨時召集開會討論之開會時以校長爲主席議決後由校長執行之

七　會議　本學校采會議制設左列各會議

甲　校務會議　以校長暨各教職員全體組織之其會議事如左

一　教育方針

二　全校風紀

三　課程事項

四　考查學生成績事項

五　關於教授全體之重要事項

六　審定本學校畢業事項

乙　董事會議　以本學校教育股經濟股董事共同組織之其會議事項如左

一　提出本學校預算案

二　復核本學校決算案

三　建議本學校擴充事項

四　建議本學校設備事項

五　關于本學校招生事項

六　關于本學校教育計劃

八　圖書館　本學校所設之圖書館隸于教務處暫設管理員一人處理之

入學規程

第一條　各級學生須按照規定日期報到繳費

第二條　到校學生先至註册處領取到校証至會計處將應繳各費一律繳清

第三條　各學生應繳費項開列于左

九

一 學費 每學期三十元
二 講義費 每學期二元
三 雜誌費 每學期二元
四 運動費 每學期一元
五 僕役費 每學期一元
六 膳費 每學期三十元（或學生自理）
七 宿費 每學期六元（同上）
八 制服徽章費 每學期九元（同上）
九 書籍費 每學期十元（同上）

第四條 憑繳費收據領取課程表及上學期成績單
第五條 各級學生按照規定日期正式上課
第六條 因不得已事故不能如期到校者須來函請假（來函須掛號郵寄）
第七條 寄宿生憑繳費收據至庶務處辦理寄宿手續

附則

惟新生入學時應繳左列各件並手續

一　入學志願書

二　保證書（保證人須在無錫附近或通信便利之處）

三　至庶務處對驗相片

四　校對筆迹

學課規程

本校課程分必修選讀兩科學生在三年內至少修足必修科五十四學分選修六十六學分始得畢業

	甲　必修學程	學分	學期
1	中山學說	四	四
2	軍事訓練	四	四
3	國學概論	六	二
4	文學史綱要	六	二
5	文字學	六	二
6	修辭學	四	二
7	目錄學	六	二
8	散文選	十六	四

十二

9 韻文選	八	四

乙 選修學程

甲 義理類

子 經學

1 論語	三	一
2 孟子	四	一
3 孝經	一	一
4 易經	三	一
5 春秋公羊傳	三	一

丑 周秦諸子學

1 老子	三	一
2 莊子	六	一
3 荀子	六	一
4 韓子	三	一
5 墨子	六	一

6	管子	六	一
7	韓非子	四	一
8	公孫龍子	二	一
9	呂氏春秋	四	一
10	淮南子	六	一
11	論衡	四	一
寅	魏晋玄學	四	一
卯	隋唐佛學	四	一
辰	宋元明清理學	四	一

乙 辭章類

子	文學批評類		
1	文心雕龍	三	一
2	詩品	一	一
3	史通	三	一
4	文史通義	三	一

十三

丑 總集類

1	詩經	四	一
2	楚辭	三	一
3	文選	六	一
4	古文辭類纂	四	一
5	花間集	三	一
6	張惠言詞選	三	一
7	元曲選	六	一

寅 別集類

一 詩詞部

1	曹子建詩	三	一
2	陶淵明詩	三	一
3	謝康樂詩	三	一
4	李太白詩	四	一
5	杜少陵詩	四	一

十四

6 白香山詩 四 一
7 韓昌黎詩 四 一
8 李昌谷詩 三 一
9 李義山詩 三 一
10 蘇東坡詩 四 一
11 黃山谷詩 四 一
12 陸劍南詩 四 一
13 元遺山詩 三 一
14 南唐二主詞 一 一
15 柳耆卿詞 一 一
16 蘇東坡詞 一 一
17 秦淮海詞 一 一
18 周清眞詞 一 一
19 辛稼軒詞 一 一
20 姜白石詞 一 一

十五

21	吳夢窗詞	一	一
22	張玉田詞	一	一
二	駢文部		
1	庾子山集	四	一
2	徐孝穆集	三	一
3	張燕公集	三	一
4	蘇許公集	三	一
5	陸宣公集	三	一
6	洪北江集	四	一
三	散文部		
1	春秋左氏傳（附國語）	六	一
2	史記	六	一
3	前漢書	六	一
4	後漢書	六	一
5	三國志	四	一

6 南北史 六 一
7 韓昌黎集 四 一
8 柳柳州文 四 一
9 歐陽文忠公文 四 一
10 曾子固文 四 一
11 王荆公文 四 一
12 歸震川文 三 一
13 姚惜抱文 三 一
14 惲子居文 三 一
15 曾文正文 三 一

丙 考據類

子 經類
1 尚書 三 一
2 周禮 三 一
3 儀禮附禮記 六 一

十七

4	爾雅	四	一
丑	述學類		
1	亭林遺書	六	一
2	黃梨洲集	六	一
3	全謝山集	六	一
4	戴東原集	三	一
5	段茂堂集	三	一
6	錢竹汀集	四	一
7	汪容甫述學	三	一
8	士禮居題跋	三	一
9	顧千里集	三	一
10	魏默深集	四	一
11	龔定菴集	四	一
寅	札記類		
1	困學紀聞	四	一

2 日知錄 四一

3 十駕齋養新錄 四一

4 東塾讀書記 四一

試驗規程

第一章　試驗種類

第一條　本校試驗分左列四種

1 入學試驗

2 臨時試驗

3 學期試驗

4 畢業試驗

第二條　入學試驗由校務會議組織招生委員會於每學年開始以前舉行之

第三條　臨時試驗由各教授隨時舉行之每學期舉行次數視所授學程之學分多寡而定如一學分者每學期舉行一次兩學分者舉行兩次以上類推

第四條　學期試驗由校長會同教務主任及各教授於每學期之末舉行之試驗成績須與平時成績合併核計作爲學期成績

第五條　畢業試驗由校長呈請教育部派校內教授及校外國學有精深之研究者組織委員會舉行之校長爲委員長　畢業試驗即爲最後一學期之學期試驗但試驗科目須在四種以上

第二章　試場規約

第六條　上午考作文自八時半起至十一時半止下午考經義國學常識自一時起至三時止交卷過時者不錄取

第七條　于考試時由校長室逐次傳喚投考諸生口試

第八條　入場時除筆墨外不得攜帶片紙隻字

第九條　投考諸生應認定編號入坐不得亂次

第十條　不得交頭接耳不得喧譁

第十一條　投考諸生務宜于卷面照式填寫姓名並通信詳細住址

第十二條　投考諸生寫卷務用毛筆端楷不得潦草用鉛筆及墨水筆

第十三條　作論說以文言爲限文內應點句

第十四條　錄取新生于　　日　　時揭曉除本校榜示外通函告知

第十五條　上午十一時半論說考試完畢後齊集膳廳午餐務各帶投考憑單以便核驗

考查學業規則

第一條　學生成績以每學程平均六十分以上爲及格其不及格者分補考（六十分以下四十分以上）及補讀（四十分以下）二種

第二條　凡一學期內所習學分滿二分之一成績不及格者即令退學

不滿四十分之學程在二分之一以上者即令退學

不滿六十分之學程在三分之二以上者亦令退學

第三條　凡一學期內所習學分滿三分之一成績不及四十分者即令退學

第四條　所習學分如在任何學期有三分之一成績不及格者即令退學

第五條　不滿四十分之學程在三分之一以下者得補讀不滿六十分之學程在二分之一以下者得補讀之

第六條　補讀學程以一次爲限否則即令退學

第七條　學生上課時遲到及缺席由授課教員擔任記錄由訓育處按月登記並發表宣示

第八條　學生上課時遲到三次者當一次缺席算

第九條　學生因假缺席之數次滿每學程一學期授課次數三分之一者以休學論不得與學期攷試並不得補考（關于請假辦法另訂之）

第十條　學生因本身有病或因他種急務不能應學期考試者可以請假補考須于學期考試前具充分理由之憑證至註册處領取補考証自行塡寫補考各學程請求擔任教員簽字許可並經校長或教務主任復核交存注册處方爲有效

第十一條　凡不經請假補考手續辦理而不參與學期考試者不給學分並不得補考

第十二條　凡考試有夾帶傳遞各種舞弊情形者不給學分並不得補攷

第十三條　補考學程概在第二學期開學後一星期內由教務處排定考試時間舉行之臨補考未到者不論請假與否一律不得再行補考

第十四條　凡補考共考分須照八折計算

第十五條　凡一年學程上學期補考不及格者若因不得已事故請求留班試讀者須（一）考分在五十分以上（二）得校務會議及擔任教授之特許（三）最後成績須將兩學期成績平均計算（四）試讀時期中每次考試所得分數必須過六十分且超出之數至少等于上學期總

分不足六十之數

辦理請假缺席規則

第一條　學生因病請假者須至庶務處塡寫請假單聲明起訖（如本人不能辦理者可請人照此項手續代辦）

第二條　學生因事請假缺席在三小時以上須具充分理由及證據至訓育處核准再行塡寫請假單

第三條　因事請假繼續在二星期以上須具充分理由及證據呈請訓育處核准照章辦理外一面並函告該生家屬或監護人

第四條　已經准假之缺席時數不得隨意延長而必須續假者須再辦理請假手續否則作曠課論如未滿缺席時數而即行上課者須向註册處聲明更正

第五條　凡因請假而脫去小考者不得補考

第六條　不請假而任意缺席之學生達每學程每星期授課時數三分之一者一經查出即通報校長核辦

第七條　學生不請假而缺席之次數滿每學程授課次數五分之一者不得與學期考試並不得補考此項學分滿各項學分三分之一者即令退學

操場規則

第一條　操練所以熟習武藝强健身心凡在操場一切動作必須精神活潑紀律嚴肅以期符于軍事化

第二條　凡演習到場之諸生一律須著規定之制服受值日生之檢查

第三條　聞出操鈴聲須齊集操場由值日生檢查人數報告主教授

第四條　凡有疾病者除有醫士證明註册免操外如有臨時患病不能出操者務在出操前報告值日生

第五條　凡在操練中不得藉詞請假退操但因暴病遇及不得已時可據實報告當場教授靜候處理

第六條　操練時不得任意言動在解散休息時亦不得過于自便以肅綱紀

第七條　諸生對于各種指揮及講解得認眞留意如遇互相指揮時務各盡其責不得稍有苟且敷衍之舉動

第八條　在操場如遇本校校長時應聽在場教授之令按軍禮致相當之敬禮

講堂規則

第一條　每講堂設值日生一名按照以下各種規定切實履行之

第二條　凡聞上講堂鈴聲由值日生率各生挨次入座不得爭先恐後下講堂亦然

第三條　凡教授到講堂時諸生全體肅立致敬下講堂時亦然

第四條　講堂坐位須按照次第端坐面向教授凝神靜聽不得稍有倦容

第五條　教授未到講堂各生應在自己坐位溫習不得擅自離開

第六條　授課中除所授之課本外不得披閱他項書籍

第七條　在授課中各生如有疑難處應俟教授講畢立正質問教授如有詢問亦應立正致答

第八條　各生不得擅自離位如有不得已事故或臨時發生疾病須先報告得教授之許可始得他走

第九條　自習時除定時刻外不得高聲朗誦及互相談論即彼此研究功課亦須低聲以免擾害他人

第十條　凡講堂需用品由值日生暨級長負領發全責

第十一條　講堂內之清潔整理須由值日生負指揮校役之完全責任

管理規則　請假

第一條　凡學生因病或重要事故不能上課者非經訓育處准假不得擅自曠課或離校

第二條　學生因家中要事或父母有病請假者應將家信呈驗由訓育處分別酌予假期但回校不得逾規定時日

第三條　學生有因患病須回家調治者經醫士證明後方准回家如假滿未愈得由該生家長來函續假

第四條　例假日星期日及星期六午下課畢出外者但須于　註册簿上簽例假字樣當晚七時前必須

回校住宿若由家長預先函請准其留宿家中不在此例

第五條　請假外出逾期不歸或例假外出于翌日未能趕到上課者作曠課論

第六條　無故曠課及不遵本章程上列各規則者分別加以懲戒

第七條　請假或曠課至二星期以上者該學期則令休學

第八條　凡有要事外出者必須于請假單上填明事由及時間核准註册于每週間請校長及主任查核時數至多不得過三小時每月內事假不得過四次

第九條　請假時間過于規定時間或竟不及住校者必須得到家屬來函證明

第十條　每日上課時間及下午六時半以後除特別事故不得請假如有不請假外出一經察覺通報校長嚴行懲戒

宿舍

第十一條　本學校宿舍每間規定住宿四人至八人房間號數在入學時指定以後非經許可不得擅自搬移舖位書架等物均有規定亦不得調移至起爭執

第十二條　宿舍整潔法宜注意左列各項

甲　書籍文具宜整理清楚

乙　字紙宜擲在紙簏

丙　痰宜入痰盂

丁　切勿購食零物

第十三條　宿舍當清靜應注意左列各項

甲　不得叫囂嚷擾妨害他人自由

乙　不得在宿舍內會客並不得留親友住宿

丙　規定自修時間內不得任情往來妨碍他人自修

丁　規定自修時間內不得玩弄各種音樂並不得閱看無益之書

戊　非宿舍內當用之物不得任意攜入

第十四條　出入宜有定時

甲　每日下午逾七時回校者須在門房內簽名如點名時仍不到校作無故外宿論

乙　規定上課及自修時刻不得隨意請假外出

第十五條　起居宜有定時

甲　每日規定六時起身午後七時至九時爲自修時間十時熄燈安眠宿舍起臥及自修上課下課俱振鈴爲號

乙　每日晚間上自修課後管理員可隨時到各室點名以尊重自修時間

第十六條　宿舍內宜防火險

甲　室內電燈由校內啓閉熄燈後不得燃火

乙　不得吸紙烟

寅　不得烹煮食物或聚餐

第十七條　宿舍內各室推定室長一人負指揮保管之責應注意保管事項如左

甲　宿舍內公衆器具宜共同保護（檯橙桌椅門窗板壁及一切用具）倘有損壞應負責賠償

乙　新宿舍置舍長一人由各舍互選之輔佐管理員處理一切舍務

丙　每室置室長一人于開學後三日以內同室互選報告管理員加委並同值日生處理室內一切衛生事宜任期限一月後不得連舉以均勞逸

丁　每室各置值日生一人輪流協助室長處理室內一切事宜

戊　每室門窗啓閉由值日生負責履行

膳堂

第十八條　本學校規定備膳每日三餐一粥兩飯

第十九條　膳食時間規定如左

早餐　七時半　午餐　十二時　晚餐　六時

二十七

第二十條　膳食規定每桌六人須齊集方得舉箸

第二十一條　在規定時間外除非特別情形校內不備飯食

第二十二條　膳堂清潔事宜由庶務員及學生自治會衛生委員會協同管理之

第二十三條　遇有肴饌惡劣不合衛生者由負責人員向廚房交涉

會客

第二十四條　學生會客由本校規定會客室來客不得逕入寢室

第二十五條　上課時間及下午七時以後不得會客

第二十六條　會客室内不得聚餐

懲戒

第二十七條　凡學生不敦品者不論校章有無規定與否一律分別輕重懲戒

第二十八條　懲戒分訓誡記小過大過開除學籍四種

第二十九條　訓誡不悛作爲一小過滿三小過作爲一大過記三大過者開除學籍

第三十條　學生有軌外行動致害本校名譽者立即開除學籍

圖書館簡單

第一條　本館依本校組織大綱之規定隸于本校教務處管理圖書及館中一切事務

第二條　本館暫設管理員一人視職務之繁簡隨時得由管理員商承教務處酌定人數

第三條　本館設藏書參攷閱覽二部

甲　書庫部主收藏本校圖書

乙　參考閱覽部陳列棹椅供校員參考閱覽（校員指教職員及全體學生而言）

第四條　本館所藏圖書依四庫書目分類而新著譯籍則參以杜威氏十進分類法

第五條　本館圖書凡借出及收還手續另訂條例規定校員借閱圖書須一律遵守

第六條　本簡章如有未盡事宜由管理員隨時提出教務處修改後議決施行

圖書館任務細則

第一條　本館按照館章第二條之規定設管理員一人其他職員隨時酌定

第二條　本館管理員統理各項事務

第三條　本館管理員所任各項事如左

甲　總務事項

一　每學期終按照校中情形開擬應備普通參考書圖書雜誌目錄價格出板日期發行地點交教務處酌核購辦但平時如有新出或僅見之圖書雜誌足備本校參考者先論何人俱得隨時報告管理員轉請教務處酌核購置

二　每學期開學後調查下學期應添參考書籍列表送教務處審核添購

三　添購圖書送達館中時檢對價格及册數頁數無誤後卽行辦理編目手續如發現缺誤時卽通知書局追補

四　參觀人來館參觀時引導參觀

五　參觀人及外界有調查本館辦法時酌量報告

六　館中有新定辦法或新購圖書須行佈告公衆者擬稿送教務處酌核佈告

七　館中應發之佈告除擇要登載校刊外有揭示于佈告處者經過一定時期應收拾保存

八　與館外各處以本館名義通訊時擬稿送教務處核閱後繕發并錄存底稿

九　每日館中經過事項關係較爲重要者酌量記錄以備編製年度報告資料

十　每學期終調製年度報告

十一　管理其他一切雜務

乙　編目事項

一　書籍登錄

二　分類及標題

三　檢對書架號數

四　編目
五　繕寫目錄片及圖書蓋章貼標簽事項
六　目錄片排列
七　編目統計
八　新書報告
九　每學年終將庋藏各圖書按照目錄逐一查點如有缺失應即報告

丙　出納事項

一　每學期開始辦理借書注册事項
二　各項圖書借出時應將借書券核對
三　每歲檢點前一日收還各書如有未收還者分別記出即行通知取還（并執行罰金事宜）
四　收還各項圖書時宜細心檢點有無缺失損污
五　校員借閱圖書有未明本館定章發生各種疑問時酌量說明答覆
六　每日借閱圖書人數及借出圖書册數分別填入表中以爲統計資料
七　每月終調製借閱圖書人數及借出圖書册數統計表
八　書庫整潔應隨時注意

三十一

九　本館所藏書籍如有須行潔治曝曬補襯重裝繕寫者應隨時雇人辦理

丁　參考閱覽事項

一　本部開放時管理出納教員指定之參考書籍

二　編本部所有書籍目錄片

三　整理普通參攷書

四　統計出納教員指定之參考書

戊　雜誌管理事項

一　本部開放時管理出納之

二　整理已裝訂之雜誌

三　登錄新到雜誌

四　調換新到雜誌

五　報告到期雜誌

六　統計出納雜誌

七　預備裝訂雜誌（每學年裝訂一次）

第四條　本細則如有未盡事宜由管理員提出本校教務處修改後議決施行

圖書館借閱條例

第一條　本條例依本校圖書館簡章第五條之規定由管理員執行凡本校校員（指教職員學生而言）向本館借閱圖書時須一律遵守

第二條　本館閱覽及借出圖書時間現規定每日下午三時半至五時半星期六下午一時半至五時半星期日上午八時半至十一時半其他休業日停止開放

第三條　本校校員向本館借閱圖書時須留意分別遵守左列各項規約

甲　欲借本館圖書至書庫閱看者應守規約如左

一　本校校員經本館管理員引導得進書庫閱看

二　對于重要圖書欲抄寫時只得用鉛筆錄寫

三　閱看既畢應將所取出之圖書放置指定處以便管理員檢收

四　凡入庫閱書者除筆記簿外不得攜帶他物

乙　欲借本館圖書在閱覽室看者應守規約如左

一　欲借閱何項圖書須先填明借書証然後向出納處借取

閱書室內陳列之字典辭典及雜誌等得隨意取閱後仍還原處至教授指定之參攷書則宜向管理員簽名取閱

二　向出納處借取之圖書閱覽既畢宜即交管理員檢收

三　閱覽室內禁止高聲朗誦及劇談

四　務須保持秩序靜寂整齊禁止一切妨害公衆舉動

丙　欲借本館圖書至館外閱看者應守規約如左

一　欲借何項圖書者須持借書證并塡明索書單向出納處領取

二　借出時期以二星期爲限期滿如欲續借須向本館管理員說明重塡索書單

三　在借出時期內每人借出圖書總數以五本爲限第一次未經還第二次不得再借

四　借出館外閱看之圖書以尋常版本爲限其貴重圖書及教員指定之參攷書及閱覽室內陳列之字典辭典暨雜誌等概不借出

五　本館借出圖書如遇有特別需要時雖未至應還時期得隨時通知收回

丁　凡借本館圖書閱看時無論在館內外應守規約如左

一　留心愛護勿損勿污

二　翻頁時手指勿蘸唾

三　勿圈勿批評

四　閱止時勿折角夾以籤

第四條　教職員有特別情形得本館管理員特別允許時對于第三條丙項第三四五之規定可酌量通融

第五條　本館所藏善本珍籍以不借出爲原則凡教授因教授所研究必須借用時須簽字負責但寒暑假時必須歸還由本館珍藏

第六條　凡依照本條例第三條丙項之規定向本館借閱圖書逾期不還者罰金（每逾期一日罰金三分逾期多者按日遞加）

第七條　校員借取圖書如有遺失或損汚者須照全部價值賠償

第八條　寒暑假終了時借閱圖書以備假期中閱覽者須繳與書價相當之保證金但有特別情形時得停止本條例效力

第九條　本校教職員借閱圖書除因特别關係由校長通知者外借出書籍每人以五十本爲限限期兩月

第十條　每學年終了時本館例行清查圖書一次在清查期内概不得借出已借出之圖書無論教職員學生均須一律交還倘有特殊情形不能交還者須至本館申明轉借并補行假期借書手續

第十一條　本條例如有未盡事宜由管理員提交教務處修改後議決施行

六十五

發給修業證書條例

一　凡請求修業證書者必須經教職員會議認爲合例一律通過方可照准發給

一　發給修業證書資格至少須在一年以上竝其品行瑞正成績及格者方准發給

一　發給修業證書時期倘非有萬不得已事故必須俟該班畢業後方准發給（例如甲年暑假時入校者必須俟丁年暑假該班畢業發給證書時附給）

校董一覽

現任校董

教育股

姓名	字	籍貫	備註
俞復	仲還	江蘇無錫	
孫家復	睦香	江蘇無錫	
丁福保	梅軒	江蘇無錫	
錢基博	子泉	江蘇無錫	
錢基厚	孫卿	江蘇無錫	董事主席
顧寶琛	彬生	江蘇無錫	
顧倬	述之	江蘇無錫	

蔡其標	虎臣	江蘇無錫	
高　陽	踐四	江蘇無錫	
陸仁壽		江蘇無錫	

現任校董

經濟股

姓　名	字	籍　貫	備　註
唐滋鎮	保謙	江蘇無錫	董事主席
穆湘玥	藕初	江蘇上海	
蔡文鑫	兼三	江蘇無錫	
程文蔚	炳若	江蘇無錫	
榮宗錦	宗敬	江蘇無錫	
榮宗銓	德生	江蘇無錫	
楊壽楣	翰西	江蘇無錫	
華士巽	繹之	江蘇無錫	
劉鴻生	鴻生		

三十七

丁彥章	梓仁	江蘇無錫

前任校董

姓名	字	籍貫
鄒家麟	同一	江蘇無錫

教職員一覽

現任教職員

姓名	字	籍貫	職務	經歷
唐文治	蔚芝	江蘇太倉	校長兼總教	前任南洋大學校長
錢基博	子泉	江蘇無錫	教務主任兼教授	前任約翰清華光華大學教授
馮振	振心	廣西北流	校務主任兼教授	前任北流中學校長
朱文熊	叔子	江蘇太倉	教授	前任南洋大學教授
劉覺民		四川滎縣	教授	現任民衆學院教授
徐景銓	管略	江蘇常熟	教授	前任常熟縣督學
陸修祜	景周	江蘇太倉	教授兼文牘	前任南洋大學教授

姓名	字	籍貫	職務	
鄧楫	傅若	江蘇無錫	教授	現任私立無錫中學教員
陳兆蘅	湘圃	江蘇丹陽	教授	現任民衆學院教員
侯鴻鈞	敬輿	江蘇無錫	教授	前任縣初中教員
蔡莘耕	味畬	江蘇吳縣	教授	前任江蘇省立第三七九師範教員
孫家復	𨁈香	江蘇無錫	訓育兼會計庶務	前任竢經小學校長
高文海	涵叔	江蘇無錫	訓育兼教務	前任東林乙種實業三師附小教員
丁儒侯	素堂	江蘇泰興	圖書館主任兼訓育庶務	前任泰興國學專修館主任
何葆恩	芸孫	江蘇常熟	圖書館館員	前任吳江盛澤小學教員
姜謀生		江蘇崑山	書記	
黃彬昌	紫城	江蘇太倉	書記	前任太倉縣立第一高級小學主任及初級小學校長

前任教職員

姓名	字	籍貫	職務
王保譓	慧言	江蘇太倉	職員
王蘧常	瑗仲	浙江嘉興	教授

三十九

蔣天樞	秉南	江蘇豐縣	職員
顧季吉	紹隨	江蘇太倉	職員
韋煥章		江蘇無錫	職員
陳　柱	柱尊	廣西北流	教授
徐　震	哲東	江蘇武進	教授
沈炳藻	健生	湖南長沙	職員
單　鎮	束笙	江蘇吳縣	教授

畢業生一覽

以姓氏筆劃多寡爲次

第一屆

姓名	字	年齡	籍貫	經歷	通訊處
丁天兆	子厚	三十	浙江餘姚	前任上海錢業公學教員	餘姚南城會源莊
丁儒侯	素堂	三十三	江蘇泰興	本校職員	泰興鼓樓北街裕泰衣莊或本校
王鍾恩	仲雅	三十	江蘇崑山		崑山西塘街三十四號

王鴻栻	式軒	三十三	江蘇太倉	前任無錫民衆教育院職員	崇明南堡鎮
王蘧常	瑗仲	三十	浙江嘉興	上海復旦大學教授光華大學教員	上海大西路光華大學或嘉興斜橋街五八號
白虛	心齋	三十三	江蘇武進	上海錢業公學校長	常州廟橋鎮或上海文監師路錢業公學
吳其昌	子馨	二十七	浙江海寧	北平輔仁大學講師	桐鄉南門長盛醬園或北平輔仁大學
吳寶淩	雲閣	三十一	江蘇寶應	上海交通大學教授	寶應南街或上海交大
政思興	起豪	三十	江蘇太倉	前任上海中國女子文學專門學校教員	太倉瀏河
俞漢愊	志超	二十七	江蘇無錫	廣西省立一中教員	無錫鵝塘橋或廣西南寧省立一中
侯堮	芸圻	三十	安徽無爲	北平燕京大學職員	安徽無爲官巷呂家老屋或北平燕大圖書館
袁鵬騫	怒飛	三十	江蘇崇明	上海錢業公學教員	崇明虹橋鎮或上海文監師路錢業公學
郭其俊	峻峨	三十四	同上	前任上海中國女子文學專門學校教員	崇明三橋鄉斜港
陸呂年	師尙	三十二	江蘇川沙	上海經文公學教員	上海盆湯弄經文公學或川沙城內金聚堂

陸遵義	次雲	三十	江蘇太倉	上海錢業公學教員	太倉城內痘司堂街或上海文監師路錢業公學
陳寶恭	思恩	二十八	江蘇武進	上海經文公學教員	常州徐墅或上海三新紗廠
陳紹堯	慕唐	三十四	江蘇鹽城	前任鹽城鄉政局長	鹽城草堰口
唐蘭	立厂	三十	浙江嘉興	天津商報編輯	嘉興項家巷或天津英界小營門周宅
唐景升	堯夫	二十九	江蘇南匯	上海錢業公學教員	浦東張江柵潤元業材轉或上海文監師路錢業公學
許師衡	心魯	三十二	江蘇無錫	無錫梅園豁然學社教員	無錫北門外通匯橋
畢壽頤	貞甫	三十五	江蘇太倉	上海經文公學校長	蘇州中衙前或上海盆湯衖經文公學及慕爾鳴路三一號施宅
錢國瑞	鳳書	三十四	江蘇無錫	前任無錫鄉政局長	無錫華大房莊
蔣庭曜	石渠	三十三	江蘇武進	上海中西女塾教員	常州東青鎮代渡橋或上海憶定盤路中西女塾
嚴濟寬	伯儔	三十一	江蘇無錫	廣西南甯省立一中教員	無錫陸區橋或廣西南甯省立一中

楊養吾		三十二	同上		無錫塘頭鎮
顧季吉	紹隨	三十	江蘇太倉	吉林中國銀行行員	太倉小西門街或吉林中國銀行

以上均於民國十二年十二月畢業

第二屆

王道中	耀平	三十	安徽無爲	南京務本墾植公司經理	安徽無爲前新街童家巷口或南京夫子廟道署街四七號務本墾植公司經理處
王震	子畏	三十四	江蘇武進	前任浙江杭州市政府祕書	常州羊頭橋
朱宗洵	潤夫	三十四	江蘇無錫		無錫方橋轉許富橋
李家俊	章民	三十四	江蘇太倉		太倉瀏河新塘市
李耀春	和卿	二十六	江蘇無錫	上海法大附中教員	無錫開化鄉周潭橋或上海北四川路底法大附中
周天游	滌中	三十二	江西臨川	北平大學女子學院講師	江西臨川貴山市恒利貞號或北平女子學院
胡集勳	紹周	二十八	江蘇寶應		寶應城內朱家巷
姚繼虺	仲詒	二十六	浙江杭縣	前任上海江海關監督公署科員現肄業華東法政大學	上海新閘路公茂鹽棧或杭州臨平亭址

孫執中	道權	二十九	江蘇寶應	蘇州桃塢中學教員	寶應朱家巷八字牆張宅或蘇州桃塢中學
孫品珩	卓吾	二十八	江蘇太倉		太倉城内石皮街口
陸慶熙	揖文	二十七	同　上		太倉城内瘟司堂街
陳學䜪	尚同	二十六	廣西北流	廣西省立一中學員	廣西北流城大街或南寧省立一中
陳渭犀	鑑亭	三十二	江蘇高淳	高淳東壩中學教員	高淳東壩
陳雪艇	鐵眞	二十九	江蘇武進	上海錢業公學教員	常州北大門篁村裕豐號或上海文監師路錢業公學
陳　寶	寶夫	二十九	廣西北流		北流蘿村
徐靖瀾	少陵	三十	安徽無爲		無爲皇華坊
徐世城	萬里	二十九	江蘇無錫		無錫顧橋下
黃希眞	璞厂	三十	安徽無爲	無爲私立槐蔭小學校長	無爲皇華坊
馮勵青	勗純	二十八	江蘇武進	上海錢業公學教員	武進余巷或上海文監師路錢業公學
楊　焱	頌華	三十	江蘇太倉	上海南洋中學教員	太倉毛市鄉或上海南洋中學

秦艾三	知唐	二十九	江蘇江寧		南京門東牛邊營二一號
楊仁溥	克念	三十一	江蘇無錫	無錫十七區區長	無錫陸區橋
劉文灝	翰修	二十八	江蘇江陰	無錫長涇初級中學教員	無錫北漍鎮或長涇中學
錢定安	靜遠	二十七	江蘇無錫	上海法大附中愛國女校教員	無錫洛社南雙廟或上海法大附中愛國女校
蔣天樞	秉南	二十七	江蘇豐縣	天津南開中學教員	豐縣城內旗桿街蔣寓或天津南開中學
戴恩溥	惠蒼	二十六	江蘇太倉	太倉初級中學教員	太倉璜涇或太倉初級中學
蕭雪亮	國英	三十四	江蘇武進	奔牛中學教員	常州奔牛鎮通裕號或奔牛中學

以上均於民國十三年十二月畢業

何葆恩	芸孫	二十九	江蘇常熟	本校職員	常熟城內草蕩八號或本校
施秉鋆	頌平	二十八	江蘇太倉	私立錫中教員	太倉南牌樓或私錫中
黃謨泰	淵卿	二十九	江西臨川	廣西省立四中教員	江西臨川李家渡轉許家、渡或廣西柳州省立四中、
黃謨沁	深卿	二十六	同上	廈門集美中學教員	江西臨川李家渡轉許家、渡或廈門集美中學

四十五

童詠南	舜琴	三十	江蘇高淳		高淳東壩曹雍昌行
嚴雲鶴	沛棠	三十一	江蘇武進	上海錢業公學教員	武進西夏墅同春藥號或上海文監師路錢業公學

以上均於民國十四年十二月畢業

第三屆

丁儒珍	玉如	二十七	江蘇泰興		泰興北門嚴家巷馮雨亭轉
王志熊	禹九	三十三	江蘇崇明	前任上海實學中學教員	崇明南堡鎮
王士培	哲明	二十七	浙江杭縣	上南川鹽公堂職員	浙江杭州田家園六號
王承堪	守根	二十三	江蘇太倉	前任上海實學中學教員	太倉瀏河河西街朱叔眉轉
印文燦	醉棠	二十九	江蘇泰興		泰興焦家邊轉應曉莊
安鍾祥	雲五	三十二	江蘇無錫	國民政府衛生部書記	無錫安鎮或南京國民政府衛生部
吳鴻章	大聲	二十七	江蘇鹽城	上海法政大學肄業	鹽城吳家橋或上海法政大學
周岐	昌明	三十一	江蘇無錫	上海錢業公學教員	無錫玉祁或上海文監師路錢業公學

四十六

周渭泉	永清	三十	同上	無錫縣立初中教員	無錫南門外華大房莊或西門內學前縣中
金鳳鳴	仭千	二十九	江蘇崇明	崇明縣立初中教員	崇明城內東門街或崇明縣中
易羲	象明	二十六	江蘇南通		南通西亭北二總渡
芮良珍	聘之	三十一	江蘇高淳		溧陽梗溪港芮福興號
胡述堯	葆初	二十六	安徽無爲		蕪湖荻港吳同興烟莊
夏敦章	祖禹	二十九	江蘇武進	武進禮嘉橋小學教員	無錫戴溪橋瞿家港
孫學靜	繩祖	二十七	同上	奉天兵工炸藥廠科員	武進東門外平橋三十一號或奉天瀋陽大東邊門外陶林街三九號
張壽賢		二十六	同上	中央黨部秘書處幹事	東横林昌泰布莊或南京中央黨部
張文郁	從周	二十八	江蘇高淳		溧陽東壩李廣泰轉安興戴延記號
張述明	子睿	三十	安徽南陵	南京中央大學文學院中國文學系助教	南陵青弋口王月春轉或南京中央大學
陳起予	覺先	二十六	廣西北流	前任上海中西女塾教員	北流糯村

陳起紹	介之	二十六	廣西北流	肄業上海大夏大學	北流羅村或上海大夏大學
徐玉成	湘亭	二十六	江蘇武進	私立無錫中學教員	戚墅堰或無錫羊腰灣私錫中
徐猷璵		二十七	江蘇寶應	上海總商會職員	寶應水門橋或上海總商會
倪鐵如	次石	二十七	江蘇無錫	私立錫中教員	無錫華大房莊或私錫中
倪可均	志平	二十五	同　上	上海福新第一廠職員	無錫華大房莊或上海福新第一廠
莊錫元	彝鼎	二十六	江蘇武進		武進板上鎮
黃文中	吉厂	二十五	安徽無爲	南京務本墾植公司職員	無爲皇華坊或南京道署街務本墾植公司經理處
黃雨璠	魯淙	二十八	江蘇鹽城	廣東中山大學史地研究所肄業	鹽城進化書局或廣東中大
趙履坦	康莊	三十	江蘇無錫		無錫洛社鵝子岸
劉作邦	頌善	三十	同　上	私立無錫中學教員	無錫周橋或羊腰灣私錫中
錢尊孫	仲聯	二十三	江蘇常熟	上海經文公學教員	常熟城內章家角或上海盆湯弄經文公學
謝宗玄	念修	三十三	江蘇無錫	無錫十七區助理員	無錫周橋

龐天爵　澹人　二十七　江蘇常熟　前任廣西桂林國民中學校長及上海寶山學中學校長　常熟西塘橋或大連黑石礁四十二番地

以上均於民國十五年十二月畢業

第四屆

丁漢英　次咸　二十六　安徽無爲　山東曲阜省立第二師範教員　蕪湖開成橋或曲阜二師

王樹槐　世澤　二十三　江蘇武進　廣西國民中學教員　常州奔牛王瑞豐號或廣西桂林國民中學

周昶旦　希晦　二十五　廣西容縣　廣西珊萃中學教員　容縣靈山盧同益號轉六查或廣西珊萃中學

周達泉　淵博　二十三　江蘇無錫　上海申新第七紡織廠職員　無錫華大房莊或上海楊樹浦申新第七紡織廠

徐迺昌　緩華　二十四　江蘇鹽城　鹽城建設局職員　鹽城同茂提莊或鹽城建設局

徐友三　　二十三　江蘇無錫　　無錫塞門轉滸村

柴蓉煦　韵和　二十五　江蘇寶應　　寶應北門內水門橋王震大轉

崔履宸　希拱　二十六　廣西容縣　廣西容縣中學教員　容縣城內崔宅或縣中學

章鵬若　扶九　二十三　江蘇無錫　南京立法院編譯處職員　無錫楊墅園或南京立法院

張惟明		二十五	江蘇江陰	廣西省立一中教員	江陰猛將堂或廣西南甯省立一中
許岱崇	宗嶽	二十九	江蘇無錫	前任武進縣立女子師範教員	無錫南門外周新鎮
路式遵	子鴻	二十二	江蘇宜興	廣西省立一中教員	宜興白果巷二九號或廣西南甯省立一中

以上均於民國十七年六月畢業

五十

已故畢業生附

夏崇慶	祥生	江蘇江寧	第一屆畢業
鈕方義	季端	江蘇興化	第二屆畢業
龔天玉	聖受	江蘇武進	第三屆畢業

在校學生一覽

第五屆

姓名	字	年齡	籍貫	通訊處
丁學賢	迪豪	二十一	安徽無爲	無爲一字城劉謙泰號
王沭川	天任	二十	江蘇丹陽	丹陽南門福成醬坊
王正氣	浩然	二十五	江蘇高淳	高淳東壩王隆泰號
王紹曾	介人	二十一	江蘇江陰	無錫轉璜塘

王祖蔭	文森	二十一	同　上	無錫北門外布行衖王氏醫室
王塵摩	鶴	二十一	江蘇海門	海門三星正張大興號轉
方驥齡	雲程	二十一	江蘇江陰	無錫祝塘
孔令煥	成章	二十二	江蘇高淳	高淳岡城鎮汪順泰號
朱星元	毅興	十九	江蘇宜興	宜興大浦鎮
宋應宏	宏	二十六	江蘇江陰	江陰璜塘錢隆昌號
宋寶書	玉森	二十七	江蘇鹽城	鹽城岡門西公茂轉東宋村
吳世湛		二十二	安徽歙縣	海門大生三廠市場朱洪泰交
林達祖	涵齊	十九	江蘇吳縣	蘇州吳縣前西河林九十號
施　閑	墨公	二十四	江蘇海門	海門長興鎮沈隆泰轉
柳　鐸	仲鐸	二十四	江蘇鎮江	鎮江新河街五號
馬燮基	理臣	二十一	江蘇無錫	無錫西水關馬宅
倪攀龍	純	二十一	同　上	無錫槐樹巷
翁以觀	智佃	二十	江蘇武進	常州察院弄民元里
許壽平	成俟	二十二	江蘇上海	上海平涼路榆林里一三六八號

五十一

黃聿祥	夢覺	二十二	江蘇阜寧	鹽城北淋墩鎮王裕興號
張功元	譁銶	二十	江蘇江陰	江陰城內小塔巷一號
張光和	曜旋	二十五	同上	無錫璜塘萬和燭號
張浩鎮		二十二	江蘇無錫	無錫西門外棉花巷
馮新巽		二十二	同上	無錫南門外清名橋下塘
過瑞炯	養和	二十二	同上	無錫東北塘
鄒靜九	濟夫	二十七	江蘇武進	常州東戴鎮
趙榮長		二十	江蘇江陰	江陰西大街永裕衣莊對門
巢箴	竹威	二十三	江蘇武進	常州西夏墅
錢鍾夏	禹器	二十二	江蘇無錫	無錫西門日暉巷
蔣庭海	克明	二十五	江蘇武進	常州東青鎮代度橋
蔣庭榮	穀厂	二十二	同上	常州東青鎮代度橋
薛桐軒	莊	二十五	江蘇啟東	啟東三星鎮萬壽堂

第六屆

毛鵬基	希遂	二十二	江蘇宜興	宜興楊港鎮天順號轉

史秩甫		二十一	江蘇溧陽	溧陽東門大昌轉壽星渡鎮
吉向榮	欣然	二十七	江蘇東台	泰縣溱潼開村
李希白	鎖華	二十一	江蘇溧陽	溧陽上黄鎮汪森茂轉
杜榮培	子荷	二十三	江蘇無錫	無錫胡埭鎮
何德培	梅生	二十	浙江嘉興	上海法租界小北門外惠順里四號
沈貫之	華清	二十六	江蘇宜興	宜興大浦鎮朱宅
吳允中	精一	二十四	江蘇武進	常州塞橋廣生北號
許明俊	農圃	二十二	江蘇宜興	宜興大街豫和轉
馮書耕	硯稔	二十二	江蘇溧陽	溧陽山下橋正泰號
陳炳元	汝鵬	十九	江蘇武進	常州仁育橋龔家弄四號
張成舉	稚鶴	二十五	同上	常州東戴郄靜九先生轉
張鍾毓	錫君	十八	江蘇無錫	無錫老縣前四號
陸繼瀛	溪清	二十四	江蘇鹽城	鹽城高作陸家墩
陸理誠	宗寶	二十二	江蘇武進	常州東下塘五九號
陸寶和	致中	二十四	江蘇南通	南通唐閘陳萬豐生行轉

梅儀年		二十一	江蘇武進	常州前北岸二九號
湯客琴	鳴陵	二十七	江蘇東台	泰縣溱潼開村
錢一如	士諤	二十一	江蘇無錫	無錫新字鄉華大房莊轉莊前
盧國鈞	心竹	二十一	江蘇鎮江	南通惠民坊西巷

第七屆

丁鑒軒	述東	二十四	江蘇鹽城	鹽城岡門張宏大號
王綮賢	景羲	二十四	江蘇泰興	泰興黃橋鎮鷹揚巷
白謙九		二十七	江蘇武進	武進嵩塔鎮
江鴻濤		二十四	江蘇常熟	常熟沙州市南興鎮
向長庚		二十三	江蘇宜興	宜興湖汶鎮
李元樓	耆夫	二十二	江蘇鹽城	鹽城岡門養生齋轉周家伙
李鑑修		二十二	江蘇漣水	漣水北門外慶和號
周明松	季清	二十四	安徽秋浦	秋浦城內周寓
祝廷樞	星北	二十	江蘇無錫	無錫大河上三號
姚之臧		二十二	浙江孝豐	孝豐三河鎮

五十四

姚榜元		十八	江蘇武進	武進鄭陸橋
俞月秋	子懷	二十二	江蘇無錫	無錫陸區橋
耿維賢	睎顏	二十五	江蘇泰興	泰興北門萬資生藥號
陳茂林		二十三	江蘇溧陽	溧陽下壩鎮胡一美號轉許家埂
陳　猷		二十三	江蘇高淳	高淳城內恆泰雜貨號
陳祖德		二十三	江蘇武進	武進東青鎮
陳廷憲		二十三	江蘇鹽城	鹽城農民協會轉
陳學東	嘯青	二十二	同　上	鹽城南門亭子巷東口八號
陳學斌		二十二	江蘇江陰	江陰文昌巷十六號
陳濟慶		二十五	江蘇丹陽	丹陽呂城
郭則清		十九	福建閩侯	蘇州盤門師古橋四號
郭則澂		二十二	同　上	蘇州南濠街一五五號
高學儒	幼彬	二十一	安徽蚌埠	蚌埠餘慶里二十七號
張良淇		二十	安徽桐城	無錫北塘承裕街
張惟中		二十一	江蘇武進	武進奔牛張復昌號

張聯芬		二十三	江蘇南通	南通劉橋市
馮　拔	乙起	二十	廣西北流	北流振文書局轉
程鵬摶	圖南	二十四	江蘇泰縣	鎮江口岸大泗庄高大成烟莊轉曹于庄
葉潤清		二十四	安徽秋浦	安徽秋浦
虞　健		二十二	江蘇金壇	金壇丹陽門街五十六號
趙大觀		二十	江蘇鎮江	鎮江大港
蔣立之		二十一	江蘇武進	武進東青鎮
劉　猗		二十七	江蘇東台	泰縣溱潼鎮儲國興銀樓轉帥埡
劉子厚		二十四	安徽全椒	全椒復興集
劉健行	雪芝	二十一	江蘇武進	武進城內麻巷四十號
鄒廣華		十八	浙江海寧	海寧硤石保昌莊轉
戴錫昌		二十三	江蘇武進	武進奔牛湯莊橋
魏守謨		二十三	安徽巢縣	巢縣槐林鎮盛廣泰號

第八屆

王玉衡	伯璿	十七	安徽無爲	蕪湖開城橋

王道平		二十	江蘇武進	常州南宅公和號轉
李　卓	卓然	二十	江蘇崑山	崑山西塘街五五號
李懷清	式夷	二十三	江蘇泰興	泰興黄橋雙泰橋巫元泰號轉
吴毓麟	天石	二十一	江蘇南通	南通西門外大木排巷四四號
周明湘	楚卿	二十	安徽秋浦	秋浦城内榮和號
周樹慈	倚梅	二十二	江蘇太倉	太倉裕華綢莊轉
周繼昌		二十五	江蘇無錫	無錫張舍鎮梅東溝
范兆楨	翼華	二十	江蘇太倉	太倉沙溪長隆梅記
胡壽南		十九	江蘇武進	溧陽碼頭街協源泰
夏芳材		二十五	湖北蘄春	湖北蘄春北門上大街口
馬厚德		二十	江蘇吴縣	蘇州閶門外山塘街黄土橋航船
徐　則	靜庵	十八	江蘇金壇	金壇花街
徐靖坤	夢樵	二十一	安徽無爲	無爲登瀛街或蕪湖吉和街半畝園三號
高君仁	伯仁	二十	江蘇碭山	碭山中山街恆聚號
高中第	也如	二十六	江蘇嘉定	嘉定東門外坍石橋朱永泰號轉

孫樹恩		二十一	安徽懷遠	安徽懷遠河溜
姚[illegible]照		二十五	江蘇江陰	江陰東門外太字圩港
崔竹生		二十	江蘇武進	常州奔牛湯莊橋轉張公橋
陶存煦		十八	浙江紹興	紹興西成歡河沿
陳士[illegible]		十九	湖南長沙	安慶張家拐西二號
陳　[illegible]		二十二	安徽滁縣	滁縣古樓官井巷
陳振東	枕亞	二十	江蘇東台	東台時堰市史家堡
戚元良	以貞	二十五	江蘇武進	無錫禮社
郭則湘	衡九	二十三	福建閩侯	蘇州南壕街
程雅儂	楚農	二十一	安徽繁昌	繁昌城内張宅轉
理　朴	民初	十八	江蘇南通	南通馬家巷尾
黄　[illegible]	戟侯	十八	江蘇武進	常州東直街四六號
黄奉璋		十七	江蘇無錫	無錫三皇街大虹霓橋九號
黄元享		二十六	江蘇沛縣	沛縣大張集濟生堂藥舖
曹甘霖	子章	二十六	江蘇無錫	無錫周橋鎮

傅鴻漸	劍虹	二十五	江蘇東台	東台南安豐杜家巷杜龍伯轉
盛和鳴	聲伯	二十六	江蘇武進	常州大北門外潘市
張君達		二十一	浙江吳興	南潯鎮張敬堂
虞壽勳		十九	江蘇金壇	金壇矢巷
錢緒堂		二十五	江蘇常熟	無錫合興街
蔣占梅		二十三	江蘇宜興	宜興鈕家村仁和堂
繆文達	雲溪	十八	江蘇江陰	無錫北周庄謙泰恒號
蕭佩三		二十三	江蘇高淳	高淳滄溪蕭家灣
顧爾鈛	珥亦	二十六	江蘇南通	南通西南營馮棋杆巷

特別生

于耆年	永平	二十	江蘇泰興	泰興城內小西門通江橋街或口岸大泗庄大德生藥號
王宗熙	子明	二十二	江蘇常熟	常熟滸浦碧溪市
沈方璠		二十	浙江紹興	紹興小皋埠遐凝堂
吳鍈	昆吾	二十一	江蘇鹽城	鹽城上岡吳家橋

五十九

周家齊	曉三	二十六	江蘇阜寧	阜寧北蔡家橋郵局轉
宛志飛	蔚堦	二十四	安徽廬江	安徽廬江裴鎮
施　誠	天復	二十	江蘇南通	南通新河鎮
張花儂	獨繭	二十四	江蘇常熟	常熟東湖南橫涇
顧光裕	止何	二十三	同　上	常熟南門花園浜

修改考試章程十九年三月四日

(一)本校諸生每科缺及三分之一不准與該科學期試驗並不得補考

(二)學生每學期所得學分不滿所修總學分三分之二不得升級

附原案(十六年二月九日)

(一)議決本院諸生每科缺課至三分之一不准與該科學期考試如有三科缺課至三分之一無論如何不准與學期考試不得升級

(二)議決各科學程如有三科以上不及格者不准補考不得升級倘兩科不及格而補考仍不及格者亦不得升級倘有一科不及格者暫准隨原班聽授其補考不及格之科許自行補習定期再考

勘誤表

十一頁　六行　選修誤選讀　六十上脫科字

廿二頁　二行　脫發給修業証書條例一段

廿八頁　十四行　章誤單

卅六頁　一行起五行止　衍發給修業證書條例一段

四十二頁　六行　豁誤谿

四十六頁　二行　海文誤文海

五十七頁　一行　下脫王僾　檮戩　二十歲　啓東滙龍鎮森泰恆行

一

無錫國專季刊

（民國）李競西 編

《無錫國專季刊》，（民國）李競西編，私立無錫國學專修學校學生自治會出版委員會出版，無錫協成印刷公司印刷，民國二十二年（一九三三）五月出版。

該刊由專載、論著、文苑（分文録、詩録、詞録三類）、雜俎、附録等欄目構成。專載中收録演講記録稿七篇，其中《陳石遺先生講〈近代詩學論略〉》、《陳石遺先生講〈國學中應讀應看應研究之書目〉》、《錢子泉先生講〈我國古代教育與今日教育之區别〉》三篇之演講者陳衍（號石遺）、錢基博（字子泉）當時皆在無錫國專任教。此三篇未注明演講時間，當是兩人此前在校内爲學生所作之演講。民國二十二年三月，章太炎應無錫國專校長唐文治之邀，在陳衍、李根源、陳柱（字柱尊）、蒙文通等人陪同下，由蘇州赴無錫國專進行講學活動，於是月十三日、十四日先後作三場演講；陳柱亦有一次演講。專載中之《章太炎先生講『經學』》、《章太炎先生講『史學』》、《章太炎先生講〈春秋〉》及《陳柱尊先生講『孟郊詩』》即爲當時演講之記録。論著、文苑、雜俎各欄中所刊載者，皆爲當時國專在讀學生之作品。民國二十年（一九三一）十一月十四日，國際聯盟會教育考察團成員培根、倫希維二氏來無錫國專考察並作演講，本刊『雜俎』欄中所收健實《國聯教育考察團蒞錫來校演講志略》一文，即是對當時二人在無錫國專考察並演講情況的記載。

本書據原刊本影印。

（劉桂秋）

中華郵政特准掛號認爲新聞紙類

民國廿二年

無錫國專季刊

衍署

私立無錫國學專修學校學生自治會出版

本刊目錄

照相八幀

專載

論著

文苑

文錄

附錄

門大校本

新建圖書館

校長

唐蔚芝先生

本刊導師

朱叔子先生

馮振心先生

周哲肫先生

徐管略先生

無錫國學專修學校全體師生歡迎章太炎先生李印泉先生
先生陳柱尊先生蒞校講學攝影紀念

專載

章太炎先生講經學

張如愈
翁衍楨 記

無錫於明萬歷間，有高攀龍顧憲成二先生，提倡理學，崇尙氣節，實爲東林學派之策源地。化民成俗，裨益於社會者匪尠。然終無補於明之危亡者，以其化民成俗有餘，而謀國事則不足也。今之國勢，正與明末相似。居今日而言國學，未有不掩耳疾走者，以國學爲迂腐而不足道也。然吾儕治國學者，固不貴空言，而尤重在力行。惟國學範疇頗泛，其歸宿之點，要在修己治人是已。昔者吾友桐城馬其昶先生，提倡國學，箸有三經誼詁一書。卽以孝經大學中庸爲教本。余寄書馬先生謂以孝經大學爲教本甚當，而中庸則有未合，因今日所急需者，輯修己治人之學。中庸講論性命之學，以順天爲歸。然順自然之極，易流入衰頹危亡之途。人類惟有力抗自然，乃能生存。蓋中庸近於佛法中之天乘。（佛法有五乘天乘人乘聲聞乘緣乘菩薩乘是也，）非當今所急需。今日社會之腐敗，皆由不尙氣節所致，欲革新社會，非砥礪氣節不可。而提倡氣節，與講理學有關。宋代最先提倡氣節者，爲范文正。文正以前，如五代之馮道，不惟不知非之，且有稱譽之者。至范文正後，始斥馮道爲無恥，至南宋反以氣節爲不足道。抑何悠謬！禮記儒行一篇，最崇氣節。北宋儒者頗重儒行。至南宋則有高閎之反對。以爲儒行爲六國時人所作，非孔子書。有宋一代，初由提倡氣節而重理學，理學旣盛，反以以氣節爲不足道，欲提倡氣節，必須重視儒行。又孝經一書，實爲國學之宗。然非具體而爲抽象之論。故必須與儀禮喪服篇相輔而行。蓋孝經大學儒行喪服四篇於今最切實用，而均應寶愛。故今日所講，卽以此四者爲題。

孝經　前人認孝爲門內之行，與門外之行無關。實則試觀論語第二章，有子之言，則知本無分於門內門外。有子曰：「其爲人也孝弟，而好犯上者鮮矣；不好犯上，而好作亂者，未之有也。君子務本，本立而道生：孝弟也者，其爲仁之本與！」人無孝弟之心，則犯上作亂。犯上作亂爲門外之行。由此可見孝無門內門外之別矣。宋儒以孝經非孔子書，而內有曾子云云，諒係曾子弟子所爲。書雖非孔子所作，而曾子實傳孔子孝道，何容致疑。宋儒因不信孝經，而於論語有子說孝弟一章亦並非之。以爲爲人之本惟仁性而已，何能以孝弟爲仁之本？其實仁有廣狹二義：廣義之仁，卽爲「克己復禮」，狹義之仁，卽爲「仁者愛人。」愛人根於孝弟之心。未有不能孝其親，弟其長，而能爲仁者也。後漢延篤亦疑此章，以爲「孝在事親，仁施品物。」不知此正與孟子親親而仁民之說相合。孝弟爲仁之本，古有說此：管子戒篇云，「孝弟者仁之祖也。」仁之祖，卽仁之本，固非有子一人之言，宋儒以爲孔門弟子，欲以有子爲師，而曾子非之，有子爲人必不如曾子，其言不足置信。懷此成見，以輕視有子，並孝經亦輕視之。視漢儒以孝經爲六經之總會，則大異矣。實則孝經與堯典「克明俊德，以親九族；九族既睦，平章百姓；百姓昭明，協和萬邦，黎民於變時雍。」之道亦正相同。孔子之說本承堯典而來。儒墨之分，亦在孝經。墨子兼愛而非孝，故遭儒家反對。在今日之言愛國者，何異墨子兼愛之說。所謂愛國者何？卽愛一國之人民也。然愛國須由愛家起，愛家須由孝弟起。不言孝而言愛國，仍爲妄夸耳。孝經文本平易，無煩說解。然有種種異說者，此又宋儒曲解之咎也。其言「身體髮膚受之父母，不敢毀傷，」異於曾子所言「戰陳無勇非孝也。」其實孝經所言，身體髮膚，應保養於平日，至戰陳時，不可不勇。必如此解，庶於意無礙耳。在孟子以愛親敬長，卽良知良能。後在王學中有羅近溪，亦謂「良知良能」卽「愛親敬長。」竊意孔孟以多年講學，未得要領，後方悟以孝弟爲仁之本。漢儒亦以孝經爲六經之總會。致宋人始生異議。孝經言修己者多，言治人者少。內分「天子之孝，諸侯之孝，卿大夫之孝，士之孝，庶人之孝。」至今毋庸分此五等。而人人均可以天子自居矣。由內及外，正當從修己做起。

大學　大學據宋儒所講都錯。不僅講錯，卽章次亦多顚倒。致明王陽明有恢復古本大學之舉，而詆宋儒之講大學，爲洪水猛獸。因大學包涵修己治人之學。如有講錯，卽爲殺人之本。宋儒講大學最荒謬者，改親民爲新民。與朱子講「致知格物爲窮至事物之理。」其改親民爲新民者，諒見下文有湯之盤銘曰「苟日新，日日新，又日新。」「周雖舊邦，其命維新，」康誥曰「作新民，」等句所起。湯之盤銘，不過謂「日新其德」而已。康誥曰「作新民，」

與「周雖舊邦，其命維新」者，因周人於革命之後，欲新殷人之思，想以歸服周室。乃就社會變革後之特別情形而言，與親民無關。孟子有「人倫明於上，小民親於下」之句，尙書有「百姓不親」之語，爲政之要，歸結與百姓相親。一在大學之前，一在大學之後，均講親民，未嘗有誤。朱子解「致知格物」爲「窮至事物之理。」頗似今之講物理學，與正心誠意何關？故王陽明駁之。以爲人之一切思想行動，卽是物。不必追求事物之理於身心之外。所謂「致知」者，卽「致良知」也。「致知格物」者，「致良知以正物」也。然其文句顚倒，且增一「良」字，已失原文本意。鄭康成註「格來也，」「知于善深，則來善物，」亦卽論語「我欲仁，斯仁至矣」之意。本與陽明「知行合一」之理相同。其謂「致良知以正物，」則顚倒誤矣。本爲物格而後致知，非謂致知而後格物也。故陽明之說，亦爲不可通，反不如其門下一不識字之灶丁，王心齋所解爲通達耳。其謂「格物者卽物有本末，致知者卽知所先後」也。然其究因讀書少，而不明格字之解。倉頡篇謂「格量度也。」格物者，量度事之本末。正心誠意爲本，修齊治平爲末。能量度物之本末，則知行事之先後矣。故劉蕺山謂王陽明不如王心齋也。後來之清儒，如戴東原輩，講格物亦不如假道學之李光地(研究天算而談理學)知取心齋之說。惟余認孝爲物之根本。不知孝，則致知二字，仍屬空言。故大學講錯，卽爲殺人之本。王陽明斥朱文公，雖不免過甚其辭。依余之見，實因朱子不通格物之字義，强作「窮至事物之理」之言以敷衍之。觀朱子雖講格物窮理之功，而其門徒鮮有通事物之理者。當日陸象山講格物，雖非如朱子之繁多，實則象山與朱子相同，而陽明獨推重象山，實因陽明讀書不多，不知上追漢儒以窮鞫之。如信程朱之說，改親民爲新民，實爲殺人之本。所謂新民者何？是爲廢除舊道德，改用新道德，是正洪水猛獸也！朱子之講格物猶今之講物理學也。道德本與事物相抗。如今之時勢，崇尚科學，而排斥道德。雖非程朱所提倡，使程朱有知，亦將反悔於地下矣。故親民卽爲「人倫明於上，小民親於下，」推本乎孝。格物卽爲「物有本末，事之始終。」大學前後本屬一貫。治亂之理，悉具於是。歷來政治之隆污，無不與大學相應者。親氏格物卽爲治國之原則，好人之所惡，惡人之所好，人之彥聖，媢疾以惡之，長國家而務財用者，卽爲亡國之原則。二千年政治之治亂，正如此耳。大學所講從孝親起以至平天下，修己治人之學，均包括在內矣。

儒行　大學孝經所講，修己治人之道胥備。惟無勇氣，仍不足以有爲。儒行所謂「儒」，雖非爲聖爲賢，然其崇尚氣節，合論語所謂「士者行己有恥，見危授命，使於四方，不辱君命。見賢思齊，久要不忘平生之言。」雖不足爲聖，亦足爲仁人矣。不如是不得爲仁人。而宋儒深致反對。故其輕視儒行。不尚氣節而儒行中言無過失可微辯，而不可面訴，朱文公解子路人告之以有過則喜，謂「仲由喜聞過，令名無窮焉。今人有過，不喜人規，如諱疾而忌醫，甯滅其身而無悟也。」然朱文公與陸象山爲太極無極一小事之辨，彼此書翰往還，爭論激烈，互相詆毀，勢將絕交。殊非君子之氣度。歷來儒家，均犯此過。除孔子顏子之大聖，爲不可及外，卽孟子亦不免。孟子每與人辯，均屬勝利。唯與淳于髡名實之辯，孟子辭窮，而猶曰「君子之所爲，衆人固不識也。」可見儒行不可面訴一言亦未爲過，漢儒均重儒行，東漢尤尚氣節。與理學之旨相合。北宋范文正首倡理學，及後理學盛，反輕氣節，實有負於提倡理學者之初志。故宋亡大臣之學馮道者甚多。詎非反對儒行，輕視氣節之所致乎。漢蘇武使匈奴，被留十九年始還。漢宣帝圖功臣於麟麒閣，武亦在內。可見漢人之重尙氣節。南宋有洪皓者，其人節概如蘇武，使金留十三年乃還。然宋人並不知尊禮。後復以忤秦檜被斥。設日人一旦進滅中國，使漢儒在。決不屈服于日人，若在南宋輕視氣節時，則未可知矣。宋儒謂儒行非孔子書。卽如其言，果非孔子書，或爲僞託孔子者所造。但其言之有理，亦足取之，何必問其是否爲孔子書也。據予所見孔子對魯哀公之問，亦在情理之中。哀公爲人懦弱無用，優柔寡斷。亦正如今日張學良之流。故孔子之言儒行於哀公，亦爲對症之藥。焉知其非孔子書也。

喪服

儀禮十七篇，中有六禮，惟士喪禮至今大體尙屬沿用。據予所見喪服中除「尊降厭降」二條外，餘均尙可通用。尊降厭降，爲諸侯公卿之禮。自改封建爲郡縣，卽已無所用之。故亦不廢而自廢。漢儒治儀禮者甚多，惟鄭康成徧注儀禮，康成之前，如馬融僅註喪服一篇，三國時王肅亦註喪服卽，蜀之蔣琬亦註之。總觀註喪服者有十九家之多。吾人能試查通典自漢末致唐，講喪服者，可攷其詳。顧亭林謂六朝人之好處甚多。保存禮法卽爲一端。蓋六朝人尊重喪禮。如陳壽「遭父喪有疾，使婢丸藥。爲鄕黨所貶議。」由今觀之，不足爲異。又如晉惠帝之愍懷太子，爲賈皇后毒死，後惠帝明其寃，爲之服喪三年。由此可見六朝人之重喪禮矣。父爲長子三年，此禮致明方廢。喪服歷唐致宋不廢，明人遵行喪服猶較淸人爲重。惟喪服歷代有所改變，致淸則大誤矣，自漢末至六朝，均依儀禮無甚出入。唐人始改父在爲母，齊衰三年。在儀禮有曾祖服，而無高祖服。唐人加高祖之服三月，曾祖改爲五月。其不改者，如婦爲舅姑，父爲長子。至宋則婦爲舅姑，與子爲父同。其誤因唐末禮漸不明。婦爲舅姑，原爲一年除服。惟除服後仍服靑縑。照唐開元禮，婦爲舅姑與爲長子同。其後以女可從男服。至五代，婦從子服。當時劉岳書儀卽改正之。宋初或言喪服應從唐舊。惟魏仁浦言婦子應同服。言子居苫塊之中，婦服綺紈之服，不合情理。不知古人苫塊，在未葬之前。喪服有變除。三月既葬，卽不在苫塊。期年卽外寢，大祥卽禫服。期年後，子已不在苫塊之中。靑縑亦非綺紈之服。仁浦皆不知，遂改婦與子同服矣。子爲父惟有斬衰(斬衰下邊不緝)而無齊衰。古人重父輕母。女子不貳斬，出嫁後爲夫斬衰。子爲父爲斬衰，爲長子亦爲斬衰，明太祖改之。古人喪雖同服，而有「降服」「正服」「義服」之別。出嫁之女，爲父爲降服。(同斬衰，而麻有粗細不同。喪服記「爲父三升。二百四十縷。」)父在爲母爲降服齊衰四升，三百二十縷。)臣爲君爲義服。(三升半)婦爲舅姑爲義服。(六升)子爲父及爲自己兄弟爲正服。(兄弟期服五升)。各有不同父爲長子斬衰係義服，與爲父斬衰亦有粗細之別。明人則以降服正服義服一并廢之。然唐開元禮有別，宋司馬溫公家禮亦尚如此。實爲明人最荒謬之舉。明人卽無「父爲長子斬衰」之服。又如古人爲庶母惟緦衰三月。明太祖因愛沈貴妃之故，沈貴妃死，太祖命懿文太子服齊服杖期。太子難之。太祖問禮官，答以古庶母緦衰三月。太祖恨之，照古禮加四等，越小功大功而爲齊衰。古人惟「父在爲母齊衰杖期，」與出母亦爲齊衰杖期。餘無齊衰之服。喪服慈母與母同，母死，庶母無子，父命之撫育，恩比生母。故與母同。無父命者，僅加一等爲小功。至明人庶母與慈母同。又如殤服。古分長殤，中殤，下殤，古人以年二十成冠。（十九致十六爲長殤，十五至十二爲中殤，十一至八歲爲下殤。）以其未成人，改常服降一等爲大功。常服有變時，惟殤服無變時，無變者，以其已降服矣。服雖降而恩重比於成人。明人廢之，實屬荒謬。淸人無定制。其初服沿明舊。道光時，又行大清會典，古人以女子出嫁，爲父降爲祖不降。大清律例尚如此。大功小功，在喪服記爲兄弟之服。古人不敢以兄弟之服服祖，喪服記僅言爲人後者爲父母降服，不言降祖。唐開元禮以下至明仿之。致大清會典祖降爲大功，曾祖降爲小功，高祖降爲緦麻考喪服有至尊旁尊之分，不知會典之降服將以爲至尊乎，抑以爲旁尊乎，旁尊則無服，至尊則不敢降，其謬誤甚矣。儀禮喪服歷代相沿，自宋一改，至大清通禮則全誤矣。今人訃聞雖載「遵禮成服，」實已不知何者爲禮矣。今日欲用喪服除删尊降厭降二條外，卽可通行。除喪服外，唐開元禮尚可勉强應用。因唐人知禮者甚多，雖有改變，尚非有誤。宋禮爲魏仁逋所定。仁逋原不明禮；

明禮爲明太祖所自定。清人本無禮制，至開元禮雖非古禮，然大體尙與古禮相合。故今日欲保存中國之禮法，當留意於喪服與開元禮二者。

講國學當以孝經大學儒行喪服四書爲統宗。四書所講，均爲修己治人之道，綜合四書，不過萬餘字。卽欲熟習，亦非難事。此外羣經亦須講習。而四史(史記前漢書後漢書三國志)尤爲立國之本。今日人嚣嚣以東三省非中國領土。查滿州於漢爲遼東郡。明則於遼甯一省，置遼東都指揮司於遼東。其組織如今之特別區域，在國聯大會之顏惠慶，不明東三省是否爲中國領土，電訊馬相伯，馬相伯訊之於予，予抄此二條示之。譯成英文，載諸大陸報，外人見之，始悟滿州早屬中國領土。中國人不明中國之歷史地理，豈非可笑。故歷史地理之學，實爲立國之本。明日當爲諸君再講四史以明其爲立國之本也。

此文未經章先生審閱錯誤之處由記者負責

章太炎先生講史學

盧景純記

日昨述修己治人之要，因舉四書，曰孝經，所以教孝道也；曰大學，所以總羣經也；曰儒行，所以厲士節也；曰喪服，所以廣禮教也。今更推廣言之：夫學求致用，坐而言者必起而能行、斯足爲學，言而不能行，學亦淺矣。治學之要，首重歷史，見前代而昭已往，斯可見其學也。近代學堂新制、多重口授，口授殊不宜于史學，蓋四庫之書，史籍最繁，豈口授所可罄哉？且學貴自得，亦非口授所可收效，如二十四史三千餘卷，三週六百卷，文不澀奧，學者所可自讀，必欲一一口授，則有終身不能盡者，設能自閱，則正史四年可罄，通鑑一年可畢；外國道爾頓制，即使學生自習之法，國人雖知其制而行者蓋寡，余謂此制施之史學，厥効最偉，或有謂教員懼學生讀書過多，致爲所難，其言固爲過當；然今之授課者，往往將綱鑑易知錄，粗誦一過，便爲良師，師資之不堪至此！則其言亦自可信，呂氏春秋有誣徒篇，此輩甯非誣徒耶？

乙部分類甚煩，今舉其要：如編年，古史也；紀傳，正史也；東觀漢記，別史也；通典通考記典章制度，貫徹古今者也；而言史者于地理一門，尤爲重要，地理不知，則前代戰爭勝盛衰之迹，盡茫然矣。地理之書，今之可閱者，如唐元和郡縣志，宋元豐九域志，明清均有通志，而顧祖輿方輿紀要尤佳。至于地圖，則今勝于古矣！奏議亦足補正史之闕，足見當時之政治，後人集古今名人奏議，曰歷代名人奏議，皆不可不閱者也，正史二十有四，四年可畢，如求簡捷，則可閱四史；再讀通鑑及續通鑑明通鑑約共一千卷，每日二卷，五百日足矣。紀事之書既畢則閱典章制度之籍，如通典通考是。通典稍晦，通考淺近可閱，然其中亦有不必閱者，如天文考等是，但閱其有關政治，考見制度者足矣。共五百卷，每日二卷，不過八月足以盡矣。地理即閱方輿紀要，費時半年，可得其概，奏議稍多，然一年亦畢矣，合計之三年有半，一切可以瞭然，此常人之所能也。列代名人，雖有位躋顯貴，而未親典籍者，然得力于史册者亦衆。卽以清代言，曾國藩得力于文獻通考，胡林翼得力于資治通鑑，左宗棠得力于方輿紀要，夫歷史不知，是忘厥祖先，亡國之本也，古之文人，莫不重史，惟宋王安石，創新法，而多爲先朝行而不驗者，懼爲人考于古而發其非，故不欲人言史耳！今之不欲人言史者，其亦有王氏之流否耶？波驚奇者，遽求速成，而社會文化，固循矩進化，自知不合于古，故亦禁人言史學，皆學術之蠹也！

毁歷史者，以爲不殊家譜，不知此卽如家譜，亦一國之譜，非一家之譜也。國爲天下人之國，譜亦天下人之譜。人不自知家譜則不知世系之所出，則于此一國之譜，又烏可忽而不知哉！毁者又曰：「不殊帳册。」不知卽是帳册，亦所以紀產業也。此帳册爲一國之帳册，所紀者，國家之產業，亦人人之產業也，甯知有執產業而不有帳册不閱帳册者哉！其不可通也明矣！夫爲民上者，不欲人言歷史，則倡于上者無人矣！爲人師者不欲人言歷史，則導于前者無人矣！矧學校之制，又不宜于歷史耶？中國之史學，益趨銷沈，忘國之本者，亦日以多矣！

章氏學誠曰「六經皆史，」厥言最當。經與史固有密切之關係者也。禮者，一代之典章制度也。尚書紀言，春秋紀事，左右史之事，固無論矣。詩亦史而韻者耳！至于易經亦曰史者何也？當生民之初，狉狉獉獉，有天地然後萬物生焉。故有屯卦，屯者，物始生也，蓋有天地萬物，然後有男女夫婦父子君臣上下之別也。生民之初，未有媒聘，男女婚媾，多出虜奪；厥後民智漸開，有如童蒙，故有蒙卦；斯時男女婚媾，以貝相易矣，——此後世聘禮之所起也。下爲需卦，言酒食之道，已由漁獵而入於耕稼。再後爲訟卦，蓋民智日啓，不能不爭，爭則訟生矣。斯時猶爲部落時代，生殖既繁，爭端遂起，乃有兵事，故有師卦，師遇則比，故有比卦。其時雖知稼植不知蓄積，既有師旅，則非有所畜，不可以應，故有小畜。及此而政府之芻形，小小就矣。小畜之後爲履卦，言武人言大君而政府已成。然其時君臣之階級，尚不如後世之懸殊，泰卦坤上乾下，乾者，陽也，居于上之君也，坤者陰也，居于下之民也，坤上乾下，重民意逮後君益尊，民益賤，乾上坤下，否卦成矣，自屯卦以至于否卦，社會進化之迹，已灼然明矣；則易經者，亦不得不謂之史也。而史籍之承經而作也，首自司馬史記，其本春秋者，已自言之矣，他如禮書樂書本于禮者也，相如之傳，錄其賦，用詩經之意也，——賦者古詩之流——則史承經作，亦灼然明矣，此經與史之關係也。

至于諸子與史其關係亦密，道家出自史官，——見史記——無論矣，儒家亦不必言，法家如韓非子最淺，其引歷史處極多，法家有一代之家，與長久之法家，韓非一代之法家也，——亦可謂長久之法家——蓋鑒于周末，弑君篡國之事，迭作並興，國勢日危，故嚴立法律，以繩君臣之分——厥言雖似專制，然以元首專制官吏，非以政府專制人民，與今之民主不悖——亦足見春秋之情形，名家與法家相近，縱橫家本外交之事，有關于史，農家無預史矣，然亦爲物質缺乏，致有持偏之言，亦足考見當時之社會，故九流中無一不言政治——哲學如莊子宗教如墨翟皆言政治——卽無一不與史有關也。

中國今日文學之潮流，荒謬極矣，充其極足以亂國家，亡天下！何則？今之學者，喜創新論，而不中于理，不切于事，遂有此弊。厥別有二：一曰，與國家有害者，哲學家是也，以哲學家之目光，施于政治，其害最巨。如道家，班氏曰，人君南面之術，然終不可以爲治，漢用黃老，並無功効，晉尙淸談，竟以亂國；然晉之淸談，尙不害于禮教，及至後世之哲學家，則每況愈下，放于禮教，以爲本于莊子，莊子曷嘗有斯言耶？古人謂人當知行方，今則知圓而行亦圓，出乎爲人之道矣，吾非謂哲學不可學，惟學者不可其弊耳！中國臻此危急存亡之秋，于事當求其常，而不可危詞聳聽，以誤事也。

二曰，與國家無害而有害于史者，則今日之考古家是也，今人未畢正史便奢言攷古，考古非不可爲，三國譙周有古史考，宋蘇轍亦作古史不過以太史公書，雜采百家，不盡可徵信，乃作此書以考之耳！今之考古者，事事疑之，是疑古矣；疑古未嘗不可，但須有疑根，如經之所無，而爲俗人流說，其言荒誕，作者誤取，遽入史籍，如史記記后稷高祖之生，皆荒誕不經，固不可信，疑之可也。或迭見兩書，異同其詞，必求得失，斯有一當是，亦可疑，如司馬溫公作通鑑考異是也，乃今之疑古者，無所根據，遽爾相疑，斯真疑而成疾矣！日本有疑堯舜非真有其人，亦羣而和之，不知日人開化，晏于中國——各國開化之有遲早，猶樹木開花之有先後，若以爲必待日本開化，方可開化，武斷二千年前之事爲不可有，望空生疑，抑何其可笑耶？又疑禹治洪水，九州之大，非一人可任，此尤可哂！禹之治水，蓋總其事，輔之者不知凡幾，史舉其首，以蓋其餘耳，何爲不可信哉？猶幸此輩不疑孔子，而不知孔子顏淵，明時已有疑言，以爲丘見其高，淵見其深耳，未必有其人也，猶幸此輩不了子史，不敢作此大言也，古學之不經者，雖動人于一時之風氣，終不及于遠，今之疑古者，害人更甚，厥禍尤烈！考其弊端，不究于史耳！是故吾輩不可不讀史，而今日讀史者，尤宜考其盛衰之迹，以見其政，用爲國者鑒，蓋讀史固貴見其大也。

章太炎先生講春秋

盧景純記

此文未經章先生審閱，若有錯誤，由記者負責。

春秋爲史學之祖，班馬之流，皆從之出。後人以其出自聖人，遽相推尊，名之曰經，而與史涇渭分矣！中國古無完全之史法，尙書記言，可稱史矣，而略于日月，故如九年春，而不書元，後世遂有謂爲文王之九年者矣，或有謂如武王之九年者矣。尙書稱文武王皆曰？見于逸周書，春秋之出，當不在周初，周禮太師外師少師所言，皆不見于春秋，春秋起于周宣王時。墨子明鬼篇，引周之春秋，而周宣王事不舉，而太史公十二諸侯年表，亦不紀宣王以前年月，蓋可知矣。然此首出之春秋，周之春秋也，各國之春秋又有先後出者焉，厥始自晉，晉穆后生太子名之曰仇……………然亦不紀年月，史遷十二諸候年表亦不記之，此事在宣王時，則晉之有史，最先蓋可知也，次秦文公初有史記，次宋，次齊，次魯………隱公前一百十九年事無所記。——厥故何耶？蓋各國史法、悉由太史頒佈，晉秦近周，宋陳稍遠，齊魯更遠，故國史亦先後出也。

世皆謂孔子作春秋，然左傳曰：「春秋之出，…………非聖人孰能修之，」則春秋非孔子作，可知也。卽孔子所修，亦寥寥耳！左傳述孔子之意者，如宋殺其大夫孔父，及天王狩于河陽是也！然史遷又言其見于舊史，則此亦非夫子之創矣。

夫史者國家之公器，非可私自修删者也。孔子不在其位，不謀其政，不可得而修史。意者夫子與魯太史相稔故以修史之事相屬乎？私修國史者有罪，——班固曾以此得罪——故夫子曰：「罪我者其惟春秋乎？」又曰：「其義則丘竊取之矣，」曰罪，曰竊，私修之意，顯然可知。後人以孟子曰：「天子之事也」，遂予夫子以天子之位尊之曰素王，又以左氏爲素臣，謬矣！蓋事者職也，職，記微也，從史；而史者，從又執中，司其事也，則知春秋乃官書，非司其事者，不得書也。太史公六國年表曰史記奏上記事，漢凡各郡國事皆須上之于太史令，則春秋者，魯之春秋，非孔子之春秋也，明矣！然則魯之太史爲誰耶？史記曰「左邱明魯之太史也，」左氏與孔子同氣相求，——論語曰「左邱明恥之丘亦恥之」——則左氏以修史之事屬孔子，固理勢所可也。

周春秋與魯春秋曷以別乎？蓋周之春秋，天子之史也；魯之春秋，諸侯之史也。諸侯之史，惟書國事，外國之事，赴而後書，不赴則不書。而赴告之確否，又不可得而辨也，其中謬誤，自不可免。孔子心知其謬，故觀史于周，蓋非欲爲春秋經而欲爲春秋傳也。及至左氏，乃成其書，後人皆曰：「左氏因孔子春秋而作左氏傳，」實則所因者，孔子觀于周室之春秋也。故有見于經而不見于傳者矣，有經所無而傳載之者矣，蓋以此也。桓譚新論云「經如衣之有表，傳如衣之有裏，相輔而行，」故左氏乃作左傳以傳經文也。則左傳之作，不出于左氏，必出于孔子矣，否則孔子觀周室之史，將何爲哉？且聖門弟子之言春秋者，除曾子外，言者蓋寡，豈不以事迹不比理論，可以空言勝也耶？惟左氏與孔子同司其事，故得而述之也。或有疑左氏傳中，記及趙襄子之死，以爲邱明之年，不及其時，然卜子壽登耄耋，邱明之年，或亦與卜子相夾，則固能及之矣。

漢戴宏又倡卜子授公羊春秋之說，殆亦以卜子邱明，同登壽考，故傅會其言耳！考公羊師承淵源，實不及游夏之世。蓋世說公羊傳五世而至漢之胡毋生，胡傳董仲舒，上推其年，蓋不相及也。且公羊之出，後于穀梁，穀梁及見尸子尸子與商鞅同時，穀梁又及傳荀卿，則穀梁者，殆與孟子淳于髡同時者也，而穀梁所引諸子公羊均冠一子字，如子沈子是也，古例冠子者，師之尊稱，則穀梁之友，皆公羊之師也，先後之迹，蓋可知矣！又有公羊誤用左氏穀梁者，如左氏定三年傳，楚止蔡侯，蔡侯歸，及漢執玉而沈，曰：「余所有濟漢而南者，有若大川！」穀梁亦紀其事與左氏相應，蓋漢水者楚漢之道也，公羊乃改「漢」曰「河」，遂大誤矣！亦足見公羊後于左氏及穀梁者也。秦博士答二世有：「君親無將，將而誅焉！」蓋用公羊語，又漢博士爲高帝議謚，有「撥亂世反之正」之語，亦出公羊，則秦漢之間，乃有此傳。意者高當入秦，或在博士諸生列也。孟子言春秋有與公羊同者，則公羊採孟子也。且穀梁謬誤，少于公羊，亦可見公羊稍後，致以所誤爲多，此三傳之源流也。

春秋以日月爲例，亦後世之謬說。春秋雖記日月，實非用以爲例，日月爲例之說，倡自公羊。蓋穀梁與尸子爲友，而尸子爲商鞅之師，得見秦史，不載日月，遂據以爲言，其實朝聘會同之事，至後世而益繁，故書日月，庶不相誤。穀梁不言所據，公羊遂誤倡其說耳！

又有謂春秋以一字定褒貶，是尤可笑，杜預云：「春秋不如易之爻卦，可相錯綜，」蓋增減字句，自所難免，如吳人鄫人皆曰人，蓋用字之關係耳！非以褒貶，義至瞭然者也。

左邱明既作春秋左氏傳以授曾參，參授吳起，起授子期，期授楚人鐸椒，椒爲魏王傳，魏王不能盡讀春秋，椒乃爲簡篇，凡四十章故後之言春秋左氏者，如韓非呂不韋皆據椒之簡篇，此本穀梁亦見之，故有用左氏者，蓋據此本。如左氏：「公矢魚于棠」穀梁曰：「觀魚于棠，」又左氏：「齊人來歸衛俘，」穀梁曰：「齊人來歸衛寶」，又左氏「晉荀吳帥師敗狄于大鹵」穀梁曰：「敗狄于太原，」可見穀梁用左氏文而稍改，不然，不應相合如是。其所抄襲，如此數條者用鐸椒簡本也。

公羊後于穀梁，亦有據左傳而改者，然疵誤之處迭出矣！如春秋齊欒枝來奔，穀左皆然，公羊則曰「晉欒枝來奔」，又「鄭公孫夏帥師伐陳」公羊改「夏」爲「囓，」而齊仲孫(湫)來，公羊則曰「齊仲孫，其魯仲孫歟？」蓋見其上下文有魯仲孫，故以春秋解春秋，不知他經皆可以經解，獨春秋不可以經解也。公羊之弊，一則以春秋爲春秋，一則以一字定褒貶，考厥由來，蓋以不見國史，致有誤傳也。

後世之附會公羊者，倡黜周尊魯之說，新周故宋之言，皆極可笑！夫春秋魯之春秋也，非周之春秋也。故以魯元紀年，不用周之年號，勢所然也；夫子曷嘗黜周等魯哉！且夫子重禮正名，又烏有降周爲諸侯，而尊魯爲君之理哉！至于新周故宋，說尤可笑，蓋宋弑其君及其大夫孔父，傳曰「不稱名，蓋爲祖諱也，孔子故宋也，」公羊誤讀其文，而曰故宋，又誤于「成周宣謝災」下處新周之文，以偶之，遂有新周故宋之誤矣！

又有以春秋春王正月，春王二月，春王三月，以爲春秋合用三正而有通三統之說，遂以漢制寅之制，本于春秋。然考諸鐘鼎，夏秋冬，亦多有夏王秋王冬王之稱，則知古制如此，後以過煩，故舉春以概其餘年。公羊明言大一統，蓋得其實，曷嘗有通三統之言哉！

公羊又言所見異詞，所聞異詞，所傳聞異詞，以爲所見太平之世也，所聞升平之世也，所傳聞撥亂反正之世也，分春秋爲三時期，而不知春秋二百四十年，皆撥亂反正之世也。

左氏曰：「卿可會伯子男，」公羊則曰：「伯子男一也，」伯子男同稱者，如國語：「諸侯有卿無軍，伯子男有大夫無卿，天子勢貴也，以公侯爲官正，以伯子男爲師旅，」然周制公爲一等，侯伯爲一等，子男爲一等，及至春秋以往，則所改已多，然不可謂伯子男爲一等，則可知也。

尙有三傳所同而其名後出者，如內諸侯而外夷狄，三傳同之，諸夏指其君，夷狄指其國，名曰狄曰戎是也，及公羊乃有其名。

漢謂書孔子作春秋記世卿專政，三傳皆同有之，如季氏出君等是也；然左氏之言世卿，曰魯之季氏，齊之陳氏，晉之趙氏；公穀乃曰齊爲崔氏，魯爲尹氏，然崔氏在齊，與高國氏不和，不久卽敗，尹氏未專魯政，亦非世卿，蓋以左氏之言爲得。蓋左傳紀三家專晉，季氏出君（昭公）而止矣。

或者又以爲春秋作而亂臣賊子懼，則胡爲書君之惡？不知董狐之記崔杼，使人知其罪而伐之所以警臣下也；孔子作春秋，所以戒人君也。君無惡政，則人臣不得施其賊矣！蓋春秋之世，弒君篡國之事，迭作並興，故學者多有法家色彩，故老子曰「國之利器，不可示人。」皆使人君知所爲也，人君善則亂臣賊子懼矣！否則大奸巨猾，豈懼後史書一名字便足止當前之利祿哉，後人誤會，乃有口誅筆伐之語，誤矣！

綜之，三傳大處，多有同者，不然，則立其一而其二可廢矣，何爲迭有興廢，而終能並存哉？

此文未經章先生審閱，若有錯誤，由記者負責

陳石遺先生講『近代詩學論略』

二〇

丁舜年記

宋元後詩人之可取者：明代可不論；所可論者，有清一朝而已！

清詩之盛衰，各有其因。

當夫康熙乾隆之間：雖提倡文學之聲極高，而文字之獄滋起，故詩之學無可言；所可言者，亦惟端莊之辭而已！

康乾間文字之獄既盛，寖假而各種考據之學，勃然興起矣！然則各種考據之學，非自上之提倡使然；人類之思想，必有所用，不用於此，則用於彼；康乾間各種考據之學勃然興起者：蓋懲於文字之獄，不得不向此煩碎而遠於政治之一塗發展，其勢使然也。

王漁洋崛然挺秀於順康之間，知交徧天下，上自輔宰卿貳，下至布衣之士，所有能詩者，皆在所箸感舊集中，乃所推重者：無如一布衣朱彛尊，其贈朱詩，如：

「江左風流惟汝在；文章流別幾人存？」

漁洋與之初遇時，即歎服其詩如此；其後王朱並稱，嗚呼！王氏洵具有特出之眼光矣！

錢牧齋龔芝麓吳梅村爲江左三大家；牧齋爲最，陳元孝屈翁山梁藥亭爲嶺南三大家；陳爲最，屈次之。

又如厲鶚樊榭之五古，錢載蘀石之七古：乃特出於乾隆嘉慶之間者。蔣士銓在蔣袁趙三家中較爲可取；蔣之詩如：

『山水爭留文字緣，脚根猶帶九州煙！』

最爲隨園所賞。又如其鄉試題號舍云：

『殘虀冷炙不能餐！四壁蒼苔擁暮寒！合到瓊樓高處去，此中秋月讓人看！』

皆極足傳誦者。

金冬心農工冷雋之詩，袁氏子才甚稱譽之，如：

『消受白蓮花世界，風來四面臥當中。』

子才以爲佳則佳矣，只恐要成瘧疾！

吳中七子，無可取者，吳會英才集亦惟黃仲則最有名：然其詩學李太白，易流於狂！其挈家北遊京師也，有詩云：

『五劇車聲隱若雷！北邙時見冢千堆！夕陽勸客登樓去，山色將秋繞郭來！寒甚更無修竹倚，愁多須買白楊栽，全家都在風聲裏；九月衣裳未翦裁！』

其貧可想！詩窮而後工，信然矣，畢沅聞之，贈之千金。

道光之際，盛談經濟之學；未幾，世亂蜂起，朝廷文禁日弛，詩學乃漸盛；故近代詩鈔斷自咸豐之初年：是時之詩，漸有敢言之精神耳！

近人之詩，其弊有可言者，其派別之偏者，略有二：卽陳三立鄭孝胥是也。陳之詩甚僻澀，有似其性情，夫一人之詩，必有名篇名句，傳誦於人；陳之詩：則可傳誦者不多矣！鄭之詩，嘗帶風趣，學之者容易動人：然吾人年少，所遇事境多不與相同，遽學其輕世肆志之言，非所宜也。且寫景之處，當隨景生文，切忌千篇一律，故必身歷其境，胸中蓄積者多，乃易爲也。倘有學鄭氏者乎？此則宜愼者。

陳石遺先生講『國學中應讀應看應研究之書目』

丁舜年記

國學應讀之書，其種類有三：曰：「有須熟讀之者。」「有須熟看之者」。「有可讀可看之者。」「讀」與「看」之別：「讀」之功在舌。「看」之功在腦。「讀」可不用腦、惟唇吻理會，舌之功也；「看」可不用舌，惟深刻記憶，腦之效也。

「須熟讀之書」有數：——然大約限於經；論語孟子其最要者！

論語一書：彙六經之精髓，總儒家之要義，其體則分章而記，其文則簡而深曲，後世文法之學，靡不出其窠臼！其章之最簡者：一爲巧言令色鮮矣仁章，一爲觚不觚觚哉觚哉章，觚不觚章文法尤奇！共七字而所含之義有四：觚爲第一層，不觚第二層，觚哉一詰第三層，再疊用一觚哉爲第四層。故論語一書，不可不熟讀！

孟子之文，鋒芒不可犯：則又爲別調。如三蘇之文，縱橫裨闔，而皆出自孟子！果能讀論孟二書，而應用變化之如神，則千古大文章家，不難出於此矣！

至中庸大學，本爲禮記之篇。然中庸之爲書時而言天地，時而言鬼神，神妙不可測，吾不能無疑！大學言修身齊家治國平天下之道，於今婦人小子皆知，雖其義理重要，然稍淺，不熟讀焉亦可。

易經備人事出處進退之理，學之而能趨吉避凶；然趨吉避凶，只要明其大義：不讀熟之，尙無妨！

尙書爲中國上古之寶書，古今中外政治之原理，不能外乎此；後世能文者代作，其文法亦無能盡出其範圍：此非熟讀不可！唐虞夏商之書，世質民淳，讀之猶易；周代尙文，讀之特難！禹貢一篇：言九州山脈水道，爲古今所據，非爛讀不可！

左傳記二百四十二年之事，其文光怪陸離，苟能熟讀，則用之不竭！

禮記言周一代之典制，多事遷時變；然亦不得而廢者！且各篇文法不同：宜擇而讀之。

詩經者：後來詩賦之原泉，其中國風尤無事不備；今日語體詩崇尙戀愛，而國風所尤記多！雅之應讀，尤重於「風」；其所言皆關於國家治亂之故；而句奇語重，變化尤多！「頌」惟歌功頌德，知其體制外，可不熟讀。

——凡此數種：爲「國學應讀之書。」——

「須熟看之書」亦有數：

吾請先言史部，正史有二十四，人皆知之；然篇帙浩繁，能卒讀之者，古今未有幾人！即如司馬光資治通鑑爲編年體之最完備者，古人能卒讀之者，亦寥若晨星；惟同時王勝之曾讀過一遍，擇其最簡賅者：惟鑑綱易知錄一書，其文雖極簡，而於歷代大事，無不賅載；試史舉其例：如王猛渭原之戰，各編年書尠載，而易知錄載之，其能得史之要可知！且其爲體：於書眉綴以短語，可作小典故看，亦足供藝林之便！

史記者：史公之傑作，正史之先河，後世作者，靡不奉爲圭臬，其材料之豐富，組織之完美，雖或可議，然後世終無及焉！且當時史遷所搜羅之書，今日多有靡得見者用益增其價值矣！

說文一書：亦吾人所不得不看，其中所採之書，亦往往爲今人所未穫見：如日月爲易之類：洵爲中國特立之書

昭明文選：亦文章總集中最重之書！六朝王室，優游而不攻學者多，昭明獨以太子而成此編，亦足爲吾人所稱服者！其所搜集亦皆後世文集所不載備，雖三代秦漢六朝各文，多有割裂史傳而成者；然其中多有須熟讀者，大部雖看之亦可。且其體裁亦須注意：蓋吾人作文，應無體不能，無例不知。

酈道元水經注亦我國之奇書！原本水經：僅提挈綱領；而注者之文法事蹟，又非詳觀之不可。

——凡此數種：爲「國學應看之書。」

「可讀可看之書」又有數：

詞章之集，可分三部：即秦漢，兩晉，六朝唐宋是也。秦漢之文，氣息樸茂，不可不讀。兩晉，六朝，漸趨駢儷；唐宋兩代，散體文復興；元明以下之集，不觀之亦可。至清桐城如方姚梅等數家，專學唐宋，其簡淨可取。

他如漢魏叢書，唐人說薈，世說新語，稗海之類：足供詞典之用，非涉獵不可；而世說新語其尤佳妙者！

——凡此數種：爲「國學可讀可看之書。」

余既略述如右，然有看書之法，亦不得不言者，蓋凡看書，至少必須經兩遍·第一遍須迅速，第二遍才研究，首如走馬看山，其奇峯峻嶺，容易入目；然後再詳加稽考，深爲研究，方得其底蘊！

陳柱尊先生講『孟郊詩』

丁舜年記

余（陳先生自稱）此次來錫，本非預備演講，以久不晉謁唐蔚芝師，故乘章太炎先生等來錫演講之機會，有此一行；而唐師及馮振心先生乃必要余演講，辭不獲命，僅以向來不甚注重之孟郊詩，爲諸君試揚搉之。

余所以在此提出孟郊詩，有兩大原因：一爲孟郊雪寃；二爲挽救今日之文瀾；而後者之目的尤大！

吾嘗謂詩之源流，不過「風」「雅」「頌」三體；其後「頌」離詩而獨立，猶六義之賦，後亦獨立而蔚爲大國也。雖後世應制等詩，仍不失爲「頌」，然已非所重，大別之不外「風」「雅」二派而已。就五七言而論：「風」於漢爲盛，如古詩十九首；「雅」於漢魏之間爲盛，如魏武陳王仲宣等。然此外則「風」體爲多。六朝之間，最爲「雅」派健將者：惟劉越石謝靈運鮑參軍而已；唐詩人中「雅」派亦少，惟杜子美韓昌黎及孟東野爲卓然大家；雖李太白亦不過「風」派而已！此可見東野詩派之正；乃後人因其詩多言寒者，遂概以寒酸斥之：蘇東坡斥之爲寒蟲號，元遺山論之爲詩囚，於是學者遂隨聲附和，而少加注意，而不知其偉大雄奇，追蹤杜韓；蓋韓孟皆從杜之奇險一派來，而韓則擴爲長篇，孟則縮爲短章，韓詩以波瀾闊大勝，孟詩以短小精悍勝。若論其情，則杜詩多憂國，有大臣風；韓詩多衛道，有大儒風；孟詩重復仇，有俠客風；夫韓退之贈孟東野詩有『受材實雄驁』句，不思「雄驁」二字，豈「寒酸」二字可以了之者乎？此東野之冤，可以待下文證明也。

吾所提倡東野詩者：實欲一救今日之浪漫主義。今日浪漫派之文學，陷溺少年之心志，爲害最大，以仁義氣節爲舊禮教爲腐化，而一切打倒之，於是乎中國有今日之現象。不思倘張學良而有氣節，豈不如韓亡之張良，奮身以圖復仇乎？惟張學良爲浪漫主義所迷醉，日事奢淫，不知仁義氣節爲何物；故拱手以四省之地，奉送與敵人，而猶不知恥也。

夫所謂文明者：以其能增進人類之幸福云爾，而文學者，即鼓吹此文明而使之達於至善者也。今以一家喻一國：一家之子弟，人人皆趨於浪漫，則必驕奢淫逸，極情縱欲，勢必至於家亡而夭死！反之，其家之人，皆勤苦奮鬥，則其家必昌盛，而人必壽考！積家成國，浪漫主義之足以亡國滅種，豈不顯而易知乎？

今日吾國民族之頽靡，實因近年提倡浪漫主義有以致之。欲矯此弊，提倡孟東野詩，其最宜者矣：今試爲略舉數事：

（一）富有報國精神

『萬物無少色，兆民皆老憂，長策苟未立，丈夫誠可羞！靈響復何事，劍鳴思戮仇。』殺气不在邊

『萱草女兒花，不解壯士憂，壯士心是劍，爲君射斗牛，朝思除國讎，暮思除國讎，計盡山河畫，意窮草木籌！』百憂

『白日臨汝軀，胡爲喪丹誠，豈無感激士，以致天下平！』答姚怤

其報國復仇之心，何其堅決壯烈！倘今日吾國朝野皆有此決心，何至坐將土地讓人，而不思收復乎？

（二）富有輕生精神

賈生曰！『貪夫殉財，烈士殉名，夸者死權，衆庶馮生。』輕生以徇財則不可，輕生以救國則所謂義烈也！東野既富有報國報仇之心，故必主輕身以報國。

『壯士性剛決，火中見石裂！殺人不回頭，輕生如暫別。』游俠行

『死辱片時痛，生辱長年羞！』夜感自遣

其輕死救國如此，其寫得剛烈如此，以視曹子建之『輕身赴國難，視死忽如歸。』覺得更爲激烈矣！

(三)富有爲人精神

假公濟私，已成吾國今日之通弊；而東野詩鼓吹爲人爲公之意極力！

『君有丈夫淚，泣人不泣身；行吟楚山下，義淚霑衣巾！』答姚怤

『蠶身不爲己，汝身不爲它，蠶絲爲衣裳，汝絲爲網羅：濟物恐無巧，害物亦已多』！蜘蛛詠

(四)富有慈悲精神

『因凍死得食，殺風仍不休！以兵爲仁義，仁義生刀頭，刀頭仁義腥，君子不可求！』寒溪

『嘗聞君子武，不食天殺殘！』寒溪

此言凍死之物，亦不忍食，況自殺之爲食乎？此蓋受佛氏影響者也。

(五)富有兼愛精神

『同人少相哭，異類多相號：始知禽獸癡，却至天然高！非子病無淚，非父念莫勞，如何裁親疏？用禮如用刀。』哭盧殷

此蓋極端反對親親之殺之儒家，而同情於愛無差等之墨家，其熱烈之情，豪俠之氣，蓋沛乎充溢於辭表矣！

此外提倡貞潔，如：

『苦心知苦節，不容一毫髮！鍊金索堅貞，洗玉求明潔！』（投所之）

提倡正直，如：

『有骨不爲土，應作直木根！』

之類，尤不勝枚舉。至古來多以寒酸目之，則見其小而不見其大者耳！如：

『殺氣不在邊，凜然中國秋。』（殺氣不在邊）

『舉才天道親，首陽誰采薇？』（感懷）

『天下無義劍，中原多瘡痍！』（亂離）

『將軍不誇劍，才氣爲英雄！』（贈章仇將軍）

等，一二句中，包有莫大議論；世之譏其寒酸者，未卜曾夢見否乎？

自來學孟詩者不多：宋則梅堯臣，黃山谷，鄭俠，王令；清則有李子喬，單楷；此數子爲最著。然皆尙其辭而已，鮮得東野之精神者！故所務者：只韓昌黎所謂『神施鬼設，劌目鉥心』之辭；而義俠之精神，則概乎其未之得也！

故吾於此，敢作一結論以敬告諸君：卽學詩須注重精神，涵養德性，必視得己身與天下國家憂戚相關，一面多讀書以積理，多吟咏以達辭；善學古人者：要不學古人，乃爲真能學古人；若必規規於字句之求似，則陳石遺先生所謂愈似愈僞體者也。望諸君戒之！

錢子泉先生講我國古代教育與今日教育之區別

朱裕昌記

（此稿已經陳先生修正）　二二，三，一三。

我國古代教育之精神，其方法雖或隨時而變遷，而其意則在教學者做成一個人，人生八歲入小學，教之以灑掃應對進退之節，禮樂射御書數之藝，蓋教之以實踐做一人也。至十五歲入大學，而教之以窮理正心修己治人之道，則由實踐而漸進於理論，而我國現代之教育則反是，不重人生之實踐，而徒成爲高談空虛之學，何也？每見現代之學子，一入學校，則夜郎自大，驕蹇自足，論其所學，僅得膚淺之學問，而於人生實踐之理，則毫不遵行，是故一出校門，則徬徨岐途，莫知適從，因其所學于社會格格不相入也。吾嘗稽之論語，知宣聖之論學，亦不徒學文而已；其要尤重在人生實踐。如曰：「弟子入則孝，出則弟，謹而信，汎愛衆，而親仁，行有餘力，則以學文。」凡此入孝出弟即小學教育，亦即爲人生之實踐；而其中尤宜注意者，厥爲「行有餘力，則以學文」兩語，則知學文須在行有餘力之後也。又如子夏曰：「賢賢易色，事父母能竭其力，事君能致其身，與朋友交，言而有信，雖曰未學，吾必謂之學矣！」由此論之，則凡能事父母事君交友，各盡其事，則雖未學，亦可爲之學矣。孔子又曰：「君子食無求飽，居無求安，敏於事而愼於言，就有道而正焉，可謂好學也已。」

』而其所謂好學，亦不在語言章句之功也。然則孔子之學，非徒書本之學問，而爲人生之實踐也。而人生之實踐，尤必有事於仁。吾人需知何謂「仁」？「仁」者，卽人與人相處，在家庭爲孝弟，在社會爲仁。吾人又需知君子與聖人何別乎？蓋聖人者，智識方面也。君子者，現實之人格也。然則君子與小人何異乎？仁者爲君子，君者：羣也，卽善羣之男子；不仁者爲小人，小人徒顧一己之私者也。蓋人若能顧及全社會則安甯，否則各顧其私，而社會之能獲安甯者；鮮矣！曾子曰：『吾日三省吾身，爲人謀而不忠乎？與朋友交而不信乎？傳不習乎？』此非君子之教育耶？夫子曰：『學而時習之，不亦說乎？有朋自遠方來，不亦樂乎？人不知而不藴，不亦君子乎？』按學爲內心之自覺，樂則行之於外者也。故孔子爲學，重『自習』二字，欲求學問發生興趣，舍此其奚由哉！至孔子自述治學之經歷，則云：『吾十有五而志于學，三十而立，四十而不惑，五十而知天命，六十而耳順，七十而從心所欲，不踰矩。』所謂立者，非內心之自覺，因習慣而致之也。不惑者，則內心之自覺，凡此皆人生之實踐。天命者，照現在論，天卽自然律，命作命令解，而非作命運解。孔子繫易，明天之道，察民之故，而春秋則以人事證之天象者也。至耳順者，一事之來，非常明瞭，立刻可辦到，凡此均人生之自覺，至從心而欲不踰矩，爲天人合一，最終之鵠的也。蓋宣聖之學，從實踐而達自覺也

論著

近代古史研究鳥瞰

沅思

近代古史之研究尙矣。自胡適氏講學北大，裨販其西洋學說於國內，標榜實驗主義，渙然大號。陳獨秀錢玄同張其軍，一時少年之士，望風而靡，胡氏嘗以清代學者治學的科學方法以自炫，凡所述作，自中國哲學史大綱嘗試集以及新文化運動之論著，小說之考證，一皆以實驗主義之科學方法爲歸。而要之，不過「大膽的假設，小心的求證」而已。弟子顧頡剛本胡氏之說，以治古史，而有古史辨之作。其持歐美之實驗主義以衡論中國之古史，而勇於疑古，則又繼讓請姚際恒崔東壁諸氏之辨僞精神而大張其軍者也。蓋自清代樸學大盛，大師輩出，考證之學，超越往古，流風餘韻，久而勿替。益以西學東漸，學者論學，好言方法，於是引中科學方法之利器以研究古史，遂成風會。其先爲古代史籍之考證，萃數年力之精力，以研究一二古書之作者，作期，作地，諸端者，則有清華大學之衛聚賢氏。雖素以新文學轟動一時之日本醫科留學生郭沫若氏，亦有中國古代社會研究之輯述。則以摩爾根之前史人類進化階段工式，與馬克思之人類史上經濟分期說爲原質，而將中國古籍附會以就其說者也。凡此三者，雖其鵠的不盡同，方法不相合，要之爲受西方學說之影響則一也。近時又有鄭振鐸氏創古史新辨之說，則可爲此派學說之殿軍矣。

以東南大師，登壇講學。殫精史籍，持正統穩健之論，不爲非常異議可怪之談，則有柳詒徵氏，考信古籍，不輕於疑。與北方之高談疑古者殊科矣。本柳氏之說，專精力學，以一人之力，編著通史者，則有其弟子繆氏鳳林。承今文大師廖平氏之學，由經子騷以考其同異，確然有以見古代民族學術——之不同，條別以明其義者，則有蒙氏文通之古史甄微。茲二者雖持論不同，所見各異；要其本於師說，出於力學，無二致也。他若王氏國維羅氏振玉之治龜甲，暨金石之研究，考古之發掘，皆大有俾於古史，今茲所論，概從略焉。

一　持科學方法以研究古史者

持歐美之學說，以究研古史者，當推首績谿胡適開風氣之先。錢師子泉嘗謂胡適「其有以疑古爲稽古，不爲章炳麟氏之信而好古；以王充論衡爲骨幹，而以姚際恆古今僞書考崔述考信錄暨康有爲新學僞經考諸書張羽翼。排擯一切，旁援歐儒，益爲曼衍。謂賢聖爲芻狗之已陳，無當於世教。謂經子悉後出所託僞，奚裨於徵文。喜爲異說而不讓，敢爲高論而不顧。若而人者，績谿胡適實倡之。隨時抑揚，而後進彌以馳逐，漢學揚徽，遂以署新者也。」（茹經堂文集序）胡氏之學，在揚新漢學之徽，而彌極于疑古者也，顧雖以實驗主義爲方法，而所謂「大膽的假設，」則常陷於謬妄。小心的求證，則多雜以主觀。所著中國哲學史大綱近人李季批判其詳（胡適中國哲學史大綱之批判）梁任公亦云。

胡先生的偏處在疑古太過。疑古原不失爲治學的一種方法，但太過也很生毛病。諸君細讀這書，可以看出他一種自定的規律。凡是他所懷疑的書，都不徵引。所以不惟排斥左傳周禮，連尙書也一字不提。殊不知講古代史若連尙書左傳都一筆勾消，簡直是把祖宗遺產蕩去一大半。

梁氏之言，可謂洞見癥結。故充其量，大膽等於妄狂，求證無異附會，此胡氏之所以失。而顧頡剛氏治史之所以褊也。請略言胡顧治學之關係。

當胡氏自美洲學成而歸，教授於北京大學時，顧氏尙肄業於北大。既受胡氏中國哲學史之陶染，頗爲心折。嘗謂：

「胡先生講得的確不差，他有眼光，有膽量，有斷制，確是一個有能力的歷史家。」

遂與胡氏過從日密，深受其影響焉。嘗謂：

「適之先生發表的論文很多，在這些論文中，他時常給我以研究歷史的方法。我都能深摯地瞭解而承受。並使我發生一種自覺心，知道最合我的性情的學問乃是史學。」

顧氏既藉胡氏之說而有所啓發，遂致力於古史之辨僞。時胡氏方爲水滸考證，洋洋數萬言，明其由來與其遞進之演變，讀之若有會心者，厥後治古史之法，亦遂以明古史傳說之由來與其遞續之演變爲主。其古史辨之根本原則，層累地造成古史，與夫發生之次序，及排列之系統，實爲反背之說，卽以是而萌蘖焉。

顧氏自北大畢業後，服務於母校圖書館。嗣後擬編輯辨僞叢刊與胡適錢玄同書函往還，一再磋商，蓋發其端於讀姚際恒之古今僞書考；而推翻古史之動機，亦復因康有爲之孔子改制考而啓發焉。顧氏自言其治學曰：

「那時我排列過幾個表：一是依了從前人的方法，編排史目。看書上說的什麼時代，就放在什麼時代。例如：置三五歷年紀春秋命歷序于太古；置堯典舜典皋陶謨于唐虞；置逸周書穆天子傳于西周。一個是依了我們現在的眼光，編排史目。看它們在什麼時代起來的，就放在什麼時代。例如：置虞夏書于東周；置易傳竹書紀年胠篋篇于戰國秦漢間；置命歷序五帝德于漢；置帝王世紀僞古文尙書于晉；置路史三墳于南宋。這兩表實在平平無奇，但比較看時，便立刻顯出衝突的劇烈和漸次增高的可驚了。這使我明白以前人看古史是平面的，無論在那個時候發生的故事，他們總一例的看待，所以會愈積愈多。現在我們看古史是垂線的，起初一條線，後來又分成若干條高低錯落累累如貫珠垂旒；只要細心看去，就分得出清楚的層次。

此則古史辨之原則「古史是層累地造成的，發生的次序和排列的系統恰是一個反背」之說，已有明確之觀念和憑證矣。迨顧氏爲商務印書館編纂中學本國史教科書時，忽起一大疑竇，卽堯舜禹之地位問題是也。

商頌長發的「禹敷下土方。……常立子生商。」把他（禹）看作一個開天闢地的神。其次是魯頌閟宮的「后稷……奄有下土，纘禹之緒。」把他（禹）看作一個最早的人王。其次是論語上的「禹稷躬稼，和禹……盡力乎溝洫。」把他看作一個耕稼的人王。最後乃爲堯典的「禹拜稽首，讓于稷契。」把後生的人和纘緒的人都改成了他的同寅。堯舜的事蹟也是照了這個次序。詩經和尚書（除首數篇）中全沒有說到堯舜，似乎不曾知道他們是的。論語中……沒有清楚的事實。到堯典中他們的德行政事，纔燦然大備了。……所以在我的意想中，覺得禹是西周時就有的，堯舜是到春秋末年纔起來的。……我就建立了一個假設：「古史是層累地造成的，發生的次序和排列的系統恰是一個反背。」

其理由之充足與否，方法之確立與否，吾人如讀過梁園東古史辨的史學方法商榷，自能得其澈底之概念，至其與錢玄同先生論古史書則更有肯定之結論。約而言之，厥端凡三：第一，可以說明時代愈後，傳說的古史期愈長。第二，可以說明時代愈後，傳說中的中心人物愈放愈大。第三，我們在這上即不能知道某一件事的真確的狀況，但可以知道某一件事在傳說中最早的狀況。

此則可知顧氏治學之方法以及古史辨基本觀念之確立焉。然顧民不甘以此自限也，故復有我的研究古史的計畫一文。

第一學程讀魏晉以前史書。（六年）第二學程作春秋戰國秦漢經籍考。（三年）第三學程依據考定的經籍的時代和地域，抽出古史料排比起來，以見一時代或一地域對于古代觀念並明其承前啓後的關係。（一年）第四學程研究古器物學。（三年）第五學程研究民俗學。(三年)第六學程把以前十六年中所得的材料重加整理，著成專書。……應將下列諸問題作爲系統的說明：(1)某時代的古史觀念如何？(2)這個古史觀念是從何時，何地，或因何事來的？爲什麽要來？(3)這個古史觀念在當時及後來發生了什麽影響？(4)這時的史事可以考實的有多少？(5)這時的實物留遺至今的有多少？(6)對于這時的民族和文化的大概情形的想像是怎樣？

其立志之遠大，幾將終身以從事。較世之邀幸取寵以苟得一時之名者，固不可以等量齊觀；然勇於疑而好奇，不免持非常異議可怪之論以驚世而眩俗。如以禹爲神話傳說中之人物。而究其源曰：

說文訓禹爲蟲，訓内爲獸足蹂地。合此二義，頗似蜥蜴。而彝器上有螭，正作蜥蜴之形。似禹有出於九鼎的可能。

更推而廣之，以左傳中所稱之夔龍爲九鼎上之魑魅罔兩，饕餮爲闊嘴之獸，蚩尤爲大耳大目長眼之獸，鯀爲水族。錢玄同氏更唱而和之，謂：

我從前以爲堯舜二人一定是「無是公」「烏有先生。」堯，高也。借爲僥，大也。「堯」「舜」的意義，就和聖人賢人……一樣。

是則好奇之過而趨於怪誕，不知說文誼例而妄爲證引，以此治古徒滋惑耳！此丹徒柳詒徵氏之所以深詆而痛辟之也！故顧氏之研究，僅在明白『層累地造成之神話』，至古史之作，實非所敢望。顧氏亦自嘆「我們幾十年的壽命裏是看不見了，」殆所謂。『自知之明』者非耶！同時有衞聚賢者，肄業於清華研究院。專治古史。其疑古精神與顧氏無不同；而言必有證，語無虛設，所客觀的科學方法爲依據，不妄構，不矯造，實爲顧氏所不及。衞氏以爲治史當先上古然古史難讀：一因後人之僞及竄改也。二因進化程序之消失也。故治古史必先整理古籍，而整理之步驟：一曰作期。二曰作地。三曰作者。四曰辨僞。衞氏秉此四端，博考勤搜，其已整理就緒者，曰春秋：斷爲春秋末孔子所作，無大僞，惟中多爲後人所誤解耳。曰左傳：係周威烈王元年後，　十三年前，卜子夏在晉地作。中多西漢人竄入，曰國語：係周考王十年後，周赧王初年前，楚人左人郢及其子孫作；中有越語，則西漢末年人所作。曰穆天子傳：作於戰國末年以前，從魏地出土，而與魏有關係。曰山海經：係戰國中年之作品，似爲印度人作，或受印度（或希臘）之影響而作。而大荒經四篇，則爲東漢所附託。日禹貢係戰國末年秦人所作。此其考證之大略也。至其方法亦可得而言者：

一曰利用表格以統計也　如于於用作介詞統計表則統計文字也：就甲骨文舍文以及書詩春秋左傳國語論語孟子中統計「于」「於」之用法，以見其時代之先後也。如諸侯卒表則統計數字也：計分卒弒葬奔四者，如周書卒若干人，弒葬奔者若干人；魯齊等等亦如之。比而觀之，觀其於某國少書若干人，某國全。因以推定其爲某國人所作，蓋以一人記本國之記當較確，而別國之事易漏略也。」

二曰利用組織與內容相比擬也　卽分析其性質之內涵，以及名詞文法之異同以考證者也。約而言之：可分(1)比較明顯法　將兩書所戰同一之事實，排列於上下，比而觀之，可知孰先孰後也。(2)記載異同法：同一事實，苟兩書之記載相同，則史料必同出於一源；相異則否。因此而亦可考見作期也。(3)布局異同法：觀乎此而可以知書之爲一人手筆，抑有他人之增益也。(4)文體異同法：亦可考見全書之是否爲一人手筆也。(5)逞顯本能法：如作者長于某類事項，而記載以此爲最詳，是一人之作。不然則否。(6)文法變遷法：一時代文法之組織與他時代每有不同，亦可因而考其真僞也。(7)本身考定法：就作品中之暗示，以考其當屬於何代。其他之旁證反證，玆不贅焉。

郭沫若氏挾摩爾根之前史人類進化階段之公式，以及馬克思人類史上進化分期之論，以中國之舊籍附會之。苟有不合，斥爲僞書。苟足以圓其說，則皆可信。要其指歸，大抵以西洋學說爲依歸，而取材於龜甲金文之研究而所謂中國古代社會研究者，不過以古籍爲外人之學說作疏證而已，此其所以爲時人譏也。

最近鄭振鐸有古史新辨，載於東方雜誌名曰湯禱篇。則以爲疑古之說，至顧氏之古史辨，已爲總結束之期。吾人之治古史，當另闢新塗徑以從事之也。其所論有足以救疑古之成疾者，略徵述之：

我以爲古書固不可盡信爲真實，但也不可單憑直覺的理智去抹殺古代的事實。古人或不至像我們所相信的那末樣的慣於作僞，慣于憑空揑造多多少少的故事出來。他們假使有什麽附會，也必定有一個可以使他生出這種附會來的根據的。愈是今人以爲大不近人情大不合理，卻愈有其至深且厚至眞且確的根據在着。自從人類學，人種誌，和民族學開始以來，我們對于古代的神話和傳說，已不復單視之爲野蠻人裏的假語村言了。自從蕭萊曼在特洛伊城廢址進行發掘以來，我們對于古代的神話和傳說，也已不復僅僅把他們當作詩人們的想像了。

古史新辨之要指，略盡於此矣。至其所謂湯禱篇，卽就荀子尸子呂覽淮南說苑諸書中所載商時大旱湯禱於桑林而天雨之古事，以之傳演成一小說體之文字，而推定古代確有斯事，天之降雨，不過偶然耳。謂古代於荒旱之事，皆叢罪戾於領袖之一身，湯禱說之也來，卽古代民族以湯爲犧牲而求雨之說傳也。湯適逢幸運，天忽降雨，身以得免耳。又爲之考其後代曲解之故，證之以史乘，核之西方之傳說以明其信：此古史新辨之方法。凡茲數者，其同異得失之間，可得言者，皆詳結論，茲不備焉。

二　承清代樸學大師治學之精神以研究古史者

嘗讀柳詒徵氏中國文化史之緒論，足以見柳氏治學，不爲深疑，不爲妄信；要以古籍爲根本，而參之以金石龜甲之考證。其稱古代領域，以堯典禹貢爲徵，則固以堯典禹貢之文爲可信。與顧頡剛郭沫若諸氏斥今文尙書之僞者爲異趨。由足知柳氏之學，猶本於清儒而不騖新說，是柳氏之不輕於疑古也。然其述古史之年代，則以春秋元命苞春秋歷序爲僞書荒誕之說，以禮含文嘉春秋運斗樞潛夫論所稱堯以前諸史爲無史不信，僅可存疑，則柳氏又非輕於信古者矣。其於現代新說，間亦採擇，如甄克思之社會通詮等等，亦非概從拚斥。至尙論古代，則以諸子百家之書相爲參證，或以存疑，或以推斷；不全信，不全疑，此柳氏治古史之態度與方法，可爲吾人取則者也。弟子繆鳳林承其緒，肆其全力以著通史，積十餘年教學之編纂，成中國通史綱要四編，有志述作，斐然可觀，洵足以挽頹風而振末俗焉！繆氏嘗自述治史之歷程，與中國通史綱要之概略云：

予自勝衣就傳，讀史鑑節要；長讀史記通鑑；繼而泛濫乙部「旁習六藝百家，皆與史學相表裏。光陰荏苒，忽忽二紀餘年。持其業以教于國內各大學，亦將十載。講義論著，不下百餘萬言。……忘其儜劣，草通史綱要，分爲四編：首編導論：略述史學通義，及國史上之民族年代與地理。次編歷代史略：以說明各時代之重要潮流爲主旨。三編政治制度。四編學術文化宗教。……凡所敍述，皆先通其大，標立節目；次就一己涉獵之正史，通鑑通攷與百家傳記之書，旁及中東時彥論著，扼要彙錄。……而顧氏日知錄趙氏廿二史劄記丹徒柳先生中國文化史三書，採錄爲尤多、日知錄上篇經術，中篇治道，下篇博聞。……治道一篇，于官方吏治財賦水利風俗典禮選舉之屬，多疏通其源流，覺論其利弊；學博而識精，理到而辭達，史學經世之業，惟此書足以當之……」吾書第三論多取之。趙氏之書，略可區爲四類：曰考證諸史源流，評訂諸史曲直，校正文字異同，綜辨歷代史蹟。：：趙氏別著陔餘叢考，其十六十七十八諸卷，體例略與此同，可補此編之未備。劄記自序欲比日知錄，雖規切時弊，深切著明，遠有不逮。而事之詳明過之。……吾書第二編於趙書第四類幾全部採入。文化史以六藝諸史爲經，而緯以百家，舉凡典章經制教學文藝社會風俗，以至經濟生活物產建築圖畫雕刻之類，皆就民族全體之精神所表現者，廣搜列舉，以求人類演進之通則，以明吾民獨造之真際；體例雖爲近代史著，而性質與日知錄中篇劄記第四類略近，議論亦在二氏之際。曩從先生受此書，予之粗通史學，先生啓之也。

其論治學之經過以及編著通史之綱要，略具于是矣。至其言古代之史，則又與其師柳氏之傳疑徵信者同科。而博採通人，廣徵時論，以視其師，抑又進焉。

并研廖氏季平，講學於成都國學院，承龔氏自珍六經正名之說，據禮數以判今古學之異同，而二學如冰炭之不可同器，同時有儀徵劉師培申叔。亦講學於國學院，以古文學自張其壁壘，撰漢代古文學辨誣，（見國粹學報）洋洋數萬言，以西漢初年學者多治古文學，而西漢今文家亦不廢古文，更痛斥宋宇庭諸氏之說爲不足信。弟子蒙氏文通乃就今古文之判別以見經子之異趨，既而讀楚辭，又確然見其異於齊魯魏晉之學，成古史甄微經學扶源天問本事三書，則因廖氏劉氏今古文學之不同而啓其甄古史之微，獨樹一幟者也。蒙氏自言其治學之經過曰：

文通於壬子癸丑間，學經於國學院。時廖劉兩師及名山吳師，并在講席。成崇今，或尊古，或會而通之。持各有故，言各成理；朝夕所聞，無非矛盾：驚駭無已，幾歷歲年；口誦心維，而莫敢發一問。……然依禮數以判家法，此兩師之所同。吳師亦曰：「五經皆以禮爲斷。」是固師門之緒論，僅守而勿敢失者也。廖師曰：「齊魯爲今學，燕趙爲古學。……齊學則消息於今之古間，……魯學今文也。」劉師則曰：「魯學古文也，而齊學爲今文。」兩先生言齊魯學雖不同，其捨今古而進談齊魯又一也。廖師又曰：「今學統乎王，古學統乎霸。」此皆足導余以先路而啓其造說之端。

既於齊魯燕趙之不同，尙王崇霸之或異；會心有得，確然有其不同；遂草古史甄微，初稿甫成，又見天問所陳皆楚人相傳之史，山海經雅與符會，諒同本於楚人之舊傳，既大異於六經，復不同於諸子。

乃恍然於古史甄微所述，多本韓非之意，同符汲冢之書；別是北方三晉所傳。而儒家六經所陳，究皆魯人之說耳。蓋魯人宿敦禮義，故說湯武俱爲聖智；晉人宿崇功利，故說舜禹皆同篡竊；楚人宿好鬼，故稱虞夏極其靈怪：古史甄微備言太古民族，顯有三系之分。其分佈之地域不同，其生活與文化亦異。六經汲冢書山海經三者，稱道古事各判，卽其本三系民族傳說之史，固各不同耶？晉之乘，楚之檮杌，魯不修之春秋，其文寥落不可知，其義則彰然可識也。

此則蒙氏慧心獨運，於古史有獨特之見，發前人所未發名曰甄微，不亦宜乎！

三 結論

時賢之治古史者，旣鳥瞰而略述之矣。試論之曰：以主義爲目的，而以治學爲其目的之試驗者，胡適顧頡剛也。胡氏標榜實驗主義，嘗自言其所爲之哲學史新文化運動小說考證，皆所以所以實現其主義。夫以學問爲主義而犧牲，宜其挾主觀之褊見，而無當於信史。顧氏有志於古，然中於胡氏之毒而莫能自拔，言古而不由其大，務枝枝節節以求；論古而不考其信，務詭言怪論以疑；是則胡氏以問學爲其主義之犧牲，而顧氏亦因爲胡氏而犧牲矣！繆氏鳳林有言曰：「自社會主義家以歷史爲解釋唯物史觀之工具，而新史學之邪見興。自命爲科學的歷史家，宣傳主義，而隱身於歷史著作；皆邪見也，皆史學之妖孽也。」畏友李君步青亦云：「至於新興之疑古派考古派，其讀書之細心，亦有爲吾人所欽佩；然胸中已嘗有懷得一種古不可靠之成見去讀書，古之不可疑也幾希矣！至於今日，且有以學術作宣傳主義之工具者矣，以致學術愈不真實。」蓋皆隱射郭沫若輩而慨乎言之，抑亦史學前途之不幸也，衛聚賢持統計方法，以考證舊籍，執科學工具以考信古史，而不與胡氏顧氏同超向，雖無十分成就，而好學深思，已不可及。至鄭振鐸以究研希臘神語傳說之故技，小說家之想像力，施之於古史；標榜古史新辨，然新其所辨寖以失真；我敢斷其必不能探古史之根源，此治古史之一派也。

丹徒柳氏詒徵之文化史，於唐虞以前之史，付之傳疑之列，洵得其宜。然過信今文尚書之說，於是歷序唐虞之政教，稱唐虞至周皆封建時代；繆氏鳳林，益演其說而大之。攷王氏國維殷卜辭中之考證，則以夏商皆唐虞以來古國，其大小强弱，本不甚懸殊。所謂有天下者，亦第以其名居諸侯之上。是則三代之時，尚爲部落，各據一方，無所謂君臣之分。凡諸古國，生於自然，又誰封之而誰建之耶？是則柳氏亦不免信古太過，不能爲之曲諱也。

抑又有感者，柳氏繆氏之作，蓋自成一家之言，所謂「余欲託諸空言，不如見之行事之深切著明者。」文化史之述作，欲以「求人類演進之通則，明吾民獨造之真際，」而主旨所在，猶屬於後者，則一覽而可知也。繆氏亦，自嘗言其用心矣：

漢唐盛世，攘夷防邊之規；貞觀君臣論治之言；宋祖集權中央之政；今皆可爲執政者南針。卽如石虎符生海陵等之殘忍；西晉兩宋淪亡之痛史；隋季羣盜明末流寇之慘禍；亦何一非今人前車之鑑，履霜之戒。然後知通鑑資治之名爲不可易；向所謂已陳芻狗者，皆有神奇之妙用，特可爲知者道，難爲無歷史觀念者言耳！

是則繆氏之燦然述作，別具苦心。其欲力爲通史，而不屑屑於一字一事之考據宜矣！蒙氏受業於今古文大師之門，承其遺緒，豁然貫通，擬之標榜主義舉劉襲龔同者，不可同日而語。夫今文之學，以大義爲主；而蒙氏獨好爲考論，一若異其師說。然觀其所言，以古史甄微爲學問之粗，將以進究於義；闡道術道之精微，考三方思想之異同交午，而衡其得失，校其長短；則莊老沈痾，在膏盲；荀韓所陳，有同廢疾，思孟深粹，墨守無間。必讀而辨之，而後知東方文化中之東方文化，斯於學爲最當。爲常人所不可幾及。然一則創爲通史，不屑考證；一則勤力考證，顯微闡幽。而要歸於義則一、是柳氏繆氏之于蒙氏，誰貌異而心實同也。

胡適氏暨顧頡剛氏則以古史爲後人之妄作，經傳爲芻狗之已陳，無當於治道者也。故古史之辨，務爲枝節之考，大胆之疑。所以實行我之主義，以爲實驗之手段。郭沫若氏之研究古史，所以明唯物史觀之說。以他人之方式，繩我國之古籍；而建立大綱，考核本源，若與古史辨之枝枝節節者殊科。顧其爲疑古以考古，欲藉古以明其主義者則一也。是顧氏之與郭氏，又貌異而心同者矣。

鄭振鐸氏出其治希臘神話之緒論，以推究古史。而要在於明古史之真際，無異於蒙氏之治古史。然蒙氏辨證古史而得其通，鄭氏憑小說家之想像以推其變，則又貌同而實異。而衛聚賢氏持科學方法以考古史，郭沫若氏亦以科學方法治古史。然衛氏則利用方法以研究古籍，而郭氏則利用古籍以我方式，是又貌同而心異者矣。

總觀晚近古史之論，大抵嗜奇者務疑，拘謹者篤信。孔子曰：「過猶之及。」則將安所從乎？竊意治學之道，端在至誠。以問學爲主義之犧牲固不可，以片段歷史以建立一家之言者，又烏見其爲盡善？或徒持其方法之論，舍書而不讀，信以方法爲不變之典則，以之衡古書而定去取，又烏見其不爲方法之奴隸而終莫由自拔？至疑古而不爲過疑，信古而不爲過信，當疑者疑之，可信者信之，其去取之間，差以毫釐，謬以千里，則又非「好學深思」之士，所能心知其意者矣！

二十二年四月廿一日草

中國原始神話傳說之研究

憶　芙

太古之事，流傳至今者異說紛紜，無徵不信故學者罕稱述焉。屈原曰：「遂古之初，誰傳道之？」太史公曰：「學者多稱五帝尚矣；然尚書獨載堯以來，而百家言黃帝，其文不雅馴，薦紳先生難言之。」甚矣稽古之難也！良以典籍所載，信而足徵，則以堯爲始。若黃帝之說，不載於尚書，百家之言，文不雅馴，難以考信。況欲遠稽三皇之史，窮天地之原乎！稽古者若考信於百家之說，必以爲盡信而無疑，妄矣。然自原始神話之傳說觀之　則事不嫌其奇，語不怪其誕，間或可以推見當時民族生活之大概，則又豈可忽乎！稽夫遠西，如埃及之崇拜海馬女神，印度婆羅門之教典，猶太希伯來之聖經，希臘之荷馬奧特賽，無一非神話也。而各民族之論古者，或則崇之爲聖經，印度猶太及基督教徒是也。或則著之專書，西方民族是也。然則中國原始之有神話，又何諱也！夫學問之道，非專騖於功利也，非拘拘於生活也，固有爲學問而治學者矣。然則茲文之作，亦曰爲神話而治神話而已！其亦有斥其玩物喪志游談送日者乎！好奇之誚，所不計也。

一　緒論

中國原始之神話，雜見於讖緯百家之書，豈皆憑虛臆造者乎？抑亦有所本也？嘗讀楚人之辭，多徵引靈怪之說，而天問一篇，尤足徵神話之說，傳自民間者也。許君說文以十口相傳爲古，神話之來，豈卽十口相傳，流於民間，而好古嗜奇之士，著之篇籍者耶？然則讖諱百家之說，其非全出臆造者明矣。然十口相傳，歷年既遠，文士好奇，加以藻飾，其失真也在所不免。倘就其失真之傳說而考之，或亦足以略窺其真與？與夫並此失真之傳說而舍之者，不尤愈乎？嘗讀韋爾斯世界史綱，據地質學者所考證，則百萬年以前已有人類，四百萬年以前已有其他之動物，何其幽邈也！至推及無生代，自八千萬年至八萬萬年前，則更遠矣！嘗觀春秋元命苞所論謂天地開闢至春秋獲麟之歲，凡二百二十六萬七千年，以視八千萬年之說，又瞠乎後矣！其說之孰爲近真，未可知也！他若古代俗尚之反映於傳說中者，當略發其緒，茲不論焉。

二　哲學上之天地起源說

將述讖緯百家之原始神話，請先略就諸子之論天地原始而一言之。俾知諸子之陳義甚高，而不免以之傅會神話之傳說也。且哲學之天地起原說與神話之說實相連貫，又天地起原之說有與神話合而爲一者，故先述哲學上之說也

列子云：「夫有形者生於無形，則天地安從？生故曰有太易，有太初，有太始，有太素

太易者，未見氣也。太初者，氣之始也。太始者，形之始也。太素者，質之始也。氣形質具而未相離，故曰渾淪。渾淪者，言萬物相渾淪而未相離也。視之不見，聽之不聞，循之不得，故曰易也。易無形埒，易變而爲一，一變而爲七，七變而爲九；九變者究也，乃復變而爲一；一者，形變之始也。輕清者上爲天，濁重者下爲地。故天地含精，萬物化生。」以天地始於渾淪，由渾淪而有氣形質，於是輕清爲天，重濁爲地，而天地分矣，萬物生矣。白虎通更申述其義。曰：「清濁既分，精出曜布，度物始生。精者爲三光，號爲五行。行生情；情生汁中；汁中生神明；神明生道德；道德生文章」此一說也。

三墳「混沌爲太始，太始之數一。一爲太極，太極者，天地之父母也。太易者，天地之變也。太易之數二，二爲兩儀，有陰陽之形也，謂之太初。太初者，天地之交也。太初之數四，四象變而成萬物，謂之太素。太素者。三才之始也。太素之數三，天地孕而生男女，謂之三才。三才者，天地之備也。遊神動而靈，故飛走潛化動植蟲魚之類，必備於天地之間，謂之太古。太古者，生民之始也。」其說與前說倒易，而較前者略詳，此又一說也。

淮南子「天墜未形，馮馮翼翼，洞洞灟灟，故曰大昭。道治于虛霩，虛霩生宇宙，宇宙生氣；清陽者薄靡而爲天，重濁者凝滯而爲地。清妙之合專易，重濁之凝竭難，故天先成而地後定。天地之襲精爲陰陽，陰陽之專精爲四時，四時之散精爲萬物。積陽之熱氣生火，火氣之精者爲日；積陰之寒氣爲水，水氣之精者爲月。日月之淫爲精者爲星辰。天受日月星辰，地受水潦塵埃。」此又一說也。茲三說者，雖其所用之名詞有不同，次序有先後，措辭有詳略，而就哲學上之觀點以推論天地之起原，則固三者之所同也。

三　神話哲學混合之天地起原說

前引三者之說，純乎玄想，不雜神怪。其說蓋自易經及老莊學說中，推演而來，雖有小異，其歸則同。今茲所引，則由玄想而入於神話之說，調和神話哲理二者而冶之一鑪者也。五運歷年記「元氣濛鴻，萌牙茲始，遂分天地，肇立乾坤，啓陰感陽，分布元氣。乃孕中和，是爲人也。首生盤古，垂死化身：氣成風雲，聲爲雷霆，左眼爲日，右眼爲月，四肢五體爲四極五嶽，血液爲江河，筋脈爲地里，肌肉爲田土，髮髭爲星辰，皮毛爲草木，齒骨爲金石，精髓爲珠玉，汗流爲雨澤，身之諸蟲，因風所感，化爲黎甿。」此一說也，推天地之始爲鴻萌之元氣．天地肇立之啓陰陽，陰陽化生而人生焉。凡此皆與前三說無大殊，蓋就哲學上之玄想而爲說也。然以陰陽中和之化生，僅一盤古，而萬物不與。故以萬物皆由盤古所化生，以是而入神話矣。推求其說之起，大約以爲人與天地並稱三才，且爲萬物之靈，故天地既分，而人卽生焉。人既足與天地三，則其偉大當不遜於天地，故造作盤古以一身化萬物之神話也。雖然，盤古化身爲萬物之說，當來自民間，未必全係虛構。嘗聞基督教之創世記，以爲世界上之一切，皆爲上帝所創。而回教亦尊上帝。蓋古代民智未開，觀于世間之萬事萬物而莫知其所從來，意謂必有一偉大之神創造而化成之者也。西人之稱上帝創造萬物，亦猶此土所稱盤古之化成萬物歟？

四　神話之天地起源說

天地起源之說，見於載籍者，以哲理之推想爲先。良以古代文物，以利用厚生爲主，靈異神怪之說，摒而不取。故詩書之中，鮮有神話。降及戰國，楚以荊蠻，爭霸中原。而楚人尤好靈怪，屈宋雅善文詞，民間神話，愈以被之文字矣。降及漢初，讖緯之說行而傅會者日衆。此神話之見於載籍者，所以後於哲理之文乎？然而愈失其真矣，惜哉！純乎神話之天地起原說亦有二也，縷述於下：

述異記「盤古氏天地萬物之祖也。昔盤古氏之死也：頭爲四岳，目爲日月，脂膏爲江海，毛髮爲草木，秦漢間俗說：盤古氏頭爲東岳，腹爲中岳，左臂爲南岳，右臂爲北岳，足爲西岳。先儒說：泣爲江河，氣爲風，聲爲雷，目瞳爲電。古說：喜爲晴，怒爲陰。吳楚間說：盤古氏夫妻，陰陽之始也。今南海有盤古氏墓，亘三百餘里，俗云：後人追葬盤古之魂也。」此一言也。中含「著者說，」「秦漢間俗說」「先儒說，」「古說，」「吳楚間說。」則知神話之起也久矣，而神話之非全爲著者揑造，亦可見矣。

三五曆記「天地混沌如雞子，盤古生其中。萬八千歲，天地開闢，陽清爲天，陰濁爲地。盤古在其中，一日九變。神於天，聖於地，天日高一丈，地日厚一丈，盤古日長一丈。如此萬八千歲，天數極高，地數極深，盤古極長。後乃有三皇，數起於一，立於三，成於五，盛於七，處於九。故天之去地九萬里。」此又一說也，則以哲理化爲神話，故似合哲理而實爲神話也。夫曰混沌，則爲玄想之哲學名詞矣。然混沌者不可狀不可言之境也。今乃曰如雞子，盤古生其中，則爲神話矣。曰陽清爲天，陰濁爲地，則係哲學上之玄想矣。繼之乃曰天日高一丈，地日厚一丈，則爲神話矣。曰一三五七九，亦哲學上用以代替變化之規律也，今曰盤古一日九變，天之去地九萬里，則爲神話矣。由斯而言，作者蓋欲以神話傅會哲理，跡象可見矣。夫神話之可貴，在於保持民間傳說之真象，今則出以傅會，則並神話之價值而亡之矣，惜哉！

今試就前論天地起原說，列爲一表，俾便觀覽而較其異同也。

天地起原同異比較表

	哲學史				神話哲學混	神話	
	列子	白虎通	三墳	淮南子	五運歷年記	三五歷記	述異記
天地未分以前	（混淪太易） 太初（氣之始）	同上	混沌（太始）	大昭 宇宙 氣	元氣	混沌（如雞子）	盤古氏 （天地之祖）
天地	太始（形之始）	天地	太易（陰陽）	天地	天地	陰陽盤古生	

天地既分以後	
太素（萬物化生）	
三先（日月星）	五行（金水土木火）；情；汁中；神明；道德；文章
太初	太素（化萬生物）；太古（生之民世）
陰陽	水火；日月星；四時；萬物
陰陽	人（盤古）：氣｛風雲；聲—雷；眼｛日月；四肢—四極；五體—五嶽；血脈—江河；筋脈—地里；肌肉—田土……
盤古氏死	頭—四岳；目—日月；脂膏—江海；毛髮—草

五　傳說中之奇蹟

嘗聞世界民族古代之神話遺蹟，埃及有海馬女神，係馬首而女身之彫刻。又有怕神黑暗神，或作馬首，或似豬首，或若鳥首，或一足而二手，彌不具焉。又觀印度婆羅門教神象，有一身而四手，足踏一蛇，蛇一身而五首，又有人身而象首，一身而三首，一首而三眼者。諸凡奇異之形，皆載諸圖象，嘗竊以爲怪也！今讀諸子讖緯及僞書之傳說，而後見往昔之所怪，因早已具著于讖緯諸書中矣。豈人同此心，一民族之間必有怪誕不經之說相傳於後耶？亦云奇矣。今就所睹記者，分述於下，備觀覽焉。

甲、年代之荒遠也　春秋元命苞謂：「天地開闢至春秋獲麟之歲，凡二百二十六萬七千年，分爲十紀：其一曰九頭紀，二曰五龍紀，三曰攝提紀，四曰合雒紀，五曰連通紀，六曰敍命紀，七曰循蜚紀，八曰因提紀，九曰禪通紀。十曰疏仡紀。」則是一紀有二十二萬六千七百年之久遠，而每紀之皇，如九頭紀祇一人皇氏，五龍紀祇五姓而已。卽歷世最衆之禪通紀，凡八十八世，平均每一世亦須歷二萬五千七百餘年，可謂久遠者矣。真源賦稱：「盤古後有天皇君一十三人，時遭刼火，乃有地皇君一十一人，各萬八千餘年。乃有人皇君兄弟九人，結繩刻木四萬五千六百年。」嘗聞考古學家稱地球屢次遭刼，生物淪亡，若冰河，若洪水，今所稱刼火，豈火山之厄耶？至於每君歷年，則云四萬五千六百年及萬百八千年，較之春秋元命苞以人皇氏歷二十二萬餘年者，固已少矣。至始學篇之稱天皇治萬八千歲，地皇治八千歲，則又改矣。又稱人皇之治，則僅三百年矣。雖其言與信史相去尚遠，而較之春秋元命苞之荒誕者，相去遠矣。夫天皇地皇人皇三氏之爲神話中人物，無可疑也。然何以稱述其世，歷時若是其久哉！又十紀之說，若禪通紀則稱歷八十八世，而諸帝中少則一世，多則一二十世。考倉頡氏中央氏大庭氏栗陸氏則歷世較少者也。柏皇氏驪連氏歷世較多者也。然每一世歷年亦逾二萬，雖爲神話，何其多也。良以古代稱氏，非指一人。曰燧人氏曰神農氏，非僅指一燧人一神農而已。凡鑽木取火及農耕之時代，苟無激烈之變動，則皆存舊名而不廢。故讖緯之書稱，述諸帝，近逾百年而遠至數十萬年，蓋以一氏爲一代之意識，反映於神話傳說中，此所當注意者也。又觀其稱述一氏年代之久暫，愈古則愈久，愈近則愈暫。亦可見雖同爲神話，而愈古則愈失其真矣。

乙、人物誕生之靈異也　三五曆記謂：「天地混沌如雞子，盤古生其中。天日高一丈，地日厚一丈。盤古亦日長一丈。」此誕生說之最怪者也，帝王世紀稱：「燧人氏之世，有巨人跡，出于雷澤，華胥以足履之有娠，生伏羲于成紀。」三墳則曰：「因風而生，故風姓。」拾遺記稱：「華胥之洲，神母遊其上，有青虹繞神母久而方滅，卽覺有娠。歷十二年而生庖犧。」帝王世紀又稱！「有蟜氏女登爲少典妃，遊華陽。有神龍首，感生炎帝。」春秋元命苞亦稱：「少典妃安登遊于華陽，有神龍首，感之。於常羊生神子。」春秋命歷序則云：「有神人名石年，倉色大眉，戴玉理，駕六龍，出地輔，號神農。」此說則又與盤古之自天地中生者同其怪誕矣。以上諸說，可見燧人神農之時代，尙不知有父。卽其他諸氏亦罕有稱述其父者，又皆以氏稱，明爲氏族社會，家庭之制度未立」也。白虎通稱：「古之時，未有三綱六紀，民人但知其母不知其父。」亢倉子亦謂：「天下之人惟知母不知父。」信哉！此則就神話傳說之中，亦可以觀其微者也。

丙、人物形貌之怪異也　始學篇謂：「天皇十三頭。」三五歷記稱天皇，亦謂一人有十三頭。河圖括地象稱天皇九翼。是天皇氏以一人而具十三頭九翼之怪形也。始學篇又稱地皇十一頭，人皇九頭。異哉！三皇之頭，遞次而少，亦可笑矣。帝王世紀稱伏羲生而蛇身人首。潛夫論「伏羲其相日角。」白虎通稱伏羲大目，鼻龍伏。拾遺記稱庖犧長頭，修目，龜龍脣。」，眉有白毫，髮垂委地。此又一怪形也。帝王世紀又稱女媧氏亦蛇身人首。楚辭注女媧人頭蛇身，一日七十化。帝王世紀又稱共工氏人面，蛇身，朱髮。稱神農氏人身，牛首。而春秋元命苞則稱神農氏爲龍顏。凡此怪異之說，與埃及印度古代之神話，一何酷似耶？所稱遞之怪形，如謂神農爲牛頭，當以神農發明耕稼，後世農事多賴耕牛，因以傅會之耶？共工則係作亂，故以蛇警之耶？他則不可知矣。

丁、服御之神奇也　尚書璇璣鈐稱人皇駕六羽乘雲車。易通卦驗稱燧皇始出，握機矩表寘圖。春秋元命苞稱神農戴六理，駕六龍。此亦服御之奇也。六羽雲車之說，一若與楚辭相似，六龍亦如之。豈皆出於南方民族乎？

戊、俗尚之考見也　三墳「太古之人，三男三女。冬聚夏散，食鳥獸蟲魚草木之實。以女生爲姓。」此言氏族社會之生活，似尚合理。所謂三男三女，舉三言其多也，非僅指定三人也。亢倉子謂：「不治而不亂，天下之人，惟知有母而不知父。晝則旅行，夜則類處。及其死也，槀昇風化之而已。」茲言亦與情理爲近，以當時家庭無有，經濟制度未生，日求食甚異，果實禽獸多而人類少，故世不治而不亂。晝行以覓食，夜必類處，所以防獸類及蛇蟲侵擾也歟？始學篇「上古皆穴處，有聖教之巢居。號大巢氏。」古史考「太古之初，人吮露精，食草木實，穴居野處。山居則食鳥獸，衣其羽皮，飲血茹毛。近水則食魚鼈螺蛤。未有火化，腥臊多害腸胃，於是有聖人以火德王，造作鑽燧，出火教人熟食，鑄金作刃。民人大說，號曰燧人。」此說亦似可信，惟言鑄金作刃，則誤矣。取火僅初發明，何能言鑄金耶？白虎通言：「飢即求食，飽即棄餘。茹毛飲血而衣皮葦。」以意度之，亦頗當也。自有大巢氏而人民不復穴居，有燧人氏而人民知用火食矣。漢書「作網罟以田漁，故天下號曰炮羲氏。」於是漁業興矣。尸子「宓羲氏之世，天下多獸，故教民獵，」於是佃獵盛矣。白虎通「古之人民，皆食禽獸肉。至于神農，人民衆多，禽獸不足。於是神農因天之時，分地之利，制耒耜教民農作。」於是農業興矣。潛夫論「日中爲市，致天下之民，聚天下之貨。交易而退，各得其所。」則商業起矣。此亦可見商業之起，在部落時代。天下之民可聚之於市，則天下之範圍必甚狹矣。此古代民族生活流變之概略也。

己、人物功績之誕妄也　據前論述天地起原諸說，其屬於神話者，莫不以盤古氏爲有大造於天地間也。舉凡天地萬物，無一非其化生也。幾乎擬盤古如西方之上帝，而其犧牲一身以化生萬物之功，較之上帝之勞蹟，則又甚也　此怪誕之創造世界說之一也。風俗通云：「俗說：天地初開闢，未有人民。女媧摶黃土爲人，劇務力不暇，乃引繩絙泥中，舉以爲人。故富貴賢知者，黃土人也。貧賤凡庸者，引絙人也。」此說更奇，以人類爲女媧以黃土所造，則與基督教徒稱上帝創造人類之說相侔矣。其怪誕二也。語夫女媧氏之功績，淮南子更有稱其復造世界之功也。「往古之時，四極廢，九州裂；天不兼覆，地不周載；火爁炎而不滅，水浩洋而不息；猛獸食顓民，鷙鳥攫老弱。於是女媧鍊五色石以補蒼天，斷鼇足以立四極；殺黑龍以濟冀州，積蘆灰以止淫水。蒼天補，四極正；淫水涸，冀州平；狡蟲死，顓民生。陰陽之所壅沈不通者，竅理之。逆氣戾物傷民厚積者，絕止之。」其所措置，捨西方之上帝外，甯有與之相當者？班氏世經稱：「女媧末年，共工氏戰而不勝，觸不周之山。天柱折，地維缺，女媧氏乃鍊五色石以補天。」列子又稱共工氏怒觸不周之山，與顓頊爭爲帝。此言諸氏之偉跡，怒觸則山崩，較之希臘古代所稱之諸神，其權力又有大小之不同矣。搜神記「神農以赭鞭鞭百草，盡知其平毒寒溫之性。」尸子「神農理天下，欲雨則雨。」此則言神農之聖蹟，與後世神怪小說所稱之幻術同其誕妄矣。

庚、遺蹟之傳說也　述異記謂：「南海有盤古氏墓，亘三百餘里。俗云後人追葬盤古之魂也。」此古墓之傳說也。述異記又稱：「太原神釜岡有神農嘗藥之鼎存焉。成陽山中有神農鞭藥處。」此神話遺蹟之簡略傳說也。昔荷馬詩史，死後其墓各處多有，亦猶南海之有盤古墓也，良以偉人傳說，豔稱人世，傅會之談，無處無之。嘗游姑蘇之虎丘，中多神話傳說中之遺蹟，所謂神農鞭藥處之等處，亦其類歟？

六　總論

總上所述我國原始時代之神話，結而論之曰：神話之起遠矣！神話之被廣矣！語其時間，則起於文字之先，所謂十口相傳者也？語夫空間，則舉凡世界上文明之民族，無不有原始之神話流傳於後也。雖詳略不同，怪誕或異，而爲神話則一。嘗觀歐西學者於神學之研究也，有專門從事者矣。於神學之著作，粲然可觀者矣。而吾國學者，獨以文不雅馴，舍而不道。僅保留於一二子書僞書之中，可慨也夫！或以爲神怪之說，聖人不語，任其湮沒可耳，何事嘵嘵爲？或以爲讖緯之說，厚誣聖人，古代諸帝，皆爲聖哲，韓愈氏所謂爲民作衣服宮室器用以利民養生者也。烏有蛇身龜齒龍脣之怪形哉！故神怪之說，當辭而闢之者也！竊以爲不然，夫聖人之所以不語神怪者，以其害道也。使神怪之說，研究而明之，豁然有以見其本源之跡，則神話且有助於明道，又何不語之有？苟神話既明，亦可以辨古代諸帝之被誣，然則又安可不研究耶？請就而言研究神話之價值。

甲、原始社會之意識存焉　有史以前之史，人不得而知之矣！梁任公之言歷史，譬之於流水。苟有史以前之史，闕而不論，豈非無源之水乎？然則奈何？曰：考古家之發掘古物也，地質學家之研究地層巖也，皆欲彌補此缺陷之歷史也。然古物多零星散失，地下之考查亦能得其片段而不能概其全，語夫原始民族之社會意識，更非古物岩石之所能答。然則神話尚矣！如讀中國之神話傳說，可知古帝之世，爲氏族社會一也。家庭未建立，以女性爲中心，民知有母而不知有父二也。一族之中，易於得食，爲領袖者無爲而治三也。當時各部落，各自統治，不相關連，如始學篇稱人皇兄弟各居一方之類，是四也。諸帝之職，不在治理而在戰爭，如列子所稱顓頊與共工爭鬥之類，是五也。諸帝之所以被擁爲領袖者，或以之抵禦外族，如顓頊共工是；或以其有利民工藝之造作，或施其他之功德於民，如燧人神農等，是六也。領袖苟無智勇才力，則民視之與常人等，無權力可言。故易代之間，無革命鬥爭之事。厥後領袖漸尊，權力日重，於是易代之間，始有鬥爭七也。就此七端，皆由神話探求而明，舉一反三，神話之價值，不其偉乎？

乙、原始民族之思想具焉　究原始民族之思想，捨神話莫由。其思想之大者，約而言之，厥有三端：一曰好奇也。原始民族雖文化未開，對於自然界之一切，發生好奇心。如對于天地山川日月以及動植諸物，皆緣好奇心以推究其原，於是而天地起源說生矣。觀於神話之說，以世間萬物皆盤古所化生者可知矣。二曰求知也。既驚奇於自然界之神祕，於是求了解此神祕之內涵，然其知識淺陋，不足以解釋一切，於是一歸於神。三曰易信也。原始之民，於自然之一切既以神解釋之矣。復信而不疑，此神話之所以流傳而宗教之所以興歟？他若原始民族之心理：於何者發生驚懼，何者同表歡欣，若者崇拜，若者憎惡，亦可以考見者也。

丙、統治眾心之宗教生焉　宗教力之偉大，夫人而知之矣。然考宗教之原，必求之於神話乎？無神話則無宗教，而宗教信仰，又爲統治未開化民族之利器，然則治宗教史者，可不重視神話乎？

丁、優美之文學生焉　中國之言文學者，葩經而後，首推楚辭。厥後漢賦之瑰麗，則演楚辭而大之者也。自此以後，詩歌之學，漸入雕琢纖巧。若楚騷漢賦之文不復可見。梁任公嘗推離騷之文，後來無二。其想象力之富，舉中國數千之文學，莫能逮也。嘗考離騷之所以偉大，漢賦之所以無嗣響，後來文學之所以入於纖巧，雖其故多端，然最顯著之點，曰有神話與無神話而已。楚辭之神話最豐富，故其運用。想像力最偉大。漢賦之佳者，亦包羅神話，故能見其奇。後世文學之所以終不能逮者，非神話消失之故耶？雖以少陵之學力，太白之天才，語夫想像力，終不及屈原者，亦曰有神話與無神話而已！嘗見近人論世界文學，謂希臘之荷馬與特賽爲長篇之敍事詩，方諸中國，獨無其偶。雖杜之北征，韓之南山，亦難爲匹敵。初尚怪其言爲誇大而不信，及今思之，其言非誇也。何則，荷馬與特賽之史詩！以充滿神話故，其所以偉大也。杜之北征，韓之南山以無神話故，所以難爲匹敵也歟？蓋神話者，所以培植燦爛文學之一要素也，可不重視乎！使楚辭而抽去神話，必見其黯然無色，烏在其能獨步千古耶！

神話之價値既如上述，則又烏可不研究之。嘗觀近人分神話之種類：一曰宇宙起源之神話，卽天地起原說也。二曰自然界之神話，卽言山川草木日月星辰以及動物之神話也。三曰歷史背境之神話，則以歷史上之事實化爲神話也。四曰唯美之神話，則神話中富有文學意味者也。夫中國之神話，蘊于古籍中者，指不勝屈。而世之治神話學者，未之聞也，可其惜哉！竊不自量，欲引其端緒，而冀諸同學竟其全功也！竊見王氏靜安之言治元曲，謂爲之於舉世不爲之日，此所以能有成也。今中國之治神話者無聞，是神話尚沈埋於古籍而未被發現也，好學深思之士，必有能發其祕藏而卓然有以成功者矣。

二十二年四月十九日夜草

讀史芻議

盧沅

吾人欲測將來，知過去，皆不能不讀歷史。然吾國史籍浩繁，卽正史（卽四庫之二十四史）一類，已有數千卷之多，專門學者，往往望而却步。況普通讀者耶！

普通讀者，但求明瞭事實而已。至於專門研究。略可分爲三類：一曰考證，是訂正事蹟之真僞及其抵牾者也。二曰史論，是判斷事實之得失是非者也。三曰史法，（括括史家，和史學家。）是發凡起例而編纂著作者也。然是三者：均須有澈底之了解與研究，然後乃能從事整理。故考證者；須將時勢有密切關係之資料，詳爲搜集，細加推論，確定真實之斷案。（如閻若璩之考古文尙書決不可取一部份之資料，附會之旁證，橫空好疑，旁生節枝遽下斷案，以亂人耳目，至於史論；則須在攷證之後，具真確之史識，認清當時之大勢然後判斷其事其人之是非得失，其論乃能確而不移。否則僅以一隅之見，推論當時大勢，是以管窺天，以蠡測海。縱有文學上之價値。（如三蘇史論）而以史論衡之，是徒耗紙墨，費時間而已！若夫論及史法；則亦須先明瞭事實之真僞，搜集史料之多寡。而後乃能發凡起例，編纂著作。決未有真僞雜糅，時空顚例，史料不全。而能成就有價值之名著也。以此言之：研究史籍之最要條件，在澈底整理，否則治絲益絲久而愈亂耳！

余於讀史所得一陋膚之方法，數述之如下。

讀史之方法；先將全史以時間劃成幾個時代，而析篇分配之。然後將每篇（篇指本紀，世家，列傳，書，等等）析爲若干大段，每大段內有可析者，（不可析者當然不析）復析成若干小段，大段當然包含小段，故所析之小段；有盡將大段劃成若干小段者，有僅取大段中之一部分或數部分劃出成小段者。今以線解之如下；

以下之AB線代表大段。ab，bc，cd，線代表小段。

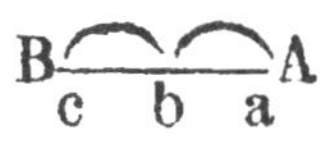

以上一例；是盡將大段劃成若干小段者。

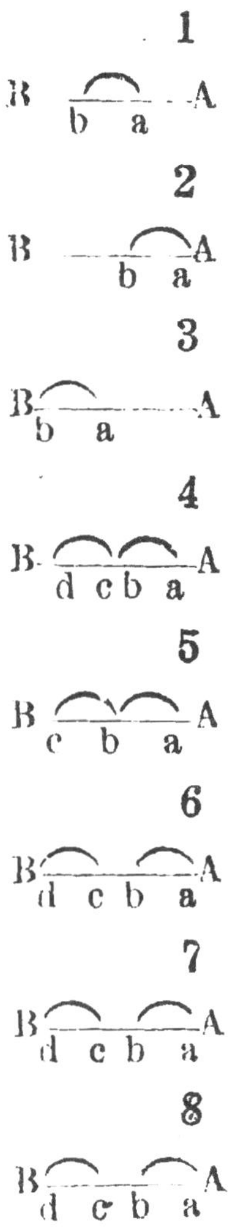

以上八例；是皆於一大段中，僅取其一部分或數部分劃出爲小段者。（其可析三小段四小段者；均以此類推。）

以上既瞭解析段之方法矣。而後將每段，（大段或小段）提要編一簡明目錄。在目錄上，又編定數字，依次書於筆記上。每大段目錄上之數字，以一二三四……之中國數字標之。每小段目錄上之字數，以1234……之阿刺伯數字標之。大段上之數字，以每篇內挨次定之。小段上之數字，以每大段內挨次定之。每小段列入筆記，應較大段低一格。

以上既明瞭每段（大段或小段）編成目錄，以數字挨次寫定於筆記上矣。更當求目錄與原書聯絡之方法。將原書在每段起頭之天頭上，亦書以數字。大段亦書一二三四……之中國數字。小段書1234……之阿刺伯數字。若此；讀書卽可以數按目錄翻檢，則毫不費力也。而在原書上每段之末，大段最好以ㄥ之記號劃住之。小段以一之記號劃住之。

目錄與原聯書絡方法，已如上述。讀者又應在目錄下，分以政治，經濟，文學，哲學……等類。（入兩類三類……者，均注之。）及其事蹟之年代，以明類例與空間。

今試將史記項羽本紀例之；

史記項羽本紀第七析段編目　　類例　　年代（此時代，均根據刀際表而定，但尚未考證後，應附注西曆）

附注（以下爲每段之首一句，與來一句。以便與原書對點。惟讀史者，於筆記時不必有此也）

一、項梁項籍舉吳中兵起事
「殉下縣」
1.項籍未起時之經歷
—「皆已憚籍矣」
二、陳嬰縣布秦嘉(嘉死軍降)沛公屬項梁
——「沛公亦起沛往焉」
三、項梁用范增計立楚懷王孫心
范增」——「爲武信君」
四、項梁敗死定陶
此所謂河北之軍也」
1.項梁與齊田榮破秦軍於東河
齊遂不肯發兵助楚」
2.章邯渡河擊趙
——「此所謂河北之軍也」
五、鉅鹿之戰
陶」——「新安城南」
1.楚懷王自將
陶」——「將陽郡兵」

政治	秦二世元年九月前	「項籍者」——
軼事	秦二世元年九月前	「項籍少時」—
政治	秦二世二年二月	「廣陵人召平」
政治	秦二世二年六月(表號武信君在元年九月相抵牾)	「居鄛人
政治	秦二世二年九月	「居數月」——「
政治	秦二世二年八月	「居數月」——「
政治	秦二世二年後九月	「章邯已破梁軍」
政治	秦二世三年十二月	「楚兵已破於定
政治	秦二世三年後九月	「楚兵已破於定

2.項羽殺宋義	政治	秦二世三年十一月	「初宋義」——「項羽爲上將軍」
3.諸侯屬項羽	政治	秦二世三年十二月	「當陽君」——「諸侯皆屬焉」
4.阬章邯降卒廿餘萬人於新安城南	政治	秦子嬰王十一月	「章邯軍棘原」——「新安城南」
六、鴻門之宴	政治	秦子嬰王十二月	「行略定秦地」「烹說者」
1.項伯言沛公不敢背項王	政治	仝上	「行略定秦地　「項王許諾」
2.項莊舞劍	政治	仝上	「沛公旦日至」——「莊不得擊」
3.樊噲對項王	政治	仝上	「於是張良至軍見樊噲」——「樊噲從良坐」
4.沛公脫歸霸上	政治	仝上	「坐須臾」——「立誅曹無傷」
5.項王東歸	政治	仝上	「居無日」——「烹說者」

七、項羽王諸將相地	政治	漢元年四月	『項王使人致命懷王』——『諸侯罷戲下各就國』
八、項王殺義帝與韓王成	政治	漢二年十月	『項王出之國』——『已又殺之』
九、田榮自王齊與陳餘王代	政治	漢二年十二月	『臧荼之國』——『是時漢還定三秦』
十、項王爲漢絀而北擊齊	政治	漢二年正月	『項羽聞漢王』——『連戰未能下』
1.項王怨黥布	政治	漢二年正月	『項羽聞漢王』——『項王由此怨布也』
十一、項羽在彭城大破楚軍	政治	漢二年四月	『春漢王部五諸侯』——『令其不得西』
1.靈壁之戰項王虜太公呂后	神話	漢二年四月	『春漢王部五諸侯』——『項王常置軍中』
2.漢楚持滎陽間	政治	漢二年六月	『是時呂后兄周呂侯』——『諸侯皆與楚而背漢』
3.漢王請和范增去漢死	政治	漢三年四月	『漢軍滎陽』——『疽發背而死』

4.紀信誑楚漢王脫走成皋　政治　漢三年七月　「漢將紀信」—
—項王燒殺紀信」
5.楚下滎陽拔成皋　政治　漢三年八月　「漢王使御史大
夫」——「令其不得西」
十二、彭越擾楚　政治　漢四年十一月前　「是時彭越渡河
」——「皆爭下項王」
1.燒楚積聚紀楚糧食（漢後取成皋）　政治　漢四年十一月前　「是時彭越渡河
」——「項王患之」
2.項王欲烹太公　政治　漢四年十一月前　「爲高祖」——
「項王從之」
3.漢王中伏弩　政治　漢四年十一月前　「楚漢久相持未
決——「走入成皋」
4.淮陰侯敗楚將龍沮　政治　漢四年十一月　「項王聞淮侯陰
」——「維陰侯不聽」
5.項王東行　政治　漢四年十一月後　「是時彭越復反
」——「皆爭下項王」
十三、鴻溝之約　政治　漢四年九月　「漢果數挑楚軍
戰」——「深塹而自守」

1.漢破楚軍海春侯	政治	漢四年四月	「漢果數挑楚軍戰」——「盡走險阻」
2.漢用陳平張良計背約追楚大敗	政治	漢四年九月後	「是時漢兵盛食多」——「深塹而自守」
十四、垓下之戰	政治	漢五年正月	「謂張子房曰」——「賜姓劉氏」
1.漢王分地信越	政治	漢四年九月後（表在二月）	「謂張子房曰」——「詔項王」
2.項王身死東城	政治詩歌	漢五年正月	「項王軍壁垓下」——「封呂勝爲涅陽侯」
3.漢下魯最後	政治	漢五年正月	「項王已死」——「賜姓劉氏」

以上所舉項羽本紀分段編目之方法約略如是：然此非有一定之方式，亦在讀者筆記時，自悟耳。

此種分段編目之方法，共有七便。

一、便於記憶也。史籍浩繁，讀者雖甚勤勞。仍如走馬看花，決難記憶。故所得之印像極微。今若將每篇析段編目。則讀後，時將目錄翻檢，即可引起聯想作用，過去之象印，恍若在目。

二、便於檢查也　最便檢查史乘之工具書籍：當推史姓韻篇佩文韻府……等及未來之引得。然今析段編目之後，（或於目錄上，再編一簡單之引得。）按目求書檢查亦甚易易也。

三、便於立圖表也。　圖表一類，已爲史策上不可缺少之物。然當求其包括詳盡，無所遺漏。今析段目之後；或以類例排比，或以編年排比，——無條排比時方法。當書作如「紀7六2項莊舞劍。」紀卽本紀之縮寫，7卽項羽本紀爲第七，故以7代表項羽本紀。六卽第六大段。2卽第二小段，（如無小段者，則小段之數字不書。）——然後以排比之次序，歸納而統計之，則空間時間類例之圖表，皆能於最短時間，簡便得之。

四、便於考證也。　考證爲求史實真僞之最重工作。今析段分目之後，可以類例排比，或編年排比，或紀事本末體排比。然後卽目求書，以細密之腦經，推論一真實之斷案，或一永不可解之異同縣案。

五、便於爲專史之長編也。　今日之專史，均以類例分。然編專史者，非先勤於摘錄，編爲長編不可。而今析段編目之後，祇須以類例排比之，卽成一專史長編之目錄、於整理時，祇須目檢書可也。

六、便於比較異同也　一史之修成，必集許多之史料，而史料中往往有一事作兩種記載。於是異同雜出。故司馬溫公作通鑑，有通鑑考異今析段編目之後，而以史料亦編成目。兩相對照，欲求異同，卽可按上下兩目，檢書對讀之。

七、便於觀察史家之剪裁也。　史雖爲記載事實之書籍，然文采欠生動，則不能引起讀者之欣賞。故史家剪裁，爲其史學上必要之條件。今如析段編目之後，則如比較異同之立成對照表。史家剪裁之方法，卽可躍然於我目前也。

綜茲七便：則普通讀者，專門學者之能事。可以包括無遺矣。然在析段編目之時，亦有三短：

一、陷於瑣碎也。　每在析段編目之時，往往有一二句卽爲一件事者，不編則爲遺漏，編之則爲瑣碎。此其短一也。

二、時有遺漏也。　在析段編目時，雖將瑣碎之一二句一事者，亦編成目錄。而於每段中夾記之事，或兩事並書者。則編目者，不能不有遺漏之處。此其短二也。

三、割裂文氣也。　於析段編目之時，往往有事實已完，而文氣未充者。然不得不割住，而文氣則受割裂矣。此其短三也。

民國二十二年四月十九日草

讀梁任公先生墨子學案

吳壽祺

一　緒言

夫能成一家之言，垂世行遠，蓋必持之有故，言之成理，昭示來者方爲可。若夫討探一家之言，欲闡其微奧，揚其大義，則於其學說，尤貴于精深研究，啓迪後學斯爲功。於虖！

創說固匪易。闡發豈易言哉！

近讀梁任公先生墨子學案。其精獨到之處雖甚多，而足滋議者亦不免，因就管見，略志數端。

二　墨學與我國民族性

梁先生於其第二自序中云：

『墨學精神，深入人心，至今不墜。……而其統乃存於匹夫匹婦，今試行窮鄉下邑，輒見有弱嫠襁負呱呱之子，藍褸而行乞者，吾人習莫之或奇，莫之或敬也。而不知此種行爲之動機，乃純出於「損己而益所爲，」純是「爲身之所惡以成其子之所急。」又恆見有壯夫侍其老羸廢疾之父母昆弟，因以廢其固有之職業，雖百艱而不肯舍去。亦有齒落髮白垂盡之年，不肯稍自暇逸，汲汲爲其子孫謀者。……乃墨翟禽滑釐孟勝田襄子諸聖哲濺百餘年之心力，以蒔種於我先民之心識中，積久而成爲國民性之要素焉。』

梁先生以爲後世長慈幼孝之思想，完全爲墨家所蒔種，顧吾國修己安人之道，多載經史，其前乎墨學者有孔子。其說散見經典，即以論語所載：『君君臣臣父父子子。』『入則孝，出則弟。敬而信，汎愛衆。』旁及禮記所載：『慮之以大，愛之以敬，行之以禮，修之以孝養，紀之以義，終之以仁。』與孝經論敬愛慈孝之教，不勝枚舉；其後乎墨學者，若孟子。其言敬愛曰：『老吾老以及人之老，幼吾幼以及人之幼。』與夫「仁義」之言，全書蓋然。視于墨學，既深切而殷勤，復大中而至正，則所謂出於『墨翟禽滑釐孟勝田襄子諸聖哲，瀝百餘年之心力，以蒔種於我先民之心識中。積久而成爲國民性之要素者。』其的證安在？且墨學自秦漢以來，其言不存於士大夫之口，而必以無知無識之匹夫匹婦，反能獨傳其統，豈足爲信？吾人姑勿論匹夫匹婦之能傳與否，惟察當時墨學曾否確已深入人間，其影響於人間者，儒墨二家，孰爲盛大；孟子闢墨之聲，不已昭聞於吾人。而梁先生獨舉墨爲依，舍孔孟大宗於不論，此吾人之所大惑不解者。要言之，吾人當證以歷代之學術，孰盛？孰衰？更當證以今人之國民心理，社會信仰，何去？何從？則是非得失，不待智者而後知也。

三　墨學非攻與開邊黷武之影響

梁先生於同序中云：

『我國二千年來，言軍旅之事，其對於開邊黷武，皆輕賤而厭惡之，對於守土捍難，則最守尊崇。……此種觀念，皆出於墨子之非攻而尊守。』

梁先生之言，果其然歟？孔子不云乎：「克己復禮爲仁。」「己所不欲，勿施於人。」又曰：「己欲立人，己欲達，而達人。」此乃何等人類互助相愛之精神；孟子則曰：「爭地以戰，殺人盈野；爭城以戰，殺人盈城，此所謂率土地而食人肉，罪不容於死。」又曰：「善戰者服上刑。」其聲色俱厲，叮嚀反復，深詆戰爭者之罪惡，痛斥侵略者之不義，亦已凜然示于吾人耳目。而梁先生獨謂『此等觀念，皆出於墨子非攻而尊守』之影響。惟知其一而不知其二，何主觀之至於如此！

四　墨學之根本觀念

梁先生於第二章墨學之根本觀念云：

『墨學所標綱領，雖有十條，其實只從一個根本觀念出來，就是兼愛。』又云：

『「天志」「明鬼」是借宗教的迷信來推行兼愛主義，「非命」因爲人人信有命，便不肯做事，不肯愛人了，所以反對他。』

吾則以爲不然，且適與梁先生成爲反論。墨學千端萬緒要皆出於「天志，」而其根本觀念，乃在「尊天，」實非以「天志」爲兼愛之後援也。梁先生嘗謂：『墨子的天純然是一個「人格神，」有意欲，有感受，有情操，有行爲。』惟其是「人格神」的「天，」故喜怒哀樂愛惡欲七情存焉，七情之發，必以萬物爲對象，然天有好生之德，天常愛萬物，故兼愛之說生焉。梁先生固嘗認：『墨子是個小基督』者。吾人須知「基督」純以天心爲心，一切承天意而出發，其「尊天」之意，實爲人所共知。梁先生旣認其爲小基督，而又不認其根本觀念在「尊天，」豈非自攻其盾者耶？

吾人試考墨子之淵源，亦足明其根本觀念之誰屬？墨子淵源，出於淸廟；而其學，則頌法夏禹。按淸廟之官，「恭敬神明者爲之祝，心率舊典者爲之宗。」曲禮載：太祝官名。周官謂「太祝掌六祝之詞，以事鬼神示，祈福祥，求永貞。是卽墨子尊天明鬼之志所由本。故其於天志中篇云：

『是故子墨子之有天志。辟之人無以異手輪人之有規。匠人之有矩也。今夫輪人操其規。將以量度天下之圓與不圓。……匠人亦有操其矩，將以量度天下之方與不方也。……故子墨子有天之意也。上將以度天下之王公大人爲刑政也。（下將以量天下）之萬民爲文學出言談也。觀其行。順天之意，謂之善意行。反天之意，謂之不善意行。觀其言談。順天之意，謂之善言談。反天之意。謂之不言談。觀其刑政。順天之意。謂之善刑政。反天之意。謂之不善刑故。』

墨子「尊天」之意如斯顯明。以天下萬事皆當望天意而風向，不容有他思想渾雜其間。故章太炎先生有言：『墨學若行，定要成爲教會專制。』實爲尊天必然之趨勢。又陳鐘凡先生諸子通誼述墨云：

『墨學千端萬緒，實以尊天爲第一要義。天者義之所從出，王公大人卿士大夫之法儀，操禍福之柄，以賞罰天下者也。故經制人心，齊壹世俗，皆以尊天爲極則。（墨子言天與鬼神——無別視儒者謂天即理不同）其言尙賢，尙同，節用，節葬，非樂，非命，明鬼，兼愛，非攻，則皆本尊天之義擴而充之矣。故言尙賢之旨曰：「古聖王以尙賢使能爲政。而取法天雖天亦不辨貧富賤遠近親疏。賢者舉而尙之。不肖者抑而廢之。」是則賢賢抑不肖者，天之道，聖王尙賢，所以取法乎天也。其言尙同曰：「天下之百姓。皆上同於天子。而不尙同于天。

則菑猶未去也。今若天飄風苦雨。溱溱而至者。此天之所以罰百姓之不上同天也。」（尚同上）是則尚同以同於天爲依歸也。其言節用節葬曰：「爲富室之法。其旁可以圉風寒。上可以圉雪霜雨露。其中蠲絜可以祭祀。」（節用中）「今唯無以厚葬久喪爲政。國家必貧。人民必寡。刑政必亂。若苟貧。是粢盛酒醴不絜也。若苟寡。是事上帝鬼神者寡也。若苟亂。是祭祀不時度也。今又禁止事上帝鬼神。爲政若此。上帝鬼神始得從上撫之曰。我有是人也。與無是人也。無擇也。則惟上帝鬼神降之罪。厲之禍。罰而棄之。則豈不亦迺其所哉。」（節葬下）是則節用節葬者，所以厚享上帝鬼神，猶禹菲飲食而致孝乎鬼神之旨也。其言非樂：「引太誓曰：『舞佯佯。黃言孔章。上帝勿常。九有以亡。上帝不順。降之百殃。其家壞喪。』察九有之所以亡者，徒從飾樂也。於武觀曰：『啓迺淫溢康樂。野於飲食。將將銘莧。磬以力。湛濁於酒。渝食於野。萬舞翼翼。章聞於天。夫用弗戒。下者萬民弗利。」（非樂上）是則非樂者。戒湛湎荒淫，而乖天和也。』其言非命曰「義人在上。天下必治。上帝山川鬼神必有幹主。萬民被其大利。是故古之聖人　發憲出令，設以爲賞，罰以勸賢。執有命者之言曰。上之所賞非賢固賞也。上之所罰。不暴固罰也。今用執有命者之言。則上不聽治。下不從事。上不聽治。則刑政亂。下不從事。則財用不足。上無以供粢盛酒醴。祭祀上帝鬼神。下無以降綏天下賢可之士。故命上不利於天。中不利於鬼。下不利於人。而强執此者。此特凶言之所自生。而暴人之道也。」非命上 是則非命者。寄賞罰之柄於天天鬼也。其言明鬼曰：「天下亂。其故何以然也。則皆以疑惑鬼神之有無之別。不明乎鬼神之能賞賢而罰暴也。今若使天下之人。偕若信鬼神之能賞賢而罰暴。則夫天下豈亂哉。」又曰：「古今之爲鬼。非他也。有天鬼。亦有山水鬼神者。亦有人死而爲鬼者。今絜爲酒醴粢盛。以故愼祭祀。若使鬼神誠有。是得父母姒兄而飮食之也。豈非厚利哉。」明鬼下 是明鬼以天爲最崇也。其言兼愛曰：「聖王以法爲天。動作有度。於天之所欲。則爲之。天所不欲。則止。然而天何欲何惡也。天欲人之相愛相利。而不欲人之相惡相賊也。奚知天之欲人之相愛相利。而不欲人之相惡相賊也、以其兼而愛之。兼而利之也。奚以知天之兼而愛之。兼而利之。以其兼而有之。兼而食之也。故曰。愛人利人者。天必福之。惡人賊人者。天必禍之。」法儀 是則兼愛者，是以天心爲心者也。其言非攻曰：「天之有天下。辟之無以異乎國君諸侯之有四境之內也。今若處大國以攻小國。處大都以亂小都。以此求福祿於天。福祿終不可得。而禍崇必至矣。」天志下「夫取天之人以攻天之邑。此刺殺天民。剝振神之位。傾覆社稷。攘殺其犧牲。此則上不中天之利矣。」非攻下 是則非攻者，不欲塗炭天民，大悖天鬼好生之心也。』

是則墨子之根本觀念，不在兼愛，而爲尊天，尤爲顯然。且據梁先生言：『墨子這種宗教思想，純是太古的遺物，想是從史角傳來。……但這種思想，對於他的學說的後援力，其實也很簿弱，徒然獎勵「非理智的迷信，」我們不爲墨子可惜了。』梁先生既懸疑「這種思想，對於他的學說的後援力。其實也很簿弱。」是卽謂不足以當後援，而未審此——尊天——乃墨子之根本所在，豈徒後援而已，吾不爲墨子惜，而爲梁先生惜也。

五、墨子新社會之組織法

梁先生於第五章墨子新社會之組織法中，謂墨子社會組織，實行民選，「國家是由人民同意所造成，和民約論同一立脚點。」吾人讀墨子尙賢，尙同，天志，諸篇，反覆再三，乃知墨子所論社會組織純由尊而卑，由上而下，絕無民選之證據。與今日之所謂民約論者適得其反。

如天志上篇云：

『子墨子言曰。其上事天。中事鬼神。下愛人。故天意曰。此之我所愛。兼而愛之，我所利。兼而利之。愛人者此爲博焉。利人者此爲厚焉。故使貴於天子。富有天下。業萬世子孫。傳稱其善。』

是則能合乎天則「上尊天，中事鬼神，下愛人。」天則「使貴于天子。富有天下。」是天子由天所選定之明證。

又尙同下篇云：

『古者天之生民。未有正長也。百姓爲人。若苟百姓爲人。是一人一義。十人十義。百人百義。千人千義，逮至人之衆不可勝計也。則其所謂義者亦不可勝計。此皆是其義而非人之義。是以厚者有鬥。而薄者有爭。是故天下（孫詒讓謂天下二字疑當作天）之欲同一天下之義也。是故選擇賢者立爲天子』

天欲統一天下之義，使天下事皆備于一人之手，故「選擇賢者，立爲天子，」以撫萬民。是天子由天所選定之又一明證。然則天何以能選天子？則正如梁先生謂：『墨子的「天」純是一個「人格神，」有意欲，有情操，有感受，有行爲』者，故墨子以爲天足以選立天子。天子既由天選擇；則天子以下官員，將依次產生。

尙同下篇云：

『天子以其知力爲未足獨治天下。是以選擇其次。立爲三公。三公又以其知力爲未獨左右天子。是以分國建諸侯。諸侯又以其知力爲未足獨治其四境之內也。是以選擇其次。立卿之宰。（之猶與也）卿之宰又以其知力爲未足獨左右其君也。是以選擇其次。立而爲卿長家君。』

所謂「以其知力爲未足獨治」者，是言在位者之自感。所謂「是以」云云，亦是言在位者之「是以」所謂選擇其次，」「其次」者，是指各在位者之「其次，」而由在位者選擇之，立爲某某，其文甚明。換言之，卽所謂由天選天子，由天子選三公，由三公選諸侯，由諸侯選卿之宰，由卿之宰選卿長家君。蓋其系統爲直線之下垂，而總其權者則爲天。梁先生非不學之徒，何爲作此穿鑿之言？而附會如此！

卽退一步言，尙同篇旣云：「一人一義，二人二義，十人十義。」倘選立者爲人民，則一人選一人，二人選二人，十人選十人，安能選出一人，立以爲天子者乎？假令民選天子，則亦決非初民政治所能，有違事實。」（陳柱尊先生墨學十論）而况二千年以前，民智未曾發達，民權罔無所論，且當時專制之勢焰正盛，理亦所不許。

梁先生又云：

「因爲他是由萬民所選擇而已如此，却有一個緊要問題跟着發生，就是要問君位如何繼承？這種選立天子的大典，是初建國時一回行過便了呀！還是永遠繼續舉行？苟使一繼不復再選，那麼這位「仁人」嗎？子孫都是能保他的給他子孫，然得傳死後，目若是這樣，墨子的新社會，一定組織不成，今徧查墨子書中，若沒有一個字說君位要世襲，但也未嘗論及繼續的方法。」

梁先生終以墨子新社會之組織，係由民選，故多此顧慮，若審及墨子以天選天子，合乎天則者選之，背乎天則者除其位，則繼承及繼選之方法均可不成問題。無勞梁先生費此神力。至梁先生又謂「偏查梁子書中若沒有一個字說君位要世襲。」云云。尤爲不然，考天志上篇云：『然則禹湯文武其得賞何以也。子墨子言曰。其事上尊天。中事鬼神。下愛人。故天意曰。此之我所愛兼而愛之。我所利兼而利之。愛人者此爲博焉。利人者此爲厚焉。故使貴爲天子。

富有天下。業萬世子孫。」以業萬世子孫爲善，非贊成君主世襲何。此又梁先生之失於疏矣。（陳柱尊先生墨學十論）墨先生又以爲「直至秦漢之間，任俠之風還大盛，都是墨教的影響。」吾以爲墨家雖有俠任之氣，然秦漢之際之俠則迥異，墨子以尊天爲主義，以天心爲心，天乃兼愛萬民，若有强暴者欺凌弱小，則天必將飄風苦雨以討之，故墨子之肯犧牲，非爲自身情感所激發，實以受天意之指使。至秦漢間任俠者，皆因於內心之感觸。別無他義也。太史公史記游俠列傳云：「然布衣之俠，儒墨皆排擯不載。」是當時之俠，與墨家兩立。甚且爲墨家所鄙棄，而擯不載。使任俠之風果受墨教影響，則去古未遠之太史公反不如梁先生肊測附會之語爲可信，有是理乎？且儒家孔子亦有「殺身成仁，」孟子有「捨身取義」之言，謂任俠之風，受儒家之影響，又何不可？要之。所謂任使者，皆時勢之激起，環境之驅使。初未必受任何學術之影響，而必强附於墨家，是何異捕風捉影之談也。

餘論

就上所論觀之，墨子之根本觀念，實爲尊天明甚。尊天，故主明鬼，主尙同，因尙同而尙賢，舉凡非樂，節用，節葬，非攻諸說，莫不由尊天衍出，而以兼愛殿焉。於虖！墨學沉霾幾二千餘年，自孫淸鎭洋畢尙書校勘於始，汪容甫王伯申父子兪曲園諸老繼釋於后，而瑞安孫籀實總其成；於是，學者稍稍通其義而得治焉，及梁任公胡適之闡其學，好以新學相附會，張冠李戴，風動一時，而淺薄之士，不加深思，往往不讀墨子本書，即侈談墨學，轉相剿襲，曾不恥愧！祺研討所得，未能苟同，特舉一二，著以爲篇，通人君子，幸垂教焉。

論語之君子觀

黃源澂

戰籍稱君子者多矣，卽鄉里婦孺，亦莫不知君子一名稱爲可慕。然而何如斯可謂之君子，君子者果何如人，則甚不易得一具體概念也。嘗讀論語，取凡稱君子諸章，集而觀之，又從而分析之，其大別之義有三，卽一有德之稱，一有位之稱，一學者之稱是。皆先儒之所已言也，論語有君子之稱者，都八十餘章，而以有德之稱者爲最多。竊意有德之稱，當爲君子之本義，而有德者常爲衆所擁戴，有位者亦常易被人稱頌，故引伸爲有位者之稱。——古者亦有弟子以之稱師，或妻妾以之稱夫，，子以之稱父者。要亦頌其所尊之辭，與有位之稱同例。——學者學爲君子之道，卽蘄於成德而眞爲君子，於是又引伸爲學者之稱也。茲就上述三義之次序分析論列之，以略觀古之所謂君子焉。

（一）有德之君子——所謂有德之君子，其道德之隆殺，蓋亦不能一致。南宮适問於孔子曰：『羿善射，奡盪舟，俱不得其死然。禹稷躬稼，而有天下。』夫子不答。南宮适出，子曰：『君子哉若人，尙德哉若人！』是南宮适以一言之善而得爲君子也。子謂子賤：『君子哉若人。魯無君子者，斯焉取斯？』朱注謂美其能尊賢取友以成德。或又謂賢其治單父之績。是子賤能治單父或尊賢取友，亦得爲君子也。子曰：『聖人吾不得而見之矣，得見君子者，斯可矣。』南宮适及子賤殆其人焉。此自其殺者而言也。子路問君子。子曰：『修己以敬。』曰：『如斯而已乎？』曰：『修己以安人。』曰：『如斯而已乎？』曰：『修己以安百姓。修己以安百姓，堯舜其猶病諸。』是以堯舜之聖，尙復難爲君子之極致，此則自其隆者而言矣。子謂子產，『有君子之道四焉：其行己也恭，其事上也敬，其養民也惠，其使民也義。』大凡古之所謂君子，皆取其一二合於君子之道者言之耳，非能具其全也。倘能具其全，則聖人矣。然則君子之全德何如？能修己以安百姓者是也。其散見於思想及言動之間者，孔子及其門人，於論語中蓋言之綦詳。綜其所稱，則有以下之十二特點：

（一）求己　子曰：『君子病無能焉，不病人之不己知也。』子曰：『君子求諸己。』子曰：『君子疾沒世，而名不稱焉。』子曰：『信而後勞其民。』又曰：『信而後諫。』病無能，求諸己，固所以求己，卽疾沒世而名不稱，與信而後勞其民，信而後諫，亦疾己之無能以使人稱，求己之有道以使人信，而非疾世之不我稱，要人之必我信也，是亦求己焉耳。

（二）務本　有子曰：『君子務本。』子曰：『君子之居喪，食旨不甘，聞樂不樂，居處不安。』有子所言，務本之意也。孔子所言，則務本之實也。

（三）守分　子曰：『君子思不出其位。』孔子之答子路問君子亦有窮乎也，則曰：『君子固窮。』其答子貢問君子所惡也，其二卽曰：『惡居下流而訕上者。』是皆守分之旨也。

（四）主敬　子路問君子，子曰：『修己以敬。』子夏曰：『君子敬而無失，與人恭而有禮。』曾子曰：『君子所貴乎道者三：動容貌，斯遠暴慢矣，正顏色，斯近信矣，出辭氣，斯遠鄙倍矣。』子夏曰：『君子有三變，望之儼然，卽之也溫，聽言也厲。』君子之所以爲君子，端在無時無地而不宅身於敬，故子路一問君子，而孔子卽以修己以敬教之。曾子子夏所稱，皆敬之積於中者有素，故其容貌、顏色、辭氣之發於外者迥不與衆同也。

（五）嚴檢束　孔子曰：『君子有三戒：少之時，血氣未定，戒之在色。及其壯也，血氣方剛，戒之在鬬。及其老也，血氣旣衰，戒之在得。』又曰：『君子有三畏：畏天命，畏大人，畏聖人之言。』又曰：『君子有九思：視思明，聽思聰，色思溫，貌思恭，言思忠，事思敬，疑思問，忿思難，見得思義。』又曰：『君子懷刑。』皆所以嚴自檢束。至子路所引孔子之言『親於其身爲不善者，君子不入也，』畏磨而磷，畏涅而緇，亦檢束之意也。

（六）崇道德尚仁義　子曰：『富與貴，是人之所欲也，不以其道得之，不處也。貧與賤，是人之所惡也，不以其道得之，不去也。君子去仁，惡乎成名。君子無終食之間違仁，造次必於是，顚沛必於是。』又曰：『君子易事而難說也，說之不以道，不說也。』又曰：『君子義以爲質，禮以行之，遜以出之，信以成之。』又曰：『君子懷德。』又曰：『君子喻於義。』觀此而君子之崇道德尚仁義可知矣。其視富貴爲何如者？

（七）重實踐　子貢問君子。子曰：『先行其言，而後從之。』子曰：『君子恥其言而過其行。』又曰：『君子欲訥於言，而敏於行。』凡此皆所以重實踐也。

（八）弘器量　學而篇首章曰：『人不知，而不慍，不亦君子乎？』子曰：『君子不器。

』又曰：『君子無所爭。』又曰：『君子矜而不爭。』又曰：『君子不可小知，而可大受也。』又曰：『君子易事而難說也，……及其使人也器之。』子謂子夏曰：『女爲君子儒，無爲小人儒。』子夏曰：『雖小道必有可觀者焉，致遠恐泥，是以君子不爲也。』於此諸章，可以知君子器量之宏大焉。

（九）進取有爲　子路問君子。子曰：『修己以敬。』曰：『如斯而已乎？』曰：『修己以安人。』曰：『如斯而已乎？』曰：『修己以安百姓。』曾子曰：『可以託六尺之孤，可以寄百里之命，臨大節而不可奪也，君子人與？君子人也！』子曰：『君子上達。』右三章皆言君子之進取而有爲者；然前後兩章，皆言君子之精進不已，而曾子所言，則所以表彰君子之節義者也。但非能有爲者，則不勝其任，故列之於此。

（十）不偏倚　子曰：『質勝文則野，文勝質則史。文質彬彬，然後君子。』又曰：『君子之於天下也，無適也，無莫也，義之與比。』又曰：『君子貞而不諒。』又曰：『君子不以言舉人，不以人廢言。』又曰：『君子周而不比。』又曰：『君子和而不同。』又曰：『君子矜而不爭，羣而不黨。』又曰：『君子惠而不費，勞而不怨，泰而不驕，威而不猛。』凡上所稱，皆所以表見君子之折中至當，而無所偏倚者也。

（十一）樂道　司馬牛問君子。子曰：『君子不憂不懼。』子曰：『君子坦蕩蕩。』又曰：『君子哉蘧伯玉。邦有道則仕，邦無道則可卷而懷之。』不憂不懼，原於內省之不疚。坦蕩蕩，與可卷而懷之，則原於樂天知命。是故孔子又嘗云，不知命無以爲君子也。要皆所以樂道也。

（十二）與人爲善　子張曰：『君子尊賢而容衆，嘉善而矜不能。』子曰：『君子成人之美，不成人之惡。』此皆與人爲善之旨，顯而易見者也。

有德君子諸特點，既如上述。君子之反爲小人，君子小人之分，孔子所常言者也，亦不可不留意焉，玆爲列表以明之。自今而早晚觀覽，庶不致流於小人而爲君子所棄乎？

君子小人區別表

類別	君子	小人
存心	懷德懷刑	懷土懷惠
	喩於義	喩於利
	求諸己	求諸人
持身	泰而不驕	驕而不泰
	固窮	窮斯濫矣
	過猶月之食	過也必文
處世接物	周而不比	比而不周
	成人之美不成人之惡	成人之惡不成人之美
	和而不同	同而不和
	易事而難說也…及其使人也器之	難事而易說也…及其使人也求備焉
器量	不可小知而可大受	不可大受而可小知
結果	坦蕩蕩	長戚戚
	上達	下達

(二)有之位君子——子曰：『君子篤於親，則民興於仁，故舊不遺，則民不偸。』又曰：『先進於禮樂，野人也。後進於禮樂，君子也。』又曰：『君子之德風，小人之德草，草上之風必偃。』又曰：『君子義以爲上。』又曰：『君子有勇而無義爲亂，小人有勇而無義爲盜。』子游又常引孔子之言曰：『君子學道則愛人，小人學道則易使也。』微子一篇，又嘗引周公謂魯公之言曰：『君子不施其親，不使大臣怨乎不以，故舊無大故，則不棄也。無求備於一人。』凡此所稱君子，皆指有位者言之。先進一章，所以慨當世爲君子者採用禮樂之不當，其餘則皆所以勸勉在上者修仁行義以德感化其下而已矣。於以見有位之君子，非有德不足以副之也。

(三)爲學之君子　子曰：『君子不重，則不威，學則不固。主忠信。毋友不如己者。過則勿憚改。』又曰：『君子食無求飽，居無求安，敏於事而愼於言，就有道而正焉，可謂好學也已。』又曰：『君子博學於文，約之以禮，亦可以弗畔矣夫。』又曰：『君子病無能焉，不病人之不己知也。』又曰君子謀道不謀食；耕也餒在其中矣，學也祿在其中矣。君子憂道不憂貧。』又曰：『君子學以致其道。』曾子曰：『君子以文會友，以友輔仁。』此諸所謂君子，殆都指爲學者而言。蓋卽入於君子之門徑，亦卽君子成德之始基。能努力於是，是亦君子也已。若能博文約禮，則且可爲聖人之次，顏子卽由是而入焉者也。

有德之君子，有位之君子，與爲學之君子，析言之則爲三，合而論之，則一也。有位而無君子之德，是尸位者也，是曠職者也。爲學而不能自進於君子之域，則尤君子所棄，而爲聖賢之所不屑教誨。有位與爲學諸君子，盍各反求諸身乎？

左傳引詩研究

李競西

一

詩經爲中國最古之韻文總集。其集成之年代，則不能得一確切之解答。自史記孔子刪詩之說出後，卽有二種絕對相異之論：一謂古詩三千餘篇，經孔子刪定爲三百另五篇；而散見於各經史之逸詩大略卽爲刪削於三百五篇之外者。一說以爲詩數三百，自古已然，孔子屢稱詩三百墨子亦有誦詩三百，歌詩三百之語，而吳公子扎之觀魯樂，列舉詩目，與三百無異，是可見孔子之前三百面目已定，孔子並未刪詩。二說言之各有理，究以何者爲是，非本文之所欲論及，蓋本文所欲探討者，爲詩在春秋時，作何面目？作何使用耳？

春秋文獻之足徵者，莫先於左傳。然左傳之本身，亦尙有其問題。左傳晚出，爲古文家學，今文家指爲劉歆割裂國語而成者，——近人康有爲錢玄同力主是說，——然馬遷史記，已有左傳之記載。近瑞士人河羅曲倫 Bernhard karlgren 著左傳眞僞考，認爲左傳之原本，存在於焚書以前。由文法上之研究結果，以爲非魯國人作，而近似於國語。又有衞聚賢發表之左傳研究則定爲子夏所作。總之，作者之問題，雖不能確定解決，然擬之先秦人所著，則不至大謬。其所記載春秋之史實，自屬可靠。由此中關於詩之記載，綜合而比較之，庶幾詩在春秋時代之真面目可略窺一二焉。

然此種工作，亦有數點當注意及之者。一卽今本左傳有後人亂竄之處，已非本來面目，故在未能明白辨晰何者爲竄入，何者爲本文前，若遽視爲一律之研究材料，殆將得一近似謬誤之結果。故取材引證宜格外愼重。二卽文中有君子之一名辭，其運用之詩句亦甚多，若視爲作者之自稱，若史記之「太史公曰。」者然，則欲視爲戰國時或春秋末期之研究材料，甚易從事；然或爲作者博採通人之評語，則所引詩，自亦不能有所歧視。古人對於此問題，亦多論及，然尙未有確論，故不能不將此項材料，另行劃開。

賦詩見志爲春秋時代之一特色，左傳對於此類紀載，獨爲詳盡，故因其使用處，綜合比較之，略見詩之階級性與用詩之法，用詩之途焉。

二

左傳與詩發生關係處，計一百七十條。其中包含：引用於君子下者三十六條，仲尼所引用者六條，燕饗朝聘賦詩用者三十五條。逸詩十三條，出於君子下者三，但出篇名者四。於此一百七十條詩之引用，吾人試以其所在之年份，與魯各公之在位年數作一比較，取其比例數而觀之，則大略可窺見所謂春秋時代之用詩，以何時爲最多，何時爲最少？賦詩之運用盛於何時？衰於何時？又可窺見賦詩之運用佔如何之數量？君子所引用者，佔如何之數量？亦卽可知詩之普遍在於何時？

一百七十條之引詩其分配如下：

隱公四條	桓公二條	莊公二條
閔公三條	僖公十五條	六文十六條
宣公十二條	成公十二條	襄公四十五條
昭公五十一條	定公五條	哀公三條

而各公在位之年數，則爲：

隱公十一年	桓公十八年	莊公三十二年
閔公二年	僖公三十三年	文公十八年
宣公十八年	成公十八年	襄公三十一年
昭公三十二年	定公十五年	哀公廿七年

引用於君子下者三十六條，其分配則爲：

隱公三條	桓公一條	莊公一條	閔公無
僖公五條	文公六條	宣公二條	成公三條
襄公十條	昭公三條	定公二條	哀公無

賦詩者之分配，則爲：

隱公一條	閔公二條	僖公一條

文公五條　成公一條　襄公十五條

昭公九條　定公一條

綜合分列比較之，則得下表：

左傳中用詩升降比較表

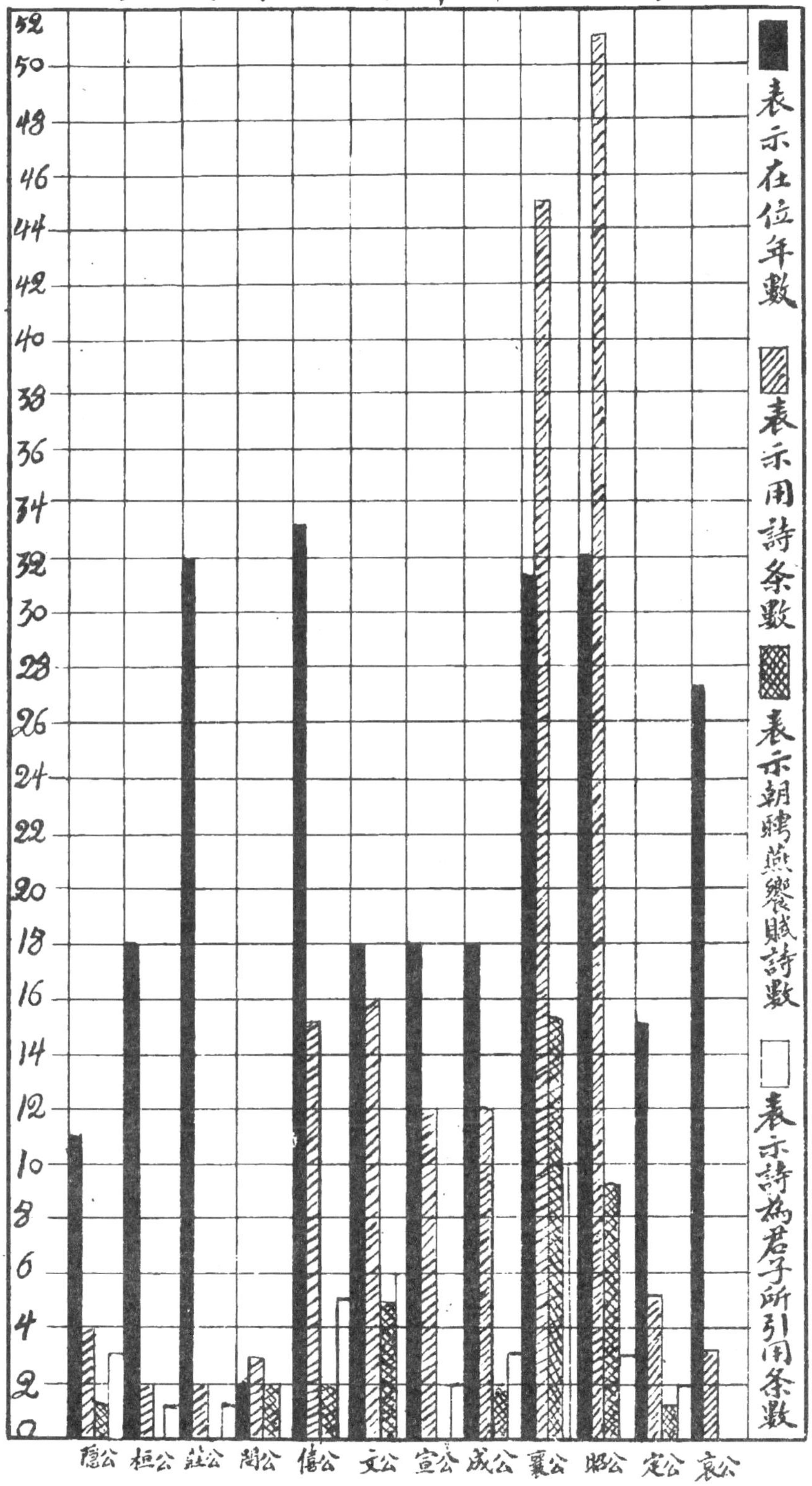

由表一，得見僖公以前，用詩者極少，且爲君子所引用作批評語者佔半數以上。文公以後，用詩漸多，故斜線有顯著之上升。以比例計之，文宣成三公，較之僖公時，超過一倍，斜線幾與墨線平引。而君子用詩，其比例漸形縮小。成公以後，則斜線突然上升，複線亦較增加，而君子之引用更漸少定哀二公復見衰落。若以普通之統計現象視之，則可認爲極高後之平伏期也。然則詩之運用實普遍於成公以前僖公以後，至襄昭而大盛定哀而風始殺焉。

朝聘燕饗應對賦詩，亦以昭襄時爲最多。其原因蓋春秋至成公後，各國間往還日繁，晉楚爭霸，交相遊說聘問，加以大國之帑求，索賄，於是因詩之可作言語上之根據，公認爲行爲之標準，故無不樂於引用以爲其護符。故因詩之普遍而運用日廣者，更以運用之廣而更普遍，形成一以詩爲不成文法之春秋時代焉。」

君子之引用詩，數量上亦以文公後爲較多。然以比例上言之，則爲一漸自減少之現象。此點或亦可假想左傳作者之設爲君子一辭，卽爲錄他人之語。因集採宏，多姓氏不詳，故概括以君子。如能確知爲某人者，則直出之以名。如：「仲尼聞之曰：」「臧武仲聞之曰·」等是也。年代愈遠者，則姓氏愈不能詳，而批評之語，日積月累者多，故多採焉。事之近者，批評較少，故鮮採焉。定哀之世，引君子之評較少者，職是故也。此假定若能成立，則所引於君子下之材料，自屬一體，但未得確證以前，不能不另列之。

三

詩之引用於傳中者，數量上已如上述。內容之分佈則如下：

二南十五——君子引用者五

國風三十七——君子引用者七

邶風九　鄘風七　衛風四

鄭風十一

豳風二

秦風二

唐風一

曹風一

小雅八十一——君子引用者十九

大雅六十九——君子引用者五

周頌十九——君子引用者二

魯頌一

商頌六——君子引用者一

以圖表示之，則可得一比較：

表二、

左傳引詩範圍比較表

實線表示用詩總數
虛線表示君子用數

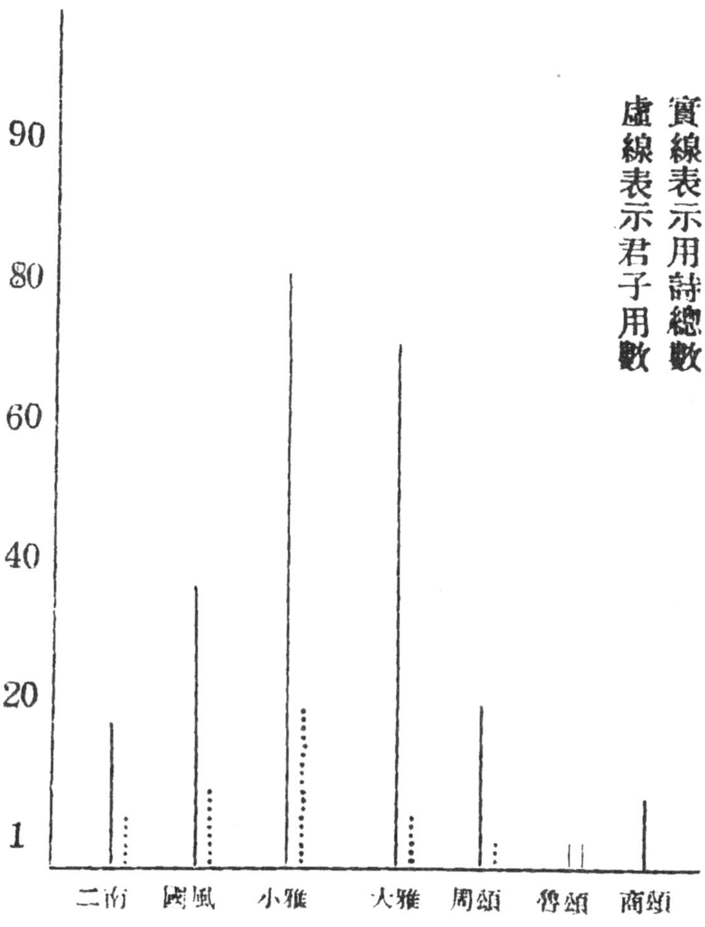

由表二，知左傳用詩，以小雅大雅爲最多，國風次之，周頌二南又次之，魯頌最少。此中比較，吾人大略可識大雅小雅於當時必甚普遍，流行於各國社會中，故引用者多。國風乃各地民歌，其產生之時代先後，極不一致。至春秋末尚有作者，試以詩經一一覆按之，即可知詩之作於春秋者之多。左傳明載國風之所自出者，亦有四條：

隱公三年　莊姜美而無子，衛人所爲賦碩人也。

閔公二年　狄滅衞，許穆夫人賦載馳。

閔公二年　鄭文公退臣不以道，鄭人爲之賦淸人。

文公六年　三良殉葬秦穆公，國人哀之爲之賦黃鳥

左傳中尙在繼續紀載關於詩之產生，而謂當時已有詩之成書，必無是理。風詩之所以少引用於當時者，自爲當然。茲再由其運用風詩之例觀之：引衞風者凡二十二條爲敍詩之產生。五條爲引用於君子下，八條爲朝聘賦詩用。其中有四條出於衞人之口，一條爲晉人至衞所賦，七條則爲魯人所用●此處當知者，卽周禮在魯，魯人蓋習知各國風。吳季札聘魯觀樂可爲一證。反之，則慶封二次爲叔孫賦詩譏刺而不知。（襄公二十七八年）當緣慶封未知是二詩之意，而其所以不知者，卽國風不普行於他國之明證。再觀秦風二篇，一爲敍述作詩之故，一亦秦人賦之，而秦風未見於他處之引用。唐風引用者一條，襄公二十七年，印段賦蟋蟀，唐卽晉，鄭卿賦貺晉卿者。曹風引用者一條，出於君子下，可不成問題。豳風二條：一用於魯申須，一用於齊晏子，豳爲周舊，亦卽魯先，魯人習之；晏子則博學多聞，且近於魯。而豳詩之時代，似較先於其他國風。卽他國人習知豳風，亦非不可能事。至於鄭詩十一條，除君子引用之一條外，皆爲鄭人所引用。列舉如下：

閔公二年　鄭人爲之賦淸人（此條係述詩源）

襄公二十六年　子展相鄭伯賦緇衣

襄公二十六年　子展賦將仲子號

襄公二十七年　子太叔賦野有蔓艸

昭公十六年　鄭六卿賦六詩皆鄭風

由上吾人可得一假定，卽春秋時之國風，必不普遍，亦未必已如今日毛詩之面目，故引用者多爲本國人。此點雖未能言春秋時人非本國詩卽不認識，緣賦詩以達意，賦者固識其意而用其詩，聽者亦當識其辭而明其意；然至少亦可因其少引用，而認爲不熟，亦卽不普遍之證也。

再自其運用於賦詩者觀之，衞風二十條，中有半數以上爲燕饗賦詩用；秦風二條，爲述詩之所出；唐風一條，亦賦詩時用；鄭風十一條，除君子曰一條外，皆賦詩用也。則可知國風之運用，以燕饗應對時賦者爲絕大多數。詩以見志，故各皆示其土風，或亦述職獻詩之遺歟？

頌之引用，數量上最少，而亦有其特異之處，可比較而得者。計頌之引用於君子下者四條，餘之二十二條，一條爲賦詩用。二十一條中，其引用之方式有三：一卽直出「詩云」或『詩曰，』一卽必標明爲『周頌曰』或『商頌曰，』且不憚詳細說明所引詩之來源，如宣公十二年：

武王克商，作頌曰：『……

再則直引詩之篇名，如宣公十二年

武曰：『…………

約曰：『…………

今詳按之，則見凡稱『詩曰』者，多在成襄昭之世，而引用時冠以『周頌曰』『商頌曰』，或不曰詩，不曰頌，而舉篇名冠之者，則多見於成公以前。且作賦詩用者，僅一見。其中之關係，正可見春秋初期，今日目爲頌詩者，未必稱詩。所以必出以『頌曰』或篇名者，正見其有別於當日所目爲詩之大小雅。因其性質有異於詩，故亦鮮以賦用。至中葉以後，則頌詩漸次通行，於是遂亦稱詩。至昭公之世，韓宣子且賦之以作應對詞矣。是頌之普及於社會，乃春秋中葉時期。

四。

詩之於朝聘燕饗時作應對而歌賦者，其分配則爲：

二南六

國風二十三

小雅三十四

大雅九

周頌一

以數字視之，則小雅最多，國風次之，大雅二南又次之，頌最少。然各以所引用之全數比例之，則國風最多，二南次之，小雅再次之，大雅及頌最少。國風之所以於賦詩佔最大之比例者，其故上已言及。二南之性質，亦同於國風，故亦佔較多之比例。小雅遍行於當時，引用者自亦較多，頌辭最鮮用於燕饗朝聘，其因一殆爲不普遍，二殆爲宗廟祭祀之辭，有司掌之，不能割裂亂用也。

詩言志，賦詩所以代言，無可討論者。故襄公二十七年，趙孟請鄭七子賦，謂：『武亦觀七子之志也。』昭公十六年：『鄭六卿餞宣子於郊，宣子曰：「二三子請皆賦，起亦以知鄭志。」』賦詩無非發舒胸中所欲言，故當燕饗朝聘，有不便於直言者，藉詩以婉出之；有不便於面諫者，藉詩以頌揚之；或以譏刺，或以規諫，……極其使用，無非所以代言。然春秋乃一封建社會，階級觀念極嚴，故燕饗朝聘之賦詩，亦有其一定之制度，一定之階級，不能踰越，失則違禮。觀於下列記載可知：

衛甯武子來聘，公與之宴，爲賦湛露及彤弓。不辭，又不答賦。使行人私焉。對曰：『臣以爲肄業及之也。昔諸侯朝正於王，王宴樂之，於是乎賦湛露；則天子當陽，諸侯用命也。諸侯敵王所愾，而獻其功，王於是乎賜之彤弓一，彤矢百，旅弓矢千，以覺報宴。今陪臣來繼舊好，君辱貺之，其敢干大禮以自取戾！』（文公四年）

穆叔如晉，報知武子之聘也。晉侯享之，金奏肆夏之三，不拜；工歌文王之三，又不拜；工歌鹿鳴之三，三拜。韓獻子使行人子員問之，……對曰：『三夏天子所以享元侯也，使臣弗敢與聞；文王兩君相見之樂也，臣不敢及；鹿鳴君所以嘉賓客也，敢不拜嘉？四牡君所以勞使臣也，敢不重拜？皇皇者華，君教使臣曰：『……（襄公四年）

由上二則，知賦詩之階級性，及所以賦詩之意義。階級性之反映，即形成抽象名辭之禮。於是又有種種禮之規定，如燕饗賦詩，或以敬客，或以貺主，對方或受或辭，當有所表示；受則賦詩以答，或拜以謝，辭則以言卻之，或亦以詩卻之。

穆叔賦鵲巢，趙孟曰：『武不堪也！』（以言辭）……子皮賦野有死麕之卒章，趙孟賦棠棣。（受而答以詩）……穆叔子皮與曹大夫興拜。（受則拜以謝）——昭元——

公賦六月，趙襄曰：『重耳拜賜！』公子降拜稽首。（受則拜以謝）——僖廿三——

晉侯賦嘉樂，國景子相齊侯賦蓼蕭，（答）子展相鄭伯賦緇衣，（答）叔向命晉侯拜二君（謝）——襄二十六——

韓宣子自齊聘於衛，衛侯饗之。北宮文子賦淇澳宣子賦木瓜。（答）

賦詩者越禮，則可不答，不辭，不謝，不拜。若賦詩者並未失禮，而不答不辭，則爲失禮之大者。如昭公十二年，宋華定不答蓼蕭之詩，昭子甚至謂其必亡也。

賦詩有如是之限制，故國君相會，燕饗賦詩，每多相者主持其事，國君只依相者之分晰行禮而已。故當日對於相者之人選，極其愼重。孟僖子以不能相禮，引爲終身憾事者，蓋可見禮制之森嚴，賦詩之重要，決不可苟且艸率者也。另如：

鄭伯與公宴於棐，子家賦鴻雁。季文子曰：『寡君未免於此。』文子賦四月，子家賦載馳之四章，文子賦采薇之四年，鄭伯拜，公答拜。——文三——

國景子相齊侯賦蓼蕭，子展相鄭伯賦緇衣，叔向命晉侯拜。——襄二十六——

又晉公子重耳會秦穆公時，子犯推讓趙衰爲從，謂『不如衰之文，』亦可作一旁證。蓋燕饗應對，極爲重要，不可或苟。然賦詩亦不限於燕饗。荀林父止先蔑如秦，爲賦板之三章；——文十三——榮城伯賦式微勸公歸；——襄二十六——其他則行禮時可賦，（昭元年趙孟於禮終。賦瓠葉，）送別時可賦，（昭十六年，鄭六卿餞宣子於郊，賦六詩）固不定於朝聘燕饗也。

賦詩者之用詩法以形式方面言之，則可析爲三類：一爲普通用法，卽取詩之本義，全篇賦之。二卽不賦全篇，但取一篇中之一章或數章。如：

荀林父賦報之三章，——文七——

季文子如宋致女，歸，復命，公享之，賦韓弈之五章，……穆姜……賦綠衣之卒章而後入。——成九——

第三種則爲賦詩而另加以新之解釋，及說明己所欲取於詩之意，可全棄詩之本義而不顧。此爲用詩之絕大進步處，左傳中此類例甚多，茲舉一條爲例。

穆叔賦采蘩，曰：「小國爲蘩，大國省而用之，其何實非命！」子皮賦野有死麕之卒章，趙孟賦棠棣，且曰「吾兄弟以比安，尨也可使無吠。」——昭元——

以內容方面分析用詩法，則近似於無謂。緣賦詩卽所以代言，所以達志，最大目的，最大用途，卽在於此。固不必多事他求。惟爲便利明晰其用途，則可略折爲八類：

一循例賦詩，不含任何意義，僅爲應酬用者。如：

襄二十六，晉侯賦嘉樂。

襄二十九，楚薳罷賦既醉。

昭十七季平子賦采菽，穆公賦菁菁者莪。

二作頌揚之用者，如：

襄八，季武子賦彤弓。

襄十九，季武子賦六月。

襄二十六，國景子相齊侯賦蓼蕭。

昭二，季武子賦緜，卒章，……賦節之卒章，……賦甘棠。

三作誇張自滿之用者，如：

襄十九，范宣子爲政，賦黍苗。

昭元，令尹賦大明之首章。

四，作親善之用者，如：

襄二十，季武子如宋……賦甘棠之七章以卒。

昭二，韓宣子賦角弓。

昭二，宣子賦木瓜。

襄八，武子賦角弓。

五，作慰勞之用者，如：

襄二十，公賦南山有台，（慰勞季武子）

六，作規諫之用者，如：

襄十四，戌子賦青蠅。

襄二十九，榮城伯賦式微。

昭二，趙孟賦小宛之二章。

七，作諷刺之用者，如：

襄二十七，叔孫與慶封食，不敬，爲賦相鼠。

襄二十八，叔孫穆子食慶封，慶封汜祭，穆子不說，使工爲之歌茅鴟。（注：茅鴟逸詩，刺不敬。）

八，作請求之用者，如：

昭元，趙孟賦瓠葉……具五籩豆於幕下，趙孟辭，……曰：「武請於冢宰矣」

昭三，楚子賦吉田。

以上所舉，只略取易於認識者，而大略類之。非謂詩之用途卽盡於此，更非謂所引之意只僅限於所列之條中。以隅反三，庶幾可識其用意；執一繩百，則未有能包舉者矣。

五

左傳引詩計一百七十條，除上所曾論之賦詩用之三十五條，君子所用之三十六條，（中有逸詩三條，）及仲尼引用者六條外，經左傳載明爲春秋時人直接引用者，計九十三條。除逸詩十條外，見於今毛詩中者，計八十三條。

八十三條中，其數字之分配，亦以小雅大雅爲最多，其所表現之事實，與上論列賦詩之部，無大差異。故不詳述。至其引詩之方式，亦至簡單，或直述詩句，而冠以『詩曰』『詩云，』或但引詩篇名，不出詩句。然以前者爲多。至其用法，亦可略言之。

詩取斷章，此衆人皆知者。然所以斷章取義者，蓋亦有故。詩之於春秋似爲一社會之不成文法，論人論事，皆引所爲根據。符於詩意者，卽爲社會所贊許，背於詩意者，卽爲社會所唾棄。於是批評論斷，應對進退之間，無不借重詩句之引用，以增加其力量。行爲言論之軌範，胥於是在焉。行之甚久，事無巨細，莫不欲引詩以爲判。甚至引用之詩句，與批評之事實，一己之主張，全無影響者，則又另給與新之解釋，以求符於所欲言。或截取一二句而用者，——斷章——蓋亦由之所必至，事之所必需矣。今略舉春秋人用詩之法如次：

一，本義　此爲正面之用詩。如：

子魚言於宋公曰：『……詩云：「刑于寡妻，至于兄弟，以御于邦家。」今君德無乃有所闕，而以伐人，若之何？』——僖十九年——……

范武子曰：『……詩云：「君子如怒，亂庶遄沮，君子如祉，亂庶遄已。」君子之喜怒，以已亂也。』——宣十七：——

二，借比　以古況今，取譬相喻。如：

郤成子曰年：『……詩曰「文王既勤止，」文王猶勤，況寡人乎？』——宣十一年——

臼季曰：『……詩曰「采葑采菲，無以下體。」取節焉可也。』——僖三十三年——

秦伯曰：『是孤之罪也！周芮夫之詩曰：「大風有隧，貪人敗類，聽言則對，誦言如醉；匪用其良，覆俾我悖。」是貪故也！孤之謂夾！』——文元年——

北宮文子曰：『……詩云『誰能執熱，誓不以濯？』禮之於政，如熱之有濯也。』——襄三十一年——

三，新釋　新釋詩曰，以符己意。如：

管敬仲言於齊候曰：『……詩云「豈不懷歸，畏此簡書？」簡言同惡相恤之謂也。請救邢以從簡書。』閔元年——

公孫枝……對曰『……又曰「不僭不則，鮮不爲則。」無好無惡，不忌不克之謂也。』——僖九年——

季文子曰『……詩曰「胡不相畏，不畏于天！」君子之不虐幼賤，畏于天也。』——文十五年——

孫叔曰『……詩云「元戎十乘，以先啓行」先人也。』——宣十二年——

四、因附　意本相分，借詩以重，如：

子太叔曰：『……詩云「協比其鄰，昏姻孔云。」晉不鄰矣。』——襄二十九年——

劉定公曰『……天子之老，請牽王賦，元戎十乘，以先啓行。」遲速唯君。』——昭十三年——

叔向曰。『……詩曰「有覺德行，四國順之，」夫子覺者也。』——襄二十一年——

五、活用　暗用詩句，意已自見。如：

樂豫曰：『葛藟猶能庇其本根，故君子以爲比。』——文七年——

士鞅曰『……武子之德在民，如周人之思召公焉。』愛其甘棠，況其子乎。』——襄十四年——

晉樂王鮒曰：『小旻之卒章，善矣。吾從之。』——昭元年——

六

此外尚有逸詩及所引與詩今詩有相異處之二問題。上文中已言及春秋中期之所謂詩，恐與今詩之面目相異之假設。則今日之視爲逸詩者，在當時亦當然無有軒輊。逮後三百另五篇輯成，——非必定爲孔子——遂有不入集之逸詩。然君子引用之詩句中，亦有三條爲逸詩者。除認爲故用逸詩，或引詩在詩輯成之前外，別無可解釋。若第二之推想爲合理。則又可爲君子非著者自稱之另一證。

傳中僅存篇名，詩已佚者，有河水轡之柔矣茅鴟新宮四篇，皆爲燕饗時賦詩用者，其所在之年份，最早者爲僖公二十三年，最遲者爲昭公二十五年。是四詩必皆普遍於當時，與小雅大雅無異。然而不入於三百篇中者，其故蓋難探索。或亦入於當日之詩集，秦以後佚之，今日已不能詳矣。

至左傳所引詩文，略異於今詩者，亦有四十餘條。君子所引者佔四分之一焉。格於篇幅故不具列比較。其故或爲因時間空間之關係，輾轉致誤；或引詩者之誤用。無關宏旨，故不具論云。

四月十日於國專

鮑明遠蠡測

王正履

昔清包世臣藝舟雙楫云：『宋氏以來，言詩必曰唐；近人乃盛言宋；而臣獨尚六朝。尚六朝者，皆以排比靡麗爲工；而世臣獨求頓挫悠揚，以豐目送手揮之旨。』（答張翰風論詩書）間嘗讀鮑參軍集，竊以包氏此言，朝遠最臻其妙；明遠詩發驚挺之筆，操險急之調，廉儁無前；運意希蹤採植，實可直接漢魏；攜辭不避綺豔，亦下啓梁陳；其轄棺六朝詩風之轉移甚鉅。用就鄙懷所及，申論一二，顔之曰蠡測云。

1. 鮑明遠詩與當時之風氣

詩至建安時期，日趨于綺；逮乎宋世，則『性情漸隱，聲色大開；詩運一轉關也。』（清沈德潛說詩晬語）體變而整，句變而琢，古詩之終局，而律詩萌芽之時代也；劉勰文心雕龍述其時之詩風曰：『宋初文詠，體有因革，莊老告退，而山水方滋；儷采百字之偶，爭價一句之奇；情必極貌以寫物，辭必窮力而追新；』（明詩篇）世目之爲元嘉文學。于時詩人，則顔延年謝靈運稱最；自昔典籍，論元嘉文學，輒以顔謝並舉，未見及鮑明遠者；詩品云：『謝客爲元嘉之雄，而顔延年爲輔。』文心雕龍時序云：『顔謝重葉以鳳采。』南齊書文學傳論云：『顔謝並起，乃各擅奇。』唐文粹序云：『蘇顔謝之物色。』蓋明遠于元嘉時，不著聲譽，故鍾嶸品明遠詩，惜其『才秀人微，取湮當代：』（詩品中）然明遠惟無名當時，是以不囿風氣，自成機抒；顔延年詩病于雕刻，故爲錯采鏤金；著見譏于湯惠休，（見詩品）謝靈運詩梁簡文帝論爲『吐言天拔，出于自然；』（與湘東王書）而排垜過多，真性往往爲詞氣所沒；斯皆『儷采百字之偶，爭價一句之奇』之弊；明遠則浩氣直節，情發理昭，能存古詩之一脈；固具有反抗時代精神者焉！

2. 鮑明遠詩與漢魏古詩之關係

古詩之名，或以與律詩對稱；或以與樂府對稱。其實惟漢魏詩不尙雕鏤，自然流露，最爲古詩勝處！至西晉之世，如陸士衡潘岳輩詩，詞尙塗澤，語出排偶，早失古詩真面目矣！大抵兩晉僅一二詩人，若左思詠史，劉琨扶風歌重答盧諶，郭璞游仙等詩，及陶潛詩，揮寫自如，直入古詩壁壘；其餘甚尠作者！吾人如作嚴刻之判斷語，可云：『惟漢魏詩係真實古詩；自晉以下詩，非純粹之古詩（左思劉琨郭璞陶潛等在例外。』明遠詩氣勢豪邁處，可與曹操曹植輩抗衡；其典漢魏古詩，實開係最深也。試舉其詩證之，如樂府東門行云：

『傷禽惡弦驚，賓客惡離聲。離聲斷客情，賓御皆涕零！涕零心斷絕，將去復還訣；一去不相知，何況異䣙別！遙遙征駕遠，杳杳白日晚。居人掩閨臥，行子夜中飯。野風吹草木，行子心腸斷！——食梅常苦酸，衣葛常苦寒；絲竹徒滿座，憂人不解顏！長歌欲自慰，彌起長恨端！』

一片神行，若斷若續，置之古詩十九首中，幾不可復辨！沈歸愚謂：「食梅常苦酸」一聯，與「青青河畔草」篇，忽入「枯桑知天風，海水知天寒。」一種神理；』（古詩源評語）洵屬的評；試觀漢代飲馬長城窮行，（卽青青河畔艸篇。）通首纏縣宛折，無斧鑿痕，純屬化工之筆！而明遠乃能逼肖，在顏延年謝靈運集中，未嘗見此種筆墨也。

又如代出自薊北門行云：

『羽檄起邊亭，烽火入咸陽。徵師屯廣武，分兵救朔方。嚴秋筋竿勁，胡陣精且彊。天子按劍怒，使者遙相望。雁行緣石徑，魚貫度飛梁。簫鼓流漢思，旌甲被胡霜。疾風衝塞起，沙礫自飄揚。馬毛縮如蝟。角弓不可張。時危見臣節，世亂識忠良。投軀報明主，身死爲國殤！』

音節抗壯，惟魏詩中曹孟德苦寒行，蒿里行薤露等篇，有此氣概；東晉以降，僅劉琨扶風歌等，有此蒼涼悲壯之音耳！此明遠五言詩之特點也。至其雜言詩，若擬行路難中詩，則尤傑出！如云：

『瀉水置平地，各自東西南北流！人生亦有命，安能行歎復坐愁！酌酒以自寬，舉杯斷絕歌路難。心非木石豈無感，吞聲躑躅不敢言！

對案不能食，拔劍擊柱長歎息！丈夫生世會幾時，安能蹀躞垂羽翼！棄置罷官去，還家自休息。朝出與親辭，暮還在親側。弄兒牀前戲，看婦機中織。自古聖賢盡貧賤，何況我輩孤且直！

愁思忽而至，跨馬出北門。舉頭四顧望，但見松柏園！荆棘鬱蹲蹲。中有一鳥名杜鵑，云是古時蜀帝魂；聲音哀苦鳴不息，羽毛憔悴似人髡。飛走樹間啄蟲蟻，豈憶往日天子尊！念此死生變化非常理，中心惻愴不能言！』

使筆天矯，騰挐變化，不可方物；在漢詩中，張衡四愁詩，具此風骨；魏晉則絕響矣！明遠乃上法四愁，獨創此格；洵屬六朝中特立之詩人！由明遠而後，歷齊梁陳隋，未見有第二作者；唐陳子昂詩，力崇復古，而此種筆力，亦未能得；直至中唐開元天寶間，李白杜甫誕生，始見有此類詩發現耳！試取李杜七古讀之，卽可知與明遠詩面目絕肖：如李詩遠別離行路難將進酒，杜詩同谷縣七歌等篇，莫不跌宕頓挫，凌紙怪發；可云：『自魏晉開堆砌排比之風，絕少漢人氣體流暢之作，至明遠而復震；自明遠後此種古詩，又絕響無聞！至李杜始復興也。』

3.鮑明遠詩與梁陳宮體詩之關係

六朝詩風，崇尙綺靡，自梁簡文帝創宮體之目，一時化之，務爲淫放；于是綺羅香澤之好，形於篇章，幃闥牀第之私，流爲吟咏。其下者竟似後世之香奩集，疑雨集，如簡文帝詠內人晝眠詩云：『夢笑開嬌靨，眠鬟壓落花。簟文生玉腕，香汗浸紅紗。』恐韓偓王次回，亦當拱手退讓；論者謂斯風肇自明遠；蓋六朝詩之綺豔，實由地域關係：中國文學，有南北之異；李延壽稱：『江左宮商發越，貴于淸綺；河朔詞義堅剛，重乎氣質；』（北史文苑傳序）綺靡之風，實南方之習也；試觀晉宋樂府淸商曲中，如子夜歌，子夜四時歌等，均屬當時之民間歌謠，而摛辭莫不淫豔，今舉子夜歌二首爲例：

『宿昔不梳頭，絲髮被兩肩。婉伸郞膝下，何處不可憐！』「攣枕北窗下，郞來就儂嬉。小喜多唐突，相憐能幾時！』

其詞之淫蕩，大率如是。特其初僅屬山野歌咏，流行民間；未登廊廟也。至明遠則以此體播之篇什，于是淫放之民歌，高貴詩人，亦模效之矣！明遠詩中如云：

『……入君懷，結君佩，怨君恨君恃君愛！築城思堅劍思利，同盛同衰莫相棄！』——代淮南王——

『……入蓮池，折桂枝，芳袖動，芬葉披，兩相思，兩不知！』——代春日行——

『中庭五株桃，一株先作花。陽春妖冶二三月，從風簸蕩落西家。西家思婦見悲惋，零淚沾衣撫心歎！初我送君出戶時，何言淹留節迴換？牀席生塵明鏡垢，纖腰瘦削髮蓬亂。人生不得恆稱意，惆悵徙倚至夜半！』

——擬行路難——

『剉蘗染黃絲，黃絲歷亂不可治；我昔與君始相値，爾時自謂可君意；結帶與君言，死生好惡不相置。今朝見我顏色衰，意中索寞與先異；還君金釵玳瑁簪，不忍見之益愁思』——擬行路難——

莫不深情婉轉，道得人意中事；在明遠以前，罕覩斯製也。惟明遠能于綺麗豐縟之中，運豪邁蒼涼之氣；與梁陳宮體，但以柔媚悅人者不同；劉師培有云：『明遠樂府，固妙絕一時，其五言詩亦多淫豔，特麗而能壯，與梁代之詩稍別；』（中古文學史）『麗而能壯』，此明遠所以高邁梁陳也；特淫豔之詩，至明遠而啓；尋根索源，明遠始作俑耳！宋世爲淫豔詩者，又有湯惠休；世以匹之明遠，號曰休鮑。觀南齊書文學傳論云：『休鮑後出，咸亦標世。』詩品引鍾憲云：『大明泰始中，鮑休美文，殊已動俗。』從此可知當時惟謝靈運一派山水詩，盛行于社會；而明遠惠休一派之淫豔詩，『才秀人微，取湮當代；』至大明泰始時，則山水詩一派漸趨衰落，而明遠惠休乃起而代之；風動乎世。逮梁武帝簡文帝，更揚明遠之餘波，武帝譜子夜歌子夜四時歌等曲，又作江南曲，簡文帝則創制宮體，于是山野淫靡之民歌，以帝王之尊，亦復譜製；徐陵庾信紅紫之文，遂以不反矣！其間線索，明遠實最有關係之一人也。

3.鮑明遠詩之特徵。

明遠詩之特徵，在『鎔鑄「南方文學」「北方文學」合而爲一』：我國文學，南北之異點至鉅！梁任公之論文章，有云：『散文之長江大河，一瀉千里者，北人爲優；駢文之刻雲鏤月，善移人情者，南人爲優；』若以詞曲論之，則詞有南北派之異；曲有南北曲之分。于詩歌亦然！詩三百篇，『北方之文學』也；故雅頌以典重見長。屈宋楚辭，『南方之文學』也；是以美人香草，以婉麗飛聲。大抵北尙剛强，南主柔媚；明遠詩既陶冶于『南方文學』，敷豔麗之辭；又鎔鑄于『北方文學』，存清剛之氣；不失之于浮弱，此明遠詩『融合南北文學』之特徵也。

古今評明遠詩者綦衆，然惟南齊書文學傳論評明遠詩爲『發唱驚挺，操調險急；雕藻淫豔，傾炫心魂；』此十六字最道得明遠詩蘊！『發唱驚挺，操調險急；』此明遠詩得諸『北方文學』者也；『雕藻淫豔，傾炫心魂；』此明遠詩取于『南方文學』者也；試卽明遠詩徵之，如以下各篇起句云：

『高山絕雲霓，

深谷斷無光。』——登翻車峴——

『木落江渡寒，

雁還風送秋。』——登黃鶴磯——

『鑿井北陵隈，

百丈不及泉。』——擬古——

『愁思忽而至，

跨馬出北門。』——擬行路難——

此『發唱驚挺』者也；如云：

『君不見少壯從軍去，白首流離不得還！故鄉窅窅日夜隔，音塵隔絕阻河關。朔風蕭條白雲飛，胡笳哀極邊氣寒。……』——擬行路難——

『……彭韓及廉藺，疇昔已成灰！壯士皆死盡，餘人安在哉！』

此『操調險急』者也；如云：

『鳳樓十二重，四戶八綺窗。繡桶金蓮花，桂柱玉盤龍。珠簾無隔露，羅幌不勝風。寶帳三千所，爲爾一朝容；揚芬紫煙上，垂綵綠雲中。春吹迴白日，霜高落塞鴻。但懼秋塵起，盛愛逐衰蓬，坐視青苔滿，臥對錦筵空。琴瑟縱橫散，舞衣不復縫。古來共歇薄，君意豈獨濃！惟見雙黃鵠，千里一相從！」——代陳思王京洛篇

『奉君金卮之美酒，瑇瑁玉匣之雕琴，七綵芙蓉之羽帳，九華葡萄之錦衾。紅顏零落歲將暮，寒光宛轉時欲沈。………

洛陽名工鑄爲金博山，千斲復萬鏤，上刻秦女攜手仙，承君清夜之歡娛，列置幃裏明燭前。外發龍鱗之丹綵，內含麝芬之紫煙。………』——擬行路難——

此『雕藻淫豔，傾炫心魂』者也；推之全集，可以一隅三反矣！

右之所陳，不免捫槃爲日之誚；博雅君子，其指正焉。

二十二，四，十九，草于無錫國專。

論陶淵明詩

張人駿

詩之必要條件有二：屬於內者爲情感；屬於外者爲形體。情感與作者之思想有關，詩形之適當與否，則有賴於作者之文藝稟賦與技術。惟一人思想之孕育，文藝技術之陶冶，皆與其生活環境有因緣。故吾人欲研究一人之詩，必先對其人之血統關係，師友關係，與其人所處之地理環境，政治環境，所受之社會思潮，文藝思潮，先有一相當認識，然後進而讀其書，始不至橫生誤解。故今於未研究陶詩以前，先一究陶淵明思想背景焉。

一、陶淵明思想淵源及其文藝成就之背景

1. 陶淵明之血統關係　淵明曾祖，卽東晉名臣陶侃。祖茂（陶茂麟家譜作岱）父逸，皆官至太守。母孟氏，征西大將軍孟嘉第四女也。先是侃以女妻嘉，至是嘉復以女歸逸，兩家蓋世爲昏媾焉。侃，晉史有傳，其爲人忠懇而律己極嚴，——其母亦極廉介——史稱其在廣州時運甓以習勞，則其人之雅不喜清談可知矣。其父祖生平行實，雖史闕不可知，然先生詩有云：「肅矣我祖，愼終如始。直方三臺，惠和千里。」（命子）可見其祖操勵端嚴，而待人和易。影響所及，遂使先生後來養成律己刻苦，待人簡率之美德。詩中又云：「於皇仁考，淡焉虛止。寄跡風雲，冥玆慍喜。」（命子）可見其父之胸襟恬澹，直與先生無異。寄跡風雲，冥玆慍喜，影響先生之一生尤大。先生母夫人之德操，今亦不易索知，然其外祖孟嘉則固一知名之才士，遭時不辰，屈身桓溫幕下。以多才爲溫所忌，時有殺身之險，卒賴機智自免；此與先生日後之以明哲自全於亂世，關係極大。又世說云「嘉飲多不亂。溫問酒有何好？嘉曰：明公但不得酒中趣耳！」日後先生藉酒以全其真，恐於此亦受極大暗示焉。（註1）

（附註：兩晉人藉縱酒之名以避橫逆者極多，如阮籍不願以女妻司馬炎，因大醉六十日以避之，不僅一孟嘉如此。不過嘉爲先生外祖，影響當較大耳。）

2. 陶淵明之朋友交遊　因孟嘉之多才，故先生於母系中，必傳得若干文學上之天才。比及中年，與顏延年交誼甚篤，而顏氏則與謝靈運鮑照並稱爲元嘉文學之代表者也。吾人雖不敢必謂先生受顏氏若何影響，然因兩人交誼，而促進先生之文藝愛好，則當非不可能者。

蕭統陶淵明傳云：「周釋之入廬山，事釋惠遠；劉遺民亦遯跡匡山，與淵明並稱潯陽三隱。」先生詩集中，贈兩人詩甚多，（如示周椽祖謝一首和劉柴桑一首酬劉柴桑一首等）讀其詩，可見三人交誼綦厚。節士高人，過從杯酒，其足以堅先生巖棲冇悶之志，蓋可知矣。

廬山記云：「惠遠法師，居廬阜三十餘年，影不出山，跡不入俗。送客過虎溪，虎輒鳴號。嘗送二人，（謂先生與陸道士修靜）與語道合，不覺過之，因相與大笑。」又蓮社高賢傳中，亦屢言及先生與惠遠私交甚篤。江西通志亦云：「九曲池在湖口縣南三十里，有台，淵明與周釋之陸修靜聚講處也。今改爲三學寺。（元時於其上建三賢祠）可見先生與二人交，非等閒泛泛者比。其後先生思想中滲有佛老思想，豈偶然哉。（惟先生思想，受佛家感染，較受老莊爲微。蓋其時鳩摩羅什東來未久，——彼以元興元年至長安——成實宗，三論宗，雖漸次完成，然皆偏於小乘，哲理不深。惠遠雖開淨土宗于江南，然其時教義尙未光大。蓮社高賢傳載一軼事云：「時遠法師結蓮社江左，名士皆被邀入社。以書招淵明，淵明曰：若許飲，則往。許之，遂造焉，忽攢眉而去。」此可覘先生於佛理藐視程度。）

3. 陶淵明所處之自然環境　宋書，昭明傳，皆云：先生潯陽柴桑人。（李延年譜，祇渾言潯陽陶徵士。）而晉書反失載。於是後人於先生故居所在，遂歧說紛雜。據清陶澍攷證，決定先生始居在星子西十里上京山，後徙九江西南九十里之柴桑山。（陶淵明年譜考異上）兩處皆近鄱湖，接廬阜；風景之佳，江左稱最。且其地宜農，滋植便利，（以地近大湖，灌溉極易；且遇水災時，有湖爲之容受，故不致成患。）夙稱沃壤。因生計優易，故其人罕譎詭之風。淵明孕育於此環境中，自養成其一種愛好自然，——因彼毫不受自然之害，如水旱等。——愛好農村之特性矣。

4. 陶淵明所遭之政治環境　東晉自隆安（安帝年號）後，元良凋盡，朝綱日紊。內則會稽王道子父子當國，苞苴公行；外則強藩如桓玄輩，復相繼構亂，國力遂因而日蹙。劉裕興起，走桓玄，復洛陽，元元方喁喁望復興。初不料其謀篡心切，回師向闕，至洛陽旋得旋失。政治如此，故有心人皆黯然心灰，步入虛寂矣，此淵明之所以厭棄政治生活者也。

且潯陽爲用兵之衝，盧循豕突之衆，騷擾於先；桓玄犯闕之兵，蹂躪于後，讀先生詩如：

弱冠逢世阻，始室喪其偏。炎火屢焚如，螟蜮恣中田。……夏日長抱飢，寒夜無被眠。（怨詩楚調）

……荒塗無歸人，時時見廢墟。（和劉柴桑）

可見當時兵燹之慘。兼之王恭殷仲堪之犯順，孫恩兄弟之作亂，王師追討，先生皆多與其役。（註2）兵禍之慘，歷歷在目，憫生民之塗炭；悟造物之不仁，先生思想傾向老莊，胚基於此矣。

尤有進者，自九品官人法實施以來，門第之分極嚴。雖司其職者名曰中正，實際多不中正，甚爲時人不滿，而有「上品無寒門，下品無貴族」之誹言，然東晉之重閥閱如故，迄其季也，劉裕等興起艸莽間，世家多有升替者，又況「擾亂之世，殺戮爲多；易代之交，嫌疑易搆。務摧忠鯁，不恥絜楹，小人呈射工之毒，而君子益有憂生之嗟矣！」（曾毅中國文學史）先生以名臣之後，丁改玉之際，既恥與無賴小兒輩比肩，又心傷世代簪纓之日落，遂不得不感慨蒼涼，形之於言矣。觀其詩屢以祖德爲言，如命子詩於歷數家珍後，而繼之曰：

嗟余寡陋，瞻望弗及，顧慚華鬢，負影隻立。

又常有譏切時政之言，如擬古九首。雖辭婉氣醇，然吾人知其心滋痛矣！

（附註2：先生詩「在昔曾遠遊，直至東海隅。——」飲酒據古層冰先生考證，斯時先生正爲劉牢之參軍，躬與討孫恩之役，說詳古著陶靖節詩箋。王恭之難，係牢之所平，斯時先生亦已出仕。湯東澗且謂先生於恭者四年，後恭敗，先生復參牢之軍二年，尤足見京口之戰，先生實身見之。）

5　當時之社會思潮　清談之風，渡江以後，勢益猖獗。元嘉以後，竟專立玄學。以老子莊子周易爲三玄，轉相教授。）當時士人「開老子卷頭五尺許，未知輔嗣何所道，平叔何所說，指例何所明，亦人人手執麈尾，自稱談士。」（王僧虔戒子書）雖有李充等大聲疾呼於其間，（註3）而無稗於萬一。其說既風靡一世，遂成爲當時社會思潮之中堅。此其故，蓋由於八王五胡之亂後，農村經濟之動搖，人民生活之不安，已達極度。東晉偏安之局奠，元氣本可略蘇。但天不厭亂；內則王敦蘇峻之倡逆相尋；外則伐蜀伐秦之鑿兵不息，兼之荒旱饑饉，無歲無之，孫登孫恩盧循崛起海隅，擾及東南半壁，人民遂無日不焦頭爛額。且其時北來華族，日集南州，人口日繁，地力日竭，而民日困矣。丁茲傲世，有識之士自不得不日趨厭世，而助成玄學思潮之日盛也。惟於此有須注意者，則所謂玄學，名雖標榜老莊，實則與老莊之學絕異。柳翼謀曰：「清談所標，皆爲玄理，多與釋氏相通。故自晉以來，釋子盛治老莊；清談者，亦往往與釋周旋。（註四）」（中國文化史講義）張世祿亦謂其競尚玄虛，以任情爲放達，視人世如塵垢，與老莊之無爲者異，蓋已參雜佛教小乘之道焉。（中國文藝變遷論）此種厭世思潮，日激日厲，上焉者流爲超脫，下焉者墮於頹廢。至淵明時，此種現象已進至高原期，物極必反，故淵明遂力圖改良——非澈底改進——此種頹風。彼一方沉浸於老莊思想中，一方復接受儒家「樂天知命刻苦進道」之學說。

此外則當時佛教思想，除侵入玄學外，與中國原有藝術，亦起極猛烈之混合作用。（畫之有山水一派，即開始於斯時。）檀道鸞續晉陽秋謂：「過江佛理尤甚，」可見此亦時代思潮中所不容忽視之潛流也。此種潛勢力，影響淵明之文藝技術極大。張世祿謂寫實派之詩，所以能成立於晉宋之交，半由佛教之力，（說見中國文藝變遷論第二十二章）其言可謂有識。

（附註三：李充，王導椽，以時俗崇尚虛浮，乃作學箴。詞曰：名之攸彰，道之攸廢，乃損所隆，乃崇所替。非仁無以長物，非義無以齊恥。仁義固不可遠，去其害仁義者而巳。

註四．案孫綽喻道論曰：夫佛也者，體道者也。道者，導物者也。應感順通，無爲而無不爲者也。又曰．周孔卽佛，佛卽周孔。此可見當時文人佛化程度之深。至若緇徒輩，以彼敎初立，入俗未深，故亦樂於假藉玄學之名，陰收宏法之實。如支遁之解莊子，卽其一例也。）

6. 當時之文藝思潮　五言詩雖成於兩漢，然煇煌光大，實自建安以後。文心雕龍明詩篇：「暨建安之初，五言騰湧。」可爲此言左證。建安詩學，旣爲古今風會之轉，故其特點亦有可言者。曾毅中國文學史曾列舉其特徵曰：「古詩不尙矜持，……此則刻意爲之。古詩不假烹鍊，……此則錘鍊而出。古詩節奏天然，此則平仄協諧，音調鏗鏘。」此種轉變，遂演爲兩晉之重要文藝思潮，開後來濃豔一派。唐子西謂晉人工造語，（都元敬南濠詩話）嚴滄浪亦謂漢魏古詩，氣象混沌，難以句摘。晉以還，方有佳句。（滄浪詩話）可謂有見。此種造語求工之作風，影響淵明甚大，說詳後，茲不贅論。

正始以後，王弼何晏暨竹林七賢，接踵幷作。於是文藝思潮中，又混入玄學氣息。因當時社會思潮爲之推動，天下遂從而披靡，迄至渡江，此風不減。文心雕龍時序篇：「自中朝貴玄，江左稱盛。因談餘氣，流成文體。是以世極迍邅，而辭意夷泰，詩必柱下之旨歸，賦乃漆園之義疏。」此可見其當時之權威矣。又沈約宋書謝靈運傳論曰：「有晉中興，玄風獨扇扇。……自建武迄於義熙，歷載將百，……莫不寄言上德，託意玄珠。」可見此種勢力，盤踞文壇久矣。惟當此舉世靡靡之秋，有心人亦有企圖以雄健警拔之音，振潘陸華膴之氣者，則劉琨郭璞是也。事雖不成，然影響所及，淵明遂敢於兩晉濃縟之作風中，別開一澹遠之局面矣。

兩晉文人，極喜模仿：比如張載旣倣曹子建作七哀，又效張平子作四愁，卽其一例。至若陸機，且以擬古著盛名矣。淵明集中，亦有擬古九首，可見此種作風，淵明亦蒙其影響。且當時因政治設施，社會道德等，皆臨朽弊壞，有心人常有感於心，然又不敢放膽直言，以取滅門之禍，於是遂寄幽思於微言中，以譏切時事，風規治道。如阮籍（註五）應璩（註六）其尤著者也。記室詩品，明言淵明之詩，源出應璩，又謂其「協左思風力。」劉申叔曰：「左思劉琨郭璞所作渾雄壯麗，出於嗣宗。」然則淵明，蓋兼融阮應兩家矣。詩集中如擬古九首，譏刺當道，語極多，蛛絲馬跡，固可推其有脫胎兩家處也。

（附註五：阮籍咏懷詩，顏延年注云：「阮公身事亂朝，常恐遇禍，因茲詠懷，雖志在譏刺，而文多隱避。百代之下，難以情測、」又詩品亦謂其「言在耳目之內，情寄八荒之表。……厥旨淵放，歸趣難求。」

註六：文選注，汝南應休璉作百篇詩，譏切時事。魏志裴松之注，謂曹爽秉政，多違矩度，璩爲詩以諷焉。文心雕龍明詩亦云：若乃應璩百一，……辭譎義貞。……

二、陶詩研究

將陶淵明思想背景，加以分析後，今進而研究其詩。

1. 淵明詩所顯示之作者個性　吾人已知淵明一生雖受玄學——老佛哲理之混合學派——之影響甚深，然因其生理上之關係，（血統關係）及親見清談風氣之弊，故仍能與儒家思想接近。如：

得失不復知，是非安能覺，千秋萬歲後，誰知榮與辱。（擬挽歌辭一）

一世異朝市，此語真不虛；人生是幻化，終當歸空無。（歸田園居四）

此等語，何等接近老莊。但詩中之另一部，如：

傾壺絕餘瀝，闚竈不見煙，詩書塞座外，日昃不遑研。閑居非陳厄，竊有慍見言。何以慰吾懷，賴古多此賢。——咏貧士二安貧守賤者，自古有黔婁。……朝與仁義生，夕死復何求。（詠貧士四）

則又儼然道貌，似嫡派之衛道者矣。此兩種矛盾之思想，——一蔑仁義，賤禮教；一則恰恰相反——衝擊調和於其胸廓中，因而孕成其獨特之人生哲學。（梁任公名之曰厭世的樂天主義）對人生悲觀，但不流爲頹廢；仍從悲觀中，以奮鬥精神尋取生命真締，以達觀態度享受生之快樂。

……豈不實苦辛，所懼非飢寒，貧富常交戰，道勝無戚顏。（詠貧士五）

斯濫豈彼志，固窮夙所歸。餒也已矣夫，在昔余多師。（有會而作）

此等奮鬥精神，何等偉大與堅定！又如：

諸人共遊周家墓柏下：感彼柏下人，安得不爲歡；清歌散新聲，綠酒開芳顏。

已酉九月九日：萬化相尋繹，人生豈不勞。……何以稱我情。濁酒且自陶，千載非所知，聊以永今朝。

此等胸襟，又何等闊大。大抵其享樂態度近王何嵇阮等，而其奮鬥精神，則得之于儒。（孔子以最能追求人生真意義，被人譏爲栖栖皇皇。司馬談亦謂儒極勞苦。）且亦惟其得力于儒家，故律已嚴正，道德責任心重。因其言道德重實踐，故陸象山常稱之，謂爲「有志吾道。」一此種精神表見於詩中者如：

咏貧士三：斂襟不掩肘，藜羹常乏斟。豈忘襲輕裘？苟得非所欽。

又：安貧守賤者，自古有黔婁。……一旦壽命盡，斂服仍不周，豈不知其極？非道故無憂。

詩中以黔婁自況者極多，亦可見其旨趣矣。

因先後天種種關係，遂造成陶淵明之胸懷豁達，思想淳真。所謂淳真者，蓋率性而行之謂。此近於黃老之「法自然，」亦近於儒家之存誠。惟此有當注意者，則彼雖率性而行，但不蔑棄禮法，此與清談者迥異也。詩中表見其愛天真——或簡作「真」——處極多，如：

連雨獨飲：試酌百情遠，重觴忽忘天；天豈去此哉？任真無所先。

飲酒第廿首：羲農去我久，舉世少復真。

移居：聞多素心人，樂與數晨夕。

還金陵夜行塗口：養真衡茅下，庶以善自名。

東坡之贊陶公有曰：「孔子不取微生高，孟子不取於陵仲子，惡其不情也。——駿案不情卽不近人情，亦卽喪失眞性。蓋人性相近，彼與人遠者，名利囿其心，富貴蔽其志，惡習多一分，真性自少一分也。——淵明欲仕則仕，不以求之爲嫌；欲隱則隱，不以取之爲高。飢則叩門乞食；飽則鷄黍以迎客，古今賢之，貴其真也。」此語可謂能得其實。此等胸襟，表面觀之，似得力於黃老者較儒家爲多，實則不然。孔子贊堯舜曰：巍巍乎，堯舜之有天下也，而不與焉。（論語泰伯）孟子之贊孔子曰：可以仕則仕，可以止則止。可以久則久，可以速則速。（孟子公孫丑上）皆此意也。蓋惟天懷淡定者，始能有此。彼王何輩之敝屣富貴者，實則既有富貴二字縈心，固已重視富貴矣！

淵明思想既植基於真，故其人愛自由，尤重精神自由，——故不耐政治生活，與物質生活苦鬥，雖極刻苦如力耕，亦認爲自然而熱愛之。詩中如

歸園田居：少無適俗韻，性本愛丘山。誤落塵網中，一去三十年。……開荒南野際，守拙歸園田。……久在樊籠裏，復得返自然。

飲酒十：此行誰使然？似爲飢所驅。傾身營一飽，少許便有餘，恐此非名計，息駕歸閒居。

飲酒十九：疇昔苦長飢，投來去學仕。……是時向立年，志意多所恥，遂盡介然分，拂衣歸田里。

b. 纏綿悱惻而多情。——惟其如此，故眷念舊朝，常同情於勞苦羣衆。詩如：

移居二：農務各自歸，閒暇輒相思；相思則披衣，言笑無厭時。

悲從弟仲德：銜哀過舊宅，悲淚應心零，……遲遲將回步，惻惻悲盈襟。（或作衿涕盈）

皆可見其情之摯厚。至如停雲一首，尤充分表見此種心情。不必讀其詩，卽其序

停雲，思親友也。罇湛新醪，園列初榮；願言不從，嘆息彌襟。

雖寥寥數言，亦已油然增人友朋之感矣。又詩中如：

勸農：紛紛士女，趨時競逐。桑婦宵興，農夫野宿！

以極真摯之筆調，說出階級間之不平，此種精神尤難能可貴。

c. 不願作僞，非己所願者，甯死不願遷就。集中如：

飲酒九：深感父老言，稟氣寡所諧。紆轡誠可學，違己詎非迷。

咏貧士四：朝與仁義生，夕死復何求？

諸詩，皆活躍此種個性。亦惟其不願作僞也，故彼亦極惡社會虛僞之禮節。（非虛僞者自當別論。）先生自傳之言曰：「性嗜酒，家貧不能常得。親舊知其如此，或置酒而招之；造飲輒盡，期在必醉；既醉而退，曾不吝情去留。」（五柳先生傳）蕭統亦謂：「貴賤造之者，有酒輒設。若淵明先醉，便語客：我醉欲眠，卿可去！其真率如此。」（陶淵明傳）皆可見其風趣。詩中表見此點者甚多，如

乞食：行行至斯里，叩門拙言辭。主人解余意，遺贈負虛期。談諧終日夕，觴至輒傾杯。情欣新知歡，言咏遂賦詩。

飲酒十四：故人賞我趣，挈壺相至，班荆坐松下，數斟已復醉。

即其一例。熱烈有豪氣。——此似與天真無關，實則不然。天真者，因受外力羈絆甚微，故見理較真，信賴真理，實行真理之勇氣亦較大。涉世未深之青年，較世故老人爲能進取，有豪氣，即其一例也。（雖其中亦有生理關係，不容忽視。然關係當不及此之大。）或又謂淵明既熱烈有豪氣。何以乃走入隱逸一途？不知朱子已明告吾人曰：「隱逸多半是帶性負氣人，」固無容置疑也。

淵明待人和易，處世曠達，係其學力所致。其本色固一豪放者流，故其爲詩，常無心、露真相。

擬古二：聞有田子泰，節義爲世雄。……生有高士名，既沒傳無窮！（可見其亦好名。）

詠荊軻：君子死知己，提劍出燕京。……登車何所顧，飛蓋入秦廷。……惜哉劍術疏，奇功遂不成。其人雖已沒，千載有餘情。（可見其亦不忘情功名。）

惟其有豪氣，故敢力以改革社會自任，（見前章）其進道——追求真理——心極勇。

榮木：先師遺訓，余豈云墜。四十無聞，斯不足畏。脂我名車，策我名驥，千里雖遙，孰敢不至。

雜詩五：憶我少壯時，無樂自欣豫，猛志逸四海，騫翮思遠翥。荏苒步月頹，此心稍已去。……前途當幾許？未知止泊處。古人惜寸陰，念此使人懼。（按陶侃亦嘗曰：大禹聖人，乃惜寸陰，吾輩庸人，宜惜分陰。可見其自勵亦極厲。淵明當受其若干影響。）

亦惟其有豪氣也，故耦耕絕對非其本意，吾人試觀其詩如：

於西田穫旱稻：田家豈不苦？弗獲辭此難。四體誠乃疲，庶無異患干。……遙遙沮溺心，千載乃相關。

可見其避世苦衷矣。

此外因環境關係，淵明亦極愛自然風景，亦極愛酒，故詠酒詠自然景物詩，集中比比皆是。惟此，類人能言之。且前章曾附論及此者亦甚多，故茲不贅。（昔統淵明集序曰：淵明詩，篇篇有酒，吾觀其意不在酒，亦寄酒而爲迹者也，讀陶詩飲酒止酒諸篇者，皆須明此意。）

2. 淵明亦之藝術價值　淵明文藝上最大之成就，爲以寫實詩代替以前之玄理詩。在「兩晉穠豔」中，開淡遠一宗，重客觀描寫而輕視主觀之言理，（純粹之寫實詩，雖至謝靈運始告完成，然淵明實開其端。凡物創始者難，故淵明常亦不能擺脫舊勢力之範圍，集中仍有不少偏重抽象之哲理詩。）爲詩界別開生面，影響後世極鉅。石遺室詩話：「晉宋以還，五言詩全體對偶，惟陶淵明鮑明遠篇中，時時以單行出之。陶多淡宕之言；鮑多凌厲之筆。陶開王（維）孟（浩然）儲（光羲）韋（應物）先路，鮑開岑高韓孟一途。」可謂要言不繁，能扼其欲。蓋淵明本具極厚之文學稟賦，與愛好自然之天性，（見前血統關係下）且有豪氣，常具挽社會頹風之決心，故既一方與人生苦鬥，以矯正當時之頹廢人心，一方復努力於文藝革命運動，以正當時縱慾文藝，遊仙文藝之弊。當淵明前，文人皆「貴黃老，稍尚虛談。於是篇什理過其辭。」（鍾嶸詩品序）此種文藝，固無論其牽強雜駁，即言旨純正者，亦不易爲人瞭解。章太炎國故論衡辨詩：「江左遺彥，好語玄虛，……昔孫（綽）許（洵）高言莊氏，雜以三世之辭，猶風騷體盡。況乎辭言友紀。彌以加厲者哉！」易曰：「窮則變，變則通。」故淵明出，遂遠承劉琨郭璞之先塵，近應當時社會之需要，（詳見前章）而「玄言之殺，語及田舍」矣。（章太炎語）

又前人評陶者，類多謂其字句平近，不加鑪錘，自然入妙。不知此言實誤。晉人工造語。淵明尤盛。都元敬南濠詩話：「舊園田居云：曖曖遠人村，依依墟里煙，狗吠深巷中，鷄鳴桑樹巔。東坡謂如大匠運斤，無斧鑿痕。飲酒其一云：衰榮無定在，彼此更共之。山谷謂類西漢文字。其五云：結廬在人境，而無車馬喧，問君何能爾？心遠地自偏。荆公謂詩人以來，無此四句。」王弇州藝苑巵言亦謂：「淵明造語，有極工者，乃大入思來，琢之使無痕跡耳！」可謂知言。蓋淵明造語與他人異者，不在其錘鍊與否，而在經其錘鍊者，能否平實動人。在他人因缺乏以物觀物心懷，必欲將自然現象，牽涉玄理，故遂支離穿鑿，不能默契無我境界。——以白話釋之曰：「不能將整個的心靈，融化在大自然的美感中。」——更無法將最淳澈之詩意，捉置筆底。而淵明則否，此其所以能獨以平實近情勝也。文心雕龍明詩：「老莊告退，山水方滋。情必極皃以寫物，辭必窮力而追新。」此亦可見寫實詩未有不加琱琢之功者也。

古今評陶之作，多可汗牛。故茲亦祇略舉余見之異乎前賢者略論及之，餘不贅。

廿二年四月廿一日揣稿于國專

後記：研究陶詩者多矣。無大都吉光片羽，無作有系統之研究者。新會梁先生，以閎深之學殖，高瞻遠矚，成陶淵明一編，見及全龍，非徒執之而鱗爪者比矣；然私意猶嫌其掛漏。爰成此篇，聊以自玩。譾陋如余，自難免捫盤揣日之處，博雅君子，其指正焉！

吳梅村及其詩史

謝之勃

1.小引

梅村既痛明社稷之顛覆，隱居不出，有箕山之志。卒以有司敦迫，以老病之身，淒涼就道，于是蒙不白之寃，爲後世詬笑，其境遇亦云可憐矣！夫史家所貴，貴在純從客觀立場，以探究事物之真理。今梅村之再出，其本心耶？其非本心耶？則吾知操簡以議梅村者，當不宜以「名節」二字，枉殺之矣。

梅村詩今已風行海內，而論梅村人格者，率多言殺身事小，失節事大，而不知其有苦衷在也。論梅村詩者，率多言梅村史詩，而不知梅村之所以能與老杜後先媲美者。此二者，爲區區屬稿之大旨也。

2. 梅村略傳

吳梅村諱偉業，字駿公，太倉人。生于明萬曆三十七年，（一六〇九）卒于清康熙十年（一六七一）幼從張溥天如遊。崇禎四年，舉會試第一，殿試第二，授編修。是時年二十三耳。制辭云：「陸機詞賦，早年獨步江東。蘇軾文章，一日喧傳天下。」中朝大夫，皆爲不愧。九年出主湖廣鄉試，是時明庭衰落之象，已漸著矣。滿清虎視于外，流寇發難于內。梅村有文曰：「國家自秦晉流孽，輕心語難，民人蕩居，大夫旰食，車馳而徒走，六年于茲矣。……賊初作難，發于延綏。其北多逃兵，而神木靖邊綏德慶陽延安最劇；南多饑寇，而西川清澗中部延川保安最劇。據府谷，破合水諸縣，延鄜慶平之間，井湮木刊者幾千里。秦食盡，晉代之受病；先後渡河而東者，三十六營。……五年之間，九十郡邑，不被寇者三五耳。（梅村家藏稿崇禎九年鄉試程錄）又曰：「今之將師，奉已而已，志不在軍。軍之所出，下令懸賞饗士椎牛之具，將不能辦矣；既戰，則折矛傷弩罷馬亡矢之費，將不能出也。……今前有一死之懼，後有三軍之樂，往者既利，來者慕之，採掠稽留，緩追逸賊。」（同上）其言可謂深切時病矣。十一年疏劾張至發，先是大學士溫體仁罷，張至發柄國，一切守其所爲，而才智機變遜之。復極頌體仁，孤執不欺。梅村疏言：「體仁性陰險，學無經術，狎暱小人，繼之者正宜力反所爲，乃轉盛稱其美，勢必因私踵陋，盡襲前人所爲。將公忠正真之風，何以復見；海內禍患，何日得平。」于此可見梅村氣節。甲申之變，梅村里居，號慟欲自縊，爲家人所覺。梅村母朱氏抱持泣曰：「兒死，其如老人何？」乃止。同年四月，福王立于南京，召拜少詹事。時馬阮用事，知事不可爲，乃謝歸。于是杜門不通請謁。清康熙九年，館嘉興之萬壽宮，輯綏寇紀略，將著書以老矣。越年，有被逼出山之事。（清史列傳作九九年誤。）時康熙以懷柔政策，籠絡漢人，于文學之士尤甚。當時隱逸山林，以求老死者多被收採；梅村亦不免。先是梅村有上馬制府一文，辭薦揭一文，皆力陳出仕之不可能，然終不得脫。有司敦逼，二親流涕，嚴辦攝使就道，難傷老人意，乃扶病入都。梅村出後，學者道南詞章家，必稱錢吳。雖然謙益學業，足與梅村相伯仲；顧論人格，則謙益不如梅村遠矣。謙益仕明時，比附宵小，無以自顯，其不如梅村在朝時之講求氣節多矣；南都偏安，謙益貪緣馬阮，竊取富貴，不如梅村之識乎去就之分者多矣；清兵南下，謙益倉皇出降，復假安民爲護符，又不如梅村之隱居自適以求苟全性命于亂世者多矣。自覺尙持平之論也。梅村有將至京師寄當事諸老曰：「平生縱跡儘由天，世事浮名總棄捐。不召豈能逃聖代，無官敢卽傲高眠。匹夫志在何難奪，君相恩深自見憐。記送鐵崖詩句好，白衣宣至白衣還。」此其屈于威權下，無可告愬之情緒也。反復觀誦，不勝悽楚。十三年授國子監祭酒，尋奉嗣母之喪南還。然梅村告歸之志，蘊釀已久。讀其病中別孚令弟，再寄三弟諸作可知。十年卒，其臨歿作略曰：「吾以草茅諸生，賴先朝巍科拔擢，世運旣更，分宜不仕，而牽連骨肉，逡巡失身。此吾萬古慚愧，無面目以見烈皇帝，及伯祥諸君子，而爲後世儒者所笑也。……吾同事諸君多不免，而吾獨優游晚節，人皆以爲後福。而不知吾一生遭際，萬事憂危，無一刻不歷艱難，無一境不嘗辛苦，今心力俱枯，一至于此。職是故也，歲月日更，兒子又小，恐無人識我前事者，故書其大略，明吾爲天下大苦人，俾諸兒知之而已。」（稿與子暻疏）其言可謂沉痛矣。趙甌北之言曰：「梅村出處之際，固不無可議，然其顧惜身名，自慚自愧，究是本心。以視夫身仕興朝，彈冠相慶者，固不同；比之自諱失節，反託于遺民故老者，更不可年語矣。余嘗題其集云：「國亡時已養親還，同是全身跡較閒。幸未名登降表內，已甘身老著書間。訪才林下程文海，作賦江南庾子山。剩有沉吟偸活句，令人想見淚痕潸。」似覺平允之論也」（甌北詩話）是言也，不愧知人論世矣。

3. 梅村論詩及其詩的藝術

梅村傳石漪詩序曰：「余早歲受知溫陵周芮公先生。先生以吏部郎典選，相國東崖黃公，時在左坊。兩公者，同里同籍，有詩名。余緣及門進，唱酬切劘于其間者，四五年而後別去。比亂離分隔，余爲詩郵寄先生于閩中，先生偕相國和之，海內追數其交遊，而相與爲傳誦。故溫陵之詩，予平生所習也。」按周芮公福建晉江人，其梅村詩所出乎？故其少作華豔溫柔，多清麗芊眠之致。

有明中葉，前後七子，倡復古之說。張「文必秦漢詩必盛唐」之幟。末葉是派積衰，則有公安有竟陵之體。合者恣意標榜，離者恣意詆毀。梅村黯然憂之，其言曰：「晚近詩家，好推一二人爲職志，靡天下以從之，而不深惟源流得失。有識慨然，思拯其弊，乃訾謷排擊，盡加往昔之作者：而豎儒小生，一言偶合，得躐而躋于其上，則又何以稱也？」（太倉十子詩序）又曰：「當今作者，固不乏人，而獨于論詩一道，攻訐門戶，排詆異同，壞人心而亂風俗。……夫詩之尊李杜，文之尙韓歐，此猶山之有泰華，水之有江河，無不仰止，而取益焉；所不待言者也。使泰山之農人，得拳石而寶之，笑終南太乙爲培塿；河濱之漁父，捧勺水而飲之，目洞庭震澤爲汍觴，則庸人皆得而揶揄之矣。今之學者，何以異于是？」（與宋尙木論詩書）是言也，晚明之壇之速寫也！主盛唐，服弇州，故曰：「弇州先生，專主盛唐，力還大雅，其詩學之雄乎？……風雅一道，舍開元天寶，其將誰歸？」（致孚社諸子書）然對于襲王李之唾餘，而作字擬句摹者，又從而深斥之曰：「今之學者，于李杜之高深雄渾者，未嘗崖略，而剽竊一二近似，以號于人曰：「我盛唐，我王李」（與宋尚木論詩書）又曰：「吾祗患今之學盛唐者，麤疎鹵莽，不能標古人赤幟。特排突竟陵，以爲名高，以彼虛憍之氣，浮游之響，不二十年，嗒然其消歇，必反爲竟陵之所乘。如此則紛糾雜揉，後生小子，耳目熒亂，不復考古人之源流，正始元聲，將墜于地，噫嘻！不大可慮哉！」（同上）

梅村以爲作詩，須才力，性情，學識，三者並重。其言曰：「夫詩人之爲道，不徒以其才也。有性情焉，有學識焉，其淺深正變，不于此三者攷之，不足以言詩之大也。」（龔芝麓詩序）而厭乎學唐者之曲意摹效，生趣索然，思張性情以拯之。曰：「夫詩者本乎性情，因乎事物。政教流俗之遷改，山川雲物之變幻，交乎我之前，而我自出其胸懷，與之吞吐，其出沒變化，固不可一端以求也。」（與宋尚木論詩書）由此可考，梅村論詩，亦多特出之見矣！

甌北詩話論梅村詩的藝術最精：「梅村詩有不可及者二：一則神韻悉本唐人，不落宋以後腔調，而指事類情，又宛轉如意，非如學唐者之徒襲其貌也；一則材料多用正史，不敢小說家故實，而選聲作色，又華豔動人，非如食古者之物而不化也。」而四庫全書總目提要之言，亦稱允當：「其少作大抵才華豔發，吐納風流，有藻思綺合，清麗芊眠之致。及乎遭逢喪亂，閱歷興亡，激楚蒼涼，風骨彌爲遒上。暮年蕭瑟，論者以庾信方之。其中歌行一體，猶爲擅長，格律本乎四傑，而情韻爲深，敍述類乎香山，而風華爲勝。韻協宮商，感均頑豔，一時尤稱絕調。」

梅村中年所爲詩，辭勝于意，猶有七子之餘風。晚年風格轉變，其足以不朽者，多此一時期作品。明室淪沒，則亡國之恨起矣；蹉跎失志，則身世之感作矣。此兩者，爲使梅村詩風格突變之原動力也。

論梅村詩者，多推其長于古體，其實近體詩中，亦多佳構。趙甌北發之最精，至于錢牧齋亦稱其豔體詩，有李義山韓致堯之遺感。

錢泳履園談詩：「七古以氣格爲主：非有天姿之高妙，筆力之雄健，音節之鏗鏘，未易言也。」古體詩之難着手，前人已有定論。今諸家所不易就者，適爲梅村所不朽者。甌北之言曰：「梅村古詩擅長處，尤妙在轉韻；一轉韻則通首筋脈，倍覺靈活」（甌北詩話）誠不易之論也。

4. 梅村詩史

「梅村之詩，指事類情，無愧詩史。」（嚴榮梅村詩集箋註弁言）錄此數語，以明梅村有詩史之稱，非予特創也。

新唐書杜甫傳：「甫善陳時事，剴切精深，至千言不少衰，世號『詩史』。」「唐天寶間，安祿山史思明相繼爲亂，社會騷然，民生凋敝；甫有哀江頭，哀王孫諸作，蓋紀實也。今梅村之時代，當明末造：政局紕離；社會混亂；文臣懦弱；武將跋扈。梅村之材華：如長河波瀾，浩浩蕩蕩：時世身世，俯仰皆悲，于是假可泣可歌之事，傾其纏綿悱惻之致，偶一煊染，便成史實。陸次雲稱「梅村爲「詩史」之董狐。」非虛言也。

雖然，梅村之詩果足言史乎？趙甌北詩話，有明史以梅村詩定李國楨死事一則：「陳濟生再生紀實程源孤臣紀哭徐夢得日星不晦錄及紳志略燕都日記，皆謂明崇禎十七年，京城陷，襄城伯李國楨，見李自成要以三事：一祖宗陵廟不可毀；一葬先帝以帝后之禮；一太子諸王不可害。賊皆諾之。及葬畢國楨即自殺。是皆謂其能殉節者。宏光中，並有贈謚，在正祀武臣七人之內。然紀載各有不同：或曰自縊，或曰自殺，或曰觸死，或曰即死于帝后殯所，或曰送至昌平葬訖，死于陵旁。獨王士德崇禎遺錄謂：「城陷後，國楨欲突崇文門，不得出；奔朝陽門，孫如龍已降賊將張能，能勸之降，國楨遂降于能。能令輸金，國楨願至家，搜括以獻，而家已爲他賊所據，遂被擒，拷掠折足，以荊匡曳回，是夜自縊死。而宏光之有贈謚，乃其門客輩訛傳到南都，得倖邀卹典也。」是同一死也，一則謂其殉節；一則謂其拷掠。將奚從？惟梅村遇劉雪舫詩，有云：「甯爲英國死，不作襄城生。」而論乃定。梅村赴召入都，距國變未久。國楨之死，尚在人耳目間，固不敢輕爲誣衊也。明史李濬傳：「後闖賊勒國楨降，國楨解甲聽命，責賄不足，被拷掠折足自縊。」是蓋據梅村詩爲證，然梅村亦可稱史詩矣。」

梅村詩之唯一特點，則爲明末史料之保存也。吾人生于今世，離明末數百年矣。猶用習習指出明末掌故者，以有明史故也。明史之成功，顧亦全賴鼎革期間諸人之紀載，然紀載事蹟，每不相通，荒繆疎陋，踳駁互見。今梅村壯年，身坐廟堂，蒿目時艱，暮年局促失意，鄉關情重。情動乎中，歌詠外發。紀晚明史實，歌彼黍離離，其足徵信者矣！故曰欲知晚明掌故者，請于梅村詩中得之。

梅村詩關于時事之大者，有雒陽行，雁門尙書行，思陵長公主輓詞，臨江參軍，永和宮詞，臨淮老妓行，勾章井諸作。

雒陽行（梅村家藏稿卷二）咏李自成陷洛陽，福王常洵殉難事。——常洵明神宗次子，鄭貴妃出，最有寵。封藩洛陽，富貴甲天下，崇禎時，常洵地近屬尊，日閉閣飲酒，所好惟婦女倡樂。十四年李自成攻洛陽城，常洵出千金募勇士，縋而出，用矛入賊營，賊稍却。夜半守將王紹禹親軍，從城上呼賊相笑語，揮刀殺守堞者，燒城樓，開北門納賊。常洵出，匿承恩寺；賊跡而執之。自成兵，汋王血，雜鹿醢嘗之，名福祿酒。世子由崧裸而逃。明庭震悼，爲惙朝三日，並發御前銀一萬兩而往慰卹。

雁門尙書行（稿卷十一）紀明兵部尙書孫傳庭守潼關，與李自成戰敗殉難事。——傳庭字百雅代州振武衞人。以兵部右侍郎督秦兵，憑巖關爲持久計，秦士大夫苦其用法之嚴，相與譁于朝，累趣之戰，不得已始出。雨七日夜不止，食盡，師大潰，潼關陷。傳庭與監軍喬遷，躍馬大呼而歿于陣。初傳庭之出師也，自分必死；顧語其妻曰：「爾若何？」答曰：「丈夫報國耳！勿憂我。」及西安破，其妻率二女三妾沈于井，揮其八歲兒世甯，亟避賊去之。兒踰牆墮民舍中，一老翁收養之。其後傳庭長子重𩦔入秦。老翁歸以弟，相扶還，見者泣下。

圓圓曲（稿卷三）　咏明吳三桂與其妾陳圓圓事。——圓圓陳姓，玉峯歌妓也。歸明外戚田畹。時吳三桂守山海關，畹以圓圓贈三桂，以爲緩急之倚。三桂父驤，恐帝聞其子載圓圓事，留府第，勿令往。未幾，李自成據京師，掠圓圓，甚嬖之。且命驤作書，投三桂降；三桂欣然受命，及聞圓圓爲自成所得，乃大怒，拔劍斫案曰：「果有是！吾從若耶？」於是作書絕其父，而乞清兵以敵自成。自成敗，欲挈圓圓去，圓圓以計脫。三桂復京師，急覓圓圓，既得，相與抱持，喜泣交集。三桂旋受王封，建蘇臺，營郿鄔於滇南，卒以叛滅死。（梅村雜感詩之五曰：「武安席上見雙鬟，血淚青娥陷賊還。只爲君親來故國，不因女子下雄關。取兵哥舒遼海翰，得婦江南謝阿蠻。快馬健兒無限恨，天教胡馬定燕山。」蓋前詩之縮寫也。）

思陵長公主輓詞　公主名徽促，明思宗周皇后生。甲申之亂，李自成犯京師，內侍曹化淳啓彰義門導賊入。思宗泣語后曰：「大事去矣！」令自裁，復拔劍刃嬪妃數人，召公主至曰：「爾年十五矣，何不幸生我家！」左袖掩面，右手揮刃，斷左臂，未死，手慄而止，隨與內侍王承恩至萬壽山自縊死。時尙衣監何新趨入宮，見帝不得，見公主仆地，僅費宮人哭侍其側，相與救之而甦。與費宮人易服，由新倉皇負出。匿國丈第。清順治二年，詔求原配。旋以疾卒，賜葬廣寧門，而留像于皇姑寺。

臨江參軍（稿卷一）　咏楊廷麟參盧象昇軍，及象昇死節事。——楊廷麟字伯祥，別字機部，臨江人。崇禎四年舉進士，授編修。論事與兵部尚書楊嗣昌不合，中譏，以文官參盧象昇軍。祥昇字建斗，宜興人。思宗方依爲長城，以逆清兵，而論事又與嗣昌不合：象昇主死戰；嗣昌主和議。而遇廷麟甚相得。清兵分三路南下，象昇與戰，爲嗣昌黨所阻撓，閉闥絕餉；遣廷麟乞援，不應。清騎數萬，環之三匝，象昇麾兵疾戰，呼聲動天，自辰乞未，身中四矢三刃而仆。下詔詰死狀，廷麟據實告。後爲人改定數語，得免爲嗣昌輩所嫉忌。（梅村有懷楊機部軍前曰：「同時遷吏獨從征，人道戎旃譴責輕。諸將自承中尉令，孤臣誰給羽林兵。憂深平勃軍南北，疏訟甘陳誼死生。猶有內讒君不顧，亦知無語學公卿。」蓋亦實錄也。）

永和宮詞（稿卷三）　咏田貴妃。——田妃，陝西人，後家揚州。生而孅妍，多才藝。崇禎元年，封禮妃，後進皇貴妃，有寵而嬌。尋以過斥居啓祥宮。妃父田宏遇以妃貴，所爲不法。妃既嫡別宮省愆，三月不召。一日，后侍帝于永和宮看花，請召妃，帝不應；后遽令以車迎之，乃相見如初。妃生二子，皇五子及永王。皇五子五歲而殤，妃因憂鬱以病，十五年卒，葬昌平天壽山。

臨淮老妓行（稿卷七）　咏劉澤清歌妓冬兒。——劉澤清，山東曹州人。金陵立福王，封東平伯。冬兒本某戚畹府淨持，後爲東平女教師。甲申京師陷，澤清欲偵兩宮消息，而賊騎充斥，麾下將無一肯行。妓奮然曰：「身給事戚畹中久，宜往。」遂易鞢韐，持七首，間關數千里，穿賊壘而還，後澤清盤據淮陰，威福自擅。清兵南下，倉卒出降。吳三桂叛，說爲內應，事淮伏誅。

勾章井行（稿卷三）　咏明末魯王據舟山敗滅事。——魯王以海，太祖九世孫，以避難至台州。南都破，浙中士大夫奉爲監國。及清兵下浙，浮海至舟山。順治六年，清兵用山民爲嚮導，分路進討，明將阮駿以火舟邀戰於横水洋，風反焚之，人舟俱熠，城陷，魯王遁廈門。陳王妃，張貴嬪等入井死。

上所舉八首：關於流寇者三；宮闈者二；明清戰事者十一；南都逸事者一；明沒後藩王者一，非敢謂梅村「詩史」盡乎此矣，實不過略舉一隅，以引起讀者研究之興趣而已。

史者，紀事者也。古詩體例無定，變化莫測，敍事最宜：然而短章律絕，亦可鋪敍，語多含蓄，婉約動人，老杜贈花卿例也。錄此數語，以告讀者，如于梅村詩中我史實，未可一端求也。

梅村別有綏冠紀略十二卷，記明末流寇張李輩事。朱竹垞跋稱：「綏冠之本末，言人人殊。先生聞之于朝，雖不比見者之親切，終勝草野傳聞，庶幾可資國史之采擇歟？」（曝書亭集）蓋此書，頗足與梅村詩相參證也。

北宋詞論

張尊五

引論
上流變史
中作家論
下作品論

引論

有宋一代，詞學最盛。上自帝王，下至江湖草野，莫不能通曉音律，製腔填詞故詞始濬發於五代殘唐之際，至宋乃推闡極至矣！

然文學之興，必有爲之倡者；有宋詞流之盛，多由於君上之提倡：北宋則太宗爲詞曲第一作家；真，仁，神三宗，亦俱曉音律；徽宗之詞，尤擅勝場。是以東坡以水調歌頭，而獲愛君之歎；美成以蘭陵王詞，而得待制徽猷；宋祁以鷓鴣天詞。遂拜內人之賜；蔡挺以喜遷鶯之詞，而有樞管之命；至若韓縝北使；離筵高歌。作芳草鳳簫吟一詞，忽神宗批步兵司遣兵爲搬家追送，而出彊使節，得以愛妾追隨，尤爲一時佳話！其一時將相風流名勝，如呂申公眷眷於陳堯佐之踏莎行；聶冠卿以多麗一詞，名滿中外。范周寶鼎現，吳守貺以美酒五百，而『夕陽西下，』爭唱於少女紅牙。柳永望海潮，孫何購以厚贐千金，而『荷花桂子，』

傳偏於荒漠虜庭。南渡以後，流風未泯，歌舞湖山，游賞進御，至今猶有清響。則兩宋詞流之衆，非啻一時風會已也。

詞之有南北宋，猶文之有前後漢，詩之有初盛中晚四唐。周濟曰：『兩宋詞各有盛衰。北宋盛於文士，而衰於樂工；南宋盛於樂工，而衰於文士。』又曰：『北宋主樂章，故情景但取當前，無窮高極深之趣；南宋則文人弄筆，彼此爭名，故變化益多，取材益富。然南宋有門逕，有門逕，故似深而轉淺；北宋無門逕，無門逕，故似易而實難。』歷來研究南北宋詞者，大抵依此說而立論；而陳鐘凡先生以爲：『北宋詞人世際清明，故雍容揄揚，詞旨和婉。南宋時逢擾攘，故語多寄託，感慨遙深。以處境不同，致粗細精渾，疏密隱顯，各有風格。』以社會爲背景，而論兩期文學之區別，較之周說，確切進步多矣。然以詞之本體發展而論，則至北宋而體製日盛，可謂之黃金時代；北宋而後，詞之風韻氣格，已漸有日落黃昏之慨矣。世之論詞者，雖以南宋諸詞爲詞之正宗，其實設以白石，草窗，夢窗諸大師之所作，置之於珠玉，六一，東坡，淮海，樂章諸集中，誠相形見拙，不能自掩其小家氣也。蓋北宋諸家詞盡咳吐於胸臆，無意於造作，情感真摯，而語句自工，故北宋詞無門逕，廣大精深，非音律所能束縛。而南宋諸家詞，則有意於造作，情失真切，侷促於門逕，刻劃過度。是以北宋詞人，雖非名家，亦均能令人玩味不厭；至於南宋之詞，則舍數著名詞人之外，大抵堆字而成文，或整潔合律，或秀媚動人，多讀之卽使人生厭，此實一切文體，於後期所表現之必然現象也！

北宋詞之風格，既優於南宋，而較之五代尤有三勝焉：一、慢詞繁重，音節緩徐，調勝也。二、局勢開張，便於抒寫，氣勝也。三、兼具剛柔，不偏姿媚，品勝也。唐詞初率單調，後增爲雙疊，及五代猶然；北宋則如柳之戚氏，十二時，夜半樂，周之西河，瑞龍吟，蘭陵王已三疊矣。及鶯啼序出，則又爲四疊，鋪張排比，儼然賦也！故東坡可逞議論，東堂可貢諛詞，樂章傾綿邈之情，淸眞盡物態之妙，以視五代之纖巧，不遠過耶？（王易說）蓋詞發生於唐五代之際，具體而詞猶未臻圓滿至高之境，發展至於北宋，慢詞成熟，詞學遂發揚光大，若詩之於盛唐，稱之爲詞之全盛時代，洵不誣也！

茲特綜合各家之意見，以文學批評之立場，而述北宋詞禮之流變，作家之得失，而評價其作品之藝術焉。顧其爲體也源遠而流長，雖北宋一代，亦已千頭萬緒，約言無當姑俟徐詳！

上　流變史

詞體進展有序，令引近慢，各有過程，溯其流變，最初不過一二十字之小令，既而增爲雙疊，復增加至三疊，四疊，至北宋中葉，張，柳，蘇，黃等出，遂發展至充沛無餘，已達詞之頂點矣。陳鐘凡先生韻文通論曰：『若言嬗變之勢：則宋初諸家，大抵祖述二主，憲章正中；晏殊去五代未遠，馨烈所扇，得之最先，爲北宋倚聲家之初祖。先後感發而興起者，有歐陽修，黃庭堅，王安石諸家，並以小令擅聲詞壇。慢詞起於宋仁宗朝，柳永開其先聲，詞境至是而一變。蘇軾繼是有作，吐屬豪放，健筆凌雲，遂開南宋辛氏一流，實爲詞中別派，詞境至是而再變。逮徽宗崇甯四年，置大成府，以周邦彥爲樂正，乃與製撰官晁端禮等，審定舊詞，增演新調，調境至是而三變』。陳先生言北宋詞之變遷，言簡而意賅，頗爲詳密。然以柳蘇不同，亦爲一變，則猶未明其體也。蓋柳蘇二人，同爲慢詞之功臣，雖內容精神，有陽剛陰柔之不同，其創造慢詞則一也。其所以異者，二人之個性不同，環境各別，故作品之風格相異，而其承花間派之餘風，努力於詞之革命，則無以異也。故二人之流派，雖各有不同，時期固不能强分爲二。今言宋代詞體之變遷，依鄭振鐸之所區分三期，似覺較爲充當，鄭氏所區分之三期：

1. 花間餘風時期
2. 慢詞創造時期
3. 詞之深造時期

此三時期蓋以客觀的目光，依詞體之變遷而定者也。今分論之。

一、花間遺風時期　此時期爲柳永以前，乃晏殊，范仲淹。歐陽修等之時代。此時期中之作品，受花間二主馮延已之影響，尙未盡脫，小令之真摯清雋其特色也。蓋小令創於晚唐，成於南唐，至宋詞之第一期，乃發其已孕之苞，而大呈爛熳之色，進且結離離之實矣！是以此時期，亦可謂之令詞發揚時期。此時期中，冠準，韓琦，晏殊，歐陽修，范仲淹等，發爲小詞，盡婉麗精妙，刻意倚聲，藝林傳誦；惟所創作，大抵盡花間式之短詞，無纏綿宛曲之慢詞，少奔放激盪之豪情，亦時爲之也。當時作者都顯達之士，柱石重臣，文宗理學！就常理言，似不應有此旖旎之詞，然聖賢豪傑，才智過人，情感亦未有不豐富者彼時以詩文爲載道之器，而適有此一種文體，便於抒寫。情感，自不得不出其餘力，以爲之，亦時會使然也如寇準之江南春，韓琦之點絳脣，宋祁之玉樓春，范仲淹之御街行，蘇幕遮皆情韻綿妙，不似勳勞大臣之所爲。司馬光以理學名臣，言行不苟，而西江月詞有「相見爭如不見，有情還似無情」之語，雖或稱其誣，然其阮郎歸一詞，真描寫盡致矣。至若歐陽文忠公學際人天，作爲小歌詞，直如酌蠡水於大海，其集中多妙詞，若蝶戀花之沈刻幽看，臨江仙之雋逸清妙，浣溪沙之精爽，玉樓春之流麗，尤爲後人所稱道。而北宋令詞之專精者，當首推晏殊，及其幼子幾道，蓋直繼聲花間者也。其名句如：「無可奈何花落去，似曾相識燕歸來，」——晏殊浣溪沙句。「樓頭殘夢五更鐘，花外離愁三月兩。」——晏殊玉樓春句。「落花人獨立，微雨燕雙飛。」——晏幾道臨江仙句「紅燭自憐無好計，夜寒空替人垂淚，」——晏幾道蝶戀花句，皆深思婉出，不讓南唐。陳振孫謂其「直逼物間」然其氣韻天然，音節諧婉，殆過之矣！各錄一首，可以窺其一斑云：

寇準江南春：『波渺渺，柳依依。孤村芳草遠，斜日杏花飛。江南春盡離腸斷，蘋滿汀洲人未歸！』

韓琦點絳脣：『病起懨懨，庭前花影添憔悴。亂紅飄砌滴盡真珠淚。　惆悵前春，誰向花前醉？愁無際，武陵凝睇。人遠波空翠。』

宋祁玉樓春：『東城漸覺風光好，皺縠波紋迎客掉。綠揚煙外曉雲輕，紅杏枝頭春意鬧。　浮生長恨歡娛少。肯愛千金輕一笑。爲君持酒勸斜陽，且向花間留晚照。』

范仲淹蘇幕遮：『碧雲天，紅葉地。秋色連波，波上寒煙翠。山映斜陽天接水。芳草無情。更在斜陽外。　黯鄉魂，追旅思。夜夜除非好夢留人睡。明月樓高休獨倚。酒入愁腸，化作想思淚！』

司馬光阮郎歸：『漁舟容易入深山。仙家日日閒。綺窗紗幌映朱顏。相逢醉夢閒。松露冷，海霞殷。匆匆整棹還，落花寂寂水潺潺，重尋此路難！』

歐陽修蝶戀花：『庭院深深深幾許。揚柳堆煙，簾幕無重數。玉勒雕鞍遊冶處，樓高不見章臺路。　雨橫風狂三月暮，門淹黃昏，無計留春住。淚眼問花花不語，亂紅飛過秋千去！』

晏殊浣溪沙：『一曲新詞酒一杯，去年天氣舊亭臺。夕陽西下幾時迴？　無可奈何花落去，似曾相識燕歸來。小園香徑獨徘徊。』

晏幾道臨江仙：『夢後樓臺高鎖，酒醒簾幕低垂。去年春恨卻來時，落花人獨立，微雨燕雙飛。　記得小蘋幼見，兩重心字羅衣，琵琶絃上說相思，當時明月在，曾照彩雲歸。』

以上諸作家中若范仲淹歐陽修則更不限於綺情，並兼氣勢，揮灑，儀倫宏肆之長。觀范之漁家傲，極點宕之致；剔銀燈更議論慷慨。而歐之朝中措，平山堂，餞劉原文一首，尤豪放蒼勁，一洗其本來面目，蓋已導蘇辛之先路矣！錄之如下：

范仲淹漁家傲：『塞下秋來風景異，衡陽雁去無留意，四面邊聲連，角起千嶂裏，長煙落日孤城閉。　濁酒一杯家萬里，燕然未勒歸無計；羌管悠悠，霜滿地，人不寐，將軍白髮征夫淚。』

范仲淹剔銀燈：『昨夜因看蜀志，笑曹操孫權劉備，用盡機關，徒勞心力，只得三分天地。屈指細尋思，爭如共劉伶一醉！　人世都無百歲，少癡騃，老成尪悴，只有中間些子少年，忍把浮名牽繫！一品與千金，問白髮如何迴避？』

歐陽修朝中措：『平山闌檻倚晴空，山色有無中，手種堂前垂柳，別來幾度春風！文章太守，揮毫萬字，一飲千鐘，行樂直須年少，尊前看取衰翁！』

二、慢詞創造時期　此時期中之代表作者，首推柳蘇。宋初先有慢曲，繁複塵雜，多出伶人，句調韻律，亦欠精美，故不流行於文壇。迨文士蒙其影響，加以修飾，製而為調，精美遂出其上，即此際，所謂新聲也。晏殊歐陽修以達官顯宦，刻意倚聲，然所為盡小令耳！

珠玉集中惟拂霓裳山亭柳稍長。「拂霓裳差可稱慢詞，山亭柳則仍引近也。六一詞中則摸魚兒，御帶花，確屬慢詞；其諒州令，則疊二詞，亦非慢詞也！嗣後新聲漸作，體製漸繁，增衍令近，以爲慢詞，益增節拍，廣其韻疊，延其聲音，豐其情意，花間尊前之境，又一進矣。如石曼卿當於平陽舍中，代作寄尹師魯，曼卿沒後，見夢於關永言，增其詞爲曲，度以迷仙引；然何調倘欠圓熟。後聶冠卿，在李良定席上，賦多麗詞，傳唱徧天下，足見當時初有慢詞，故能傾動一世如此。然尚未臻於成熟之境也！宋翔鳳樂府餘論曰：『慢詞蓋起宋仁宗朝，中原息兵，汴京繁庶，歌臺舞席，競賭新聲，耆卿失意無俚，流連坊曲，遂盡收俚俗語言，編入詞中，以便使人傳習，一時動聽，散佈四方；其後東坡，少游，山谷輩，相繼有作，慢詞遂盛。』慢詞至柳永始能普徧傳流，其後東坡起而相繼，由此二大作家之作風不同，詞遂南北分馳，同變異體矣。蓋柳體婉約，蘇體豪放！婉約者，其詞調蘊藉，豪放者，其氣象恢宏；前者沿花間之遺習，世稱詞之正宗；一稱南派。後者脫音律之拘束，世稱詞之變體；一稱南派。此種區別，原無足取，要其大體如是云爾！柳永之影響於當時，籠罩一切，卽蘇門之秦七黃九，亦不能脫脂粉之氣。——案卽東坡集中，亦頗多情致纏綿之抒情作品。——東坡之詞，於當時世無影響，一百餘年後，方有辛稼軒等繼其遺風，故此時代亦可謂之柳永時代。吹劍續錄曰：「東坡在玉堂日，有幕士善歌，因問：「我詞比柳耆卿何如？」對曰：「柳郎中詞，只好十七八女孩兒，按執紅牙拍，歌：「揚柳岸曉風殘月，」學士詞須關西大漢，執鐵綽板，唱：「大江東去！」公爲之絕倒。』此不特蘇柳之異，抑亦南北兩派之形容也。茲錄兩家詞於下：

柳永兩霖鈴：『寒蟬淒切。對長亭晚，驟雨初歇。都門帳飲無緒，方留戀處，蘭舟催發。執手相看淚眼，竟無語凝咽。念去去千里烟波，暮靄沈沈楚天闊。　多情自古傷離別。更那堪冷落清秋節。今宵酒醒何處？楊柳岸，曉風殘月。此去經年，應是良辰好景虛設。便縱有千種風情，更與何人說！』

蘇東坡念奴嬌赤壁懷古：『大江東去，浪淘盡千古風流人物。故壘西邊，人道是三國周郎赤壁。亂石穿空，驚濤拍岸，捲起千堆雪。江山如畫，一時多少豪傑！　遙想公瑾當年，小喬初嫁了，雄姿英發。羽扇綸巾，談笑間，檣櫓灰飛煙滅。故國神遊，多情應笑我早生華髮。人用如夢，一樽還酹江月。』

四庫提要云：『詞至晚唐五季以來，以清切婉麗爲宗。至柳永而一變，如詩家之有白居易。至軾而又一變，如詩家之有韓愈。遂開南宋辛棄疾一派，尋源溯流，不能不謂之別格。』以白居易韓愈二人，比柳蘇詞境之分馳，誠切當而明曉也。按此兩家不特注意於創作慢詞，共趨奔放宛曲之一途。且俱通曉音律，故能自度新聲。柳氏之樂章集中，慢詞尤指不勝僂，而令引反居少數，其鶴冲天，女冠子，定風波，卜算子，鵲橋仙，浪淘沙，拋球樂，集賢賓，應天長，長相思，望遠行，洞仙歌，離別難，玉蝴蝶，臨江仙，瑞鷓鴣，塞孤等皆以令變爲慢：而音節絕異。卽其集中同調之調，字句長短，亦絕自由不齊，蓋其增損之間，主乎樂律，固不比字櫛句，如後人之墨守成格，不敢外豪髮也。今舉錄一例：

柳永女冠子：『斷雲殘雨，灑微涼生軒戶。動淸籟蕭蕭庭樹。銀河濃淡，華星明滅，輕雲時度。莎階寂靜無覩。幽蛩切切秋吟苦。疏篁一徑，流螢幾點，飛來又去。　對月臨風，空恁無眠耿耿。黯想舊日幸情處。綺羅叢裏有人人，那回飲散、略曾諧鴛侶。因循忍便睽阻。想思不得長相聚。好天良夜，無端惹起，千愁萬緒。』

蘇氏東坡詞中，除常見慢詞外，如戚氏，哨偏皆特別長調。戚氏見樂章集中；哨偏則東坡集中有二首，疑是自度腔。又無愁可解乃反花日新以作，越調解愁，賀新涼乃爲營妓秀蘭作以侑觴。醉翁操乃補崔閑琴曲之詞，均自度腔也。今錄一首以爲例：

蘇軾無愁可解：『光景百年，看便一世，生來不識愁味。問愁何處來？更開解個甚底？萬事從來風過耳，何用不着心裏！你喚做展却眉頭，便是達者也，則恐未。　此理本不通言，何曾道歡遊勝如名利。道卽深是錯，不道如何卽是！這裏原無我與你，便喚做物情之外。若須待醉了方開解時，問無酒怎生醉？』

與柳耆卿同名者：有張先字子野，其安陸集亦區分宮調，皆增衍或自度之新調。與蘇氏同時：則有秦太虛觀，黃魯直庭堅，賀方回鑄皆慢詞之名家也。慢詞遂成於此時期矣。

三、詞之深造時期　慢詞之途，既恢張於柳蘇，繼而有作者，則爲周邦彥美晟。徽宗朝，置大晟府，而以邦彥提舉其事。——大晟者崇寧四年所造新樂之名。是時舊曲存者千數，相與討論古音，審定古調。邦彥又增衍慢詞，引，近，或移宮換羽，爲三犯四犯之曲，按月令爲之，其曲遂繁。今觀清真詞中，慢，引，近，犯甚多。稱慢者：如拜星月慢，浪淘沙慢，浣溪沙慢，粉蝶兒慢，長相思慢。稱引者：如華胥引，蕙蘭芳引。稱近者：如早梅芳近，隔浦蓮近，荔支香近，紅林擒近。稱犯者：如側犯，倒犯，花犯，玲瓏四犯。其調時與柳氏相出入；但其下字用韻，皆有法度，較柳集爲嚴整。蓋柳爲坊曲自悅之樂，故調可參差；周爲樂府法定之官，故律宜精密。然北宋詞調之演進，得二公而先後齊功矣。其詞撫寫物態，曲盡其妙；渾雅和厚，善融詩句，富豔精工，長於鋪敘，自貴人學士市儈妓女，皆知其詞之可愛，誠能匯前此晏，歐，秦，柳，……之長，而成一大派。樹此後姜，史，吳，張之鵠而開其大宗。（王易說）周濟謂其集詞之大成，誠推崇之至矣！宋人論之者：沈義文曰：『凡作詞當以清真主，蓋清真最爲知音，且無一點市井氣，下字用氣，皆有法度，』張原曰：『美成負一代詞名，所作之詞，渾厚和雅，善於融化詩句。』蓋美成之倚聲流利而復精審，沈著而尤空零，其藝術之精深，無以復加矣！今錄二首：

拜星月慢：『夜色催更，小曲幽坊月暗。竹檻燈窗，識秋娘庭院。笑相遇，似覺瓊枝玉樹相倚，暖日明霞光爛。水眄蘭情總平生稀見。　畫圖中舊識春風面，誰知道自到瑤臺畔，眷戀雨潤雲溫，苦驚風吹散，念荒寒寄宿無人館。重門閉敗壁秋蟲嘆，怎奈一縷相思，隔溪山不斷！』

玉樓春：『桃溪不作從容住，秋藕絕來無續處。當時相候赤闌橋，今日獨尋黃葉路。煙中列岫青無數。雁背夕陽紅欲暮；人如風後入江雲，情似雨餘沾地絮。』

此期之詞人，捨周美成外，有晁端禮次膺，曾爲大晟府協律郎；其集中所補徵調曲甚多，百寶妝，玉樓宴等皆其自創之慢詞，他集所無者也。万俟詠雅言，自號詞隱，有大聲集，今不傳。選本所錄者：有春草碧，三臺等，殆皆自創之詞。殿此期之末者，有李清照號易安居士，爲北宋最偉大之女作家，有漱玉集，四庫提要謂其詞格，乃抗周軼柳，許爲大家，集中名句，皆深刻精透，不拾前人牙慧，誠難能可貴矣。

考此時期中之作家，如周美成，晁端禮，万俟詠，李清照有所創作，盡精深異常，迥非前期作家所能及，則謂之深造時期，不亦宜乎！

（流變史完　全書未完）

論詞話

謝之勃

1. 溯源

詞之興其于唐末五代之時乎？夫詩至晚唐，風格脆薄，音節弛靡，如强弩之末矣。以文學演進之趨勢言之，則詞之代起，必然之現象也。大凡一種新文體，其殫竭力，以求于文壇上占一角地位，其初必爲人重視，及其改經試用，確知其所長，則燦爛如日中天矣。詞亦何嘗不然。唐之末也，詞體雖具，然不過爲詩人作詩外一種試驗而已。迄五代，南唐後主，君臣提倡，格律愈謹嚴，音節愈鏗鏘，（王國維人間詞話曰：「詞至後主而眼光始大。」）然後人始知詞之句參差疏落，勝於詩之失於板也；詞之韻轉換變化，勝于詩之固定也。于是詞浸浸然駕詩而上之。詞既風靡一時，爲士林所崇尙，則以詞爲對家之詞話，亦孳生其間，而爲士林所愛好。蓋詞話者，紀詞林之故實，辨詞體之流變，道詞家之短長者也。

四庫全書總目提要詩文評類叙曰：「文章莫盛于兩漢，渾渾灝灝，文成法立，無格律之可拘。建安黃初，體裁漸備，故論文之法出焉，典論其首也。其勒爲一書，傳于今者，則斷自劉勰鍾嶸。勰究文體之原流，而評其工拙；嶸第作者之甲乙，而溯厥師承，爲例各殊。至皎然詩式，備陳法律；孟啓本事詩，旁採故實；劉邠中山詩話歐陽修六一詩話，又體兼說部，後所論著，不出此五例中矣。」此所以論詩話者也。劉鍾之作，雖未明白標目，已具文話之兼體矣。詞話之起亦如此。宋王灼撰碧雞漫志，詞話之先河也。灼紹興中遂甯人，其書詳敍詞牌得名之緣起，詞調之遞變等。論者謂「其正變之由，猶賴以略得梗概，亦考古家所必資也。」前此詞話，皆雜見于詩話筆記中，蓋昔人固以詞爲詩餘；且好詩者亦多好詞，論詩者亦多論詞，由是混爲一談，不可分離。其專成一書，風行于後世者，其王灼之作乎？及陳霆撰渚山堂詞話，論者謂「持論多確，宋元佚篇斷句，往往而有。」則其體已不僅限于詞品矣。而詞話名目之確定，或亦自此始也。

2. 明體

宋張炎樂府指迷分其書爲詞源，製曲，句法，字面，虛字，淸空，意趣，用事，詠物，節序，賦情，離情，令曲，雜論十四篇。淸徐釚詞苑叢談分其證爲體製，音韻，品藻，紀事，辨正，諧謔，外編七門。沈雄古今詞話分其書爲詞辨，詞評，詞品三門。今綜合諸家而刪創之以爲四門：曰詞源；曰詞評；曰紀事；曰考訂。

甲、詞源　詞源者，明詞體之流變者也。夫詞昉於晚唐，盛於兩宋，格調聲律，固時隨時代而演化，故用資考驗，以識大體，則論詞源者尙矣。（世多專書，例略）

乙、詞評　四庫全書總目提要集部總敍曰：「詩文評之作，著于齊梁。觀同一八病四聲也，鍾嶸以求譽不遂，巧致排譏；劉勰以知遇獨深，繼爲推闡。詞場恩怨，亘古如斯。冷齋曲附乎豫章；石林隱排乎元祐。黨人餘釁，報及文章，又其已事耳。」是故評論品題，仁者見仁，智者見智，我好人惡，我惡人好，欲求一致也難，甚或易爲所誤。然而觸引性靈，指授門徑，則亦不可因噎廢食也。

例一；曲洧舊聞：章質夫楊花詞，命意用事，瀟灑可喜。東坡和之，若豪放不入律呂，徐而視之，聲韻諧婉，反覺章詞有織補工夫。

例二：浩然齋雅談：周美成長緊句，純用唐人詩句。如低鬟蟬影動，弘語口脂香。此乃元白全句。賀方回嘗言吾筆端驅使李商隱溫庭筠，常奔走不暇，則亦可謂能事矣。

丙、紀事　紀事者，明作詞之背景者也。夫詞家之產物。能爲一代絕唱，而歷百世不朽者，背景之助力也多。蓋背景淒切，則詞境因之而淒切；背景雄偉，則詞境因之而雄偉。未有身坐玉堂，而所作皆深道民間流離困乏者也。昔時禮法緊嚴，士大夫偶有失儀，則刑法立至。故昔賢每隱約其辭，以致本事蘊藏而不露，後人猜研爲苦。于是有得不借鏡于紀事者矣。蓋本事明，則情感愈覺逼真，而詞之趣愈高。

例一：歸潛志：先翰林嘗談國初宇文太學叔通主文盟時，吳深州彥高視宇文爲後進，宇文止呼爲小吳。因會飲酒間，有一婦人，宋宗室子流落。諸公感歎，皆作樂章一闋。宇文作念奴嬌，有「宗室家姬，陳王幼女，曾嫁欽慈族。干戈浩蕩，事隨天地翻」之語。次及彥高，作人月圓詞云：「南朝千古傷心事，猶唱後庭花。舊時王謝堂前燕，飛向誰家。偶然相見，仙肌勝雪，雲鬢堆鴉。江洲司馬，青衫淚溼，同是天涯。」宇文覽之大驚，自是人乞詞，輒曰當詣彥高也。

例二：甕牖閒評：東坡倅錢塘日，忽劉貢父相訪，因拉與同遊西湖。時二劉方在服制中。至湖心有小舟翩然至，前一婦人甚佳，見東坡自敘少年景慕高名，以在室無由得見，今已嫁爲民妻。聞公遊湖，不避罪而來，善彈箏，願獻一曲，輒求一小詞，以爲終身之榮可乎？東坡不能却，援筆而成，與之。其詞云：「鳳凰山下雨初晴，水風清，晚霞明。一朵芙蓉開過，尚盈盈。何處飛來雙白鷺，如有意，慕娉婷。忽聞筵上弄哀箏，苦含情遣誰聽。烟斂雲收，依約是湘靈，擬待曲終尋問取，人不見，數峯青。」此詞豈不更奇于卜算子耶？

丁、考訂　凡查校字句及辨審異同者屬之。

例一：容齋隨筆：向巨源云：「元不伐家，有魯直所書東坡念奴嬌，與今人歌不同者數處：如浪淘盡爲浪聲沉；周郎赤壁爲孫吳赤壁：亂石穿空爲崩雲；驚濤拍岸爲掠岸；多情應笑我早生華髮，爲多情應笑我生華髮；人生如夢爲如寄。」不知此本今何在也？

例二：九九銷夏錄東坡念奴嬌詞，首句云大江東去，後人卽改名爲大江東去。戴復古石屏詞有此調以大江西上發端，卽改名大江西上。詞人競爽代興，無所不可，然大江東去，人人知之；大江西上，知者罕矣。

例三：滹南詩話：山谷詞云：「盃行到手莫留殘，不道明月人散。」嘗疑莫字不安，昨見王德卿所收東坡書此詞墨跡，乃是更字也。

析此四端，雖未盡然，要以區分前人之作，亦無所阻礙矣。

3.研究

好讀詞，喜看詞話，而盡乎視簡諷誦，此賞鑒也。玩其小而失其大，非爲學之道。然則奈何？須由辨僞搜集二途進也。能如是，則可許爲研究矣。

甲、辨僞　姚際恆曰：「造僞書者，古今代出其人。」（古今僞書考序）是故吾人生于今世，讀古人書，當時時以懷疑眼光視之。尙書中國大經，閻若璩出而真僞定，若璩之讀尙書，以懷疑眼光讀之者也。故以懷疑眼光立身，而以科學的方法持之，此好古者所必需。

古之好事者，率多刪削前人作品，而復以己意增補之。又如古代印刷術未明，故用字簡省，意或因之而晦。後世讀者，輒不盡曉，于是復穿鑿其不可通者，牽連附會而流傳也。是以古書眞僞相間，歷多世而不能辨矣。

李後主作破陣子：「四十年來家國，三千里地山河；鳳閣龍樓連霄漢，玉樹瓊枝作烟蘿；幾曾識干戈。一旦歸爲臣虜，沈腰潘鬢銷磨。最是倉皇辭廟日，教坊猶奏別離歌。」蘇軾揆之情理而斥曰：「後主既爲樊若水所賣，舉國與人，故當慟哭于九廟之外，謝其民而後行，乃揮淚宮娥，聽教坊離曲哉？」（志林）而希通錄則謂後主之詞，猶項王力拔山兮之歌。尤侗則曰：「東坡謂『……』然不獨後主然也。安祿山之亂，明皇將遷幸，當是時，漁陽鞞鼓驚破霓裳，天子下殿走矣，猶戀戀于梨園一曲，何異揮淚對宮娥乎？」疑者信者，各標己意，莫綜一是。及近人戴景素輯注李後主詞，則稱詞爲僞作。其言曰：「友人任二北與編者討論此詞，疑出自他人，非後主眞作。以爲全詞絕似旁觀者，對于後主之事加以歎息，非若後主其餘自傷淪落諸作，出語眞切，千迴百轉也。鳳閣兩句，著意粗鹵，宜出措大，不似後主生長其間之識見旨趣與口吻矣。」此語出後，吾知士林將奉以爲準則矣。

增修詩話總龜引古今詩話曰：「江南大理卿成文幼，精爲詞曲。當作謁金門云：「風乍起，吹皺一池春水。」李璟聞之，召而謂之曰：「卿職在典刑，一池春水，干卿何事？」文幼頓首。」陸遊南唐書則謂馮延巳有句云：「風乍起，吹皺一池春水。」中主云：「干卿底事？」對曰：「未若陛下小樓吹徹玉笙寒也。」此二者事實略，作者又互殊。由前者視之，一若李璟爲一不好文學而又嚴肅之君主；由後者視之，則李璟如喜笑輕優，與臣下談笑矣。果孰真孰僞？非考較辨析莫能明也。

五總志曰：「東坡廣玄真子詩爲浣溪紗曰：「西塞山邊白鳥飛，散花州外片帆微，桃花流水鱖魚肥；自蔽一身青篛笠，相隨到處綠蓑衣，斜風細風不須歸。」山谷云：「新婦磯頭黛眉愁，女兒浦口眼波秋，驚魚錯認月沈鉤；青篛笠前無限事，綠蓑衣底一時休，西風吹雨轉船頭。」而詞律則曰：「山谷增句作鷓鴣天，增入「朝庭尚覓玄真子，何處如今更有詩？」于青篛笠之上，語氣不倫，可謂蛇足。」二說互殊，又非考較辨析而莫能明也，由此觀之，則辨僞之道，亦云切要矣。

乙、搜集　夫詞話既散前人筆記及詩話中，故一不經意，易致散銷蝕，今搜輯成書，亦所以救亡之道也。

搜集之功，淸人成績蔚然。馬國翰之玉函山房輯佚書黃奭之漢學堂叢書，其著者也。于詩詞則有王士禎之五代詩話徐釚之詞苑叢談等。叢談綴輯纂補，其量最富，上極唐末，下詳唐人。宋元詞話之存，賴此書爲巨，洵一博大精之作也。然猶有進者，卽以斷代搜輯也。以時代區分，則眉目明析而搜羅亦較可詳盡。全唐詩話詩紀事五代詩話，及近人之元詩紀事皆其例也。

詞話重話而不詞，故讀昔人詞話，每多有摘錄一二句以見事者，使人有未窺全豹之歎。故吾人設從事輯集，須以原詞附後，以見全善。也

勃曩年從餘姚陳先生伯瀛遊。先生旣邃于史，復工詞章。間嘗命勃輯兩宋詞話，迻錄之餘，時有所會，蓋此文動機已早伏下矣。

今人動斥詞章爲小道，而不知學問本無所謂大道小道，但求所好而已；今人動言詞爲詩餘，而不知詞與詩性質同而不相屬；詞與詩同爲吾國文學上之放異像的光芒者，又烏可以小道及附屬品而屈之。

詞存則詞話存；詞亡話亦亡，兩者如輔車之相依。此勃所敢昌言也。

草就有感，聊復書之，質之同好，以爲然否？之勃附識。

書法論

上

臧鯤

書法一藝，其來尙矣。率爾操觚，談何容易！粵稽，蒼頡創字，取象物類；而庖羲首畫八卦，以開文教，爲指事數目之祖。古人書畫不分，由器用而異，六書儼如六法，用刀筆刻畫，蝌蚪籀篆，如細描雙鉤，字無粗細。迨弱毫興，而書法大盛，不待吮毫磨磚之工，而體貌各異，精妙絕倫，不求法而法自備，誠非後人所能及。包氏愼伯謂『大篆多取象形，體勢

錯綜，小篆就大篆減爲整齊，隸就小篆減爲平直；分則從隸體而出以駿發，真又約分勢而歸於道麗，相承之故，端的可尋。故隸真雖爲一體，而論結字則隸爲分源，論用筆則分爲真本也。』書法遞變大概如此，總之由繁趨減，唯求適用。及乎唐宋，其變窮矣。既窮於變，則各矜巧妙，門戶益開，踵事增華，探情盡性，蓋書法一藝，代各不同，豈以世運升降爲轉移乎？猶戰國之文，不同於六經；兩漢之文，不同於先秦；魏晉之文，不同於兩漢。準此以推，百世知可也。世皆知文至昌黎爲復古起衰，集兩漢之大成；而不知書至顏魯公，亦猶文至昌黎，是皆猶具匠心，所謂金聲玉振，卓然千古者也。卽論學書，亦各各異，大概略分兩派：主以唐人入手者，包氏愼伯也。主由南北朝入手者，康氏有爲也。觀愼伯自述其族曾祖楨三之書，獨違世尙，學唐碑。愼伯晚淸大家，宗楨三之論，而奉法唐人，從翟同甫之說，而法蘇氏；又由晝贊洛神蘭亭而後，專習歐顏碑版，一一上溯。此主自晉唐而上求源流者，爲一派。康南海廣藝舟雙楫，卑唐篇曰：『唐人講解結構自賢於宋明，然以古爲師，以魏晉繩之，則卑薄已甚，若從唐人入手，則終身淺薄，無復有窺古人之日。』又曰：『唐雖設書學，士大夫講之尤甚。然纘承陳隋之餘，綴其遺緒之一二，不復能變，專講結構，幾若算子截鶴續鳧，整齊過甚，歐虞褚薛筆未盡亡。然澆淯散樸，古意已漓；「而顏柳迭出，澌滅盡矣。米元章譏魯公書醜怪惡札，未免大過。然出牙布爪，無復古人淵永渾厚之意。」』其推崇南北朝則曰：「隸楷行草，體變各極，奇偉婉麗，意態斯備至矣，觀斯止矣！」此主師法南北朝卑棄唐人爲一派，康氏一偏之見，非天下之公言也。康氏書法雖非一代宗匠，要亦聲譽滿天下，不惜妄持高論，遺害後生。當晚清崇尚南北朝碑版，習俗相矜，釀成風气，若包氏植三。獨違世俗，而學唐碑，可謂不溺習俗，獨具隻眼，乃康氏以專講結構詬詈唐人；而不知講結構，正唐人佳處。談書法而舍結構，何以哉！卽由秦篆上推至大篆，蝌蚪，「鳥虫書，」再上至伏犧畫卦，自左橫右，一形化爲三，方向奇耦，尺寸長短俱全，又何嘗無結構。擴而充之，凡天下事事物物，莫不自有結構，論書尤當以此爲首，奈何以爲詬病哉！「夫天下有無不可達之區，而卽有必不能造之境，有不可一世之人，卽有獨成家一之藝。此一家者，非出於一人之心思才力爲之，乃合千古之心思才力，變而出之者也。非盡百家之美，不能成一人之奇，非取法至高之境，不能開獨造之域。譬之古文，若專學八家，必不能及八家，然而有志於古文者，其功必自八家始。學史漢者，由八家入；學八家者，由震川望溪入，不誤所向。夫退之起八代之衰，非盡掃八代而去之也，但取其精而汰其粗，化其腐而出其奇。」以上節錄劉開與阮芸台論文書以斯論，「則移而學」書，亦可奉爲圭臬也。卽以魯公書而論，如中興頌之整齊，其精健處，斬金截鐵，茅山李元靜碑，古雅淸圓，帶有篆意，與元次出碑相似，乍看則極散極拙，多不允稱；細玩之，古意可掬。至顏家廟，益覺雄健古厚；至畫贊，其骨從歐出，而結體則展促，氣味尤深雄沈郁。魯公書不下二三十種，如多寶塔，郭家廟，臧公神道碑，畫像贊，元次山八關齋，中興頌，大小麻姑，李元靜碑等，面貌各異，精神迴殊，論者謂魯公書如屋漏雨痕，無迹象可本。東坡曰：『顏魯公書雄秀獨出，一變古法，如杜子美詩格律天縱，奄有漢魏晉宋以來風流，後之作者，殆難復措手。』可謂善於變化。由是觀之，魯公之書，何嘗不由魏晉六朝而上溯！道源秦篆，妙接相丞，所謂：「取其精，汰其粗，化其腐，而出其奇。能盡百家之美，以成一人之妙，取法至高之境，以開獨造之域。」劉開謂：『使八家而不遠過古人者，韓退之爲之也。』吾謂使後世學書者不能遠過唐人，平原爲之也。善學書者，始必肆力於晉唐碑版，而後得所從入。若僅限於晉唐，不克遠溯，其與好高務遠，舍本逐末者，無復窺見古入之日。固當以唐法之結構整齊，爲其根本；然後疏之以漢隸而寬其气；輔之秦篆鐘鼎，而厚其味；參之以魏碑，而壯其勢；申之以行艸，而通其變，逸其致，而後探其源，淙其流，探剝其花實，此在會心者自擇之耳！康氏曰：『耳目隘陋，無以備其體裁，博其神趣，學烏乎成；若所見博，所臨多，熟古今之體變，通源流之分合，盡得於目，盡存於心，盡應於手，如蜂採花醞釀，久之變化縱橫，自有成效，斷非枯守一二佳本，蘭亭醴泉，所能知也。』其說盡善矣，未盡美也！竊謂學書者，宜博見而約守，若見異思遷，則汎濫無所歸宿；若拘執淺陋，而無所取資，爲害亦大，東坡蘇氏曰：『讀書欲精不欲博，用心欲純不欲雜，讀處務博，常不盡意，用心不純，迄無全功。』昌黎答李翊書曰：『無望於速成，無誘於勢利，養其根，而竢其實，加其膏而希其光；根之茂者，其實遂，膏之沃者，其光曄。』能守兩家之說，於書法斯過半矣。

下

凡物一理也，通其意，則無適而不可；世之書，篆不兼隸，行不及草，殆未能通其意者也。

康氏有爲曰：『書法之妙，全在運筆，』其論甚是。然有時拘墟太過，而反傷於拙，古人相傳執筆之訣，在指實掌虛，康氏廣藝舟雙楫，執筆篇，述朱九江執筆法曰：『虛掌實指，平腕豎鋒，食指中指名指層累而下，指背圓密豎鋒，當使大指橫撐而出，夫職運筆者，腕也，職執筆者，指也。如法爲之，大指所執愈下，掌背愈豎，手眼骨反下欲切案，筋皆反紐，抽掣肘及肩背：抽掣既緊，腕自虛縣，通身之力，奔赴腕間，筆力自能沉勁，若飢鷹側攫之勢。』包氏愼伯。始用唐人撥鐙法臨池，既而變法「以食指須高鉤，大指加食指中指之間，使飲指如鵝頭昂曲者，中指內鉤，小指貼名指外拒如鵝之兩掌撥水者。」而東坡記歐陽公論把筆曰：『把筆無定法，要使虛而寬，使指運而腕不知方；其運也，前後左右不免欹側；及其定也，上下如引繩。』包愼伯述黃小仲法曰：『布指欲其疏，則謬，執筆欲其近，則有得之言也。』總此數家之論，雖異，要各有獨到處，其實無非求指腕靈於提頓收控耳！唐人撥鐙法，實能抽調全身之力，盡赴腕底毫端；但用較靈，而運指較澀，宜於方寸楷書之外，而尤便於篆分，真楷愈大則愈妙。包氏所述，蓋以五指分布筆管四面，運指靈而駛，腕較緩，且食指如鵝頭，昂曲，則掌心上豎，全身之力，須經曲折不得直接輸送。東坡之論，空靈而難於捉模，所謂無定法者，蓄熟於操縱隨勢赴形，委迤曲折，自有會心，如沒人操舟，無意於濟，是以復却萬變舉止自得，然後遊刃有餘地矣。殆無法而有法者，所謂出新意於法度之中，寄妙理於豪放之外。朱九江執筆法，蓋宗法撥鐙而別開會心，故其言曰：『夫職運筆者腕也，職執筆者指也，』指腕相輔，萬毫齊力，而後心與手會，筆與神合，一身之力，汩汩然灌輔毫端，隨意所之，縱筆所如，其所得於心者，皆能注之於手，自能姿態橫生，而無行回凋疎之弊矣。包慎伯曰：『凡作書無論何體，必須筋血骨肉備具：筋者，鋒之所爲。骨者，毫之所爲；血者，水之所爲；肉者，墨之所爲；鋒爲筆之精，水爲墨之髓，鋒能將副豪，則水受攝副毫，不裹鋒則墨受運，而其要歸於運指，大指能揭管則鋒自開，名指能拒管，則副豪自平，而墨不溢出於筆外，水行墨中，則無不潤矣。此真剝膚椎髓之論；並得書法真際者。而運筆合墨，尤爲學書者首先講究也。書法本象：『執筆合法，筋骨血肉合法，平直方圓合法，偏旁分布合法，變化合法。』郝陵川論書曰：『太嚴則傷意，大放則傷法？』又『心正則氣定，氣定則腕活，腕活則筆端，筆端則墨注，墨注則神凝，神凝則象滋，無意而皆意，不法而皆法。』凡此皆由淺及深，以達於妙境，止於化境；故古人臨池，池水盡墨，積筆成塚，如歐陽詢嘗行見索靖古碑，駐馬觀之，良久而去，數百步復還，下馬佇立，疲倦則席地坐觀，因宿其下，三日乃去，其致力如此。故王逸少書黃庭經，上感神女。昔文與可云：『余學上甲書，十年終未得古人用筆相傳之法，因見道鬥蛇，遂得其妙，乃知顛素之各有所悟，然後至於此耳！』東坡曰：『古人有好草書，夜夢則見蛟蛇糾結，數年，或晝見之，草書則工矣，而所見豈真蛇耶？抑草書之精也！』由此觀之，豈偶然哉！乃自棄者，月書一兩紙，猶疾首蹙額，動欲過人，是何異緣木求魚。然書雖小道，觀其書可以知其爲君子小人，與其福壽厚薄，一藝之能，在在皆足以表其個性，東坡曰：『吾觀顏魯公書，未嘗不想見其風彩，非徒得其爲人而已。』世之學書者，不能力探古人，而妄出新意，遂以爲獨立門戶，若此輩者，雖飲伯夷之盟水，不可以療貪；食比干之餕餘，不可以已佞。「砥樊噲之盾，不可以治怯；臭西子之珥，不可以療惡疾矣。夫學書者，尤忌躐等，東坡云：『真生行，行生草，真如立，行如行，草如走，未能行立，而不能走者也。善草書者，或不能真行，此大妄也。』又曰：『真書難於飄揚，草書難於嚴重，大字難於結密而無間，小字難於寬綽而有餘，』黃魯直云：『欲學草書，須精真書，知下筆向背，則識草書筆法，草書不難工矣。』又曰：若使胸中有書數千卷，不隨世碌碌，則書不病韻，自勝李西臺，林和靖矣。』此中國藝事所以形於上者也。若胸無書卷，徒工書法，不過一寫字工匠而已。終何所成！然少年學書，尤宜求結構謹嚴，平實豐潤，最忌矯揉造作，刻意求古，亦不宜任意馳騁，恐流於油滑，必俟水到渠成，自然蒼秀古樸，如一蹴而至也。此卑陋之見，待正于高明。

文錄

薛濤小傳

石巖

薛濤字洪度，元陸友硯北雜誌云：「薛濤字度弘，各本云洪度，均誤，」但此説無確證，未敢爲信，今仍依全唐詩傳，斷爲洪度。本長安良家女，以大曆三年生於長安。見後考。父勛，官四川時，移家成都，遂爲成都人，濤自幼聰慧，八歲曉音律，父嘗於庭中指井梧偶吟曰：「庭除一古桐，聳幹入雲中」，濤應聲續曰：「枝迎南北鳥，葉送往來風！」其父愀然久之，以爲薄命之讖，尋父歿，濤依母居，笄年，以詩聞於外，又能掃眉涂粉，與仕族不侔，客有竊與之燕語者貞元元年，南康王韋皋鎭四川節度，聞濤才，召入侍酒賦詩，自是遂入樂籍，濤時年十八，皋觀其詩，驚奇之，於是議以校書郎奏請，護軍以濤女子不重，寢罷，當是時，諸達官貴人公子王孫爭慕濤，羣集濤之門，濤盡交結之，遂得遍遊名勝，然濤以所交達貴，無一可以引爲終身知己者，乃吟望春詞四首以寄意焉。其第三首有。「不結同心人，空結同心草」！之句，可以想見其意矣，餘略。自是聲名傳播遐邇，海內詩人如杜牧，劉禹錫，吳武陵，張佑，張籍，裴度，令狐楚，牛僧孺輩，皆傾濤，願得與唱和；博濤片縑尺素以爲榮，其於當時聲價之高，有如此者。居節度府吟詩積久愈精妙，尤擅樂府，尊敬之者日益衆，人有復以校書郎奏者，于是濤出入幕府，時人稱之曰「女校書」。」元和元年，元微之因成都府公嚴綬得識濤，先是微之聞西蜀有薛濤者，能吟咏，饒詞辯，常悄悒于懷抱，及除拾遺遊蜀，綬知微之之欲，每遣濤往，微之見而傾心，相憐成交，結爲詩侶，同居成都，尋濤以言忤節度副使劉闢，爲罰赴松州，乃作十離詩獻微之，詩略。經年，劉闢反，高崇文討平之，濤因釋回，復與微之會晤，元和五年，微之以直貶江陵士曹，與濤臨途決別，不敢挈行，微之泣下沾襟，濤居幕府，自韋皋至李德裕，凡歷十一鎭，皆以詩受知，及微之離蜀，濤遂卜宅於成都城西浣花溪上居焉。初、濤好製小詩，惜其幅大，不欲長賸，及是汲溪水自製箋，別模新樣，狹小爲之，所謂薛濤箋乃是也，箋有十餘種，皆題其名，今傳其名者惟八純白質細者曰「白玉」，赤紅漬染者曰「霞光」，淡綠有紋者曰「松花」，「松花」——濤嘗以此箋題詩百餘幅寄微之者也。——乳白透明者曰「雲母」，敷磐描金者曰「彩鳳」，深紅點染者曰「桃花」，灑墨流染者曰「雲樣」，五彩雜錯者曰「錦幅」；自濤製箋，蜀中才子以為便，爭倣為之，長慶元年，微之登翰林，欲迎濤，既以同平章事未果。（同平章事在長慶二年二月。）旋罷相，（時在六月，）赴浙東，（為觀察使）此時別濤已逾十載，方擬馳取濤，適營妓劉採春自淮甸來，力阻之，遂不行，濤晚年自浣花溪徙居碧雞坊望江樓，闢園栽竹，開井一口，所謂「薛濤井」者也，環石依竹，建樓數間，其最高者曰「吟詩樓」，濤著女冠服，焚香一爐，默然偃息于上，以盡天年，以太和五年卒，年六十四。（濤年歲向無定說，蜀故稱近八十，全唐詩話以為七十五歲，華陽縣志以為七十三歲，而或又以為七十二歲者，然皆無確證，今據圖書集成藝術典稱其卒年六十四，其說差能得真，按全唐詩及蜀故皆載濤出入幕府，自韋皋至李德裕，凡歷十一鎮，蜀箋譜及全唐詩小傳又載段文昌再鎮蜀時，濤卒，文昌為撰墓志，則濤之卒，必在李德裕鎮蜀以後，段文昌再鎮蜀以前，又考新唐書舊唐書本紀及李德裕段文昌傳內，皆確載李德裕鎮蜀為太和四年，段文昌再鎮蜀為太和六年，據此則濤之卒可斷為太和五年，濤卒年既得，生年自可考，而其享年歲若干，亦可確定，溯韋皋鎮蜀為貞元元年，召濤入幕府侍酒賦詩，時濤年十八，則自太和五年倒數至貞元元年，相距四十六年，又自貞元元年倒數十八年，適合大歷三年，四十六與十八相併，則為六十四，是則圖書集成之說為有徵矣）。而微之亦於是年出為武昌節度使，卒於官，（微之生於大歷十四年，年五十三，小於濤十一歲。）

楚草軒主曰：「古語云：女子無才便是德，薛濤不獲以名節顯，倘才之罪也哉！雖然：紅顏薄命，自古同然，非濤一人已也，其或竟如曇花一現，而卒於香消玉碎，湮沒無聞者，亦夥矣！濤獨卓越羣雌，托詞見志，千古詩人，無不歎惜，加咏嘆焉，豈非幸哉！豈非幸哉！

老學生傳

石溪

老學生者，嘗爲人師矣；顧年近不惑，倏焉捨去，而復擔簦千里以求學，故自謂老學生也。

兒時魯甚，嘗推其鄰童入井，與里兒遊戲，比賽輒負。然性喜恬靜自適，終日依依父母膝下，頗得堂上歡，父授徒在外，每逢年節解館歸，日手一卷閱讀，時或朗誦，老學生輒坐小椅上，模其聲音狀貌，家人爲之哄堂，不顧也，母信佛，茹素，早晚焚香佛前，老學生輒隨侍，母每晚誦經，須一小時久，老學生即坐矮橙仰首聽，倦則蹲小几臥，平日於父母之訓，罕或違忤，如或不順，則不可迫之使從，雖重鞭撻，不顧。父母知其然，有所訓迪，常善誘之而不爲迫切之辭，有時父色少厲，母則引先世疾苦，及祖父母所屬盼於老學生者以激勸之，語至沈痛時，或爲泣下，祖母又從旁勸諭，於是老學生無不聽從者。

八歲，父授之書，天資固甚鈍也；然其父循循善誘，能啓發，使感興，是年讀孝經四書畢，且能識其粗淺意義。同學有年洎弱冠而咯血者，老學生見之，每誦「斯人也，而有斯疾也，斯人也，而有斯疾也」，若咯血同學致深歎者。同學莫不笑而異之。老學生所居之鄉，文化故劣，鄰里之人，聞老學生若此，咸屬望焉，且曰：「此其父母積善之報也。」老學生之父，嘗以歲入束脩之半，倡修石橋一座；而母善治家，甚節儉，尤勤紡織，習園藝，常喜以紡織所嬴，家用之餘，施濟貧困，鄰里感之，故有是言。

十三歲，讀五經畢，能作粗通文字，父遂送入縣立小學，年幼而猝離父母，修習於是懈怠，初入學時試第二，越二學期而考入下等矣。榜出，自覺汗顏，乃稍稍發憤，遂得復拔前茅，時民國元年也，老學生已年十六矣。

明年，考入某中學肄業，又明年，休學歸。時有弟方六齡，頗聰敏，老學生於是欲專習國學於家，節省學費，俾其弟他日就學得有充分經濟，乃不幸爲境遇所迫，繼是而奔走衣食者九載，弟甫肄業高等小學，又以病夭，益以失偶多病，身軀消瘦，而學問亦無復進步，曩日所籌，悉成空想矣。

迨年二十六，乃始考入省立某師範學校，斯時國立各高等師範尚未改制，畢業後再求上進，此其志也。越一年，凡各高等師範均改師範大學，專科以上學校，遂無免費者，升學又絕望矣。畢業後服務社會，所往輒有合，又輒有不合，五年之中，任小學教員者二年有半，任小學校長者一年有半，又嘗任某縣教育局長半年，又嘗任某師速政治指導員半年，服務狀況，不可謂不順，然老學生圖學之心，仍未懈也。

去年老學生歲已三十有六，適有友人者願借多金，玉成其志，老學生遂以暑期投考某專門學校，既獲取錄，乃函辭所服務處辭職，教員生活結束，而學生生活又開始矣。

老學生所欲得遂，固甚快事；然記憶力已遜曩時遠甚，每誦文一篇，欲其熟，所費功必倍蓰於二十年前，此又不無缺憾者，然老學生終不以此自餒，嘗曰：「天才境遇，存之於天，不可強也。勤惰進止，存之於我者，安得而不勉？吾深悔前此之未能力抗環境，努力於學，致逾壯而曾未涉藩籬，桑榆之收，尚敢或怠耶！」

老學生之祖母，壽九十一逝，雙親現均年屆七旬，乃矍鑠如五六十歲人。老學生之負笈於外，雙親所許可者也，且爲在家督其妻操井臼，而教其二子焉，值此農村經濟窘迫之時，垂老而猶經紀家庭瑣屑，命其子就學遠方，天下之愛子者，蓋無逾於此矣，吾以是爲老學生幸，作老學生傳一篇。

叔母王氏節烈傳

鄭高崧

叔母王氏同邑光發先生之幼女，先叔進榮之德配也。性慧而婉，不苟言笑，精繡繪，善書算，蓋古所稱備四德者。幼失恃，哀毀如成人，年十六，受先叔聘。先是先叔肄業光發先生門下，以才學見器，遂由門牆之誼，而進訂館甥之戚焉。納采之三年，先叔因勤讀致病，患咯血，日就羸弱，醫卜罔效；鄉人有以完婚冲喜言者，先叔祖惑於其說，乃託媒商諸光發先生，先生入問叔母曰：「汝夫病甚，舅姑欲逆汝往視疾，汝意何如。」叔母奮然曰：「婦人之義，既許人則終身不改，我自分已爲鄭氏婦矣，夫今病革，往侍湯藥，我職也；幸而枯木回春，鄭氏之福也；設不幸則以死繼之，我復何疑？」先生頷之，遣媒還，乃擇吉迎娶。是時先叔病益篤，氣息懨懨，日進米數溢，柴瘦骨立，坐立須扶持。及期，勉成禮。越日，病且危，氣促甚，叔母含淚坐旁，先叔移手緊握其腕，哽咽而言曰：「吾汝爲夫婦，恩義未洽，吾今且死，汝將何之？」叔母聲淚俱下，曰：「吾隨君泉下耳。」先叔愴然而歿，叔母擗踴號慟，觸柱流血，拔髻髮幾盡，碎衣易麤麻，悲不自勝，見者皆流淚。治喪畢，叔母勺飲不入口，諸姑勸之，稍進饘粥。一日，扃戶寂無聲，家人疑之，疾趨叩戶，不應，排闥而入，見叔母臥床飲泣，利刃橫枕，家人驚勸之，則曰：「婦人有三從之義，今吾夫死矣，又無子，吾不能爲鄭氏延一息，不死將何爲？」衆皆嘆息泣下，先叔祖悲其志，謂之曰：「吾家有薄田數畝，吾爲汝立後，汝撫之以事我二老，以殺我悲，可矣。」叔母曰：「事翁姑有伯在；若立後之事，翁自爲之，媳志決矣，不用生爲也。」由是家人防之愈密，無稍間，時先叔死已逾四月，叔母嘆曰：「不意此身，今尚在人間。」乃紿家人曰：「我不死矣，將終身代吾夫事舅姑矣。」言時態度從容，憂顏轉霽，家人心竊喜，防稍懈，夕餐後，櫛髮易服，家人不之疑也。次晨，扃戶不出，家人扣戶，戶不可開，窺牖，牖亦閉，急毀牖入，則叔母已投繯死矣！嗚呼！痛哉！時六月某日也。既合葬於先叔之塋，以遂其同穴之願，復於遜清宣統三年，建坊以旌節烈焉。從姪高崧謹述。

家母刲臂紀事

臧蔭篪

癸亥之春，見母氏臂有創痕二寸許連接者，大駭，母潛告之曰：「此所以療爾父也！去歲爾父病危，予夕禱於神，出左臂，刲之寸許，肉脫而縮，黏於棉，尋之無所得，復刲之。是時予病初起，腕肢無力，肉連不下，乃支臂於床，盡力斯之，又得寸許，覓前所刲者，並納藥中，家人無知者。」又示以刲臂之刃，及裹創之棉帛，猶血痕斑斑，不忍一視。小子聞其言，視其物，已痛心斷腸，泣下沾襟矣！因憶吾父之疾，在壬戌六月，始則便血，既則怔忡頭眩，歷秋冬，至臘月初十之夕，勢危殆，舌色焦紫，母氏戚然曰：『陰將絕矣！以始衰之年，而患斯疾，殆哉！』因遣小子寢於外室，自支藥鼎，次日父便血頓減，諸疾亦尋瘳。此後母氏常背人裹左臂，當時小子無知，嘗見之而不覺也，至是始問而得狀，臂肉抑良藥歟？母氏曰：『世固有毀身療所親者，豈赤心足以動天地，至誠足以感神明乎？蓋性之所親，情之所急，往往不衷於理，而求倖傚於萬一，非臂肉能醫病也，予固知其愚而爲之者再矣。予年十九，侍爾外大父宦棗陽，外大母以事返里，時值盛暑，外大父以祈雨致病，昏不省，醫各異辭，予無所從，乃以臂肉和菉豆湯飲之，愈。至爾父之疾，屢欲再試，苦無間，及爲之，創痕接矣！』復指左臂示小子，迄今思之，歷歷猶在目前也！後四年，外大母病目，將瞽，母氏復以臂肉進，目少明，然則母氏知其不可必而爲之者，殆性情之所急歟？抑天果有知，而感我母氏之誠也！父嘗以此語金壇馮夢華先生，先生歎曰：『毀身療親，或有驗有不驗；其不驗者，誠未至也。誠至而不驗，事或有，理所無矣。其知有父與夫之疾，而不恤其身，一誠之所至，驗不驗固無損益於其人也，而況屢試屢驗者乎？』小子既悲母氏之勞，復感先生之語，謹書此以誌之。

詩錄

故城感舊

小薇

故城在塘村北五里許，昔吳越爭兵於此，吳王建城以禦之，今荒矣，後人建橋於其址，名故城。

此地曾交吳越兵，青山鬱鬱水平平，晚雲飛作旌旗影，老柏森傳戰角聲。冷落荒坟聞鬼哭，淒涼茅舍有春耕。唐亡更有相爭事，空剩烟橋配故城。

春日泛舟遊太湖

卞玉麟

江南草綠又逢春，萬紫千紅一樣新；爲愛烟波湖水闊，泛舟好作浪遊人。

春日風輕氣暖和，駕舟打槳逐微波；太湖萬頃漣漪水，漁唱斜陽一曲歌。

讀陶詩

卞玉麟

吾愛陶靖節，解組懷隱居，茅舍前方丈，繞以短竹籬，此景誠幽極，讀書正及時；遣興常飲酒，消愁復吟詩。詩酒既足樂，力耕更所宜，有田數十畝，果蔬日葳蕤；田事有餘暇，遨遊住所：之時或臨川澤，薄懷不可羈，或往於墟里，行路儼若遺。嗟彼富貴者，營營心力疲；願與塵事隔，知命復何疑？慕彼無懷氏，斯民樂怡怡。我今觀世事，亂離焉可爲！豺狼正當道，爲之身必危！盍效陶靖節，相率爲宗師。

薛濤墳

石巖

枇杷何處校書門，春燕猶思啄舊痕，井外夕陽紅一簇，桃花千古葬詩魂。

薛濤箋

石巖

一紙松花萬古芳，曾裁百幅寄元郎，玲瓏小巧我偏愛，寫能新詩筆也香。

漫興

石巖

幕天席地酒情酣，禿筆縱橫潑墨斜；我自爲詩我自詠，不求人贊自成家。

十八感懷

石巖

眼看蒼生盡倒懸，自生髀肉自矜憐。唐宗十八興鴻業，我愧虛生二九年！

湖上晚眺

石巖

湖濱人立落花時，惆悵東風力莫持；山色欲暝春欲晚，一湖烟水一湖詩。

野望

石巖

野鳥啼飢落野田，夕陽春水打漁船；游絲百丈爭春舞，舞亂春江一岸烟。

悼黨君鼎桂

石巖

君廣西北流人，庚午夏肄業本校，明年春，患痼疾不起，竟於五月九日上午四時物故，君在日，好學不倦，成績斐然，及死之日，師友無不惋惜。巖非木石，豈得無情！賦此以誌悼。時在民二十辛未孟夏也爲痛君生太不辰，箇懷空自負經綸，鶴鳴半夜迷歸路，鵑泣三春斷夢津！之子原來稱好學，彼蒼曷極不成仁。從今數仞門牆內，廣坐春風少一人。

贈李君步青

石巖

天生星宿地生英，性自孤高氣自橫。大器何妨遭俗忌，奇才不必近人情！松風古調漫誰賞，流水高山有我傾。手按青霜三尺劍，爲君一擊一長鳴！

長歌行寄贈金山俞子石

石巖

俞子胸中淵博曠世之奇才，筆端光照文星台。落紙千言走風雨，文成腕底神明來，渾若元氣補造化，盤摩空中聲馳雷！天下之才僅一石，君得八斗傾謝客，作詩直追盛唐時，李與韓翻杜與齊。此是天上鳳凰種，必竹乃食梧乃棲。世無竹實與高梧，所以神物之來也稀。卽有神物謫下界，奇曠終古無人知。我幸游歷天柱下，（我師唐蔚芝夫子身逢世衰俗薄之際，以道系自任設學惠麓闡揚聖義斯文之不墮地者賴於此，故以天柱目之）一見吾子驚嘆嘻，喜共一堂永朝夕，奇疑切磋相磨治。傾心吐肺結知交，服膺以友兼以師。海上風雲狂席卷，日月無色天地迷！長蛟拔浪豺虎嘶，聲驚勞燕分東西！（暴日冠滬，行路感難，余一因釋笈居家，不得晤君。）別經年晤不得，神懷吾子曷可持？古人有別必有贈，我今追贈以言辭。「貊道徧天下，國粹將廢遺；願君挽頹俗，以爲斯文基，他年四海生明日，手舞足蹈相攀追」！

送周梅仙之海上

石巖

周郎一世佳公子，風流楚客多才士，二十八宿盤胸中，伎筆一寫數千紙。燈前抑鬱劍影寒，松風桐雨驚神鬼，襟懷上下數千年，眉目縱橫億萬里。齋頭兀坐儼若思，身擁左圖而右史。生乎今世志乎古，如斯人者今有幾？我來君識已一載，將君摩挲銘心底，拔我茅塞解我疑，得友若師胡不喜。幾行郵書海上來，君言欲去我心摧！雌風瑟瑟起硯北，心愁如織顏不開。雖然人生有會必有別，安能長如土石之共堆？況君此去得價沽，我亦豈宜阻君之行哉？盧君芷芬有酒酌君飲，我有言辭抒離懷：「今宵一堂聚，明朝青雲舉，別時雖有情，莫作小兒女！地角天涯猶比鄰，暫離小別何足苦？他日湖海得萍蹤，豪情一向尊前吐」。

短歌行

石巖

丈夫貴何似？能屈復能伸，亦有務屈者，與世相紛紛。我愧非丈夫，亦非務屈人：入世腰間帶傲骨，長此能伸不能屈，世間常有不平事，每爲裂眥而揭髮。吁嗟乎！裂眥揭髮可奈何，清醒者少，醉濁者多！拔劍欲揮心怏怏，按劍翹首而長歌。鑽營之徒不足道，富貴浮雲遡一笑；屈子矯矯，珍寶生何矯矯珍將山海珠玉而不願汙市井之糟醨！我身雖非珠玉質，亦不願以精卲醨池而浼我一毫之末，更不願此身濫入少年場，趨炎附勢將名揚。簞瓢食飲亦爵位，居晨日月皆文章；昂藏七尺不凡軀，獨立天地之中央！

夢遊瀛洲

石巖

昔常慕瀛洲，今作瀛洲游。瀛洲果何地？豈是蜃蠔樓扁舟一葉送將去，弱水茫茫舟不浮，海上忽來一片雲，似來引我躋山頭；山頭縹渺環翠閣，已近青天觸碧落。攝衣乘雲登天梯，如風萬丈捲碧霓！碧霓中人非相識，驚問何由來仙蹊，此處非如塵世地，非有仙緣不可至。我云我本舊仙客，舊地重來尋勝迹。今既至此不欲歸，願長於此度晨夕。此中人云「且小住，待我爲汝查名去」。查名去，雲霓開，仙風梟梟去復來。云「我之身可暫寄，神仙册上有名字」。於是導我登紫極，縈紆曲直，「一聲霹靂；玉宇空碧，鸞鶴翱翔青雲飛。神龍長吟金鷄啼，殿閣樓臺無常處，金玉玲瓏相高低。茫茫不知幾千里，下望塵寰無東西。無東西，藐難覩，煙霧迷漫何處是？何處是他鄉？何處是故鄉，他鄉故鄉皆渺茫！天人相隔道路長！八荒六合皆可指，萬事遡空忘悲喜！四顧隱約生層雲，方丈蓬萊相對峙！俯仰咫尺地，暢此逍遙意，一陣仙風送我回，水色山光映碧堆！去何遲？歸何迅？回首煙雲難再近，夢魂爲之久縈迴，思心爲之久徘徊，噫嗟嘻！古來萬事皆如此！秦皇漢武安在哉！

雨中遊蠡園

王正履

石欄曲折步遲遲，拂遍湖邊楊柳絲，一角飛紅小亭子，我來避雨立移時。

泛舟揚州瘦西湖雜詠

王正履

渺渺晴波水一方，畫船來往遠相望。綠楊城郭今何在，賸有聲蕪占夕陽！

偶因煩熱欲消愁，白塔紅橋好放舟。十里珠簾看不斷，繁華當日說揚州！

舟近平山折向西，瀟山松柏影淒迷，鷺鷥省識遊人到，飛上晴沙故故啼。

習習晚風吹夢醒，中流一葉泛蜻芥。流螢掩映菰蒲裏，錯認漁燈三兩星。

懷亡譜弟姚君奠民詩（幷序）

周祥龍

秋月春花，光陰易過；民弟之逝，迄今已二載有半矣！每臨風東望，不覺泣泗縱橫！古人曰：「朋友之墓，有宿草而不哭」。余非過情實感發於心不能已也。爰作詩以寄意云爾。

世上論交何紛紛，管鮑真情惟有君。少年同學相親慕，三載芸窗共論文。君能躍馬實英武，讀書尤喜研說部，相親甯遜親弟昆，傾心交結真心吐。執教重逢情不移，同遊不忍須臾離，花下共惜春英落，海上歸來紅日遲。（校址在海濱）如何小別成永訣，天公無情摧英哲，春風重上村西墳，空見桃花紅如血！

聞雁

如

明滅殘燈照影單。憂時淚共雪花彈。中宵孤雁遙天唳，似哭邊關血未乾。

偶感

陳光漢

客子多愁感，寂寥歲又深！一燈孤枕夢，萬里故園心；塞北烽煙急，江南風雪侵。何時平醜虜？共醉太平吟。

觀陳洪範月下擊劍感賦

陳光漢

烟塵東北迫城闕，胡兒鼓角聲未歇！書生無路請長纓，手把青萍弄明月。寒光閃爍射牛斗，劍影凌亂心應手，壯顏嚴色神氣足，叱咤風雲猛虎吼！忽然一道捲白練，披襟獨立色不變；沈沈殺氣月無光，絕技由來令人羨，把劍摩挲心胆躍，眼底禍亂誰平削；五更飛夢斬樓蘭，那有書生真文弱！

黿遊頭渚送別石溪

張人駿

烟波萬頃一航輕，遠渚濤聲雜櫓聲；莫把工愁笑平子，客中言別總傷情！

雨過閒行

葉煒白

細雨纔晴後，閒行到水濱，草滋芽驟長，柳嫩葉初勻，風定聽鳴鳥，池清見泳鱗，怡情良久立，歸去暮鐘頻。

冬夜

章魁

風霜料峭寒侵骨，歲暮天涯一病軀！酒夢乍醒殘漏夜，漫天星月柝聲孤！

春日偶成

章魁

記得來時雪載途，而今春色滿平蕪，東風一樣吹人老，不及思鄉更老吾！

春日雜感

劉猗

行過長隄又短隄，野郵籬落一聲雞，却能催醒遊人意，不逐香車逐馬蹄。

美人風箏

莫怪凌虛步不停，溫柔鄉處近青冥；邊關殺氣悲前線，南國哀音譜後庭；雨却愁傷落莫；御風亦自感飄零；仙姝也欲嫦 逐，爭奈姮娥未啓扃。

迎汪辭

顧邁修

春草肥兮，院長歸兮。匪院長來歸。我民疇依。春光媚兮。院長莅兮。微院長之至。國將焉理。倭寇深兮。曦陸沉兮。院長式臨。曷其一軍心兮。國風變兮。國本搖兮。院長孔昭。有以詢芻蕘兮。

百花洲懷宗子相先生

任穀

城南春草碧芊芊，勝蹟重經憶故賢：夾岸杏花紅帶雨，長隄楊柳綠含烟。鳥啼似解書中味，魚樂同參物外緣。留得典型茅屋在，神雅野渡認當年！

哀國殤

楊炳方

悍哉彼倭族，視我如魚肉；屠我東北民，徧野新鬼哭。桓桓邊將軍，不抗甘雌伏；致令千里地，淪亡在信宿！野心本未死，忽圖攻我腹，乘艦來滬濱，虎狼齊登陸。賴有敢死士，詩詠殄首肅；持戈赴戰場，勢猛如破竹。江灣一大戰，恍若古城濮。無奈寡衆殊，不幸遭殺戮；白骨暴沙磧，血流滿海瀆。我軍雖小挫，敵人已驚服。哀哀好男兒，舍身爲國贖；精靈結不散，死當爲鬼牧。千秋享禋祀，春蘭與秋菊！

國風詩社詩選

春日雜感

王正履

楊柳垂絲颺碧空，枝頭好鳥罵東風；喜花爛熳開爲錦鈴，未爲邊城戰血江！

低首往年三二月，極天兵火海壖來；草青南浦猶爲昨，折戟沉沙劇可哀！

春日雜感

張尊五

流鶯軟語促花開，伴我吟邊千百回；忽雨忽晴愁不解，一聲驚破是春雷！

江南二月百花明，倦裏聽歌幾度驚；莫怪春鶯啼不住，伊誰知我此時情！

春日雜感

李步青

漫說登高怨別離，臨溪亦自賦新詩，誰家酒暖開金谷，何處春深叫畫眉？燕水彩霞紅灧灧，帶風楊柳綠絲絲；殷勤莫倩流鶯語，異樣心情恐客知。

春日雜感

石巖

三邊刁斗警聲聲，春到常教恨不平，豪氣十年摩五嶽，長風萬里負平生，匈奴未滅家何在？陸渾其狂劍欲鳴，獨上高樓一俯仰，心隨白日到龍城。

聞道邊城萬骨枯，春風塞草血模糊！驚看家國頻多難，始覺文章已誤吾！投擲毛錐三寸管，融開寶劍十年鑪；待他火到功成日，試把穿滿狗鼠屠！

閱淞滬抗日血戰大畫史有感

盧景純

傷心去年一二八，血咽浦江波浪赤！萬里戰檄傳江南，十九路軍挫強敵！一戰再戰敵膽驚，甲解兵棄戰不得，振臂一呼十當千，追奔北尸山積！雖然勝負未易言，倭奴兵破創亦劇奇功長與日月存留得丹青圖畫册吁嗟乎！戰士往矣國難殷，何人更繼前賢迹！

從軍行

黃源澂

棄我手中筆，荷起肩上槍！驅車向東北，誓殄彼披猖！在昔處華屋，而今幕高岡；在昔膺樑厭，而今膾可嘗；辭甘而就窮，豈復情之常？若此胡為者，忠憤溢肝腸！死生且不顧，茹苦庸何傷！此身不足惜，祖國不可忘！

從軍行

盧沅

君不見將軍潰竄奔荒谷，熱湯萬里河山讓異族？籌邊籌國豈無人，空向秦庭幾回哭！男兒對此心膽驚，辭家投筆請長纓，誓將碧血雪奇恥，拚身沙場豈怕死！紛紛孺子何足云，會看一戰立功勛；上馬殺賊下馬作露布，盾鼻磨墨成檄文，以計代戰建奇策，以一代萬奪人魄，遂爲華胄作長坐令彼兵皆辟易！君不見郤縠敦詩樂儒術，謝艾書生破銳卒，建功自古屬儒生，笑然武人空作鬩牆爭！

從軍行

徐振亞

倭奴黷武侵三邊，節節深入驚南天！灤縣一失平津危，平津危分華北顛！驚報頻傳壯士憤，投筆從戎作中堅；風雨淒淒著先鞭，飛度關山駐幽燕，嚴列陣勢對倭寇，策騎衝鋒競爭先！敵尸纍纍如山阜，得勝歸來理鞍韉！燕山日日塵沙起，灤水夜夜聲嗚咽，倭奴還怒屠難民，千里村落斷炊煙，指日收復我失地，乘勝縱轡富士嶺，三島貫表奉正朔，壯士凱旋即歸田，飲酒笑談敗寇事，豪情勝似封燕然！

國風詩社刊首題詞

王正履

詩教溫柔治化陳，而今寂響窒荊榛；雅音不作憑誰繼，風雨雞鳴啟後人。

三戶卞秦語可悲，柳亳重寫楚人詞；國魂鼓吹懷南社，超慶鍼盲是我師。

國風社刊首題詞

李步青

共抑牢愁罷舉杯，四郊烽火逼人來！安排濟世籌邊策，誰是經天緯地方？思祖王風歌六月，漫從禾黍訴餘哀！激揚民氣憑斯卷，南國文章亦壯哉！

國風詩社刊首題詞

黃魁

詩成珠玉自清遒，爭奈風雲陰九州！耿耿星河臨極動；聲鼙鼓撼天愁！越王爲寇終軍憤，漢世籌邊賈誼憂！休把軼材工唱和，秦風聊可賦戈矛！

詞錄

三字令 擬溫庭筠調

小薇

一番雨，送春歸，人未省，鳥先知。欄干外，千百囀，鬧黃鸝。柳枝重，似愁眉，惆悵甚醒來時。何曾憶？偏感夢，又相思！

秋夜——鷓鴣天

如

萬籟聲微夜寂寥。階前風緊葉頻凋。故園一縈相思淚。幾度徘徊過恨宵。 無限恨。恨無聊。可憐夜靜聽臾簫。悽愴最是腸堪斷。且把離愁喚酒澆。

秋夜傷別——鳳凰臺上憶吹簫

如

幾點疏星，一輪月明。那知又到深秋，正是良宵候，何苦多愁？忍聽驪歌徹夜夜，腦煞了，兩顆心頭，雙雙淚西樓潤盡，只為離憂， 休休，明朝去也，信你那秋波，戀戀難收，任你千般戀我總難留，惟有相思兩縈，天涯遠，地角悠悠，江邊處，何時去與我那歸舟。

如夢令 春曉

葉煒白

好烏枝頭相喚，夢繞香衾不斷，睡眼半朦朧，曾見晨光射幔；日旰日旰，推枕攬衣舒腕。

迴文 調寄菩薩蠻

劉猗

繞爐煙碧，絲殘裊裊，殘絲碧煙爐繞；寒氣怯衣單，單衣怯氣寒。 角吹驚夢覺，覺夢驚吹角；斜月透窗紗，紗窗透月斜。

憶江南

戴傳安

寒夜靜，寂寞倚薰籠，數盡殘星天不曙，單衣怎奈五更風？人語小樓東。

菩薩蠻

戴傳安

水晶簾外瀟瀟雨，雙蛾低斂羞無語。窗外小芙蓉，迎人特地紅。 鑪烟猶裊裊，心事知多少？何處可消憂？閒來獨倚樓。

如夢令

鑑華

鎮日病窗扃瘦。料峭東風輕逗。不禁欲銷魂。九十春光難久。捱受捱受。一寸眉心頻皺！

雜俎

國聯教育考察團蒞錫來校演講誌略

健實

一九三一年秋國聯教育考察團，培根、倫希維、唐奈、法爾斯基等。來華考察吾國教育文化事業。首在杭滬各地考察後，由教育部派陳瀚孫王愼明及中央研究院胡剛復等，陪同培倫二氏蒞錫參觀，唐法二氏則先逕赴首都矣。十一月十二日錫地各機關學校均派代表，赴車站歡迎。抵錫後，參觀申新紗廠民豐絲廠等。十三日參觀省立教育學院並作演講。十四日上午十時復由無錫教育界高踐四雷賓南俞慶棠陳禮江等，陪同來吾校參觀演講。茲略誌之於下：

培倫二氏來校後，先在吾校圖書館參觀一週，曾披閱元版禮記，資治通鑑，明本學律全書，殿本史記等珍本。由唐謀伯先生詳爲指釋，尤爲珍貴云。後在大禮堂演講，亦由唐謀伯先生任翻譯，唐校長先致辭歡迎，在鼓掌聲中，首由培氏登壇演講大意謂：「此次來華考察，對於東方民族如何保存其固有之文化的問題，甚感有研究興趣，在現今生存競爭的時代，凡一國家求生存於世界，固當以研究科學爲先，然研究科學必當先使國民自覺，而國民自覺心之發動，惟有藉「國學」以發揚光大之。而後可以保持各國固有之民族精神，此尤須研究本國歷史和固有文化。貴校爲研究「國學」之最高學府，負有保存固有文化之責，與普通學校之使命不同，希望貴校同學能整理中國博大之歷史，編成大中小各學校適宜的歷史課本，遍行世界各學校，以發揚中國民族之文化學術，而促起國民之自覺。」

次倫氏演講大致謂：「此次余等代表國聯蒞華考察教育，目的在促進世界和平，各國互相合作。然合作之意義，對於文化學術並非互相抄襲，蓋必求各國能保存並闡發其學術文化，貢獻之於世界也。譬如近三十年來，物理學之發明雖多，（按倫氏爲物理學專家。）然個人之經驗而言，倘非以從前多數物理學家所發明者爲基礎，則亦不能如此進步也，今漸中國之文化發達，能貢獻於世界，固亦如是，必以其固有之文化爲基礎焉。頗期諸君努力於斯，又孔子爲貴國第一大學術家，而貴校又係保存「國學」之惟一學府，兩者適在比鄰，（按校鄰孔廟）尤爲求學之佳地也。再法諺有云：「女子乃家庭之保姆。」希望貴校女同學將來能爲國家之保姆。』演說畢，掌聲雷動。培倫二氏，與吾校校長唐蔚芝先生均已高年，而精神矍鑠，聚二國三老（按培氏德人倫氏法人）於一堂，允爲難能可貴也矣。

音韻雜記

樊公宣

（一）詩燕燕之南，與音心韵；凱風何人斯之南，亦皆與心韻；鐘鼓卷阿之南，皆與音韻；株林之南，與林韻。顧氏不肯以沈氏之乃林反，亦不如陳氏古音考之音甯。以爲覃與侵本通，不煩改字。今穿鑿求之，可將一耐字爲比喻，耐本奴代切之音，又爲奴登切之能，二音最相近，故顧氏云然。

（二）詩桃夭之華，與家（音姑）韻；何彼穠矣之華，與車韻；（車古音居，居之古音乃如姑，）有女同車之華，與車琚都韻；萇楚之華，與家韻；山有扶蘇之華，與都且韻，且音當如租；采薇之華與車韻；出車之華與塗居書韻，書音當如疏，皆不出魚虞模三均，可見古音之不近麻。徐鍇說文繫傳謂華本音和，但和音可轉胡，與今光華之華，華夏之華，皆爲雙聲；以胡之疊韻求敷之重脣，則音如稃。（滂模切）顧氏詩本音內凡華之字皆音敷。抑知古無輕音，輕脣之字，古皆讀如重唇也。

（三）詩生民篇先生如達，釋文云：達，他末反。（透母）說文辵部，達，徒葛反。（定母）又君子老委委佗佗，釋文佗，待河反；佗卽他之異文，聲在透母；待河反，則入定母。有人據此斷定古舌音端透二母混用。案鄘風之委委佗佗，與召南之委蛇委蛇，義本相同。鄘風之佗，本音駝，與珈，河，宜爲韻。待河反不誤。段大令曰「佗之俗字爲駝，爲馱，隸變爲他，用爲彼之稱。」則義別音不同矣。召南之蛇音移，亦音駝，（亦不可謂喻母與定母相通。）與皮，駝爲韻，蓋以波，玻，頗，跛等字以皮得聲，故皮之古音爲蒲禾切，音婆如可與紽，蛇爲韻。凡一字得二三音或四五音者，不第有古音今音方音轉變之異，更有假借作變爲某音，亦更有義變音亦變者，不得一概以某母與某母可通言也。如生民篇先生如達，釋文他末反，亦不誤，蓋達，說文本訓行不相遇也，音本如撻，後乃訓通達，讀徒葛切耳！姑勿論。段大令謂毛詩本作羍，亦音末反他爲達之假借字也。彼鄭風挑兮達兮，亦音撻，從撻轉達，不過疊韻之差耳！烏可云端定二母古相混乎。

（四）凡同紐曰雙聲，同部曰疊韻。今以羅馬字母求之，二十六字中除五母音外，餘皆子音。母音相同爲疊母，如Lo, So; Kai, Lai; Kung, Tung; 子音相同爲雙聲，如 Ba, Be Ling, Long; Si, shuo.

（五）方音求知之道，不外雙聲與疊韻。然雙聲有古今之殊，疊韻有分部不同，則滋惑矣。進論之，一可求之於四聲遞轉，二可求之於古音之類隔，三可求之於韻部通轉。若罷字廣韻集韻正韻並音皮，皮古音婆。顧炎武云，凡經傳中罷韻之罷，罷休之罷，皆讀婆。今人因皮而誤，又添一蒲蟹反，至土音又轉而爲蒲怕反，則又可求之於變音也。凡方言之一語一音，無不可筆之於書，是在神悟，以求其通，不能示以規矩也。

（六）元劉鑑著切音指南一卷，據母系聯，分辨等呼，法善而學未備。若果攝之緺，之紽，之誇；梗攝之竑，之趪，之噹；曾攝之淫；通攝之頭，之辱，之雄；蟹攝之隚，之頤，之膎，之簃，之齬，之甝，之鑽，之阬，之懲，之鬈，之辱，之𢋈；山攝之辭，之紇，之趯，之鄹，之鞈，之俗；臻攝之頌；江攝之𡾊，之棒，之項，之巷，之學；宕攝之𡾊，之陽，之養，之漾，之藥，効攝之檀，之猇，之𪇰。並入俗音，頗致等呼混淆。舊等呼之學，艸創伊始，未能臻至善之域也。

（七）予向欲以說文形聲偏旁爲主，附屬所以之字，一變部首之分。後聞苗夔有說文聲讀表，姚文田有說文聲系表，事遂輟，比得陳立說文諧聲孳生述，不第以聲爲主，且爲分部，先獲我心。夫形聲之偏旁，有益於音韻者三：如江，扛，釭，玒等字，知古音讀工；昧，知古音讀末；昭，知古音讀召；狗，知古音讀句；昭，知古音讀召；狗，知古音讀句；

腔，崆，控等字，知古音讀空；此其一。如孤，猯，菰，窊，罛，狐，派等字，皆從瓜得聲，知瓜古音當讀孤矣；珣，拘，駒，枸等字，皆從句得聲，知句古音當讀拘矣；如波，頗等字，皆從皮得聲，知皮，古音當讀蒲禾切矣；此其二。又我，讀俄也，故儀有俄音，而蟻，儀因之得聲，且以莪，鵝，峨，娥之類例之，我可讀乎也；（揚子雲太玄經「出我入我，吉凶之魁。」韻補叶之切，音台。注云，我音如台。）此其三。自吳才老知諧聲可求古音後，清之研究音韻者，無不承其志矣。

史記讀法之我見

喬伯夷

史記一書，讀者頗多，至其讀法，則各有不同。史公紬史記石室金匱之書，據左氏、國語、系本、戰國策、楚漢春秋、及諸子百家之書而成之。貫穿經傳，馳騁古今，上始軒轅，下訖天漢，作十二本紀，十表，八書，三十世家，七十列傳，凡百三十篇。合三千年事，約五十萬言，偉哉著乎。若貿然讀之，恐不免迴回而生厭，因厭而廢書；棄此奇文至文，千古名作而不觀，豈不惜哉？茲就管見所反，應如何讀而始不生厭，列舉於後，供參考焉。

一、應分三時代讀，一漢高以前，上始軒轅，下至秦始。二漢高以後，上始呂后，下至孝武。三漢高當時，上始陳涉起大澤鄉，下至項羽自刎烏江。漢高以前，約二千二百九十三年。漢高以後，約百二十年。漢高當時約五年。漢高以前，本紀凡六，年表凡三，世家凡十七，列傳凡二十八。漢高以後，本紀凡四，年表凡四，世家凡七，列傳凡三十。漢高當時，本紀凡二，年表凡三，世家凡六，列傳凡十二。以此推之，則漢高以前，長凡二千餘年，僅約佔全書之半，其太半爲漢高當時及漢高以後之事可知矣。而漢高時，又約佔漢高以後之半亦可知矣。漢高以前，多採摭他書而成，不可盡信，不若漢高時及漢高以後，較爲可信。余以爲第一步應從漢高當時劉項相爭讀起，將雙方所以勝敗之原因，研究出一個澈底；然後再下及漢高以後之漢武，上及漢高以前之軒，庶乎可也。

一、就漢高當時讀法，應以劉項二紀爲經，以秦楚之際月表，漢興以來諸侯年表，高祖功臣侯者年表，陳涉世家，蕭相國世家，留侯世家，陳丞相世家，絳侯世家，張耳陳餘列傳，魏豹彭越列傳，黥布列傳，淮陰侯列傳，韓王信盧綰列傳，田儋列傳，樊酈列傳，張丞相列傳，酈生陸賈列傳，傅靳蒯成列傳，劉敬叔孫通列傳，季布欒布列傳，三年表，六世家，十二列傳爲緯。而以歷次大戰爲樞紐，如鉅鹿之戰，靈壁之戰，榮陽之戰，垓下之戰，凡與歷次大戰有關係者，均須細讀一過，然後對於劉項勝敗之由，可以瞭然。據其原書所載，明有互相關係者，如蕭相國世家，「漢十一年陳豨反，公高祖自將至邯鄲未罷，淮陰侯謀反關中，呂后用何計，誅淮陰侯，語在淮陰事中。」留侯世家，「項伯見沛公，沛與飲，爲壽，結賓婚，令項伯具言沛公不敢倍項王，所以距關者，備他盜也，及見項羽後解，語在項羽事中。」又「漢四年，韓信破齊，而欲自立爲齊王，漢王怒，張良說漢王，漢王使良授齊王信印，語在淮陰事中。」又「其秋，漢王追楚王陽夏南，戰不利，而壁固陵，諸侯期不至，良說漢王，漢王用其計，諸侯皆至，語在項籍事中。」此其原書載明者也，至其未載明而實有關係者，尤不知凡幾也。

一、漢高以前及漢高以後讀法，二者均須與他書對照讀，如高祖以前之事實，須取原本對照之，石室金匱之書，固久亡矣，然春秋內外傳，戰國策，及諸子百家之書，猶有可得而觀也。故須多方參考，勿得拘諸史記一書，史公對於漢高以前事實，記載頗疏，前人言之久矣。卽高祖以後之事實，亦間有舛錯者，尤須與班書同觀，以見詳略也。

以上三者，乃余最近讀史記所思及者，略筆於此。以資探討苟依此法讀史記，雖未可謂之捷徑，然亦可免遲回生厭之弊矣。

讀書隨筆摘一——史記

小薇

史記高祖本紀：「韓信說漢王曰：「項羽王諸將之有功者，而獨居南鄭，是遷也，軍吏士卒皆山東之人也，日二夜鼓而與歸……，不如決策東鄉，爭權天下」」當此時，有二韓信，一卽淮陰侯韓信，一乃韓王信，不知本紀所言，王邪侯邪？然後人紛紜，大都以爲雄謀傑略，當出淮陰韓氏，竊以爲不然考淮陰列傳及韓王信列傳，皆有勸漢主舉東取天下之計，而淮陰列傳載侯之言，異乎本紀所云，韓王信列傳載王之辭，實近本紀。若使本紀韓信爲淮陰，曷勿卽錄淮陰列傳之辭，而故異之，反使同乎韓王信之言乎？且淮陰傳漢王聽信言後：「漢王大喜，自以爲得信晚，遂聽信計，部署諸將所擊，八月漢王舉兵陳倉，定三秦。」是漢王聽信言後，卽有表示也，而本紀不明載之，夫以淮陰一言興漢之要，史公筆雖疏，又何至闕漢王聽否之表示而不錄邪？本紀不決漢王之可否，又實近于韓王信列傳所記，是則本紀韓信乃韓王信無疑也。又察漢王建都南鄭，在四月。本紀載韓信說漢王言後，曾叙項王怨田榮，立齊將田都爲齊王………等一段，此事考之年月表及綱鑑易知錄，其時間乃在五月至七月中，則是韓信之言，當在此事之前也。淮陰韓信登壇之對，在七月；八月，漢王用韓信之計舉東，由時間上亦可以見本紀韓信乃韓王信而非淮陰韓氏也。或謂既是韓王信，何本紀不稱韓王信，乃稱韓信？是更不足爲疑！蓋當時韓王信未嘗封王，固不得便書韓王信也。

讀史札記

李步青

嘗讀史書，略有所得卽記之；然師心自用，不免孤陋。今寫此，以就正於高明。

讀史漢高祖本紀

（甲）漢書有較史記簡略者：

如，史記：「十年十月，淮南王黥布，梁王彭越，燕王盧綰，荊王劉賈，楚王劉交，齊王劉肥，長沙王吳芮，皆來朝長樂宮。」漢書只載諸王來朝，而不載諸侯之名。

又，如史記：「秦二世元年，命雍齒守豐引兵之薛，泗川守壯敗於薛，走至戚，沛公左司馬得泗川守壯殺之。」漢書只作「沛公左司馬得殺之，」以致顏師古注，誤以得爲司馬之名；亦由文字太簡之過也！

又如秦二世三年，史記：「高祖與秦軍戰於藍田南，益又張疑兵旗幟，諸所過毋得掠鹵。秦人憙，秦軍解，因大破之，又戰其北，大破之。乘勝，遂破之。」曰因大破之者，秦軍解也；曰又戰其北大破之者，秦民憙也；曰遂破之者，秦已亡也。漢書改爲擊秦軍，大破之藍田南，遂至藍田，又戰其北，秦兵大敗。」去三之字，興味索然矣！

又如史記「五年，高祖與諸侯共擊楚軍，與項羽決勝垓下。……楚兵不利，淮陰侯復乘之，大敗垓下。項羽卒聞漢軍楚歌；以爲漢盡得楚地，項羽乃敗而走。是以兵大敗。使騎將灌嬰追殺項羽東城，斬首八萬，遂略定楚地。魯爲楚，堅守不下。」夫曰卒聞漢軍楚歌，以爲漢盡得楚地者，蓋狀羽兵敗之心驚胆寒，疑懼交集，故以爲漢盡得其地也。乃漢書改作「知漢盡得楚地」夫項王受漢軍及諸侯軍之包圍。魯下與否，項王不得而知也。漢書以爲羽知之，實則班氏自知之而已。又紀中有斬首八萬一語，漢書不載，獨載：「羽與數百騎走」一語；蓋取之史記項羽本紀中者。殊不知太史公之所以載「斬首八萬」四字於高紀中者，蓋記諸侯之戰功也。載「羽與數百騎走」一語，於項羽本紀中者，蓋記項羽大軍被漢軍衝破，獨賸殘卒而已。班氏不載「斬首八萬」四字，乃獨載「羽與數百騎走」一語，不亦令後人疑羽之大軍住何處去乎！

（乙）漢書高紀所載有與史記事實相同而人名異者；

史記項羽本紀：「人或說項王曰：『關中阻山河四塞，地肥饒，可都以霸！』項王見秦宮室皆以燒殘破，又必懷思欲東歸，曰：『富貴不歸故鄉，如衣繡夜行，誰知之者?!』說者曰：『人言楚人沐猴而冠耳，果然！』項王聞之，烹說者。」是太史公不知說者之名也。裴駰史記集解曰：「楚漢春秋，揚子法言曰：『說者是蔡生』」夫楚漢春秋，太史公自序曾言爲已著史記所採用之材料，是書云說者是蔡生，太史公豈不見之？見之不用其說者，自必有故。乃漢書則云：「說者是韓生」。其所據之書，太史公亦必曾見之矣；見之而不用，亦自有故矣。太史公不用，而班氏用之，終嫌武斷矣。

史記高紀：「項羽出關，使人徙義帝……，長沙郴縣，……乃陰令衡山王，臨江王擊之，殺義帝江中。」項羽本紀亦云：「乃陰令衡山王臨江王擊殺之江中。」二紀所載殺義帝者，爲衡山臨江二王，而漢書高紀以爲殺義帝者：「九江王布」果何所據而云然耶？

（丙）漢書誤以說漢王東嚮者爲淮陰信。

史記高紀：「元年四月兵罷戲下，……漢王之國，項王使卒三萬人從；楚與諸侯之慕從者數萬人。從杜南入蝕中，去輒燒絕棧道，以備諸侯盜兵襲之；亦示項羽無東意。至南鄭，諸將及士卒多道亡歸。韓信說漢王東嚮。太史公未明此韓信爲韓王信；或爲淮陰侯信。漢書則以爲淮陰侯信。此大誤矣其證有。二，錄之於左：

一曰：合高紀及韓王信淮陰侯信一傳所載韓信說漢王東嚮之詞觀之，而後知是韓王信非淮陰侯信也。

高紀：「韓信說漢王曰：「項羽王諸將之有功者。而王獨居南鄭，是遷也；軍吏士卒皆山東之人也，日夜跂而望歸，及其而之，可以有大功也。天下已定，人皆自寧，不可復用，不如決策東鄉，爭權天下。」

韓王信傳：「韓信從入漢中，迺說漢王曰：「項王王諸將近地，而王獨遠居此，此左遷也；士卒皆山東人，跂而望歸，及其鋒東嚮，可以爭天下。」

此傳所載韓王信對高祖之詞，不但大旨與高紀所載相同，即字句亦同。吾人試取淮陰侯韓信傳中對高祖之詞觀之：

淮陰侯信傳：「王曰：「丞相數言將軍，將軍何以教寡人計策？信謝，因問王曰：「東鄉爭權天下，豈非項王耶？」漢王曰：「然」曰：「大王自料勇悍仁彊，孰與項王？」漢王默然良久曰：「不如也！」信再拜賀曰：「惟信亦以爲大王不如也。然臣嘗事之，請言項王之爲人也：項王……此所謂婦人之仁也，……有背義帝之約。……項王所不過不殘滅者，……今大王能反其道，……何所不誅；……以義兵從思東歸之士，何所不散。」」

此傳所載對高祖之詞，與高紀中同者，只「以義兵從思東歸士」而已！其主旨則完全不同也。請申明之：夫韓王信勸漢王東嚮時，高祖未必有東嚮之心也。高祖爲人，貪財好色，至秦時，卽欲休止，賴樊噲，張良諫，乃奮起耳！此時楚軍甚強，高祖亦不願與之爭鋒。故韓王信勸其東嚮。及夫淮陰侯信陳項羽有可取之道，其志遂堅決耳。故韓王信所陳，爲勢不得不東嚮；淮陰侯信所陳，爲羽有可取之道。

二、從漢王口中，得知勸漢王東嚮者爲韓王信。何以言之，韓王信勸漢王東嚮時，漢王未發一言也。淮陰侯信傳中：「蕭何追韓信返曰：「……顧王策安所決耳！」王曰：「吾亦欲東耳，安能鬱鬱久居此乎！」是高祖已聞韓王信之言而決意東嚮耳！所以不卽東嚮者，籌之未熟，不敢輕率從事也。可見高祖之欲東嚮，完全受韓王信之鼓動；若當韓王信勸之之時，高祖卽有東嚮之意，必曰：「善，是得我心也。」而當時默默無一語者，蓋已未有東嚮之意也！曰，然則班氏何以以說漢王爲淮陰侯信？曰：班氏所以以說漢王爲淮陰侯信者，蓋惑於史紀高紀五年，高祖置酒雒陽南宮，對諸將之言耳！其言曰：『連百萬之軍，戰必勝，攻必取，吾不如韓信。』許信爲三傑之，一班氏遂以爲勸漢王東嚮者，舍淮陰侯信其誰。殊不知韓王信亦英雄也，豈不知勸漢王東嚮哉！且夫袁生，鄭忠，亦嘗說漢王矣；漢王亦用其計而勝楚，奇謀偉將，固不必盡出之三傑也。後人不察，蓋同班氏之惑矣。（如顧炎武日知錄亦以說漢王東嚮爲淮陰侯信。）

（丁）太史公之微旨

1太史公於高紀中多載神話，其意豈不以爲高祖之所以興者，大半恃以神道惑衆之力哉。故一則曰：『其先劉媪，嘗息大澤之陂，夢與神遇；是時，雷電晦冥，太公往視，則見蛟龍於其上，已而有身，遂產高祖。』二則曰：『武負王媪，見其上常有龍，怪之。』三則曰：『呂公曰：「臣少好相人，相人多矣，無如季相。」』四則曰：『老父相呂后曰：「夫人天下貴人，」……老父曰：鄉者夫人嬰兒皆似君」』五則曰：『高祖斬蛇』一紀之中，所載神話凡五。縱當時人多迷信，史公何如是之不憚煩？耶曰：史公有深意存焉。曰，何以徵之？曰：亦徵之於高紀而已。高紀於載高祖斬蛇之後。曰：『諸從者日益畏之』載呂后求高祖，見其上嘗有雲氣之後，曰：『沛中子弟聞之，多欲附者矣。」玩太史公語氣，蓋譏高祖之起以神道惑衆也！

2太史公於高紀中，五稱項王也。夫項羽雖殘暴，高祖亦何嘗不殘暴哉！太史公於項羽本紀中，敘楚漢睢水之戰曰：「圍漢王三匝，於是大風從西北而起，折木發屋，揚沙石，窈冥晝晦，逢迎楚軍。楚軍大亂，壞散，而漢王乃得與數十騎遁去。」此蓋寫項王之不得滅漢王者，天使之然也。故於高紀元年以後，五稱項羽為項王，一稱項王於鴻門之會，許其有人君之度也。二稱項王於四月兵罷戲下，諸侯各就國之時，許其有容人之量也。三稱項王於北擊田榮之時。四稱項王，於漢王請和之時，明其勢尚強也。五稱項王於歸漢母父母妻子時，許其仁也。至五年高祖與諸侯兵共擊楚軍時，乃稱項王為項羽，貶之也，即所以傷之也！

3太史公於高紀中多載瑣屑之事，以明高祖性情之倨傲，及陰狠。高紀記高祖起兵時，本為一無賴。以蕭，曹等皆文吏，自愛，故，高祖得為沛公耳。故太史公於紀中多載瑣屑之事，以明高祖之性情為倨傲陰狠。故於酈食其見高祖時，記高祖方踞牀，使兩女子洗足。又記高祖病時，嫚罵良醫，此明高祖之倨傲也。記高祖五日一朝太公，家令說太公擁篲迎門卻行，……高祖心善家令言。又記高祖大朝侯……「高祖奉玉卮起為太上皇壽曰：始大人常以臣無賴，不能治產業，不如仲力，今某之業所就，孰與仲多？」此明高祖之陰狠也。或曰：此為當時事實，太史公記實耳。安有不滿於高祖者乎！曰：本紀云者，所以包舉大端，凡茲瑣屑之事，固毋關軍國；即欲狀高祖之性情，取一二小事載之，足矣。太史公之所以不憚煩而詳記之者，所以狀高祖之倨傲及陰狠也。吾人細玩「心善家令言」一句，高祖之心思畢肖矣。曰：然則紀中云：「高祖仁而愛人」何也？曰：太史公身為漢臣，敢斥言高祖之不仁乎！」

春雨樓偶談

陳光漢

春雨樓者何？余之讀書室也。樓曷爲名春雨？取放翁「小樓一夜聽春雨」之句也。放翁有句，曷以名吾樓？蓋每當春雨之夜，嘗獨坐小樓，聽衖外淅瀝之音，不禁恍然悟放翁之句，因以名之，此吾樓之所以名春雨也。春雨樓偶談者，茶餘飯後，耳聞目見，筆之以備忘，此偶談之所以作也。偶談之動機，始自去年暑期；而偶談之實現，則自今年二月。予學淺識陋，固無學術研究之可言，然既名偶談，則亦偶談也已矣。閱者幸有以教我！

偶檢藏書，得梅雪堂詩集一册，爲吾鄉先達戴鼎先生之遺作，稿爲手抄本，間有修改，前有自序一篇，蓋擬付梓而而未就者，詩凡五六十首，頗老鍊，今錄二首如下，和周梅卿作云：「終年落魄賞音稀，轉覺蠅頭逐利微。依樣葫蘆聊爾爾，隨身竿木覺非非；代庖到處逢靑盼，投轄何人泣赭衣；搔首自憐華髮墮，乞分仙履共忘機。」六十自壽口占七律云：「壯不如人老曷爲，敢將心事語相知；守株待兔都因拙，屠狗尋刀半是癡。行遠尚堪堪脚健，悟非轉悔十年遲，浮生若夢愁虛度，打起精神學少時。」

余先師余思勉先生，字嵩方，善詩。余十四歲，受業時，始學爲詩，先生所教也。先生佳作甚多，惜稿多不存，余時尚少，亦不能憶及，惟記其題桃花源圖一絕云：「爲問桃源是有無？桑麻鷄犬實堪娛，須知陶令憑空記，誰復添毫繪作圖。」嗟呼！今先生歸道山久矣：追憶儀容，猶能彷彿，今錄其作，不禁潸然欲涕也。

外祖邀予小酌，于座中得遇戴守雅先生，先生、吾鄉宿儒也。曾爲天台……各縣知縣，今者年近杖鄉，退居山林，以娛晚景，傾談之下，大快我心。先生擅詩古文，著有司法筆談及璞廬詩鈔，其詩頗多興趣，可記者甚多，惜手頭無書，不能全錄。今就記憶之所及，摘其句如下：秋瑾女士自湖南改葬西湖誌盛首二句云：「我儕到處有青山，俠骨何須埋故關。」何等豪壯！結二句云：「只恐者番埋骨後，爭教從此到紅顏。」諧語亦頗雄健。詠菊云：「人生要似黃花好，老圃還留晚節香。」題菊圖云：「品高祇合籬邊住，種好都歸腕底收。」雜之古人集中，幾不復辨。予嘗題其集一絕云：「我亦當筵拜盛名，（用龔定菴句）老來詩骨自澄清，文章事業原無價，付與千秋月旦評。」先生虛懷下士，于後進亦尙禮節，是故吾鄉青年，爭投先生之門下，可謂盛矣！

作詩固須天才，然未有人力不足而可以發揮天才者；作詩固須自然，然未有不精嚴之至而可以自然者；人力不足而爲之，則失之野；精嚴不足而爲之，則失之粗；野者天才之流弊，粗者自然之流弊，然非天才自然之流弊，乃人自受弊于天才自然耳！

余師王起字季思，中央大學畢業，治中國文學，爲人風流蘊藉，天資卓絕，詞曲之工，大可比美前人，于前月曾示余近作詩凡三十餘首，並請呈石遺老夫子斧正，今以篇幅關係，錄其蘇州除夕一律云：「碧也無言我不歡，聽人兒女說團圓，歲華已向愁中盡，榆酒難消雪後寒，食少事煩空自諱，身亡心在敢求安，白頭老父知何似，起把家書仔細看。」詩頗清新。

處州陳懷白女士，余在浙省十中，見其感懷二絕，似有隱憂者，全詩不能記憶，惟末一句云：「可憐無計變男兒。」予曾和之，有句云：「英雄何必在男兒。」蓋勉之之意也。

十中同學錢君式純，樂清人，予爲十中學生編輯時，載其柳絮一首云：「柳絮！柳絮！飄零失據。歷遍了地角天涯風吹處，破碎了遊子思親情緒！ 柳絮！柳絮！飄颺無序！東西南北誰爲侶？輕風送你雲深處，前途渺茫，何處是歸路？ 柳絮！柳絮！莫怨春無主！殘春碎體留不住；流水落花尙有情，東風何苦要負你!?」這種非詞非曲，比之古詩則自由，比之白話詩則精嚴，亦有嘗試之必要也！

豈同內兄，爲人忠直，品行端方，習西醫，學識豐富，亦能詩，頗有性靈，和余感懷詩一律云：「一年容易又秋深，廿載蹉跎未惜陰，濟世恨無平亂策，習醫空有活人心；離鄉幸免家常累，飄泊空慣異地音。少壯勸君且努力，休教天冷懸羅衾！」時登同爲山東齊仁醫院外科主任也，余嘗和詩有句云：「白髮親恩遲暮恨，靑燈書味歲寒心。」蓋予爲此詩時，已十一月矣。

世人論詩，喜言派別，某也學唐，某也學宋，西崑體也，江西派也，至明則有主張復古者，清則有主張性靈者，格調者，肌理者，神韻者，各樹一幟，以標門戶，于是詩道衰矣。夫詩原爲表現情感之工具，在心爲志，發言爲詩，三百篇之詩歌，漢魏之樂府，曷嘗有派別哉！推其發生之原因，蓋自文人相輕始。文人相輕，則不得不立門戶以爲號召，而詩道亡矣。詩亡派別興，可不悲哉！故我人學詩，決不可迷于門戶之見，取法于上，而後庶幾可成，若徒規模乎派別之見，坐井觀天，則卑卑不足道已。

唐蔚芝夫子云：「天下第一等文章，須天下第一等人物去做。」蓋文章者，人心之表現也。人心之邪正，卽文章之邪正，而人格之高下，可以判別文章之高下也。未有人格不高尚，而可以使文章偉大者。昔柳公權論書法曰：「心正則筆正。」字猶如此，矧文乎哉！故爲文章之工夫，當先有涵養之工夫。

常思學問之道，聰明不可恃，聰明不可無，惟在苦心努力耳！

同學某君，嘗與余言，廣西有甘雲庵者，舉進士，性高傲，以此不合于世，鄉俗祀灶神之一夕，作一絕詩云：「一灶明香一灶烟，送神今日上靑天，如神願報人間事，只道文章不値錢。」詩雖滑稽，然亦苦語也。

予友林君紹業遊雁道中作一律云：「曲徑深迴芳草低，今朝幽壑共追隨，句雲一抹寒山翠，澗水斜穿古岸欹，山鳥忘機伴我立，籐蘿有意牽人衣，僧房漸近聞鐘鼓，五濁浮各從此夷。」頸聯尤勝。又夜宿靈岩詩云：「靈岩寺古暮雲封嵐氣蒼茫聞晚鐘，澗納涼風聲朧朧，松窺皎月影幢幢，聲顫水急瀧湫瀑，露冷星寒天柱峯，露寂懸燈對古佛，爐香裊裊篆烟濃。」皆係當時實景，信手拈來，詩筆妙絕。」張震軒先生，吾鄉賢達也。擅詩文，年逾古稀，稱異叟焉。有詠馬嵬坡七律四首，限十一眞韻，其詩句法矜鍊，可入宋人詩集，今錄之如下：「一曲霓裳舞正新，驚聞鼙鼓賊胡塵，六宮粉黛都成夢，尺組蒼黃已喪身，玉貌不回諸將怒，金鈿空訂百年姻，漁陽賊勢倡狂甚，重過荒坡更愴神。　紅顏薄命古來異，鐵騎無端逼紫宸，鬱鬱馬嵬坡葬玉，淒淒龍馭淚沾巾，千秋社稷輸丞相，一代江山誤美人，最是淋鈴聞夜雨，不堪回首渡關津。　六軍不發盡含嗔，慘絕禪堂碎異珍，恩愛難忘唐帝子，綺羅空說號韓秦；長留鴛襪埋青草，無復蛾眉對紫茵，贈有蓬萊山化石，壓寰下盡最酸辛。　金鷄障裏洗兒頻，禍水偏教累萬民，兒女英雄終割愛，官家夫婦不如貧，可憐一死深辜蔽，莫問長生舊約申，淒絕梧桐南苑落，白頭宮女話青春」用意新穎，不襲前人陳腐氣。

全唐詩話載：劉禹錫元微之韋楚客同會白樂天舍，論南朝興廢，各賦金陵懷古詩，劉滿飲一杯，飲已即成「王濬樓船下益州」一律，白公覽詩曰：「四人探驪龍，子先獲珠所，鱗爪何用邪？」于是罷唱。又載劉禹錫之「山圍故國周遭在，潮打空城寂寞回……」一絕，樂天掉頭苦吟，嘆賞良久曰：潮打句，我知後之詩人，不復措詞矣。」又雲溪友議樂天過巫山，但誦沈佺期王無競皇甫冉李端四人詩，亦不復咏吾于是嘆古人之服善如此，若今人矜矜于字句之間，動輒相誹謗者，聞樂天之風，亦可以自愧矣。

後山詩話云：「寧拙毋巧，寧朴毋華，寧粗毋弱，寧僻毋俗，詩文皆然。」予謂寧拙毋巧者，蓋以巧則便傷于雅，易流于俗故也。竹坡詩話云：「作詩正要寫所見耳，不必過爲奇險也。」六一詩話載聖俞嘗云：「詩句義理雖通，亦語病也。」皆言寧拙毋巧之意，蓋巧有天然之巧，有人工之巧，天然之巧，雖巧不見刻削之痕；人工之巧，則傷于自然矣。項斯之「平鋪水不流，」則天然之巧者也；少陵之「江平不肯流，」則人工之巧矣。

歷代詩話爲研究詩學之參考書，然其書繁多，論其具有價值者：則爲全唐詩話石林詩話珊瑚鈎詩話韻語陽秋滄浪詩話詩法家數木天禁語詩學禁臠等，頗有指示門徑之妙理，猶以滄浪詩話爲最，續歷代詩話爲無錫丁福保編，其內容以本事詩誠齋詩話對床夜話歲寒堂詩話升庵詩話藝苑卮言四溟詩話艤寶詩話詩鏡總論等，稍有價值。予于課餘之暇輒于圖書館借歷代詩話及續詩話而閱之，摘其要者，以備不時之參考。詩話之作，本爲詩道之衰，然後之作者，不但各逞己志，反借此以抵排異己，殊失詩話之原旨。

予往時遊西湖，泛舟六橋間，不覺隨口吟曰：「六橋勝蹟今安在，終古垂楊拂浪青。」蓋今之六橋，非昔之六橋，其上皆爲汽車道矣，後思湊成一絕，終不可得。雖免強湊合，終不洽意。姑記之以俟他日可也。

豔體之詩，往往流爲淫蕩，昔人謂關雎樂而不淫，是故爲詩之正宗，晚唐溫李輩，競尚豔體，以予觀之，尚不失溫柔之旨，如李之「小姑居處本無郎」，「劉郎已恨蓬山遠，更隔蓬山一萬重」。「春心莫共花爭發，一寸相思一寸灰。」。溫之「與客卷簾閒不語，楚娥攀樹獨含情」。「花若有情還悵望，水應無事莫潺湲。」等句，何嘗有涉放蕩，而沈確士選詩，尚謂「雅音既遠，鄭衛雜興，君子弗尚也」故確士選詩，不收西崑香奩體者以此。至王次回疑雨集則如放浪形骸，詞麗意淫，若論其藝術之地位，則有相當之價值：但此等詩決不可學，蓋非詩之不可淫，而淫則無味矣，此詩之所以貴乎「樂而不淫」也。

作詩極難，唐人有「兩句三年得，一吟雙淚流。」又「吟安一個字，撚斷數根鬚。」于此可知古人作詩之難矣，今之人率口成章，動謂能詩，吾不知其眞知詩否也。杜少陵不云乎？「讀書破萬卷，下筆如有神。」惟其能讀破萬卷書，故下筆之時，如有神助也。

詩貴遲不貴速，蓋遲則能工，速則少成也，袁子才云：「詩到能遲轉是工，」亦此意也。宋人謂「閉門覓句陳無已，對客揮毫秦少游，」此言才之遲速也，但後人不論其遲速而唯其工拙是視可不慎乎！

詩寫性情，人各不同，元遺山論詩絕句有云：「有情芍藥含春淚，無力薔薇臥晚枝，拈出退之山石句，始知渠是女郎詩。」予謂遺山于古人何不諒如是。須知人才各不同，詩情各自異，退之山石中「山石犖确行徑微，黃昏到寺蝙蝠飛，昇堂坐階新雨足，芭蕉葉大支子肥。」固自丈夫語，然是退之之語，非他人語也，強人之所異而欲同之，其可得乎！潙師振心亦有詩云：「識個溫柔本詩教，何妨時作女郎詩。」

龔定庵詩往往有女兒氣，如己亥雜詩三百十五首中，大都如此，其詩自許最好，如「不是無端悲怨深，直將閱歷寫成吟，可能十萬珍珠字，買盡千秋兒女心？」予有讀其詩一絕云「閱歷天花悟此身，用定庵句定庵風骨本詩人，莫嫌脂粉污顏色，往古情揚字字眞。」

黃仲則兩當軒詩集中，人皆愛其都門秋思四律，予謂都門秋思雖寫末路窮途之感，自足動人，猶不及別母別女別內別老僕之至情帶血的文字，令人欲泣也。仲則七古頗似太白，其太白墓詩云「束髮讀君詩，」又云「我所師者非公誰。」仲則之傾倒靑蓮，亦猶靑蓮之低首宣城也。

吳梅村詩以七古最好，其詩帶有六朝豔氣，然不落宋格，是其長處，予最愛其鴛湖曲圓圓曲琵琶行永和宮詞諸古，情韻纏綿，令人悲歎不已也。

無錫龍頭渚廣福寺有一無姓氏題詩二首其一云：「只覺山中味有餘，一瓢一榻可安居，烟波千頃供高坐，星月三更伴讀書。人世紛華眞七梗，此身泡影一蘧廬，有時把酒高歌罷，浩氣氤氳滿太虛。」其二云：「無邊烟水一扁舟，到處爲家得自由，岸岸花開共獨笑，山山月出每孤遊，亂峯天際不可數，野寺松間也自幽，爲笑此笑無住著，只和一片白雲浮。」其詩意境，頗爲淸高，錄之以供同好者。

（待續）

錫學無忘錄

薛玄鵠

予佩觿之年，卽承庭訓，伏讀羣經；其後入學校，寒暑假日，猶誦習陳編，以餉儉腹。故尼父之書，司馬之籍，皆所夙嗜，顧校課紛繁，不克專心於玆，以故隨口或誦，不求甚解。庚午夏，慕唐師蔚芝之名，負笈梁溪，隨班聽講，時有餘暇。輒披舊帙。以當息游，而一知半解，時縈乎思，不覺忘其不文，率爾著之。雖不敢遽以爲是，然敝帚自珍，亦姑存之。積之二年，裒然成帙，同學黃子瓊見之，菀爾言曰：昔亭林知其所亡，今吾子不亦月無忘其所能乎？盍不名子之編，謂之無忘錄乎？」余曰：「此余之所不敢望也，然亦不敢不勉。」凡此所作，皆旅錫時之所學也，請更益以錫學二字，以爲飛鴻踏雪之意可乎？癸酉春日薛玄鶚自識於無錫之國專。

讀國風關雎篇

詩三百篇，不乏聖君賢相燕饗頌美之辭。而孔子刪詩，獨以關雎爲始者，何哉？豈不以風化之原，政教之本，而繫乎一國之治亂者，厥唯人倫。人倫之中尤以夫婦爲之樞。是以易首乾坤，書美釐降，春秋譏不親迎。古聖賢之著述，兢兢於夫婦之際，而視爲人道之大倫者，不獨國風爲然也！蓋夫婦者，家之本也，家齊則國治，國治則天下平，未有夫婦失道，而能齊家治國平天下者也？昔者堯將讓天下於舜，而先觀厥刑於二女。蓋天下之大，一家之推也；天下之衆，夫婦之積也。觀其所以治家，而治天下者，亦於此可見。惟孔子識文化之所自，故以關雎冠三百篇，是亦贊易刪書修春秋之意也。開宗論之：詩三百篇，不問其爲風爲雅爲頌，皆成周一代之詩也。成周一代，篤於公劉，肇於太王；而修仁行義，德洽諸侯，開三十世八百載之丕基者，莫若文王。文王之化，被於二南。其歌諸里巷，被之絃管者，夫之婦際爲多。上有樛木芣苢之妃，則下有廣漢汝墳之女；上有葛覃鵲巢之德，則下有桃夭摽梅之化。可知夫婦之際，治亂之樞，風始於二南，詩始於關雎，非誠明於治道者乎？是故周之興也，寤寐輾轉，不失於正；琴瑟鐘鼓，不流於荒。及其衰也，白華歌於上，谷風刺於下。其關於家國之治亂者，不尤彰明較著也哉！後世經籍廢棄，詩教不修；淫蕩之風日益盛，夫婦之道日益苦。其得之也，旣無寤寐之求，故亦無好逑之樂。愛憎任意，迎拒隨心；上以是倡，下以是勸。關雎之化，蕩焉無存！舉國之人，幾何其不胥淪爲禽獸哉？宜乎世之多變而不堪聞問！吾故明孔子首列關雎之意，俾盱衡時變，有志改革者，如所返焉。

讀小弁詩

爲人臣者而得於君親則臣子之志，不難上達，以悶其君親之視聽；而君親亦感於臣子之誠，而幡然改變。此固家國之大辜，亦臣子之敢自必者也。脫有不能如其意者，則寢不安席，食不甘味，憂愁幽思，不得已發其哀思於歌詠之間，冀君親悟於萬一，此亦臣子之所末可如何者也！是故屈原被逐，而作騷離；周公遭謗，而賦鴟鴞。君臣之間，猶且若是；父子之情，何獨不然。宜臼見廢於幽王，其傅爲作小弁。余讀其詩，未嘗不憫其志焉。或曰：『父母愛之，喜而不忘；父母惡之，勞而不怨。小弁之作，得無怨乎？』不知以妾爲妻，以孽代宗，稍明大體者，皆不忍爲。乃以天子之尊，悍然爲之無所恤，國本動搖，何能漠視。幽王得褒姒而黜申后，廢宜臼而立伯服。何能坐視如人越之關弓，談笑而道，夫豈人情？此太王之所以憂愁幽思而不能已也！是太王之怨慕也。所謂『親之過大而不怨，是愈疏也。』不疏其親，而瞻依驟失，憂心如擣，以致假寐之不遑，正太王之愛其君親也。其曰『踧踧周道，鞠爲茂草！』正以禍之所及，非一人一家事，焉得疢如疾首。舜之不得其親，而號泣於旻天。蓋非人意之所及，而非人力之所可挽者，未有不呼天而訴，古來忠臣孝子窮無所歸時之所爲者。詩曰：『何辜於天，我罪伊何！』又曰：『天之生我，我辰安在？』其怨慕之深，與舜何異？假令幽王開而悔悟，毅然出褒姒，復宜臼。能亟補過，則宗子維城，犬戎之禍，不若是之速也。雖然，周事往矣，，獨怪後之人於夫婦父子之間，顛倒變亂，恬不爲怪。或且揭示於天下，以爲時勢所趨，不得不爾。曾不知犬戎之禍，踵接其後。而寓內騷然！吾讀小弁，益歎古人之用心爲獨厚也！

讀項羽本紀

世之論次羽者，輒以爲暴戾，故五歲而終失天下，身死烏江。以余觀之，羽實不忍人也。當鴻門之宴，范增以玦示之者三，而羽則默然不應，卒使逸去，其不忍人之心，固畢露矣；而乃養虎遺患。又豈羽之所及料者。廣武之相持，太公呂后，留羽軍中三年矣，若漢不下，欲烹太公，嗣以項伯之諫而止，卒歸其家，是羽之不忍，尤可見矣。夫項羽之意，豈不以古人行一不義，殺一不辜，而得天下，皆所不爲。其置人父於高俎之上，不過迫之使倒戟以退耳，豈果欲殺太公哉！且羽之所以敗，不在沛公父之子殺與不殺，而實在寡助。羽之有項伯，於分則君臣，於情則懿親也。諫行言聽，可謂至矣；而乃不助項羽，顧欲效忠於漢室，不亦異乎！試思夜見張良與沛公者，項伯也；舞劍以抗項莊，而翼蔽沛公者，亦項伯也。諫殺太公者，項伯也；羽敗論功，首受漢之侯封者，亦項伯也。其他漢封之桃侯平皋侯玄武侯，皆項氏枝屬，殆亦伯之流亞歟！不然，主死國亡，而榮受他人之封爵，尙得謂有心人乎？羽惟以此曹而置之左右，雖欲不亡，烏可得乎？孟子曰：「以不忍人之心，行不忍人之政，治天下可運之掌上。」羽之不殺沛公父子，不可謂非不忍人之心也，有不忍人之心而，無不忍人之政，此天下所以始得而復失也。正惟徒有不忍人之心，而如項伯者流，得優容於其間，而不早屛斥，此正所謂小不忍而亂大謀者也。嗚呼！太史公之列羽於本紀而名之者，儻亦有意於此乎？

讀李廣傳

語曰：「聖人造命，賢者安焉；達人知命，愚者爭焉。」不知命定於天，顧欲以人力之所及，爭勝而斡旋之；於是竭其耳目心思之力，不惜出死入生，以赴時會，以立功名；卒之時會易失，功名難得。往往侘傺抑鬱，至於捐軀而不悟者，不亦大愚也哉！吾讀史記，竊慕其才，而惜其命之窮者有二人：一曰賈誼，一曰李廣；誼負王佐之才，而遇賢明之主，宜可以立功成名矣，然自宣室召對之後，遠宦長沙，卒不復振，而偃蹇以歿；廣具大將才，而又値匈奴寇盜，邊圉多故之秋，充其才略，要足以凌衞霍，轢金張，蹈厲一世，焜耀千秋，萬戶侯何足道哉。而乃轉戰漠北，不困於天時，卽厄於地勢；不厄於地勢，卽摧於強寇。結髮從戎，皓首未已。諸部校尉以下，儼然以擊胡軍功而得志，而富貴，驤首上騰，以博取封侯者，不知凡幾。而廣終無尺寸功以自見，致使文帝惜其不遇時，武帝病其老而數奇。幸而得當單于，乃又中徙軍部，迷道失期，至不肯對簿幕府，伏劍自刎，斯非命也歟？王翔以殺降之陰禍解之，豈得爲知言哉？吾於是知命之所在，不可強求。命而富貴利達，則雖辱身賤行，要必有乘時崛起之一日。命而窮困艱厄，雖如廣之猿臂善射，曾不得與爲人中下之從弟，一較其短長。此居易俟命之君子，不戚戚於貧賤，不汲汲於富貴，而視人世之浮榮，漠然無所勸於中，惜乎廣不知此也！詩不云乎？「不忮不求，何用不臧。」廣惟不安於命，而刻意以求，安在其能臧也哉？吾發故此義以書之，俾世之不知命而熱心於利祿者，知所返焉。

讀游俠傳

俠者，治世不宜有，而亂世不可無。何則？治世則君明臣良，刑清政簡，人民安居樂業，無幾微不平之憾，存於心目間。即有大俠，無所事事。世道衰微，威福恣於上，黨與成於下，而所謂強凌弱，衆暴寡，知詐愚，勇苦怯者，紛起而未有已。繩以道德而道德淪衰，斷之法律而法律敗壞；於是是非顛倒，黑白混淆；人間疾痛之聲，愁苦之氣，鬱而不得一洩，此非人類之至慘者乎？有大俠者，出而鋤強扶弱，俾威權恣肆，豪暴無憚之徒，稍稍知所顧忌；而人民之煩冤疾苦，亦藉以稍殺一二。是則俠也者，所以救民者也，志撥亂而反正者也！俠之達而在上者，則爲湯爲武，有俠之行，無俠之名，其窮而在下者，則爲朱家郭解，有俠之名，而委曲其行者也。委曲其行，而猶不免於當路之忌刻，則俠之窮而又窮者也！夫人之行事，能出其餘力，以振人之急，濟人之困；爵祿不足縻，刀鋸不足辭，斯亦難能而可貴者，而顧目爲橫逆，一再擠止，強爲阻遏，使不得達，宜乎俠之絕迹於後世。而史公游俠之傳，豈無意哉。史公所傳，不過數人，蓋深惜在上者之摧殘，而俠客之義，終古而不得彰。故爲之傳以寓惋惜，惜俠之不多得而不可復覩者。爾時國家多故，武健嚴酷之吏，踵接而出，民窮於輸輓，士苦於法網。史公以一言之不當，而身罹重刑無有出一言，聲大義以援之者。此所以嘉俠之行，而重爲惋惜者也。至乎近世，日尋干戈，是非曲直，一不之問。惟見弱者竊鉤，強者竊國，搶攘無甯歲，正游俠有爲之時也。然而曾不得一見者何也？豈世之無俠耶！抑未至其時而不出者乎！

讀落葉集

余讀寧川孫師鄭之落葉集竟，作而言曰：物窮則變，天之道也；日中則昃，月盈則食，理之常也。木葉之落其猶日昃日食。爲窮而變之時。蓋常人之所習見，而不以爲戚戚者。師鄭顧惓惓於此，一再吟諷，且徵海內諸詞曹酬和，次第錄焉，成玆一集者，何居？曰：此師鄭之微意也，師鄭久居京華，目覩鼎革之際，升沈榮悴，不可紀極。其有氣骨柔媚，隨風披靡者一，若蒲柳之望秋先零；其有不顧同類，相煎甚急，一若萬蘤之不庇本根；甚而故家喬木，一朝失蔭；置府細柳，萬樹荒寒。向之帝綠湘紅，金枝玉葉；曾不轉瞬，而摧敗寒落，風雨飄搖；常士寄薄鱸之興，故廬幸松菊之存，昔日榮華，遽成夢幻。求其盤根錯節，如歲寒之松柏，貫四時而不改柯易葉者，則渺乎其不可復得。宜師鄭諸人，拋搖落之悲，發滄桑之感，爲之詠歌而嗟歎之也。故師鄭之爲落葉集也，猶屈靈均之於香草，王而農之於落花，皆所以致其抑鬱無憀之慨，忠愛君國之誠，非牽爾吟詠及之者。觀其卷首之以詩爲序，其旨固隱約可見。若謂爲流連景物，感傷遲暮，若蘭成之賦枯樹，永叔之悲秋聲，又豈師鄭之意哉！余窺其旨之所在，故爲此以發其隱，以告世之讀是集者。

附錄

現任教職員一覽表

姓名	別號	籍貫	職務	履歷
唐文治	蔚芝	江蘇太倉	校長	前南洋大學校長
錢基博	子泉	江蘇無錫	校務主任	前國立清華大學教授現任上海光華大學國學系主任
馮振	振心	廣西北流	教務主任	前北流中學校長國立交通大學教授國立暨南大學教授大夏大學教授
陳衍	石遺	福建	教授	前國立北京大學教授廈門大學教授
朱文熊	叔子	江蘇太倉	教授	前南洋大學教授
徐景銓	管略	江蘇常熟	教授	前常熟縣督學

姓名	別號	籍貫	職務	履歷
周澂	哲肫	江蘇常州	教授	前國立暨南大學教育學院講師上海光華大學國文教員兼附中國文系主席
邱有珍	有珍	江蘇淮陰	教授	中國國民黨江蘇省黨部委員江蘇省立教育學院教授
秦仁存	亮工	江蘇無錫	教授	前特派駐比留學生監督駐新加坡副領事兼代總領事讓請陸軍中學德文教師
陸修祜	景周	江蘇太倉	文牘兼教授	前南洋大學教授
侯鴻鈞	敬輿	江蘇無錫	國技教官	歷任無錫勸學所勸學員縣立初級中學教員
董志堯	紫瑤	江蘇宜興	軍事教官	上海中國體育專門學校畢業歷任江蘇省立四五中女中錫中體育主任兼軍事訓練員現任省立錫中體育童子軍教員兼訓育員
秦秉衡	秉衡	江蘇無錫	校醫	無錫療養院院長
孫家復	戚香	江蘇無錫	會計	前曾經雅益友小學校長
高文海	涵叔	江蘇無錫	教務員	前東林三師附小教員
丁儒侯	素堂	江蘇泰興	訓育員	本校畢業泰興國學專修館主任
王紹曾	介人	江蘇江陰	圖書館管理員	本校畢業前商務印書館編輯
何德培	梅生	浙江硤石	訓育助理	本校畢業
姜謀深	謀深		書記	
黃彬昌	紫城		書記	

在校同學錄

三年級

姓名	別號	年齡	性別	籍貫	通信處

丁舜年	箎孫	二三	男	浙江長興	長興西大街
于耆年		二八	男	泰興	口岸大泗莊大德生藥號
王華嘉		二八	男	太倉	太倉西門內高橋南
王正履	玄白	二〇	男	江都	鎮江轉嘶馬南巷
任穀	授經	二四	男	興化	興化東嶽廟橋南
朱裕昌	雨蒼	二八	男	常熟	常熟焦桐街四六號周第
余曉峯		二四	男	銅山	徐州城內鑰匙巷
吳德明	好修	二一	男	松江	松江諸行街電報局西隔壁
周兌庵		二六	男	宜興	宜興計亭橋
俞振楣	子石	二一	男	金山	松江平巷鎮
徐義	仁甫	二八	男	安徽舒城	安徽舒城千人橋
徐沂	樂山	二三	男	安徽滁縣	滁縣烏衣張泰和
倪志儒	瑟儒	二五	男	鹽城	鹽城新興市
陳士犖	不黨	二三	男	湖南長沙	安徽安慶北門張家拐二號
屠楨	致祥	二三	男	武進	武進周線巷七二號
黃兆裳		二三	男	宜興	宜興和橋下塘
黃孝璋		二〇	男	江陰	無錫含秀橋七號
楊炳方		二六	男	安徽涇縣	安徽涇縣幕山

楊全經		二四	男	溧陽	溧陽茂新京貨號
董道南	贊揚	二七	男	沛縣	沛縣西門內陳恭順先生轉
孫謙六		二二	男	山東嶧縣	徐州壩子街榮茂生藥店
葉榮寶	勁秋	二四	男	泰興	泰興北門老葉莊
劉猗	篠園	二九	男	東臺	東臺溱潼鎮四伯配行輕帥垛
臧鯤	天池	二四	男	宿遷	隴海東段窰灣鎮
薛玄鶚	思明	二三	男	吳江	蘇州同里鎮
錢緒堂		二八	男	常熟	無錫合興鎮
鮑元豫	智孫	二〇	男	鎮江	鎮江第一樓街四二號
戴宏復	健實	二二	男	吳縣	蘇州柳巷八號
蕭佩三	繩鄴	二六	男	高淳	高淳滄溪蕭家灣
蘇奎炳	涇川	二五	男	武進	武進鄭陸橋鎮
顧永悌	尹甸	二〇	男	南通	城內西大街九二號

二年級

姓名	別號	年齡	性別	籍貫	通信處
王見久	夢周	二一	男	安徽滁縣	滁縣南街
王桐蓀		二〇	男	江陰	無錫轉祝塘
卞玉驊		二三	男	江蘇海門	海門十三堆鎮瑞成昌轉

石巖	少逸	二二	男	江蘇海門	海門縣市
汪兆成	韶尤	二〇	男	安徽滁縣	安徽滁縣四牌坊
呂蘊華		一八	女	江蘇武進	武進雪堰橋
吳壽祺		二四	男	安徽	蕪湖轉涇縣茂林村學灎園
李步青		二四	男	江西湖口	九江甘棠南路四十九號
李穠	躍先	二四	男	湖南桃源	湖南桃源東街德順福號轉鄭家河郎洞溪交
李灼華	子實	二四	男	江蘇泰縣	鎮江口岸大泗裝郢交
周祥龍		二四	男	江蘇南匯	上海浦東下沙鎮
俞洛生	玄環	二二	男	江蘇宜興	宜興和橋下塘南首寶華照相館
姚希曾	省三	二〇	男	無錫	無錫胡埭鎮
徐枕亞	西橋	二四	男	江陰	江陰西石橋徐廣億號
曹書坤		二三	男	武進	常州魏村鎮
張逸仙	嘉俊	二三	男	安徽合肥	巢縣北門大街壹百廿七號
張明凱	弛	二一	男	徐州	徐州西北鄭集
張魯五	正戇	二〇	男	江陰	江陰城內大巷
程詠沂	勇毅	二四	男	定遠	滁州正泰號轉天長某王元吉號交
喬伯東		二三	男	淮陰	淮陰城內南門二五號轉
華元龍	雲裳	二一	男	無錫	蕩口鎮

敬雲從	霞裳	二〇	男	和縣	和縣小西門敬森發號
聞職材	豹龕	二一	男	太倉	太倉城內州西街
臧蔭篪	又怡	二一	男	江蘇宿遷	隴海東段窰灣一柳草堂
劉幹	紹楨	二六	男	安徽懷甯	安慶西門然洪家鋪阮家圩
樊恭烜		二四	男	浙江象山	甯波象山陳姚
鄭高崧	鐵亞	二三	男	江西玉山	浙衢轉玉山城內鄭寓
錢鏞元		一九	女	江蘇無錫	無錫七尺場
閻桂藩	樹屏	二四	男	江蘇碭山	碭山縣城內中山街德隆號
盧沅	芷芬	二四	男	江蘇吳縣	蘇州顏家巷三十五號
盧景純	伯雅	二一	男	江蘇南通	南通中國銀行轉
顧增賢	希聖	二〇	男	江蘇太倉	太倉沙頭鎮長隆協記

一年級

姓名	別號	年齡	性別	籍貫	通信處
王玫	秉勳	二〇	男	浙江東陽	東陽萬通廠
王淵	素行	一九	女	江蘇無錫	無錫石皮巷四號
任以鈉	秉成	二一	男	江蘇宜興	宜興大人巷十六號
曲勉菴	免安	二三	男	安徽和縣	江蘇涇浦橋林同昌和轉石村廟
向景華	鶴孫	一九	男	江蘇江陰	江陰城內青果巷三號

國專季刊 附錄 二〇六

束康	兆熊	一九	男	江蘇宜興	宜興青果巷三號
與覺成	志道	二四	男	安徽桐城	桐城北鄉麒麟橋
匡榮欣		二四	男	江蘇無錫	無錫六區橋
李亞崑	雪山	二〇	男	安徽滁州	滁州城內公館巷一號
李競西	韜哲	二二	男	雲南河西	昆明市文廟西巷十四號
何濟勳	濟	二三	男	廣西上金	廣西省上金縣正街
胡邦彥	文博	一九	男	江蘇鎮江	鎮江斜橋街八十六號
胡嘉梓	堯瑞	二三	男	浙江奉化	奉化松林區方門通鮚埼
郝立人		一九	男	江蘇鹽城	揚州小五福巷二號
徐林	孟武	二四	男	安徽廬江	桐城東鴻池卅里埠
徐炎文	愛吾	二〇	男	安徽廬江	廬江卅里埠
徐文淵	可八	二二	男	安徽廬江	廬江卅里埠
徐景賢	讓言	二三	男	江蘇宜興	宜興西廟巷光祿第
秦桂祥		二四	男	廣西博白	博白文橋街一號
翁衍楨	育修	二四	男	浙江杭縣	杭縣周家浦鎮
唐建祖		二一	男	廣西南甯	南甯市共和路二百二十號
宮傳瓚	玉珊	二一	男	安徽蚌埠	蚌埠轉洛河街宮美盛大房
張人駿	白厂	二二	男	江西贛縣	江西贛縣南大街一五三號

張如愈		二七	男	浙江天台	天台平鎮溪邊張
張葉欣		二一	男	安徽滁縣	津浦路滁縣鼓樓街第八號
張惠藻		二一	女	江蘇無錫	無錫西門外霸橋
陳光漢	雁迅	二〇	男	浙江溫州	溫州雙穗郵局
曹寶讓	東霖	二四	男	安徽明光	津浦路明光站汪雁源號交
黨魁	紹籛	二七	男	江蘇揚州	鎮江大橋鎮黨家河黨四房
錢永之		一九	男	江蘇無錫	光復門外張巷十七號
萬肇康	希齡	二一	男	江蘇泰興	泰興 鎮天祥號轉
黃源澂	石溪	三六	男	江西豐城	江西樟樹鎮觀上城楊萬順寶號轉
楊德崑	陟嵩	二五	男	江蘇東台	東台安豐鎮義昇恆寶號轉
鄧怡惠	崇夏	二四	男	廣西柳城	廣西柳城大埔圩鄧和益
劉政安	儆儒	二〇	男	江蘇南通	南通平潮市譚正興號轉
蔡成璋		二四	男	江蘇宿遷	宿遷埠集
蹤甯八	正武	二五	男	江蘇沛縣	沛縣鹿樓第四區區公所轉蹤莊寨
儲秉鈞	無生	二五	男	江蘇宜興	宜興茶局巷口經畬堂
戴漢傑	裕仁	二五	男	江蘇溧陽	溧陽鐃橋汪廣大號
顧士樸	芙初	一八	男	江蘇無錫	無錫城內歡喜巷顧宅
顧邁修		二四	女	江蘇吳縣	盛澤北浜三十號

龔權		二一	男	安徽滁縣	津浦淺焉衣大生堂	
歐陽革辛	絳珠	二一	男	廣西平南	廣西平南縣歐氏公館	

補習班

姓名	別號	年齡	性別	籍貫	通訊	處
王卓如	立生	二三	男	常熟	常熟西門灣湧源號轉六房巷航	
王國彪	炳文	一八	男	蘇州	蘇州古市巷九十一號	
王惟遂	砯	二〇	男	浙江吳興	吳興埭溪白道地	
史惠南		一八	男	宜興	宜興西尤場巷十號	
包槐森	蔭庭	二二	男	武進	武進橫山橋	
史龍雲	俊才	二五	男	宜興	宜興官村韶巷	
任星崖	星崖	二一	男	宜興	宜興南大街	
任家樑	庹成	二一	男	蘇州	上海法租界恩理和路卅號	
朱耀均	膩淵	二一	男	無錫	無錫藕塘橋	
吳方鈞	瑞孚	二五	男	浙江奉化	浙江湖州梅溪日昇恆炭棧	
吳自予		二五	女	四川安岳	南京富民坊十七號	
吳雨蒼	芋㾄	一八	男	蘇州	無錫槐樹巷三號蘇州花藝里	
宋恩培	紹周	二三	男	常熟	常熟鹿苑	
吳梅溪	靖	二二	男	安徽和縣	江浦橋林鎮同昌和轉金城廟邵元成	

金漢聲	炅孫	二一	男	江蘇靖江	靖江南門內大街第四號
邱鏡平		二二	女	江蘇海門	三陽鎮邱氏醫室
洪長佳	冰	一八	男	安徽涇縣	南京長樂街
姚景文		一九	男	江蘇溧水	溧水牛場口慎餘源醬園號
翁志良	亭山	二一	男	常州	無錫潘家橋交前亭山
孫易	百朋	一九	男	安徽壽縣	安徽壽縣梁家八十一號
徐沛德	作民	二〇	男	浙江東陽	浙江東陽橫店轉曲塘
唐鼎新	益明	二二	男	浙江建德	浙江建德大洋林益生堂轉交
倪雲裳		一九	女	江蘇無錫	無錫槐樹巷
張可久	耐山	一九	男	江蘇無錫	無錫張涇橋東街
陳足昌	叅	二三	男	廣西北流	廣西北流民樂郵局轉
陳慧棠		二一	男	江蘇睢甯	睢甯博仁和號轉交
陶鍾秀	君毓	一九	男	江蘇無錫	無錫北門後竹場巷十三號
彭天龍	鶴謙	二一	男	金山	江蘇金山沫涇西市衛生藥材對門莊學淵轉
喬選	亦賢	二二	男	江蘇句容	丹陽寶堰鎮恆升茂布號交
葉煒白	嘯霞	二〇	男	江蘇江陰	無錫舍葉宅
趙俊龍	夢湘	一九	男	江蘇鎮江	鎮江城內石頭巷小園半畝
潘振元	抱一	二三	男	常熟	常熟城內青果巷四十號

蔣家塤		二〇	男	廟西北流	北流民樂來安轉
錢天楓		一九	男	江蘇無錫	南門外周譚橋哈古利
錢君白	潔人	一八	男	江蘇江陰	江陰布政坊巷
衛聲秀	仲實	一九	男	安徽含山	蕪湖對江運漕鎮
錢韻蘭	可澄	二二	女	宜　興	周鐵橋
謝之勃	偒齋	二〇	男	浙江慈谿	浙江甯波六家埠
戴傳安	筱堯	一八	男	鎮　江	揚州粉裝巷二四號
謝學燊	駿良	一九	男	江　陰	江陰城內南街
韓寶榮		一八	男	安徽巢縣	蕪湖北岸河沿街二三三號

學生自治會職員題名錄

監察委員會

常務　張脊五
文書　吳壽祺
文書　江　淵
審查　張如愈
洪長佳
顧永悌

倪雲裳

幹事會

常務幹事 程詠沂

戚蔭箎

鄭高崧

幹事兼文書 張八駿

幹事兼會計 張逸仙

幹事兼庶務 向景華

幹事兼衛生 李步青

幹事兼研究 盧沅

幹事兼出版 李競西

幹事兼游藝 周祥龍

幹事兼體育 汪兆成

候補幹事 盧景純

李穠

朱裕昌

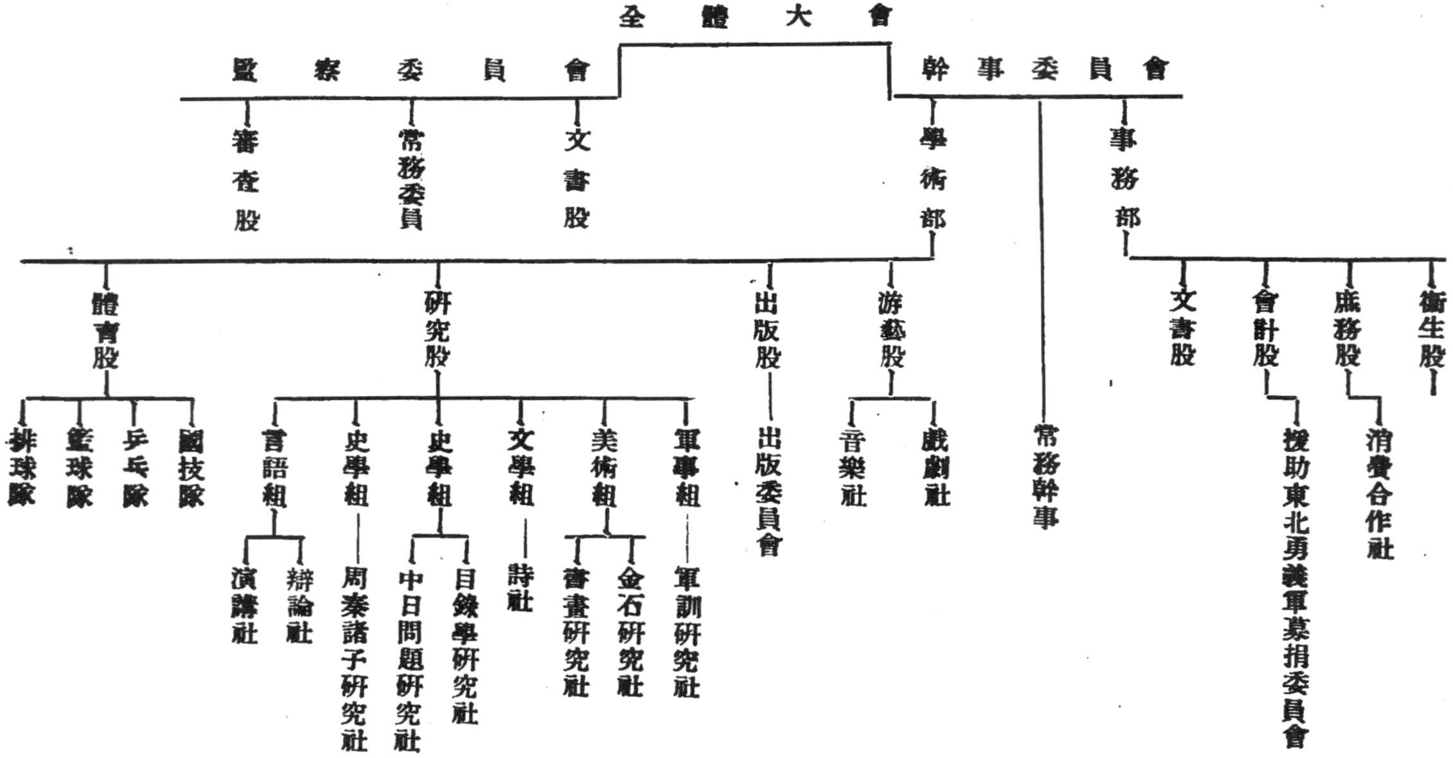

無錫國學專修學校學生自治會組織系統表

民國二十二年三月製

本刊出版委員會題名錄

委員長　李競西

委　員　任　穀

徐　沂

蘇炳奎

石　岩

鄭高崧

徐振亞

黃源澂

顧邁修

王　淵

吳方鈞

謝之勃

吳雨項

民國二十二年五月出版

版權所有

非賣品

編輯者 李競西

出版者 無錫國學專修學校學生自治會出版委員會

印刷者 無錫協成印刷公司
地址 城中盛巷口
電話 九〇九

無錫國專年刊

（民國）吴毓麟 編

《無錫國專年刊》，于右任封面題簽，吴毓麟（又名吴天石）編，國專學生自治會出版，無錫協成印刷公司印刷，出版時間爲民國二十年（一九三一）五月五日。

該刊由論文、文録、詩詞、附録等欄目構成，其中『論文』收文九篇，『文録』收文五篇，『詩詞』收十一家三十二首，附録收演講稿一篇，均爲無錫國專當時在讀學生之作品。

本刊編者在刊後之《編輯後》中云：『在這裏，先要回顧到第一期上去，第一期上的内容的好壞，閲過了的自有批評，不用編者多説。』，可知無錫國專學生自治會在本刊之前已先出過一期。《編輯後》中又云：『本刊原定季刊，可是，經濟不充，册子薄了又使人看不上眼，因之，改出期刊。』，據此，則先已出過的一期似當指無錫國專學生自治會於民國十九年（一九三〇）十二月出版的《國專學生自治會季刊》。本刊版權頁上，於刊名《無錫國專年刊》之前尚標明此刊爲『一九三一年上册』，《編輯後》中云：『我們爲了下半年還要出版，所以就定爲現在這個名字了。』可知國專學生自治會還有出年刊下册的計劃，但後來似未及實現。

本書據原刊本影印。

（劉桂秋）

中華郵政掛號認爲新聞紙類

請交換

無錫國專年刊

于右任

(1)

目次

—目錄—

論文

文錄

詩詞

附錄

編輯後

通論

研究國學者所負之使命（一）

高君仁

自海禁開而歐風東漸，新學舊學之爭於是乎起：倡新學者，震驚於西人之船堅炮利，遂謂中國事事不如人，倘相沿而下，久必愈弱，不如學步泰西，反為有裨。故數十年來，政治學術，盡棄我所固有，而學人之時髦。『徒見人之有可法，而不知國性之有不可蔑！』（注一）正如梁公所云：『譬猶掇隣圃之繁花，施吾家之老幹，其不能榮育宜也。』（注二）倡舊學者，則拘於吾國數千年傳統思想，以為西人之文明，不適於中華，若遽以施行，則難奏厥功，不如因仍舊有，易為力也。於是對『梯航重譯通者，胥以夷狄遇之；而詡然自居為中國，以用夷變夏為大戒；于外事壹不屑措意』。（注三）蓋『昧人之有可法，而不知國性之有不盡適』（注四）也！倡新學者，固不知中國學術之價值，而言舊學者，亦未必能明中國學術之精髓！故一則不能逃「見異思遷」之譏，一則未能免「足已自多」之誚也！是以數十年來，中國學術之真面目，幾無一人知之者。卒致『家肆右行之書，人詡專門之選，新詞怪誼，桀口耳而瀆簡編；向所謂聖經賢傳，純粹精深，與夫通人碩德，窮精敝神，所僅得而幸有者，蓋束閣而爲鼠蠹之久居矣」！（注五）『橫流所極，紀綱何存！欲求片詞隻義，足以維繫一國之人心者而渺不可得』！（注六）當此時也，奮臂一呼，振起絕學，豈非吾輩之責乎！

然欲發揚「國學」之精蘊，當先定「國學」之界說。錢師子泉以「國學」爲「國性之自覺」：蓋根據「學」之古訓，以爲『「惟覺」斯徵「學」，惟「學」乃臻「覺」』。（注七）又證以今之科學，以爲研究生物學者，在欲覺悟人在生物界之位置；研究社會學者，在欲覺悟人與社會之關係；推而廣之，一切學術，無非爲吾人之自覺。故「國學」者，亦國性之自覺也。其說至爲完備，可深信而無疑。『是故國學之所爲待振於今日，爲能發國性之自覺，而俾吾人以毋自暴也』！（注八）

（二）

國學之界說既明，則研究國學者所負之使命可知。今請下一斷語曰：

研究國學者，所負之使命，在恢復中華民族創造文化的能力與精神；而加以發揚光大，以促進世界之大同！

吾爲此言，非無根據；今試以論理學之三段論法證之。

凡言「學」者，其義皆爲自覺。（大前提）

國學者，亦國性之自覺。（小前提）

故研究國學者，在先覺國性。（斷案）（注九）

所謂「國性」，實吾族固有創造文化之能力也。故吾謂研究國學者所負之使命，在「恢復中華民族創造文化之能力」也。

夫對於國故：『「擴大研究的範圍」。「注意系統的整理」。「博採參考比較的資料」』。（注十）固不能不謂爲治國學者一部分工作；然梁任公有言：『必先走通了「德性的」（德性的學問應該用內省的和躬行的方法去研究）一條路；乃能走上「文獻的」（文獻的學問應該用客觀的科學方法去研究）一條路』（注十一）也。孔子曰：『博學於文，約之以禮』。（注十二）荀子曰：『學惡乎始？惡乎終？曰：其數則始乎誦經，終乎讀禮。其義則始乎爲士，終乎爲聖人。……故學數有終，若其義則不可須臾舍也；爲之人也，舍之禽獸也』。（注十三）清儒治學，亦分兩端：曰：「名物訓詁」曰：「大義」。蓋孔子之所謂「文」，荀子之所謂「數」，清儒之所謂「名物訓詁」，皆文獻方面之事也，其所謂「禮」，所謂「義」，所謂「大義」，皆德性方面之事也。主文獻者，錢師謂之爲：『古典主義之國學』。主德性者，錢師謂之爲『人文主義之國學』。『「人文主義」者，以爲國學之大用，在究明人之所以爲人之道；而以名物考據爲瑣碎，此明其「義」而遺乎「數」者也。「古典主義」者，以爲國學之指趣，在考徵「古之所以爲古之典章文物」；而以仁義爲空談，此陳其「數」而疏於「義」者也』。（注十四）然而君子於學，倘不能『入乎耳，箸乎心，布乎四體，形乎動靜，端而言，蝡而動，一可以爲法則』，則流於小人之學『入乎耳，出乎口，口耳之間，則四寸耳，曷足以美七尺之軀哉』？（注十五）蓋人之所以貴乎學者，乃在於『究明人之所以爲人之道』。孔子曰：『人能弘道，非道弘人』。荀子曰『非天之道，非地之道，人之所以爲道也』。是故『惟「人文主義」、之國學，斯足以發國性之自覺，而納人生於正軌』。（注十六）夫所謂「人文主義」之國學，正所以「恢復吾族創造文化的能力與精神，而加以發揚光大，以促進世界之大同」也。

戴季陶先生謂總理：

『是絕對承認中國人有創造文化的能力，有組織國家的能力，有組織社會的能力。中國在歷史上的貢獻，已經成爲世界，現代世界，文化的基礎。中國人要能夠恢復這一個創造文化的精神，然後才可以盡量的接受現代的歐洲文化；把歐洲文化，供我的需要，完成中國國家和社會的建設；同時發展中國民族創造世界文化的能力，以中國固有的世界大同的精神，完成世界大同的事業』。（注十七）

此段言論，正與錢師所謂『「國性之自覺」者，必涵二諦而義乃全：一曰：「必自覺國性之有不可蔑」。一曰：「必自覺國性之有不盡適」。（注十八）知「國性之有不可蔑」，然後能不一味舍已從人，正中山先生所謂「恢復創造文化的精神」也。知「國性之有不盡適」，然後學人之長而去已之短，正中山先生所謂「把歐洲文明供我需要」也。『恢復吾族創造文化之能力與精神，而加以發揚光大，以促進大同世界』，豈非吾輩研究國學者所負之重大使命乎？

（三）

研究國學者之使命，既在於『恢復吾族創造文化的能力與精神，而加以發揚光大，以促進大同之世界』。然如何方能「恢復吾族創造文化的能力」？不能不加之意焉。中庸曰：『智、仁、勇，三者，天下之達德也，所以行之者一也』。夫「一」者、「誠」也，蓋『一有不誠，則人欲間而德非其德矣』。（注十九）三者雖爲達德，亦有入手功夫焉。中庸曰：『好學近乎智，力行近乎仁，知恥近乎勇』。蔡元培所謂『猴子樣的敏捷，駱駝樣的精神，獅子樣的體力』。（注二拾）亦正「智仁勇」三者最淺之涵養也。『智者不惑，仁者不憂，勇者不懼』。（注廿壹）能不惑不憂不懼，則萬事不我欺，外物不我奪，障礙不足慮矣。故三者又必以至誠行之，至誠則『能盡其性，能盡其性，則能盡人之性，能盡人之性，則能盡物之性，能盡物之性，則可以贊天地之化育，可以贊天地之化育，則可以與天地參矣』。然此「能作」之精神也，有「

能作」之精神，而無「所作」之事業，則「能作」之精神無所施，而流於空洞矣。故「能作」之精神既足，而「所作」之事業不可不定爲方略焉。（注廿二）

夫「中國人則自有文化以來，始終未嘗認國家爲人類最高團體；其政治論，常以全人類爲其對象，故目的在平天下，而國家不過與家族同爲組成「天下」之一階段」。（注廿三）此種超國家的世界主義，固爲世界大同之預兆；然不以國家爲基礎，則不能達此目的。故中山先生之三民主義，雖以世界大同爲終極，而必以恢復民族主義爲前提也。蓋無民族主義，則吾族不能立足於世界，更何有促進世界大同之餘力。故欲盡吾輩研究國學者，「恢復吾族創造文化的能力，而加以發揚光大，以促進世界大同」之使命，必先從事改進吾中華民族之文明，而後進而融合世界之文化，使其構合調劑，而成一新文化焉。

然欲達此目的，其進行之方略，可無待他求，中山先生之三民主義固能當之而無媿。錢師子泉謂三民主義爲世界一切主義之合理化。又謂中國文化史上有五偉人焉：曰黃帝，曰大禹，整理空間文明者也。曰周公，曰孔子，整理時間文明者也。繼孔子而起者爲中山先生，不惟將吾國五千年之文明，加以系統整理，而對於世界所有一切主義，亦盡取其長而棄其短，定爲綱領條目焉。可謂空間文明，時間文明之集大成者矣。故吾輩倘能本救國熱誠，實行三民主義，則不惟中華文明有改進之機，而世界大同，亦兆成立之象矣。研究國學者，可不努力進行，以盡吾輩之使命乎？茲謹就上所論述，列爲簡表，以結束焉。

研究國學者所負之使命 —— 恢復吾中華民族創造的文化發能力揚光大以促進世界大同

誠（擇善固執）

智——（猴子樣的敏捷）

仁（駱駝樣的精神）
- 倫理方面——忠孝仁愛信義和平
- 政治方面——三民主義

勇——（獅子樣的體力）

誠

改創中華文明
融合世界文明

實現三民主義 —— 促進世界大同

（注一）用錢師子泉語見國光第一期，今日之國學論。（注二）用梁任公先生語，見先秦政治思想史。（注三）亦錢師語，見國光一期。（注四）同上條。（注五）用嚴復先生語，見涵芬樓古今文鈔序。（注六）（注七）（注八）皆用錢師語，見國光一期。（注九）唐師蔚芝嘗言，欲救國當先善國性；屢見於孟子大義中。（注十）見胡適文存二集國學季刊發刊宣言。（注十一）見梁任公先生治國學的兩條大路。此用其意，非用其原文。（注十二）見論語。（注十三）見荀子。（注十四）亦用錢師語。（注十五）用荀子語。（注十六）亦錢師語。（注十七）見孫文主義之哲學基礎。（注十八）亦錢師語。（注十九）用中庸朱子註語。（注二十）見現代學生創刊號，怎樣纔配稱做現代學生。（注廿一）見論語（注廿二）「能作」「所作」皆戴季陶先生所用名詞，見孫文主義之哲學的基礎。（注廿三）用梁任公先生語，見先秦政治思想史。

研究

中國古史研究之將來

魏建猷

（一）發端

關於古史之研究，在中國近三十年之學術界，似乎成爲一種時髦學問稍稍涉獵者，莫不以研究古史問題爲先務。言經學者必讚頌唐虞三代政教之盛，風俗之醇；言哲學者，必溯源於老莊之道德人生，儒墨之社會思想，申韓之刑名法術；又於先秦諸子中，考覈眞僞，辨別異同；言文學者，必謂南風五子非虞夏之製，詩三百篇，皆里巷歌謠。凡斯種種，皆直接間接關係於古史者也。至於專攻史學者，其對於古史之努力，自不待言！或依傍經典，整齊排比，以述古史發展之跡；或博引旁證，尋罅攻隙，以辨正古史事蹟之僞。至於一人一事，一書一物，攻覈之精，無所不至，著作之盛，大備於時，三十年來，斯風極矣！然而探本推源，非自近代始也，實則自漢迄今二千年來之中國學問，未嘗能一日脫離古史羈絆。竊嘗論之，兩漢今古文之爭，古史之論戰也；魏晉六朝之玄學，道家古史觀之放大也，唐宋元明之經學，儒家古史觀之放大也；清代乾嘉時漢宋學之爭，及其後今古文之爭，亦莫非古史之論戰也。中國學問未嘗能脫離古史，此研求中國學者，所以必自古史歟！淵源有自，非偶然也！

抑余更有進者，歷史之目的，在能敍述社會進化之迹，使人了解以往歷史運動之過程，以爲此無窮之將來，繼續此偉大之歷史運動之法則，以創造將來之歷史。所謂欲知將來，必究既往也。研究中國歷史之目的，當然不能外此；而過去之中國歷史著述，雖云汗牛充棟，而以嚴格之歷史學繩之，其足以廁諸世界史學著作之林者，實屬無幾。其尤甚者，則爲古代史，史著固一無足取，史料又蕩焉無存，其僅存於今者，雖不無一二古籍，而年湮代遠，輾轉抄錄，訛錯固所不免，且多係哲學之書，所謂『以立意爲宗，不以能文爲本』。尤非以紀實事爲本。雖其中不無眞確史料，而涇渭混淆，何由辨識？此中國古史所以稱爲一筆糊塗賬也。近代世界交通，歐美科學文明，壓近中國，使舊有文化瀕於破產，凡屬社會，政治，經濟等等原有組織，莫不呈崩潰之現象，所以目前種種問題，急需解決；然而中國社會本身發展之歷史，尚未能有詳確之敍述。試問中國是封建社會？是宗法社會？抑是資本主義社會？皆不能有明確之答覆，如此而欲解決中國問題，豈非癡人說夢？故對於解決中國目前社會問題，中國歷史家實負有莫大之責任！史家之努力，第一步當自古史始。故古史之研究，乃中國目前學術界最迫切之問題，不可以時毫忽視之也！

近人對於研究古史者，——尤其是對於疑古派史家，——不能諒解之處甚多，作者爲鄭重解釋一般人之疑團起見，特將近代古史熱所以發生之背影總括提出以上兩點，作爲本篇發端，俾國人對於古史研究得相當之了解。

(2) 古史研究鳥瞰

據上篇所述，可知中國學術未嘗脫離古史羈絆。因此之故，過去學者對於古史之研究，多以哲學爲最高目標，不過假道於歷史而已；以致古史學亦未嘗能脫離經學與諸子學而獨立。如司馬遷爲道家，道家稱黃老，故其著史記，則始自黃帝；皇甫謐爲儒家，周易稱伏羲，故其著帝王世紀，則以伏羲爲始。其他史家，大率類是。故自淸以前，古史研究，實無足取。然而溯其原委，則有可得言！前世史家多抱黃金時代古史觀，想像太古爲郅治之世；自司馬氏作史記，美五帝三王之盛德，次則有譙周之古史考二十五卷，謂燧人次有三姓至伏羲，伏羲以次有三姓至女媧，女媧之後，五十姓至神農，神農至炎帝一百三十姓，炎帝之後凡有八代，軒轅氏代之，又時憑舊典以糾史記之謬。蓋病史記之簡略也。次則有徐整之三五歷記二卷，始言盤古，後乃有三皇，次則有皇甫謐之帝王世紀十卷，年歷六卷，詳按經傳，博觀百家，起太昊帝，以羲農黃帝爲三皇，少昊，顓頊，帝嚳，堯舜爲五帝●史記始五帝，至是皆始三皇，甚或羲農前別有三皇，或更遠起盤古，前之編年始共和者，今則羲農以下皆有年數可稽，前之百雜語附庸六藝經傳者，今則蔚爲大國；其世愈後，傳說愈繁，古史之內容亦愈豐富。自是而後，唐則有司馬貞之補史記，謂『史記應上自開闢，今闕三皇，而以五帝爲首……既論古史，不合全闕，近代皇甫謐徐整皆論三皇以來事，斯亦近古之一證；今並採而集之，作三皇本紀。初論伏羲女媧神農，繼述天皇地皇人皇及三皇以來有天下者之號，如五龍氏燧人氏等，其五帝夏殷周本紀索隱，引百家異說，及譙周皇甫謐之書尤繁，而宋羅泌之路史四十七卷，尤所謂集大成者，以太昊以前爲前紀九卷，太昊至夏履癸爲後紀十四卷，起盤古，初三皇，繼以二靈，——中天皇中地皇——加於九頭紀之上，敍命紀以下則採丹壺書列鉅靈至次民二十二氏爲循蜚之紀，辰放四世至庸成八世爲因提之紀，倉頡一世至太昊炎帝爲禪通之紀，而黃帝以下通爲疏訖焉。其取材自莊列之寓言，山經祕緯之神怪，下至道家依託之太平經洞神經丹壺紀，靡不據爲典要。至清則有馬驌之繹史一百六十卷纂錄開闢至秦末之事，首爲世系圖年表，不入卷數，次太古十卷，自開闢原始皇王異說，及太皞炎黃少皞高陽高辛陶唐至有虞八代，代各爲紀；次三代二十卷，次春秋七十卷，戰國五十卷，次別錄十卷，卷各一篇，以事立題，詳其始末，其事蹟皆博引古籍，排比先後，各冠本書之名，其相類之事則隨文附註，或有異同譌舛，以及依託附會者，並於條下疏通證明。馬氏見解似較高明，然亦唯之與訶，相去無幾也。上之所述，舉其最著者言之耳，由是亦可知前此史家全憑個人臆想所及，造成古史系統，代有附益，愈後而古史之年代愈延長，古史之事實愈完備，一般史家咸以求全爲目的，而不以求眞爲目的。故能造成理想之完善上古史。至於具求眞之精神，對世傳之古史抱懷疑態度者，亦屬大有人在。第以勢力薄弱，不足以撼搖古史系統耳。開其先路者爲漢之王充，王氏博淹羣書，腹笥洛陽之籍，對於衆流百家，一一能啓其扃而洞其竅，憤俗儒矜弔詭侈，曲轉訛膺，乃創題鑄意，著論衡十五卷，二十餘萬言，大較旁引博證，釋同異，正嫌疑，而其精神邁往，毫無顧忌，對於漢代一尊之孔孟，根本加以呵斥，謂其言多不可信。（詳問孔刺孟）又其書虛奇怪變虛異虛感虛福虛禍虛語增儒增藝增……等篇，將古文史事跡，一一詳細辨斥，體大思精，非漢代學者所能夢見；對古史下總攻擊者此其嚆矢！惜王氏勇於疑古，雖有科學精神，實欠科學知識，如奇怪篇論禼禹后稷生時之神話謂『帝王之妃，何爲適草野？古時雖質，禮已設制；帝王之妃，何爲浴於水』？不知此正僞造古史者，於無意中猶在古代社會之眞相也。原始游牧社會，人皆逐水草而居，酋長之妻『適草野』，『浴於水』，正屬日常生活，夫何足異！然王氏之論，亦屬時代使然，不可以此致譏也。第王氏之書在當時不過視爲怪論而已，對於古史研究方面，未能發生若何影響。至唐而中國第一位大史學家劉知幾出，劉氏不特於史學有一種獨立見解，並有特別貢獻；卽於古史研究方面，亦多透闢之論，啓發後人不少途逕。其所著史通中疑古惑經二篇，曾疑到春秋尙書，並指出論語孟子中對於古史稱述之誤謬。有淸乾隆間崔東壁氏爲古史學界傑出之士，其持論之遠大，方法之縝密，實足令吾人驚異。其於古史認爲古帝皇系統由逐漸積成，桀與湯，文武與紂無君臣關係，古史古事多有僞託。此種見解之徹底，非王劉二氏所可企及。實開近代疑古史家之先路。不過迷信孔子太甚，衞道之味甚醇。認眞儒書卽眞古史，不免失當！淸之季世康有爲繼起，著新學僞經考，謂古文是劉歆僞造，故稱僞經；古文是新莽時代產品，故稱新學。又著孔子改制考，謂先秦諸子俱是託古改制，所以六經是孔子之宣傳書，堯舜是孔子所託之理想社會。將數千年來世傳古史基礎之六經諸子根本推翻，可算中國古史界空前大革命！其思想之激銳，如狂風暴雨，使中國思想界，頓起一大波瀾，其影響所及，如崔適之春秋復始史記探源，梁任公之古書眞僞及其年代，卽現在之胡適之錢玄同顧頡剛等之研究古史，亦未嘗不受其暗示！除上舉數家外，歷來學者對於古史有貢獻者，亦屢見不鮮，如淸閻若璩之尙書古文疏證姚際恆之古今僞書考等，第以其未嘗直接討論古史，故不具錄。然就上所述諸人論之，其於古史雖同抱懷疑態度，而除劉氏知幾一人外，餘則俱以哲學爲目的，而非以史學爲目的也。可知淸以前之古史研究雖有兩派不同見解，實未嘗獨立發展。革命以來，古史之學遂能於思想解放之中，脫離羈絆而獨立，古史之研究遂少別種之臭味；條其流別，不外二端：一則假途經典以證古史之眞，一則博稽載籍以辨古史之僞。前者可名之曰經典派，後者可名之曰疑古派。經典派可以蒙文通陳漢章柳翼謀爲代表，疑古派可以顧頡剛胡適之錢玄同爲代表。經典派大率承襲世代相傳之古史觀，但以時代關係，較前人思想稍覺進步耳。柳翼謀氏著中國文化史述洪水以前之制作則據世本而託始於燧人；家族及私產制度之起源，亦遠溯伏羲；政法之萌芽，則稱黃帝；述洪水以後之中國，則盛稱堯舜衣裳之治，政教之隆；下及三代之制度典章，罔不引經據典，蔚爲大觀。而述周室之制，尤以周禮爲惟一信史。本書緒論云『自遂古以迄兩漢，是爲吾國民族本其創造之力，由部落而建設國家，搆成獨立文化之時期』。足徵其古史觀念之一般矣。陳漢章氏著上古史七卷，卷一自開闢至神農，卷二自黃帝至堯舜，卷三夏，卷四商，五卷以下爲周；蒐羅繁富，援今證古；自伏羲女媧神農黃帝少昊顓頊帝嚳以下，一一詳其統系。蒙氏著古史甄微（載史學雜志）既不信六經皆史之說，又不信託古改制之說；以爲晚周之學本分三系，古史傳說亦分爲三，有齊魯之史，有楚人之史有三晉之史，『以孟子之說爲宗，以上合六經，而鄒魯之言史者莫之能易也，以韓非爲宗，以上合汲冢紀年，而三晉之言史者莫之能易也。以屈原莊子爲宗，以上合山海經，則南方之言古史者莫能易也』。『六經汲冢書山海經三者稱道古事各判，其卽本於三系民族傳說之史固各不同』也。『推論三晉之學，古史實其正宗，則六經天問所陳，翻不免於理想虛搆，則六經皆史之談，顯非締說，託古改制之論，亦未必然』。考之『孟子一家之書，顯有矛盾不同之史，存於其間，韓非汲冢之書，皆與孟子異而自相同，惟墨子展禽等魯人之說，能與孟子合，而異於白季韓非三晉之說，離騷天問楚人之說，又自差殊，然荒唐悠謬，置之可也。以孟子書證孟子書或時又自相違反，足證北方三晉之學鄰於事實』(古史甄微後序)故據三晉之說撰古史甄微十篇，述太昊炎帝及周之季世。一，江漢民族，二，河洛民族，三，海岱民族，四，古代文化，五，虞夏禪讓，六，夏之興替，七，殷之興替，八，周之興替，九，世傳考異，十，歷年考異。在經典派中可謂能別開生面者矣，疑古派史家是一方面承受前代疑古學說之遺產，而別一方面則受西來之人種學，民俗學進化論種種思想之薰陶，使得勇於敢爲。前所舉胡錢顧三人之思想方法，大抵相同，玆並述之，而以顧氏爲中心。顧氏著古史辨二冊，內容爲搜集顧氏與友朋及國人討論，古史之文字。顧氏以爲僞古書固是僞古史，卽眞古書亦爲僞古史之創造者、其所得結論是『層累地造成的中國古史』。故在其所著古史辨第二冊自序中自言其宗旨云：『我眞想拿了戰國之學來打破西漢之學，還拿了戰國以前的材料來打破戰國之學，攻進這最後兩道防線，完成淸代學者所未完之工。這可以說是想從聖道王功的空氣中奪出眞正的古文籍。也可以說是想用了文籍考訂學的工具衝進聖道王功的祕密窟裏去。……所以我的工作，在消極方面說，是希望替考古學家做掃除的工作，使得他們的新系統不致受舊系統糾纏。在積極方面說，是希望替文籍考訂學家，恢復許多舊產業，替民俗學家闢出許多新園地』。上段所述，已將疑古學家治學宗旨與方法發揮詳盡，於此可見其價值之所在矣。

3. 古史研究之新趨勢

過去與現在之古史研究，既如上述，吾人若詳加考察，則可知其皆非研究古史之正軌，經典派史家侈言皇古，信口開河，日做其黃金時代之迷夢，其悖於進化之理，固不足論矣；卽疑古派史家之主張，亦不過如顧君所言：『替考古學家做掃除工作』而已。實是在新古史系統未成立，而舊古史系統未破壞之過渡時期一種破壞工作。未足以語建設也。疑古史家對於吾人之貢獻，在使吾人知舊有古史之不可信，不致再爲古籍所蒙混，再受古人之欺騙。史家研究歷史之目的皆能得史實之眞相，非僅懷疑而已。吾人今日既知舊有古史之不可信，則當更進而求建設古史之新方法，求出古史之新系統。此將來古史研究應有之新趨勢也。然所謂新方法者，國內學者尙未能具體提出，亦偶有應用及一二者，如王國維之殷周制度論郭沫若之中國古代社會研究程憬之商民族之民族社會等已示其端。惜無人組織成說，使後之究心古史者得有所遵循；茲就觀察所及，略述數端，以供世人之采覽焉！

A. 應用比較人種學，民俗學，以明古史發展之階段。歷史之學，經近代各國學者之努力，已足致身科學之林，而馬克斯之唯物史觀實足爲歷史科學奠下穩固之基礎，駸駸乎與其他科學並駕齊驅矣。所異者科學貴實驗，如豆之生長程序，可於試驗室中依次實驗一次數次或數十百次。而歷史事蹟則無重演之可能，昨日之事不可重見之於今日，去年之事更不可重見之於今年。然而可以比較證明之，就民俗學家調查未開化民族之結果，證明初民生活有同樣之過程，是不啻古代社會重見於今也。又據比較人種學家調查各色人種之結果，知世界各國社會之進化亦具有同樣之過程。如由氏族社會而封建社會，而商業資本社會，而工業資本社會，不過或遲或速，時期之長短先後略有不同耳。是亦不啻將整個歷史重演數次也。由此而言，則歷史之成爲一種科學實無法否認矣。歷史既是一種科學，則歷史事實之本身自有嚴重之規律性，吾人對於現存之古籍紀載，當憑歷史之科學法則以定是非去取，不可專憑主觀之疑信以爲斷。輕信則不免受古人之欺，輕疑則不免自欺，蓋所信固非可盡信，而所疑亦非可盡疑也。疑古者乃就古人之書以疑古人之書，古人既均不可信，又焉得據其不可信而疑其不可信者乎？所據之書既不可信，則所疑之書又焉得可疑？而猶津津自喜，以爲能揭穿數千年來古人之祕密，豈非夢中說夢，自欺欺人哉？其混亂古史，且與信古等。惟以歷史之科學法則爲標準，方不失眞確之史料。其次歷史是一種科學，科學是有系統之理解，歷史本身之進展，本是系統之進行，以社會進化之軌則爲依，中國古史系統紊亂已極，吾人欲整理古史，當依社會進化之軌則，以建設古史之新系統。準是以談，可知今後古史之研究，不能不求助於比較人種學與民俗學。

B.應用攷古學所得以爲古史眞正材料。　文字紀載之材料，吾人既感不足，且知其不可信，補救之者則有考古學，考古學之範圍有人類學，古生物學，古器物學，古文字學，其工作則爲發掘，發掘之業，在歐洲早巳發達，大戰以後，各國益加努力，多集資結隊，深入古文明之域，經年累月而不懈，德政府且以公款資助發探，英美亦以私人或學會之津貼，與德法競求新獲，其效果見於人類起源方面者，如一九〇一年法國Wentane掘得格雷馬提人(Grimaldi)之骨殖，一九〇七年德國海得而堡(Heidelberg)所掘得海而堡人之顎骨，一九一一年法國(Sussex)所掘得之畢而唐人(PilttdownOrEtoahthropvs)之頭骨顎骨。凡此遺骸皆爲前世紀末及發見之新種，今後言遠古史者，始可鑿鑿言由猿人進化至眞人之階級。至埃及方面幾於無年無新獲之消息。英人嘉德(Carter)在庇比斯皇陵掘得王圖頓額門(Tutankamen 1358,B.C,)之皇陵獲珍寶萬餘件，足爲研究埃及史之新資料。發掘事業之在中國近三十年始開其端，而多係私人行動，至於政府提倡則又近五年事，自清光緒二十五年，河南安陽縣小屯發現龜甲獸骨文字，經學者考訂爲殷代之遺物，小屯乃殷之故墟，甲骨所記皆貞卜文字，乃上古史惟一史料，於是國內外學者多致力鑽研，其中成績最佳者爲羅振玉王國維。印行甲骨文字之書不下十餘種，文字之外，尚有古器，羅氏曾集古器物五十五，爲殷墟古物圖錄印行，小屯甲骨年有出土，或流入外國，或藏之私人。政府當局鑒於古物之宜保存，對於殷墟有大舉發掘之必要，於是始有十七年之試掘，與十八年之發掘，掘出甲骨及陶器甚夥，主其事者爲中央研究院所派李濟之董作賓等，十九年又掘山東譚國古城，所得銅器骨器陶器俱列南京古物保存所，中央研究院正努力於此，則將來成績正未可量。此外則有民國十年瑞典地質學家安特生（ArdersOn）在河南澠池縣仰韶村掘得石器陶器，又在奉天錦西沙鍋屯掘得石穴及遺物，安氏考爲新石器時代之遺跡，是則吾國石器時代文化之眞確實現。十二年八月河南新鄭紳民李銳掘地得銅器，軍旅繼掘得古鼎敦及各種銅器至萬餘件，學者考釋大半定爲周代遺物，此於印證周史，正未有艾。考古學對於中國古史之貢獻亦不少矣！今後正宜努力發掘，則古代文化庶幾有昌明之一日！若僅於故紙堆中爭執是非曲直，終無解決之望也！

二〇，三，二二，

中國詩之組合原素

繆文逵

論中國詩之組合原素，可於實質上與形式上分別。詩之實質原素，亦稱「詩素」Poesie；詩之形式原素，稱爲「韻律」。Rythme

詩素

子夏（？）毛詩序曰：「發乎情。」鍾嶸詩品曰：「氣之感物，物之動人，故搖蕩性情，而形諸舞咏。」蓋詩人什篇，爲情而造文，故情感爲詩之母。然近人推究人類精神作用之全部機能，曰：「情感」，「意志」，「理智」。其謂情感之發生，則曰：受外物之刺激，而在精神上所起之反應；是詩乃以一己之情作主觀，以客觀之萬物，皆爲其作詩時之對象者也！「詩不外乎情事景物。」（黃子雲野鴻詩的）若乃春風春鳥，秋月秋蟬，夏雲暑雨，冬月祁寒，斯四候之感諸詩者也。嘉會寄詩以親，離羣託詩以怨；至於楚臣去境，漢妾辭宮，或骨橫朔野，或魂逐飛蓬，或負戈外戍，殺氣雄邊，寒客衣單，孀閨淚盡；或士有解佩出朝，一去忘返；或女有揚蛾入寵，再盼傾國；凡斯種種，感蕩性靈，非陳詩何以展其義？非長歌何以騁其情？特以「情無定位，觸感而興；」（徐禎卿談藝錄）故三百篇之「賦」者，鋪陳其事而直言之者也；「比」者，以彼物比此物也；「興」者，先言他物，以引起所咏之辭也。李仲蒙曰：「敍物以言情，謂之賦，情盡物也；索物以託情，謂之比，情附物也；觸物以起情，謂之興，情動物也；」是情必繫於物，物之外無情。「景以情合，情以景生，」（王夫之薑齋詩話卷下）「景乃詩之媒，情乃詩之胚，合之而爲詩。」（謝榛四溟詩話）然「情景名爲二，而實不可離；神於詩者，妙合無垠，巧者則有情中景，景中情。如：長安一片月，自然是孤棲憶遠之情；影靜千官裏，自然是喜逢行在之情；情中景尤難曲寫。」（薑齋詩話）今另舉全詩，以資證明：

景中情

陶淵明飲酒詩

「結廬在人境，而無車馬喧；問君何能爾？心遠地自偏！采菊東籬下，悠然見南山，山氣日夕佳，飛鳥相與還；此中有眞意，欲辨已忘言。」

此詩全篇，多屬情景合寫。然陶公以爲人間之語言文字，無以達出其胸中之情緒，卽於「采菊東籬下，悠然見南山」一刹那之風情，亦不可辨。故此時之情，仍寓采菊二語。

柳宗元溪居

「久爲簪組束，幸此南夷謫；閒依農圃隣，偶似山林客！曉耕翻露草，夜榜響谿石，來往不逢人，長歌楚天碧！」

此詩於寫景之中，滿懷鬱結之情。沈確士謂：「柳氏愚溪諸咏，處顛連困厄之境，發清夷淡泊之音；不怨而怨，怨而不怨」者，是矣。

此外如：吳均山中雜詩「山際見來烟，竹中窺落日，鳥向簷上飛，雲從窗裏出。」孔稚圭遊太平山「石險天貌分，林交日容缺，陰澗落春榮，寒岩留夏雪。」皆全篇寫景，自成一格。

情中景

詩周南芣苢篇

「采采芣苢，薄言采之！采采芣苢，薄言有之！

采采芣苢，薄言掇之！采采芣苢，薄言捋之！

采采芣苢，薄言袺之！采采芣苢，薄言襭之！」

采采芣苢，本爲村婦閑樂之辭；然「涵咏此詩，況聽田家婦女，三三五五，於平原繡野，風和日麗之中，羣歌互答，餘音裊裊，若遠若近，忽斷忽續，不知其情之何以曠。則此詩不必細繹，而自得其妙焉。」（方玉潤詩經原始）一按施均父峴傭說詩，謂：「勳業頻看鏡，行藏獨倚樓」二語，爲情中景。范晞文對牀夜話，謂：「卷簾唯白水，隱几亦青山」二語，爲情中景。）

此外如：李白勞勞亭「天下傷心處，勞勞送客亭；春風知別苦，不遣柳條青！」張祜何滿子「故國三千里，深宮二十年；一聲何滿子，雙淚落君前」等詩，則又爲全篇言情之實例。

詩既不外乎情事景物，詩尤貴乎眞情實景也。今之言詩者：「綴比空壁之字，則曰此漢魏也；依仿空曠之語，則曰此陶韋也；風雲月露，雜砌虛實，則以爲六朝；天地乾坤，狂佯痛哭，則以爲老杜；雜塡險字，生湊硬語，則以爲韓孟。」（李慈銘越縵堂詩話）詎知「詩者，由情生也！有必不可解之情，而後有必不可朽之詩。」（袁枚答戢園論詩書）「情固不可強，亦不必強，」（吳雷發說詩管蒯）爲文而造情，烏乎可哉！且「詩言志也，志人人殊，詩亦人人殊。」（錢泳履園譚詩）後之作者，每謂：「歡娛之詞難工，愁苦之音易好；又如詩句一著清愁，便不癡肥。」（邵祖平語）安知「作詩者，自道性情，情達而止！……豈有懽娛哀樂，專爲無病而呻者邪？」（魏源詩古微齊魯毛詩異同論）「懽愉哀樂之詞，皆情之所不可假者，非若嘲風弄月，可以妝點而成也！」（方薰山靜居詩話）故作詩貴乎眞情。雖然，「一日有一日之景，有一日之情。」（野鴻詩的）如：「杜甫之滕王亭子：古牆猶竹色，虛谷自松聲，如不用「猶」「自」二字，則餘八言皆可用，不必滕王也！」（石林詩話卷中）故作詩尤貴乎實景。「今則斯風既墜，狀景非眞，不過播弄風雲，顚倒月露，割裂山水之靑綠，變積花樹之翠紅，良由意在鏡名，技希悅俗，以故天機多味，靜趣莫宣。」（越縵堂詩話）（此數語非廣指作詩時之一切對象）雖以烟墨不言，受其驅染，紙札無情，任其搖襞，詩之橫流，至此極矣！

昔英吉利浪漫詩人辜勒律已嘗謂：「詩之真的對照，不是散文，是科學。」然詩爲藝術之一種，藝術雖能創造人生之幻境，而此數語，亦不無偏激。蓋詩人作詩時之對象，有想像，有實景。實景之詩，讀時易於明曉；詩之有想像，即近人以美國心理學家勒耶分析湯蘭森勃乃甯詩中想像之法，以分析杜甫秦州雜詩二十首，而得視覺想像六十三次，聽覺想像二十一次，觸覺想像三次，氣候想像二次；分析白居易琵琶行，得聽覺想像五十一次，視覺想像十五次，味覺想像五次，氣候想像三次，觸覺想像三次，即其實例。至實境之中，自有想像；想像之中，豈無實景？今復舉例以證之：

想像之實景（再生之想像）

杜甫聞官軍守河南河北

「劍外忽傳收薊北，初聞涕淚滿衣裳；却看妻子愁何在？漫卷詩書喜欲狂！白日放歌須縱酒，青春作伴好還鄉！即從巴峽穿巫峽，便下襄陽向洛陽。」（喜欲狂三字，可稱心理之身體表出，爲情緒之餘波。）

實景之想像（創造之想像）

李頎聽董大彈胡笳兼寄語弄房給事

「蔡女昔造胡笳聲，一彈一十有八拍；胡人落淚沾邊草，漢使斷腸對歸客！古戍蒼蒼烽火寒，大荒陰沈飛雪白，先拂商弦後角羽，四郊秋葉驚槭槭。董夫子，通神明，深松竊聽來妖精；言遲更速皆應手；將往復旋如有情。空山百鳥散還合，萬里浮雲陰且晴，嘶酸雛雁失羣夜，斷絕胡兒戀母聲。川爲淨其波，鳥亦罷其鳴，烏珠部落家鄉遠，邏逤沙塵哀怨生！幽音變調忽瀟灑，長風吹林雨墮瓦；迸泉颯颯飛木末，野鹿呦呦走堂下。長安城連東掖垣，鳳凰池對靑瑣門，高才脫略名與利，日夕望君抱琴至。」

心理學家與古斯丁，滕斯斯各脫斯，以情感所引起之精神作用，曰意志，曰理智。然亦有以理智先意志者，乃多馬斯反滕氏之說。今雖不能斷定此二者先後之序，而可知意志與理智，皆爲純粹之知之作用。今夫國風之什，本多出於里巷歌謠之作，所謂男女相與詠歌，各言其情者也。而詩序稱曰：「風者：風也。所以風天下而正也。」以詩而風化天下，雖於詩之倫理功能，求之太甚，然於此可知，詩之情中有理矣。惟「詩主言情，文主載道；」（費錫璜漢詩總說）詩純爲情感之傳達，而不爲理智之報告！「詩言情不言理者，情愜則理在其中；」（李重華貞一齋詩說）故詩以情感為其生命，為其終始；理智之於詩，乃所以喚起情感而已！是以張華游獵盧照鄰長安古意駱賓王帝京篇劉廷芝公子行杜甫北征白居易長恨歌等詩，雖皆於情中見理；而韋孟諷諫韋元成戒子酈炎見志仲長統述志張華勵志謝靈運述祖德等詩，亦復於理中見情。（采用兒島獻吉郎中國文學概論第十二章第二節意）至於：

孫綽贈溫嶠

「太樸無象，鑽之者鮮，玄風雖存，微言靡演。邈矣哲人，測深鈎緬；誰謂道遼？得之無遠！」

答許詢

「仰觀大造，俯覽萬物；機患相生，吉凶相拂。」

等詩，皆摒棄辭華，同歸質木。夫詩發乎情，故能動人之情。今之讀其詩者，不得情感與情感之融合，但得理智與理智之折衝，是道德論矣！

此種哲理詩風，前既熾於晉，後又盛於宋。今試以濂洛風雅為代表。（書中集周敦頤以下四十八人，體備詩賦箴咏等凡十數種。）所錄各詩，如：朱子齋居感興胡宏利欲，張載聖心，邵雍觀易吟，何基暮春雜詩，陳淳和陳叔徐韻勉之，程顥秋日偶成等，非稱哲理之宇宙觀，即言倫理之道德觀；甚以「經史事理，播諸吟咏。」（李東陽懷麓堂詩話）是與箴銘類矣！

詩中情緒、雖可分爲悲觀樂觀，積極，消極，然綜其大要，積極屬於樂觀、消極屬於悲觀。夫滿足現在境遇，因而生希望，愉悅，愛慕之情，是爲樂觀。迷光明之途，沈黑暗之淵，因而生憂愁，恐懼，哀傷，苦悶之情，是爲悲觀。貞一齋詩說：「詩之音節，可分哀樂二端：樂者定出和平，哀者定多感激。」是謂詩人理智，亦分悲觀樂觀也。何以言之？歌者讀曲，悲痛之時沈綏，歡愉之詞激揚，卽李氏之說矣。然克羅采謂：「文學家藝術家，乃屬於直觀美之天才；」成仿吾亦謂：「眞的智慧，是直觀的，是詩的；」固可知悲觀樂觀，純爲直觀，而非意斷。廚日人兒島獻吉郎謂：「樂觀甯說悲觀。」則又以樂觀亦視爲悲觀，果有說乎？邵祖平曰：「夫聆新蟬而惕夏　觀落葉以悼秋，聞哀雁而念羈旅，對清酒而悲遲暮，詩人於此，始欲愁矣！」蓋詩人感覺，較常人銳敏，時存「歡樂極兮哀情多」之念。毎興盡悲來，其樂觀之背影，恆爲悲觀也。

以上數節，以心理學釋詩案，辭雖未安，義或有當。狄平子平等閣詩話云：「吾友王義門有言：詩卽心理學。旨哉言乎，殊耐人繹味也！」

韻律

夫情者文之經，辭者理之緯，經正而後緯成，理達而後辭暢，此立文之本源也。是以前論詩素，今論韻律。

然韻律二字，乃後人於詩之形式上加以客觀之分析而得。詩之最初，則有韻乎？有律乎？抑無韻乎？無律乎？「三百篇半是勞心思婦，率意言情之作。誰爲之格？誰爲之律？」是詩無律也！古詩既無律矣，而「今之談格調者，能出其範圍否？」（袁枚隨園詩話）是詩又無律而有律也！至近人論我國詩體之解放，凡經四次：自脫去詩經之風謠體，而產生騷賦，爲第一次；割除騷賦中之兮些等字，而產生五七言詩體，爲第二次；以五七言詩不合語氣之自然，變而爲詞，爲第三次；南宋以後，變詞爲曲；然詞曲不能脫離詞調曲譜而獨立，直至新詩發生，推翻詞調曲譜之束縛，不拘平仄長短之規律，是爲第四次之大解放。必使形體之束縛完全解放，而後實質上，精神上，乃得充分表現。(以上採胡適談新詩)是近代新詩，當無律矣。然同時又有主張新詩須有律者，（陳勺水作有律現代詩見樂羣雜誌）是格律固未可全廢也！四聲之說，始於齊梁之世(註一)。今觀南史陸厥傳曰：「汝南周顒，善識聲類，爲文皆用宮商，以平上去入爲四聲。以此制韻，有平頭，上尾，蜂腰，鶴膝。」沈約傳曰：「約撰四聲譜，以爲在昔詞人，累千載而不悟，而獨得胸襟，窮其妙旨，自謂入神之作。」當時王斌更有四聲論，是「平上去入之名，漢時未有！」（顧炎武音論）且方言差別，固自不同，河北河南，最爲鉅異；或失在浮清，或滯於重濁。故音論又稱：「五方之音，有疾遲輕重之不同。

淮南子曰：輕土多利，重土多遲；清水音小，濁水音大。陸法言切韻序曰：吳楚則時傷輕淺，燕趙則多重濁，秦隴則去聲爲入，梁益則平聲似去。………劉勰文心雕龍曰：疾呼中宮，徐呼中徵；夫一字而可徐呼疾呼，此一字兩音三音之所由昉已！」一字猶有數音，是詩之無韻也！然古詩三千餘篇，孔子删（？）之，取三百五篇，以合韶武雅頌之音；是古代詩歌，皆被弦樂，（註二）則詩又無韻而有韻矣！（註三）

（註一）按魏時有五聲說，實爲四聲之所本。封演聞見記載：「魏時有李登者，撰聲類十卷，以五聲名字。」魏書江式傳「晉呂靜仿李登之法，作韻集五卷，宮商角徵羽各爲一篇。

（註二）文心雕龍樂府篇曰·「樂辭曰詩」。「詩爲樂心」。通志總序曰「樂以詩爲本」。近人謂歌詩，劇詩，獨立詩皆以音樂分。

（註三）顧炎武音論曰：「古人之詩，已自有疾遲輕重之分，故平多韻平，仄多韻仄。」

詩既有律，然「須知有性情便有格律，格律不在性情外。」（隨園詩話）詩雖有韻，而「詩之有韻，如風中之竹，石上之泉，柳上之鶯，牆下之蛩；」（王若虛滹南詩話）貴自鳴天籟，一片好音！蓋緣情而爲詩者，必情動乎中，不容已於言而後作。「蘊於中者深，斯出之也善；長言之不見其多，約言之不見其不足。……：情之摯者，詩未有不工者也！」（朱彝尊錢舍人詩序）然則「詩亦何常格之有？豳之詩不同乎二南，鄭衞之詩，不同乎唐魏，周頌簡而魯頌繁，大雅多樂而小雅多怨，亦各言其志焉！」（朱彝尊沈明府不羈詩序）且「吾言吾志之爲詩，言之工，足以伸吾志，言之不工，亦不失吾志之所存。…………必欲進之古人之域，曰：詩有格也，有式也，於是別世代之升降，權聲律之高下，分體制之正變；範圍之，勿使逸出規矩繩尺之外，於古人則合矣，是豈吾言志之初心哉！」（同上）即於一詩之中，而能約句準篇，研鍊精切，然「苟去是數者，而枵然一無所有，是工藝而非詩也！」（章學誠陳東浦方伯詩序）如彼璞玉，磨礱成器，奢者爲之，錯以金翠，美質既彫，良寶斯棄。是正外性情而求格律之弊！詩之聲韻，全貴乎自然之影響節奏。夫三祖之詞，韻入歌唱，此重聲韻之義也！今既不被管弦，亦何取於聲律耶？惟文製本須諷誦，不可蹇礙，然亦能清濁通流，口吻調利，亦爲足矣！古人之詩，「蓋以言妙而工適情，不取於音韻。」（李德裕文章論）如：古採蓮曲，隴頭流水歌等，未害其爲千古絕唱也！後之學者，惟知聲韻之爲詩，而不知言情達志。「每得一題，守住五字，於韻府羣玉，五車韻瑞上，覓得現成韻腳子，以句湊韻，以意湊句，扭捻一上，自心自身，俱不照管。」（王喬答萬季野詩問）是以風雅殆盡，不復有眞詩矣！詩序曰：「情發於聲，成文之謂音。治世之音，安以樂，其政和；亂世之音，怨以怒，其政乖；亡國之音，哀以思，其民困。」亦可見雖談聲韻，而不外性情者矣！

以上論詩之律韻，必出於情，皆言律韻之內在律也。今復論外在律。

古者文字未興，口耳之傳，漸則忘失；綴韻成文，斯便吟咏而易記憶。」（章太炎檢論五附錄正名雜議）故最初之詩，已有外在律之存在。至滄浪詩話詩體門曰：「有全篇雙聲疊韻者，有全篇字皆平聲者，有全篇仄聲者，有律詩上下句雙用韻者，轆轤韻者雙出雙入，進退韻者一進一退，古詩一韻兩用者，古詩一韻三用者，古詩三韻六七用者，古詩重用二十許韻者，古詩旁取六七許韻者，古詩全不押韻者，律詩至百五十韻者。皆於詩中用韻之不同，以爲區別；然所爲外在律者，究何所指？西洋各詩學家，論詩之外在律，有音數律，（或音長律）音度律，音位律三種。然所謂音數律者，僅能適用於屈接語或黏合語。論中國詩之外在律，可分爲音度與音位二種。

夫音度律者，在中國詩中，即平仄之法；音位律者，在中國詩中，則叶韻之字。平仄既調，而後句和；音位有定，而後篇美。（此外尚有頓韻間韻，但無一定之格式，茲不贅。）然外在律全爲人爲之律韻，而助內在律發達者，使內在律變動，而外在律不變，則外在律必失其功用，陷於矛盾，與內在律不能協調。至於高言妙旨，音韻天成，皆暗與理合，匪由思至。必務爲精密，襞積細微，徒使文多拘忌，傷其眞美。亦見內在律之重矣！

因內在律外在律之不同，律詩散詩亦緣而別。蓋律詩爲具有外在韻律，而散詩則具有內在韻律者也。（採陳勺水論詩素。）茲囊括大意，列爲下表：

中國詩之組合原素

- 實質原素—詩素
  - 景
    - 實景 —— 實景之想像
    - 想像 —— 想像之實景
  - 情
    - 哀
    - 樂
  - 意—知
    - 悲觀
    - 樂觀
- 形式原素—韻律
  - 內在律
  - 外在律
    - 音度律
    - 音位律

觀乎右表，可知一詩之成，必兼備詩素與韻律。有詩素而無韻律，則雖詩意葱蘢，不得謂之爲詩；（如徐孝穆致楊僕射書，僅可稱詩的散文。）有韻律而無詩素，則雖形式整齊，仍不得謂之爲詩也。（如經咒，歌訣，押韻告示等是。）

一九三一，三，一五，脫稿。

詩人之境界

——讀詩雜記之一——

吳天石

釋名曰：「詩，之也，志之所以也。」說文曰：「志，意也。」夫嘉會寄詩以親，離羣託詩以怨，非陳詩何以展其義，非長歌何以騁其情？故張嘉秀曰：「夫詩胡為者也？宣鬱達情，攄菁登碩者也。」然「人之於詩，嗜好去取，未始同也！」（彥周詩話）是以謝詩則芙蓉出水，顏詩則錯彩鏤金，以其向往之不同，而其境界亦遂因之異也。劉勰曰：「詩者，持也，持人性情。」人之意志，莫不本人之性情，詩以言志，故能宣鬱達情，則讀其詩，想其人，可知其胸中之境界矣！徐增而菴詩話曰：「詩乃人之行略，人高則詩亦高，人俗則詩亦俗，一字不可掩飾，見其詩，如見其人。」其言良是。

昔人論詩，最善道詩人之境界，如鍾嶸之評范雲曰：「輕便宛轉，如流風迴雪，」此則范詩之境界；評丘遲曰：「點綴映媚，似落花依草，」此則丘詩之境界；又如殷璠之評王維曰：「在泉為珠，着壁成繪，」此則王詩之境界；陸時雍之評孟浩然曰：「泉流石上，風來松下，」此則孟詩之境界。非特論詩如此，昔人之作詩者亦莫不善自道其境界！李白詩謂：「河落天走東海，」此則自道其詩之境界；杜甫詩謂：「蛟龍上訴眞宰泣，」此亦自道其詩之境界；又如韓愈詩謂：「山紅澗碧紛爛漫，時見松櫪皆十圍，」此則自道其詩之境界；白居易詩謂：「間關鶯語花底滑，幽咽流泉水下灘，」此亦自道其詩之境界。蓋詩人恆不滿於現實，而寄託諸理想，理想終不可期，於是則寄情山水之間，放浪形骸之外，侶魚蝦而友麋鹿。既沉醉自然之中，乃不得不受自然之同化；既受自然之同化，則胸中之境界，與自然之境界相合；至此，舉日月星辰之麗，山川風物之奇，陰雨晦暝之變，天地之大觀，莫非詩人之境界矣！

嘗讀司空圖二十四詩品，以爲能曲道詩人之境界，端居多暇，曾各品舉詩二句以爲例證曰：氣蒸雲夢澤，波撼岳陽城，此雄渾之境界；采菊東籬下，悠然見南山，此冲淡之境界；人歸山郭暗，雁下蘆洲白，此沉着之境界；我有萬古宅，嵩陽玉女峯，此高古之境界；淫花隨水泛，空巢逐樹流，此纖穠之境界；野渡花爭發，春塘水亂流，此典雅之境界；亂山殘雪夜，孤燭異鄉人，此洗煉之境界；殘雲歸太華，疏雨過中條，此勁健之境界；星河秋一雁，砧杵夜千家，此綺麗之境界；行到水窮處，坐看雲起時，此自然之境界；東林精舍近，日暮空聞鐘，此含蓄之境界；山隨平野盡，江入大荒流，此豪放之境界；雲霞出海曙，梅柳渡江春，此精神之境界；山光悅鳥性，潭影空人心，此縝密之境界；綠樹村邊合，青山郭外斜，此疏野之境界；孤舟簑笠翁，獨釣寒江雪，此清奇之境界；腸斷未忍掃，眼穿仍欲歸，此委曲之境界；過雨看松色，隨山到水源，此實境之境界；黃雲斷春色，畫角起邊愁，此悲慨之境界；月下飛天鏡，雲生結海樓，此形容之境界；松月生夜涼，風泉滿清聽，此超詣之境界；爲我一揮手，如聽萬壑松，此飄逸之境界；縱浪大化中，不喜亦不懼，此曠達之境界；水流心不競，雲在意俱遲，此流動之境界；然雄渾勁健豪放，理固有通；沖淡超詣自然，意皆脫俗；謂二十四品，爲二十四境界，似嫌其瑣。曷如約分之爲理想之境界；與自然之境界。

若乃兵戈相結，介馬倉皇，民欲安居，世無樂土，於是則有桃花源之文學；至於衰老病死，悲苦窮愁，人誰能避，天不矜余，於是則有游仙體之詩歌；因之語桃源則黃髮垂髫，不知今世，落花滿地，幽鳥無言；語天都則一葦可航，白雲常在，王母開筵，蟠桃正熟，此皆現實之境界，不能使詩人滿足，而託諸理想者也。

又如身羈都市，心在山林，明月舊侶，淸風知音，於是則有崇慕自然之文學；再若窮巷牛羊，斜陽籬落，雉雊朝飛，黃粱夜飯，於是則有田園隱逸之詩歌；因之，稱自然則月出山麓，泉流石上，角巾鹿裘，黃冠羽服；稱田園則靄靄遠村，依依墟里，茅檐曝日，松下飯牛；此皆城市之喧囂，不能悅詩人之淸淨，而逃諸自然者也。

（待續）

文心雕龍明詩篇通詮

陳學東

一、題釋

案詩之起源最古，凡一切文藝，未有先此而生者；故西洋歷史，首敘史詩，亦以其爲代表人類意識之最先產物也。吾國太古之初，必有詠吟之什，特年世渺遠，聲采靡追耳。故虞夏以前，遺文不覩，商周而後　風什紛披；是以宋書謝靈運傳論曰『民稟天地之靈，含五倫之德，剛柔迭用，喜慍分情。夫志動於中，則謌詠外發，……稟氣懷靈，理無或異；然則歌詠所興，宜自生民始也。』尚書舜典曰：『……詩言志，歌永言，聲依永，律和聲，八音克諧，無相奪倫，神人以和。』蓋言音樂足以調和人之心情，由言語而歌唱之詩，足以表明人之心志。故詩大序曰：『詩者志之所之也；在心爲志，發言爲詩，情動於中而形於言，言之不足故嗟嘆之。嗟嘆之不足故永歌之，永歌之不足不知手之舞之，足之蹈之也。』此意與舜典略同，所謂『詩言志』『在心爲志』者，卽詩之定義也。蓋「詩」之古義與「志」字相通，攷楚辭悲回風曰：『介眇志之所惑兮，竊賦詩之所明。』王逸註云：『賦，鋪也；詩，志也；言已守高眇之節，不用於世，則鋪陳其志以自證明也。』是言賦詩之詩，卽陳述自己之意志明矣。又呂氏春秋愼大覽有『若告我曠夏盡如詩』一語。高誘註云：『詩，志也。』循茲兩例，則詩與志同爲一義明矣。賈誼於賈子新書道德說曰：『詩者，志德之理，而明其指，令人緣之以自成也。故曰詩者，此之志者也。』是賈子釋詩，亦用古義者也。古文詩字左從言，右從之，志字現行字形雖爲士心，但徐鍇則言『志從心之聲。』劉熙釋名釋典藝曰、『詩，志也。』是以詩作志解，或以詩爲志之所之，皆詩志同義之謂也，是詩之定義，徵於是而益明矣。彥和明詩者，明其源流，辨其體製，析其變遷也。

二、詩之原理

彥和論詩，先揭其原理曰：『詩言志，歌永言，聖謨所析，義已明矣。是以在心爲志，發言爲詩，舒文載實，其在茲乎。』言古者詩歌無分；蓋情感於物，則形於聲，聲成文，斯謂之音矣。故禮記樂記曰：『人生而靜，天之性也；感於物而動，性之欲也，物至知知，』然後好惡形焉。』此亦有感於中而形於外之意也。鍾嶸詩品亦曰：『氣之動物，物之感人；故搖蕩性情，形諸歌詠，照燭三才，煇麗萬有，靈祇待之以致饗，幽微藉之以昭告，動天地，感鬼神，莫近於詩。』漢書翼奉傳曰：『詩之爲學，性情而已；五性不相害，六情更興廢。』此雖夾以五性六情之說，要皆以性情爲主也。西人阿蘭波（Edgar Allan Poe）著詩的原理（The poetic principle）第一節曰：『一首詩必能感動人，啓發人的心靈，才配稱詩。』見小說月報林孖譯彥和亦曰：『詩者持也，持人性情。』此所謂持性情者，大約含有二義；一爲持人之性情而宣佈之，蓋人之性情，蘊藏於內；喜怒哀樂，未發則難知，善惡仁和，不著則難曉；唯詩能持而使之著發於外，此其第一義也。一爲持人之性情，使不失其正也；蓋人之性情，易爲習俗所染，以其本能富於模倣，故墨翟有染於蒼則蒼，染於黃則黃之嘆也，唯詩能持其向善之本能，使不失乎正，此第二義也。是以自詩之體言之，則可以感發人之性情，自其用言之，則可以持人之性情，使不失乎正；故彥和亦曰：『三百之蔽，意歸無邪，持之爲訓，有符焉爾。』詩緯含神霧曰：「詩者天地之心。」文中子亦曰：「詩者，民之性情也。」以詩爲人天相合之產物，孟子言「說詩者不以文害辭，不以辭害志，以意逆志，是爲得之。」亦崇重乎詩之原理也。詩序曰：「發乎情，止乎禮義。」亦尊重其體用也。彥和於情采篇曰：「昔詩人篇什，爲情造文。」陸士衡文賦曰「：詩緣情而綺靡。」言詩之發也，循乎情之轉變，未有舍情而可與言詩者。論語陽貨篇曰：「詩可以興，可以羣，可以怨，邇之事父，遠之事君。」此雖非詩之原理，而興觀羣怨，事父事君，皆人之性情所繫，方之抒情之理，亦甚當也。故情者詩之幹，志者詩之枝，情動則志生，志發則詩現，先由作者之情感，放而爲詩中之情，再由詩中之情，以感人之情，非可矯揉造作而得者；故彥和又標其義曰：『人稟七情，應物斯感，感物吟志，莫非自然。』於物色篇亦曰：『是詩人感物，聯類不窮，流連萬象之際，沈吟視聽之區，寫氣圖貌，既隨物以宛轉，屬采附聲，亦與心而徘徊。』以爲詩之發也，必循乎自然之情。漢書藝文志六藝略志詩曰：「哀樂之心感，而歌詠之聲發。」詩賦略又曰：「感於哀樂，緣事發。」亦言詩歌之生，由於自然之情動也。鍾嶸詩品序曰：『若乃春風春鳥，秋月秋蟬，夏雲暑雨，冬月祁寒，斯四候之感諸詩者也。嘉會寄詩以親，離羣託詩以怨；至於楚臣去境，漢妾辭宮；或骨橫朔野，或魂逐飛蓬；或負戈外戍，殺氣雄邊；塞客衣單，孀閨淚盡；或士有解佩出朝，一去亡返；女有揚蛾入寵，再盼傾國，凡斯種種，感蕩心靈，非陳詩何以展其義，非長歌何以騁其情？故曰：「詩可以羣，可以怨。」使窮賤易安，幽居靡悶，莫尚於詩矣。此亦言詩之本乎情性，感於外物而自然流露也。而詩之功能，亦復似此，與彥和「應物斯感」之意，大致略同。彥和論文，意在矯正時弊，其於論詩也亦然。蓋齊梁文翰，侈言用事，學者寖以成俗，轉爲穿鑿；齊書所謂「緝比事類，非對不發，博物可嘉，職成拘制。」鍾嶸所以病「文章殆同書抄」也，劉氏矯之：首明自然。本自然以爲詩，即詩之原理之所在；故劉氏論詩之原理而兼及之。我國文學，向以主善爲本，而情之於人，則頗難限定；况詩人造語，精妙活潑，詩人用心，幽深縹渺，往往辭意相違，有不可純以道理相繩者。故禮記經解篇曰：「溫柔敦厚，詩教也。」鄭玄詩譜序曰：「論功頌德，所以將順其美；刺過譏失，所以匡救其惡。」彥和亦曰：『及大禹成功，九序惟歌，太康敗德，五子咸怨，順美匡惡，其來久矣。』此勸懲惡善之旨也。劉氏既論其原理，復明其功用如此。

三、論詩之變遷

夫詩緣情而綺靡，情感物而搖蕩；興會標舉，宮商交響，手舞足蹈，莫匪自然，彥和既論之詳矣。次復論其變遷曰：『昔葛天氏樂辭云：玄鳥在曲，黃帝雲門，理不空綺；至堯有大唐之歌，舜造南風之詩，觀其二文，辭達而已。及大禹成功，九序惟歌，太康敗德，五子咸怨，順美匡惡，其來久矣。』此詩之萌芽之時也。蓋太古之初，詩歌不分，凡所謳吟，率皆歌謠之始製，故葛天樂辭，以及大唐南風之作，九序五子之歌，皆詩之濫觴也。是以鍾嶸詩品序曰：「昔南風之詞，卿雲之頌，厥義夐矣。」蓋『自商暨周，雅頌圓備，四始彪炳，六義環深，子夏監絢素之章，子貢悟琢磨之句，故商賜二子，可與言詩。』此詩教形成之時也。自太史著採風之職，而商周之間，乃定風雅頌之規，創比興賦之格，孔子删之，卓然取遊人野女之謳吟而定曰詩，爰是有其區域矣。沈騏詩體明辯序自孔門論詩，詩教乃成專科矣。乃『王澤殄竭，風人輟采，春秋觀志，諷誦舊章，酬酢以爲賓榮，吐納而成文。』此詩教衰替之時也。作詩者少，原於王道之陵夷，風人輟采，原因爲作者之沒落；幸春秋列國，朝聘酬酢，賦詩言志，諷誦舊章，故製賴以不墜焉。『逮楚國風怨，則離騷爲刺，秦皇滅典，亦造仙詩，漢初四言，韋孟首倡，匡諫之義，繼軌周人。』此詩體轉變之時也。蓋殷周兩代，四言之詩勃興，其源出於黃河流域，爲北方之文學，卽詩之風雅頌也。降及晚周，乃浸浸衰歇，於是南方長江流域之新興文體生矣。由風雅而變爲離騷，其間之過程，至明晰也。暨秦之仙詩，與夫漢初韋孟之作，均追效雅頌；足見四言之詩，在秦漢間尚有作者，未嘗因離騷之變而殲其跡也。及『孝武愛文，柏梁列體，嚴馬之徒，屬辭無方；至成帝品錄，三百餘篇，朝章國采，亦云周備，而辭人遺翰，莫見五言，所以李陵班婕妤，見疑於後代也。』此五七言詩之時期也；然亦疑未能定，柏梁之體，或即以爲七言之祖也，論者以爲五言亦創始於此時；故鍾嶸詩品序曰：「逮漢李陵，始著五言之目。」是記室以五言爲始於此時也。彥和則謂非是：『按召南行露，始肇半章，孺子滄浪亦有全曲，暇豫優歌，遠見春秋，邪徑童謠，近在成世，閱時取證，則五言久矣。』劉氏以爲五言之詩，早已形成，非西漢之創體也。『又古詩佳麗，或稱枚叔，其孤竹一篇，則傅毅之辭，比類而推，兩漢之作乎？』古詩十九首之作者，疑莫能定；鍾記室亦以爲「炎漢之製，非衰周之倡」也。摯仲洽文章流別曰：『……五言者「誰謂雀無角，何以穿我屋」之屬是也。』是五言之體，已寓於三百篇之內，『至於張衡怨篇，新典可味，仙詩緩歌，雅有新聲。』此言後漢以還，作者漸夥，抽奇騁秘，競爲新聲矣。暨建安之初，五言騰湧，文帝陳思，縱轡以騁節，王徐應劉，望路而爭驅，並憐風月，狎池苑，述恩榮，敘酣宴；慷慨以任氣，磊落以使才，造懷指事，不求纖密之巧，驅辭逐貌，惟取昭晰之能，此其所同也。』蓋建安一代，實五言之極盛時期也；其大家有曹氏父子，平原兄弟，以及王徐應陳之儕；其作品有寫景者，有詠史者，又有詠朝宴之事者；其風則雄肆而不放，纖密而能清；詞高調美，異於前世之質言，局富格宏，殊於閭里之凡響；彬彬之盛，誠大備於茲矣。『乃正始明道，詩雜仙心，何晏之徒，率多浮淺，惟嵇志清峻，阮旨遙深，故能標焉。若乃應璩百一，獨立不懼，辭譎義貞，亦魏之遺直也。』蓋有魏一代，玄風漸起，惟老莊是宗；幸有阮嵇應璩，作中流之砥柱，不然；則溫柔敦厚之旨，幾絕於是矣。『晉世羣才，稍入輕綺，張潘左陸，比肩詩衢，采縟於正始，力柔於建安，或相文以爲妙，或流靡以自妍，此其大略也。』夫魏代之詩，衰微既極，晉其中興之時代矣。以正始之縟，運其靡妍；雖不能得建安之風力，而相文爲妙，亦足以擅一代之勝矣。『江左篇製，溺乎玄風，嗤笑徇務之志，崇盛亡機之談，袁孫以下，雖各有雕采，而辭趣一揆，莫與爭雄；所以景純仙篇，挺拔而爲俊矣。』故謝靈運傳論曰：『在晉中興，玄風獨振，爲學窮於柱下，博物止乎七篇；馳騁文辭，義殫乎此。自建武暨於義熙，歷載將百，雖比響聯辭，波屬雲委，莫不寄言上德，託意玄珠，遒麗之辭，無聞焉爾。』此足證永嘉以迄江左之風會矣。郭氏之才氣奇肆，遭逢險艱，故能假玄語以寫中情，自非鈔錄文句者所可比况矣。『宋初文詠，體有因革，老莊告退，而山水方滋，儷采百字之偶，爭價一字之奇，情必極貌以寫物，辭必窮力而追新，此近世之競也。自義熙以迄元嘉，經叔源仲文之革興，變創其體，江左之風，迨云息矣。暨顏謝嶠起，以描寫山水相尚，音律儷偶鬥奇，誠窮情極物之時矣。故宋書謝靈運傳論曰：「爰逮宋氏，顏謝騰聲，靈運之興會標舉，延年之體裁明密，並方軌前秀，垂範後昆。」鍾嶸亦以爲「含跨劉郭，凌轢潘左」矣。此詩體變遷之大略也。

四、總論體製及其淵源

彥和既述詩之變遷如左：茲恢總論之曰：『故鋪觀列代，而情變之數可監，撮舉同異，而綱領之要可明矣。』蓋詩之起源，既本乎性情，其體之沿革，亦由於情變，故風雅寢聲，屈原以忠怨悱惻之情，創爲騷體；蘇李贈答，十九首相繼成篇；江左製篇，作者之玄風獨熾；宋尚儷偶，山水之作滋多：撥其變之所由，皆繫於情之改也。又論四五言之作法曰：『若夫四言正體，則雅潤爲本，五言流調，則淸麗居宗，華實異用，唯才所安。』言風雅率多四言，以雅致溫潤爲善，故「鍾嶸謂取效風騷，便可多得」也。五言滋味至美，作者衆多，畢其指歸，則以淸麗爲主；苟能不偏於華實，而一任其才之所安，則庶乎其得之矣。』故平子得其雅，叔夜含其潤，茂先凝其淸，景陽振其麗；兼善則子建仲宣，偏美則太仲公幹。』此皆五言之大家也，故劉氏歷舉以證明之。又論作詩之定則曰：『詩有恆裁，思無定位，隨性適分，鮮能通圓；若妙識所難，其易也將至，忽之爲易，其難也方來，』言詩式有定，思與無方，宜隨寓酌情，以期圓適，用力以求知其難而亦不忽其易，則詩之堂奧可窺矣。復次論其淵源曰：『至於三六雜言，則出自篇什，離合之發，則明於圖讖，回文所興，則原道爲始，聯句共咏，則柏梁餘製，巨細或殊，情理同致，總歸詩囿，故不繁云。』以爲三言四言五言六言七言九言之詩，皆出於三百篇之內，摯虞論之詳矣；至離合之體，回文之製，以及聯句共酌之體，昔人皆有先例，執柯伐柯，取則豈遠？總之製式雖萬有不齊，其園地所在，皆詩人之囿也。

唐代詩學之淵源及近體詩之形成

張敎品

(一)唐代詩學之淵源

唐代詩學在文學史中至爲重要。歷時三百餘年，作者二千三百餘家，詩四萬八千九百餘首。此淸輯之全唐詩所錄存者。其間湮沒不傳者亦復何限。吾儕苟於全唐詩作整個之硏究，雖十萬字亦不能盡所欲言。作者管隙窺天，更復望洋興歎。今以一得之見，聊述其淵源之背景，形成之經過。以明此偉大文學之輝煌騰耀，蘊蓄之遠因，非一朝夕所能致也。夫唐詩之所以燦爛於唐，溯其淵源，實肇自六朝。其最遠者，或已潛伏漢魏。而唐代之近因，亦有莫大促之功成焉。今分述其遠近淵源於下：

1.聲韻學之關係　南齊沈約發明四聲之學治詩，當時知者少而合者更少。沈約，王融，謝朓雖爲永明體之創始者，亦未能如律。至唐時已經過隋陸法言，劉臻，顏之推，盧思道，李若，蕭該，辛德源，薛道衡九人所定之切韻更修爲廣韻；始確定韻學之基礎。自後韻學即爲文學上唯一要件，唐詩之有待於韻學尤爲重大焉。

2.音樂之關係　漢樂流傳于唐者只三聲：1.淸平調，2.商調，3.瑟調，時人名之曰華夏正聲。然在北齊北魏時已採用外樂。開皇(隋文帝)時合中外樂有七種：1.西涼，

2.清商，3.高麗，4.天竺，5.安國，6.龜茲，7.康國。大業（隋煬帝）後又加入8.疏勒，9.高唱爲九部樂。其中只清商十三爲中國之古樂，餘均外樂也。隋玄宗嗣位，大興樂律。唐書禮樂志云：「玄宗深知音律，酷好法曲，有梨園子弟三百人皆知樂」。宮內有宜春北院，宮女數百人亦知樂。宮外又有內教坊，左右教坊，令音樂博士管理之。學者甚衆，所製曲莫不麗豔。樂府詩集現存伊州，甘州，涼州，大和，陸州等曲即其遺也。最負盛名之霓裳羽衣舞名存實亡矣。且唐代新樂府與近代曲辭多以律絕爲之，其有關於音樂尤非淺鮮也。

3.交通之關係　隋以前文學，南北相對立。南派文勝，失之辭豔；北派質重，失之理過。自隋煬帝統一南北後，與外國亦漸交通。爲國防及交通之便利，乃鑿刊溝。凡三段：一自天津至山東，名永濟渠，又名衛河。一自山東至江蘇，名刊溝，又名運河。一自江蘇達浙江，名江南河，亦名運河。煬帝雖藉此騁遊觀之樂，而交通之便；南北文化之混合陶冶，遂醞伏唐代詩學燦爛之花矣。

4.物質文明之關係　隋煬帝嗣位，擴張宮院，開掘河道。除刊溝外尚有二大建設：a爲長安之穀洛。通洛，通河，通泗，通運河。由長安至江都，離宮四十餘所，莫不輝煌壯麗，龍舟數萬隻，以極遊觀之盛。b作西苑，佔地二百餘里，中有海山，三神山之巨大建築。時往遊觀，並作清夜遊曲之樂。逮唐玄宗立梨園與教坊，則又求精美於前代。文學與物質文明關切頗深，故唐代詩學之昌明，物質文明亦與有因焉。

5. 時代之背景　六朝相繼，前後數十年耳。隋開國三十餘年，即爲唐祖李淵所滅。所有物質文明之建設亦掃毀殆盡。唐興昇平無事，文學之風大熾。至玄宗時，登峯造極，而物質亦跨耀前代。未幾遭天寶之亂，宮室圮壞，梨園子弟星散；時代之境遇亦云慘矣。然在此存亡興覆之間，文學之生長每與時代相背馳。吾儕觀天寶亂後之作，尤爲唐代詩學之最高峯。而六朝雖國促時艱，其所產生之文學，亦不讓漢代昇平之世。然則文學之時代背景，亂世適足以促成之也。

綜上五者，固已足覘唐代詩學淵源之遠，隱伏之深；然唐人於詩爲何舉國若狂，爭相競耀，則尤有急切之近因使其不能自已者在也。今復述唐詩興盛之因者三：

6. 承前代之餘緒　詩在漢，魏，六朝已蓬蓬勃勃，風播天下。齊，梁尤沉溺綺靡，莫能自振。隋書文學傳云：

『自漢魏以來，迄乎晉宋，其體屢變，前哲論之詳矣。暨永明天監之際，太和天寶之間；洛陽江左，文雅尤盛。於時作者，濟陽江淹，吳郡沈約，……………等等，並學窮書圃，思極人文。縟綵鬱於雲霞，逸響振於金石；英華秀發，波瀾浩蕩；筆有餘力，詞無竭源；方諸張，蔡，曹，王亦各一時之選也。聞其風者，聲馳景慕。然彼此好尙，互有異同；江左宮商發越，貴於清綺；河朔詞義貞剛，重乎氣質；氣質則理勝其詞，清綺則文過其意；理深者便於時用，文華者宜於歌詠；此其南北詞人得失之大較也。………梁自大同之後，雅道淪缺，漸乖典則，爭馳新巧。簡文，湘東啓其淫放；徐陵，庾信分路揚鑣。其意淺而繁，其文匿而彩；詞尙輕險，情多哀思；格以延陵之聽，蓋亦亡國之音乎？周氏呑併梁荆，此風扇於關右，狂簡斐然成俗，流宕忘反，無所取裁。」

觀此，則江左詞華，影響於後代者甚大。斯風之起，直貫注有唐一代也。故新唐書文藝傳云：「唐有天下三百年，文章無慮三變。高祖，太宗，大難始夷，沿江左餘風，絺句繪章，揣合低卬，故王楊爲之伯」。則唐初亦沿江左之餘緒也，杜甫集前代之大成。亦云：「竊攀屈宋宜方駕，恐與齊梁作後成」（戲爲六絕句）。「熟知二謝能將事，頗學陰何苦用心（解悶）」則唐代詩學之盛，未始非承漢魏六朝之餘波也。即就初唐四傑論，亦未滌除齊梁之靡綺風流雲湧，唐人莫不以詩相尙。甚至家傳戶誦，合諸管弦。如詩人王昌齡，高適，王之渙輩，以詩之高下卜於妓女之歌唱。其風行里巷，亦可知矣。逮後白居易詩遍逆旅行舟，雖士庶僧徒孀婦處女亦莫不喜誦之。則唐人之愛好詩學，亙古未可與之匹也。

7.科舉關係　宋嚴羽滄浪詩話云：「或問唐詩何以勝我朝」、「唐以詩取士，故多專門之學，我朝之詩，所以不及也」。今證之新唐書選舉志云：

「衆科之目，進士尤爲貴，其得人亦最爲盛焉。方其取以辭章，類若浮文而少實」。（卷四十四）「先是進士試詩賦，及時務策五道，明經策三道。建中二年（七八一），中書舍人趙贊權知貢舉，乃以箴論表贊代詩賦，而皆試策三道。太和八年（八三四），禮部復罷進士議論而試詩賦。文宗從內出題，以試進士，謂侍臣曰！「吾患文格浮薄，昨自出題，所試差勝」。（同上）

據此，可知唐以詩爲利祿之階，故習者之衆可知矣。且時人之重科第，得失亦有見於詩者。如東野之落第詩云：「棄置復棄置，情如刀刃傷」。又再下第詩云「一夕九起嗟，夢短不到家；兩度長安陌，空將淚見花」。其憂鬱情緒，見於咨嗟怨歎不能自已，亦云苦矣，及其一日得志，則氣貫斗斗，豪懷雄心，不覺吐盡昔日寒酸氣矣。其發科詩云：

「昔日齷齪不是誇，今朝放蕩思無涯。春風得意馬蹄疾，一日看盡長安花」。

瘋狂之喜，躍然紙上，其得意誠不可以言喻也。苟唐代不以詩取士，則只供詩人雅士之吟詠，其未足以風靡天下也。

8. 君主特拔之關係　以詩取士，固已冠絕前後。況更有進者，則以詩特拔。蓋唐代君主如太宗，高祖，武后，德宗，穆宗，文宗，昭宗等莫不好詩重士。苟以詩名者，或晉以進士，賜以錦被，召爲學士，徵爲舍人。李白起布衣，而玄宗愛之無不至。貴妃捧硯，高力士脫靴；千古文壇之佳話也。他若高適之達官，薛能之彊寄；雖沙門之皎然，貫休，亦莫不以詩見幸也。舊唐書云：

「太宗既平寇亂，留意儒雅，乃於宮城西起文學館，以待四方之士」。（諸亮傳）

此太宗篤好文學也。且太宗亦自能詩，時為歌詠，使近臣和之，且甚濃豔。尤表全唐詩話云：

「貞觀六年九月，帝幸慶善宮；帝生時故宅也。因與貴臣宴，賦詩。」

「宮嘗作宮體詩，使虞世南賡和。世南曰：「聖作誠工，然非雅正；上有所好，下必有甚焉；恐此詩一傳，天下風靡，不敢奉詔」帝曰：朕試卿爾」。（全唐詩話）

逮武后當國，諷高宗廣召文學之士入禁中修撰。（見舊唐書文苑傳）而當時文人應制篇什，至云繁夥。至中宗時，君臣唱和，流風餘韻，亙數十百年，亦云樂矣。全唐詩話曰：

「九月九日，幸臨渭亭登高作云：「九日正乘秋，三盃興巳周，泛桂迎蹲滿，吹花向酒浮。長房萸早熟，彭澤菊初敗。何藉龍沙上，方得恣淹留。時景龍三年也」。

此詩風流瀟灑，無帝王氣，宜乎風動當世，作者蠭起矣。下逮開元天寶，詩界復大放光明，震耀古今。然則唐詩所以冠絕前後，未始非唐君主有以鼓激之也。

推此五淵三因，故詩至唐代，百川注海，萬馬齊趨；一發而不可復止矣。其間豪傑之士，出類拔萃；百派分流，各臻絕詣，攷鏡源流，莫能外此數因也。

（二）近體詩之形成

唐詩體裁，以近體（律詩絕詩）爲盛，然他體亦復爭妍鬥豔。如古詩，新樂府，歌行，宮詞等是也。其特色各有所長，惟格律以近體爲嚴，故近體之形成歷時最長。至他體雖自由，其產生或後於近體詩者，因發生時代有先後，非關於形成之難易也。

「近體詩」之起源，濫觴於南齊沈約、王融，謝眺輩，時有永明體。古詩本無定律，至此始嚴平仄。謂之「近體」，乃唐人之稱。其體之確定，以沈，宋爲祖。時或言「新體」，或言「今體」，或言「律體」，蓋別於「舊體」，「古體」，「非律體」，而言也。「近體詩」又兼「律詩與絕詩」及「排律詩」三者，五言與七言又其分也。每句皆有一定之平仄聲位，叶韻亦有定式；而律詩之中二聯尤必對偶。然與此格律暗合者，則晉時陸雲，梁時江淹已開其端緒矣。

陸雲云：

日下荀鳴鶴　●●○○●

雲間陸士龍　○○●●○

江淹云：

靑宮閟此靑苔色 ●●●●○○●
秋帳含茲明月光 ○●○○○●○

陸聯爲五言律聯，江聯爲七言律聯；惟江聯第二句第一第五二字以平代仄，稍有未合耳。然後世格律雖嚴，一三五則亦可通借。故陸，江二聯實爲近體律聯之濫觴。然此乃偶有一二聯之間雜；至唐沈宋，乃成定例矣。今試分述律絕及排律之形成於次：

律詩 律詩之形成，有二大要素：

1. **聲律** 聲律本於韻書。韻書之創始者，首爲魏登聲類，次爲晉呂靜韻集，齊沈約作四聲譜，周顒作四聲切韻，永明體乃成。然是時知者甚少，梁武帝嘗問周捨何謂四聲？周捨答「天子聖哲」爲四聲。則韻書在當時，尚爲私學。至隋陸法言等奉文帝敕撰切韻。詳論「南北是非，古今通塞」經十餘年始成。立爲官學，知者始衆。然分析苛細，如東，冬，刪，山，先，仙，虞，魚，不便初學。唐太宗時，許敬宗等奏定字多者獨用，字少者通用。高祖時（公元六八〇）郭知玄等九人增字若干。孫愐作唐韻，刪繁併簡，確定韻學標準。統計歷時百九十年，韻學始告大成。是故武后時沈，宋輩詩，尤擅音律之妙也。蓋韻書一日未確立，聲律一日無所據也。

近體詩之長，首在聲調鏗鏘，沈約所謂：

「夫五色相宣，八音協暢，由于玄黃律呂，各適物宜。欲使宮羽相變，低昂互節；若前有浮聲，則後須切響。一簡之內，音韻盡殊；兩句之中，輕重悉異；妙達此旨，始可言文」。

約所言不外雙聲疊韻之法。其格律之妙，在前後交相呼應。此式今人皆知，無庸附錄。所可商酌者，則為約之八病。魏慶之詩人玉屑言之甚詳。其言云：

「一曰平頭。第一第二字不得與第六第七字同聲。如「今日良宴會，歡樂難具陳」。今歡皆平聲，日樂皆入樂。二曰上尾。第五字不得與第十字同聲。如「青青河畔草，鬱鬱園中柳」。草柳皆上聲。三曰蜂腰。第二字不得與第五字同聲。如「聞君愛我甘，竊欲自修飾」。君甘皆平聲，欲飾皆入聲。四曰鶴膝。第五字不得與第十五字同聲。如「客從遠方來，遺我一札書。上言長相思，下言久離別」。來思皆平聲。五曰大韻。如聲鳴為韻，上九字不得用驚傾平榮字。六曰小韻。除第十字外，九字中不得有兩字同韻，如遙條不同。七曰旁紐。八曰正紐。十字內兩字疊韻為正紐，若不共一紐而有雙聲為旁紐。如流久為正紐，流柳為旁紐。八種惟上尾，鶴膝最忌，餘病亦皆通」。

按約之言，只就是時之五言古詩為法，初不過求古詩聲韻之妙。然其論「正與古體相反，與近體差有關耳」。（王世貞藝苑巵言）唐人推其至，乃為近體之所取法。然八病之說，後人固未能盡免也。約後徐陵，庾信體製日工，實爲近體之前驅。至唐，聲律對偶之法益嚴，沈佺期，宋之問力求研練精化，聲勢漸定。遂成五七言八句之程式，號爲律詩。世因以沈，宋爲律詩之祖焉。

2. 對偶　律詩除平仄之關係外，即爲對偶。如二三兩聯不對偶，即非律詩。上曾舉陸江爲例，但同時陸機亦有同樣之二聯：

『牽牛西北迴，織女東南顧』
『涼風撓曲房，寒蟬鳴高柳』——擬古詩——

上二聯對而不麗，至宋謝靈運之詩則較有風韻矣。亦舉二例於後，如——

「白雲抱幽谷，綠柳媚清漣」——過始甯墅——
「池塘生春草，園柳變鳴禽」——登池上樓——

此二聯對仗工整，且甚清新；比機詩進步。至齊謝眺八城曲益更可觀：

「江南佳麗地　金陵帝王州
逶迤帶綠水　迢遞起朱樓
飛甍夾馳道　垂楊蔭御溝
凝笳翼高蓋　疊鼓送華輈
獻納雲臺表　功名良可收」

此詩十句，有八句對偶。蓋『士衡，安仁一變而排偶開矣；靈運，延年再變而排偶盛矣；玄暉三變而排偶愈工」也（詩藪）●然此詩雖工整華麗，而音節未能和諧合律，陳徐陵之關山月，謂庶幾近矣。

「關山三五夜　客子憶秦川　思婦高樓上　當窗應未眠
星旗映疏勒　雲陣上祁連　戰氣今如此　從軍復幾年」

此詩二四已合律，唯一三猶有未合。求其完全合律，當以王無功（名績五九○——六九○）爲第一絕唱：

「東皋薄暮望　徙倚欲何依　樹樹皆秋色　山山惟落暉　牧人驅犢返
獵鳥帶禽歸　相顧無相識　長歌懷采薇」——野望——

此詩不知無功作于何年，按采薇之隱意，似在隋末退隱時作。然則五言律在隋代已確立，不待沈，宋始成；惟沈，宋始昌明之耳。

七言律之濫觴，始于梁簡文帝之春情曲：

「蝶黃花紫燕相追　楊低柳合路塵飛　已見垂鉤掛綠樹　誠知淇水霑羅衣
兩童夾車問不已　五馬城南猶未歸　鶯啼春欲駛　無爲掩空扉」

此詩末兩句五言，惟前六句已形成對偶之雛形；至若庾信之烏夜啼則貌肖矣。

「促柱繁絃非子夜　歌聲舞態異前谿　御史府中何處宿　洛陽城頭那得棲

彈琴蜀郡卓家女　織錦秦川竇氏妻　詎不自驚長落淚　到道啼烏恆夜啼」

庾詩中二聯巳對偶、惟不合律。洎及唐初，能合格律而佳麗者不多覯，至沈，宋乃告大成矣，沈佺期古意詩云：

「盧家少婦鬱金香　海燕雙棲玳瑁梁　九月寒砧催木葉　十年征戍憶遼陽

白狼河北音書斷　丹楓城南秋夜長　誰爲含愁獨不見　更教明月照流黃」

宋之問嵩山石淙侍宴詩云：

「離宮祕苑勝瀛洲　別有仙人洞壑幽　岩邊樹色含風冷　石上泉聲帶雨秋

鳥向歌筵來度曲　雲依帳殿結爲樓　微臣昔忝方明御　今日還陪八駿遊」

二詩音韻準確，格律嚴整；風趣非常宏麗。比之六朝諸詩，自是大家風範。宜乎沈宋爲律詩之開山也。

排律

律詩之韻式，多爲四聯五韻，亦偶有四聯四韻者。如延長爲六韻八韻，而以對偶成之者，則爲「排律」。或曰「長律」。其最長者，或延至數十百韻。（盛唐方有）然溯其濫觴，亦甚悠遠。五言若庾丹之秋閨有望，七言若沈君攸之薄暮動弦歌；皆其最初之濫觴也。庾詩云：

「耿耿橫天漢　飄飄出岫雲　月斜樹倒景

風至水迴文　巳泣機中婦　復悲堂上君
羅襦曉長襞　翠被夜徒熏　空汲銀牀井
誰縫金縷裙　所思竟不至　空持清夜分』

沈詩云：

『柳谷向晚沉餘日　蕙樓臨暝徙斜光　金戶半入叢林影　蘭徑時移落蕊香
絲繩玉壺傳綺席　素箏趙瑟響高堂　舞裙拂履喧雾佩　歌音出扇繞塵梁
雲邊雪飛絃柱促　留賓但須羅袖長　日暮遨歡恢不倦　處處行樂爲時康』

二詩雖不合律，但已具排律之雛形。至唐初魏徵之出關，又更進一層，其詩云：

『中原還逐鹿　投筆事戎軒　縱橫計不就　慷慨志猶存　策杖謁天子
驅馬出關門　請纓羈南越　憑軾下東藩　鬱紆陟高岫　出沒望平原
古木吟寒鳥　空山啼夜猿　既傷千里目　還驚九折魂　豈不憚艱險
深懷國士恩　季布無二諾　侯嬴重一言　人生感意氣　功名誰復論』

魏詩比庾，沈詩雖進化，但亦未盡排律之妙。逮至沈，宋，則精確鏗鏘巖整矣。茲舉沈詩早發韶州爲例：

『炎徼行應盡　回瞻鄉路遙　珠厓天外郡　銅柱海南標　日夜清明少

春冬霧雨饒　身經大火熱　顏入瘴江消　觸景含沙怒　逢人女草搖

瓣濃看菌濕　風颶覺船飄　直與魑將魅　寧論鴟與鴞　虞翻思報國

許靖願歸朝　綠樹秦京道　青雲洛水橋　故園長在目　魂去不須招』

絕詩　絕詩亦近體詩之一體，所不同于律詩者，一四句一八句耳。文體明辨云：

『唐初穩順聲勢，定爲絕句。絕之爲言截也，即律詩而截之也●故凡後兩句對者是截前四句。前兩句對者是截後四句。全篇皆對者是截中四句，皆不對者是截首尾四句。故唐人絕句皆稱律詩。觀李漢編昌黎集，絕句皆入律詩，蓋可見矣。』

徐曾言絕詩是截律詩而成●就格律言尚未錯。然按文學進化例，短者成于長者之先，則絕詩應先律詩而生也。絕詩與古民歌相似，當即由民歌嬗變而來。徐陵玉臺新詠錄古絕詩四首。其末一首云：

『南山一桂樹　上有雙鴛鴦　千年長交頸　歡愛不相忘』

徐爲陳人，爲題古絕詩，則魏晉以前之作也。故絕詩之濫觴，乃古民歌所形成。樂府古辭亦可舉長干行爲例：

『逆舟故相邀　菱舟不怕搖　妾家揚子住　故弄廣陵潮』

其他如晉孫綽之情人碧玉歌，王獻之之桃葉歌，宋齊後謝眺之玉階怨，梁簡文帝之夜夜曲，皆五言絕句詩也。長歌中若子夜歌，子夜四時歌，達數百首。音律大半皆合，故絕詩發生甚早，決非截律詩而後成也。

五言絕詩既濫觴於漢魏小樂府，故七言絕詩至遲亦濫觴於六朝樂府中矣。玆舉二例于次：

「蘭膏銷耗夜轉多　亂筵雜坐更弦歌　傾情逐節寧不若　特爲盛年惜容華」

——宋鮑照夜聽伎——

「別觀葡萄帶實垂　江南豆蔻生連枝　無情無意猶如此　有心有恨徒別離」

——梁簡文帝春別——

他若齊湯惠休之歌思引，梁蕭子顯之春夜烏棲曲：皆七言三叶韻；惟格律尚未能盡善耳。逮無名氏之送別詩，乃集其成矣。

「楊柳青青着地垂　楊花漫漫攪天飛　柳條折盡花飛盡　借問行人歸不歸」

綜觀諸例，則絕詩之淵源甚遠，魏晉時五言已形成，七言亦成于隋，至唐始與五七律排律共名近體詩耳。

近體之長在格律對偶，屬辭精練，振響鏗鏘，自其形式觀之，實美文之極則也。惟不善爲之，則足以束縛豪情，斵傷眞性，人工有損於天籟也。然神乎其技在人，李杜元白又豈法之所能宥哉。

二〇，四，一。

徵求民間文藝

一、凡流傳於民間的文藝，不拘體例，皆所歡迎。

二、凡方言請注國音字母。務請勿加潤飾，或改竄。

三、來稿請寄無錫國學專修學校賨斌收。

四、來稿凡經採用者，略備薄酬，以答雅意。

清眞詞研究

張君達

(1)清眞詞本　(2)清眞詞批評

清眞詞本子

美成於樂府以外，兼長詩文。直齋書錄解題著錄清眞先生文集二十四卷，首嘉泰中四明樓鑰序，陳杞始刊行之。又曰清眞雜著三卷。美成嘗爲溧水令，故邑有詞集。其後有好事者，取其在邑所作文紀詩歌並刊之，故曰雜著云云。又曰操縵集五卷。宋史藝文志曰：清眞集十一卷。均未詳。上文集四種悉無傳本，今遺文存汴都賦，重進汴都表，及敕賜唐二高師號記數篇而已。存詩散見各書及宋詩紀事，玆不悉錄。惟詞集據所知者凡十一本，或存或不存，分別列后：

清眞詩餘　不明卷數，見黃昇花庵絕妙詞選卷七。案昇以宋人選本朝詞，所見定有善本，惜無傳。

圈法美成詞　見玉田詞源卷下。清戈順卿宋七家詞選卷五草窗詞跋亦云：「楊守齋名纘，字繼翁，又號紫霞翁善彈琴，明宮調。有圈法美成詞。」此書今不可見，惟推想守齋圈法，或似白石傍註斜行宮譜相出入，再加圈讀以爲拍頓。美成素精音律，故融入琴調，非不可能之事。

註清眞詞二卷　直齋書錄解題著錄於集部歌詞類，云「曹杓字季中，號一壺居士註」。今亡。

清眞詞二卷續集一卷　直齋歌詞類著錄云：「周美成邦彥撰，多用唐人詩語隱括入律，渾然天成。長調猶善鋪叙，富豔精工，詞人之甲乙也」。書已亡。案近人王靜安謂此本為陳註本及王刊本（均詳後）之藍本，方千里楊澤民所據之以作和詞者。王曰：「方千里楊澤民和詞既不據溧水本（即今汲古閣本），又題和清眞詞，則必據清眞詞，今其次序與陳註本王刻本正同，則此二本疑即出於直齋著錄之清眞詞三卷。今以此數本比較觀之，方楊和詞均至滿路花而止（陳註本卷八之末，王刻本卷二第三十五闋）。而陳註本王刻本尚有綺寮怨以下三十一闋，疑宋本清眞詞二卷當至滿路花止，而綺寮怨以下即以謂後集。王刊元本以後集一卷合於下卷。而陳注本則分前集為八卷，後集為二卷。雖皆出於清眞詞，然皆非清眞詞之舊矣。由此觀之，則清眞詞三卷之編次，亦復不難推測。」故此書雖亡，而其大概當與陳注王刊二本相同。

片玉詞二卷補遺一卷　四庫全書總目集部詞曲類著錄。首有淳熙晉陽强煥序，所謂溧水本者便是。明毛晉跋刊行之，即今之汲古閣本。補遺一卷，係晉所增輯者。案片玉之名始於元刻廬陵劉肅之敍漳江陳元龍詳註之本。其敍云：「猶獲昆山之片珍，琢其質而彰其文，因曰片玉集。」是可知元刻始改清眞爲片玉，宋時實無此名。今檢宋陳允平西麓繼周集，都詞百二十有三闋，和美成韻者百二十有一。其編次與此本粗合。是溧水本宋時已盛行，然而焉得而名片玉，是一疑也。今此編百八十餘闋，繼周集所和者祇百二十一，何以此六十餘闋未和，是二疑也。余細繹之，是允平所見再爲初本，後經強煥增輯，故多溢出；毛氏又廣收各本再滲入之。其敘云：「余家藏凡三本：一名清眞集，一名美成長短句，皆不滿百闋。最後得宋刊片玉集二卷，計調百八十有奇，晉陽強煥爲序。余見評註龐雜，一一削去，釐其訛謬。間有玆集不載，錯見清眞諸本者，附補遺一卷」云云。其云「最後得宋刻本」之語，卽溧水本也，而實無片玉之稱。又「余見評註龐雜」，溧水無註，所見定爲陳註本矣。片玉之名實發機於此。總之，毛刻此編，廣收窮討，備極富多，諸本均未能及也。然間有僞作雜出耳。至於以陳註片玉之名，名強煥溧水本，此誠大謬。

詳註周美成片玉集十卷　阮元四庫未收書著錄。宋漳江陳元龍少章註，首有劉必欽序，卽上所謂陳註本者是也。此本刊於嘉定四年，與溧水本編次迥異。共分十卷：第一卷春景列詞九，第二卷春景列詞八，第三卷春景列詞十七，第四卷夏景列詞十三，第五卷秋景列詞十，第六卷秋景冬景列詞十四，第七卷單題列詞十一，第八卷單題列詞十三，第九卷雜賦列詞十五，第十卷雜賦列詞十七。總上十卷一百廿七調，較毛本少去六十五調。案毛本刋于宋淳熙七年，此本則刋于嘉定四年，是毛本較此本早刋二十七年也。美成詞之有註者首曰曹杓註本，次卽此本，近人朱古微先生刋之彊邨叢書中。劉序云「閔其詞，病舊註之簡略，遂詳而疏之。俾歌之者，究其事，達其辭，則美成之美益彰。」所謂「舊註簡略」，則指曹註本無疑矣。此編分類爲首創之體，王刻本據之。

清眞詞二卷集外詞一卷 有盟鷗園主人記。爲元刻巾箱本。臨桂王鵬運影印刋之四印齋。上二卷目錄編次悉依陳註本。惟陳註本分十卷，此本僅釐爲上下二卷。以陳註本夏景以上四卷爲卷上，秋景以下六卷爲卷下。與直齋書錄所著錄清眞詞二卷卷數雖符，實非其舊矣。（說詳上）集外詞一卷，據王跋：「其集中所無，而見於毛刋者共五十四闋」集成之，故爲陳註本所無。此本雖本陳註本刋就，今就二書相校有異於陳註本者三端：一陳本有註此則無。一陳註本分十卷此本僅二卷，一此本增益集外詞五十四闋陳本無。餘皆悉同。

清眞樂府 見欽定詞譜。案詞譜引周詞每曰：「見片玉」，「見清眞集」，「見清眞樂府」。是除片玉集清眞集之外，尚有清眞樂府一書，今未及見。然所引樂府詞者，都見片玉。則樂府之編，尚未能出片玉之右也。容後詳考。

周詞集解　見宋伯時樂府指迷一頁，未詳其書。

美成長短句　見毛晉汲古閣刊本跋，未詳其書。

三英集　合方千里楊澤民和詞而成。二家均和至滿路花而止。今此集未見，存否不可知。然千里和詞一卷共九十三闋，汲古閣所刊六十一家詞有刊本。澤民和詞一卷計九十二闋，江標刻汲古閣未刊書有此本。則據此二本，亦可想見此集之大概矣。陳允平仲衡者，亦和美成詞成西麓繼周集一卷，計百二十有三闋。彊邨叢書有刊本，編次依毛刻本，與上二家迥異，不可不知也。然於毛刻卷上下末各十餘首均未和，是允平所見本祇止於此，餘皆強煥所增輯未及見耳。

各本今所得見者凡三種，一毛刊汲古閣片玉詞二卷補遺一卷，一陳少章詳註片玉集十卷，一四印齋影元巾箱本清眞集二卷集外詞一卷。此三種可分二類：毛刻自成一家，收詞最多，四庫詞曲類卽錄此本。光緒間杭人丁松生刻西泠詞萃亦因之。允平繼周集據之作和也。陳註本與王刻本又爲一類，王本原從陳註本抄出，故體例正同。陳註本四庫未收書著錄。千里澤民和詞據此。今有彊邨叢書本，校勘最精。或曰「毛刻爲最備，朱刻爲最善。」此言是也。

批評一

宋代文學以詞爲最發達。詞又可分爲二期，曰南宋北宋。北宋大家當以張先蘇軾柳永周邦彥李清照諸人爲首。南宋作家頗多，周密絕妙好詞選詞人都一百三十二人。但卓然成家者不過五六人，如辛棄疾姜夔史達祖吳文英張炎周密等而已。上兩期詞人之詞，各負生命，面目全異。小令猶可，長調則絕不相混。讀柳永詞，確知爲永之作。讀棄疾詞，更非夢窗梅溪所能冒名竊取者。不但如此，南北宋之間亦有顯明之異點在焉。北宋之詞每較南宋渾厚，渾厚之所以然，不外「眞」「樸」二字。情眞而質樸，所作必佳。然而閱柳詞者，每譏其「不雅馴」「粗鄙」等語，而不知彼所謂不雅馴者，正情眞質樸之處。關雎「窈窕淑女，寤寐求之；求之不得，寤寐思服；悠哉悠哉，輾轉反側。」正同此妙。必如「霧裏看花」，方稱佳構，此所以解人之不易得也。文章以白描最貴，亦白描最難。民間村謠里曲，寫情景之眞切，每勝於文人學士之詩。文人學士之詩之佳者，仍歸白描。此可證也。北宋詞之佳處，正在無雕琢，眼前有何等景物，便寫何等景物；心頭有何種感想，便寫何種感想。毫無做作之態。不如南宋之詞，用上若干愁字，再把風花雪月等字推砌成似通非通之句，不但一般人不能明瞭，卽彼稱爲文人學士之徒，對之亦感「費解」。此非作詞，直與猜謎語無異矣。人謂南宋詞可學，北宋詞不可學，五代唐詞不必學。此亦非是。彼曰可學不可學者，不過從辭句上追求，非從意境上著想，南宋多喜用代字，雕琢辭句賦如「七寶樓臺」。至於意境則不過如是耳。清蔣敦復云：「石帚夢窗，須加一層渲染。淮海清眞，則更添幾層意思。若入李氏晏氏父子手中，則不期厚而自厚。此種當于神味別之。」蓋用代字越多，其旨越晦，其語越假。讀之者祇覺字面濃豔，餘無可取。北宋五代却少此弊。故學詞不可學辭面，須于意境上追求，乃得。

南宋詞雖曰堆砌過甚，然間有佳作亦不可一概抹煞。如稼軒之慢詞直是一瀉千里，極淋漓奔騰之妙。終南渡之世，一人而已。夢窗梅溪之弊在於用典太夥，鍊句太刻。但氣勢情思尙有可取。草窗玉田以下，誠爲末流。不是不欲勝前人，祇力不及才不足耳。且多詠物之作，陳陳相因，愈難見佳。清人每宗之，更纖弱不足貴。先明瞭宋詞之趨勢，則批評周詞較爲便利矣。

生於美成之前之詞人，在唐五代有李後主馮正中花間諸輩，於宋有晏氏父子子野耆卿東坡諸人，不可謂不多。但求美成之詞受何人影響而來之跡，則頗難探索。偏覽諸家，無一相似。惟如意難忘「衣染鶯黃……」一闋，解連環「怨懷誰託……」，丹鳳吟「迤邐春光無賴……」等詞，置之樂章集中，頗難分辨。則其略受樂章一部份薰染矣。雖然周詞受他人之影響極尠，而影響於他人者却久。南渡諸家，稼軒獨標一幟，不同流俗。其他作者有小令或宗花間外。餘輩均不能出淸眞之籠罩。至元淸猶如此，則淸眞於詞壇之地位可知。今且將各家於淸眞之評語摘錄數則如下，更顯其推戴之力：

美成思力獨絕千古、如顏平原書雖未臻兩晉，而唐初諸法至此大備，後有作者莫能出其範圍矣。　讀得清眞詞多覺他人之作都不十分經意。　鈎勒之妙無如清眞，他人一鈎勒便薄，清眞愈鈎勒愈渾厚。（周密論詞雜著）大晟設官宮調乃備。（七家詞選成肇麐序）

清眞之詞，其意淡遠其氣渾厚、其音節又復清妍和雅，最爲詞家之正宗。（清眞詞跋）

周清眞善運化唐人詩句，最爲詞中神妙之境。而梅溪亦擅其長，筆意更爲相近，余嘗謂梅溪乃清溪之附庸。（同書卷三梅溪跋）

宋詞若干首，別爲四家。以周（清眞）辛（稼軒）王（碧山）吳（夢窗）爲之冠。序曰：清眞集大成者也……問途碧山，歷夢窗稼軒以還清眞之渾化。余所望於世之爲詞人者蓋如此。（草窗宋四家詞選序論）

凡作詞當以清眞爲主，蓋清眞最爲知音，且無一點市井氣。下字運意皆有法度，往往自唐宋諸賢詩句中來，而不用經史中生硬字面，此所以爲冠絕也（樂府指迷）

吾輩只當以古雅爲主，如有嘌唱之腔不必作，且必以清眞及諸家目前好腔爲先可也。

美成詞如十三女子，玉豔珠鮮，政未可以其輭媚而少之也。（彭孫遹金粟詞話）

周清眞雖未高出，大致勻淨。有柳欹花嚲之致，沁人肌骨。視淮海不徒娣姒而已。弇州謂其能入麗字不能入雅字，誠確。謂能作景語，不能作情語，則不盡然。但生平景勝處，

爲多耳。（賀裳皺水軒詞筌）

詞至美成乃有大宗，前收蘇秦之終，後開姜史之始。自有詞人以來不得不推爲巨擘。後之爲詞者亦難出其範圍。然其妙處亦不外沉鬱頓挫，頓挫則有姿態，沉鬱則極深厚。旣有姿態，又極深厚，詞中三昧亦盡於此矣。（陳亦峯白雨齋詞語卷一）

美成以小令警動勝，視飛卿色澤較淡，意態却濃。溫（庭筠）韋（莊）之外別獨至處。（同書同卷十四頁）

美成深遠之致不及歐秦。惟言情體物，窮極工巧，故不失第一流之作者。但恨創調之才多，創意之才少耳。（王靜安人間詞話）

以上所錄數則，於美成詞批評均混稱全集而言。美成之詞之價值亦可推見。析其批評要素約得四點，今分別討論。

「善溶古句」此言誠不謬，細閱其詞有出於唐人詩句者，不勝枚舉。然能用之入化，如出其口，此所以爲妙也。鄒祇謨云：「詩語入詞，詞語入曲，善用之者，即是出處。襲而愈工，阮亭極持此論。」（見詞衷）余亦云然。今粗舉其用古句之詞一二則列後，以資參閱：

（應天長）又見漢宮傳燭，烟飛五侯宅。——（韓翃詩）日暮漢宮傳蠟燭，輕烟散入五侯家。

(過秦樓)笑撲流螢，惹破畫羅輕扇。——(花蕊夫人詩)銀燭秋光冷畫屏，輕羅小扇撲流螢。

(四園竹)好風襟袖先知。——(杜牧之詩)好風襟袖知。

(齊天樂)渭水西風，長安亂葉。——(賈島詩)秋風吹渭水，落葉滿長安。

(西河　夜深月過女牆來，傷心東畔淮水。——(劉禹錫詩)淮水東邊舊時月，夜深還過女牆來。

下語之工，可見一班。余謂詩詞雖分界顯然，而氣骨韻格則同。長短句自詩中得來者韻格必健，然不可泥於詩。詞與曲亦然，曲有自詞中得來者，其語必俊，然不可泥於詞。此理固難知，亦難言也。如白石善詩，故其長短句獨見高騫。西廂記(董解元)多用宋人小令，辭倍生動。貴在善於調度不爲所縛，自成出藍。

「多創新調」張叔夏云：「崇甯立大晟府，命美成諸人討論古音，審定古調，由此八十四調之聲稍傳，而美成諸人又復增演慢曲近引，或移宮換羽爲三犯四犯之曲。按月律爲之，其曲遂繁。」美成創調之功，實爲詞壇上一大貢獻。細察有宋一代，詞家創調之最多者，首推柳永，次爲邦彥。白石雖多新聲，較之二家則遜色多矣。美成身居樂官，每一調出，朝野皆歌。傳播於青樓牙板，不讓「曉風殘月」也。今閱其集，並參考各書，得其創調四十八闋，約佔全書四之一。列名如左：

萬里春　雙調四十五字

玉團兒　雙調五十二字

紅窗迥　雙調五十三字

紅羅襖　雙調五十三字

一剪梅　雙調六十字周詞首句云：「一剪梅花萬樣嬌」即以爲名。

垂釣絲　雙調六十字

隔浦蓮近拍　雙調七十三字，唐白居易集有「隔浦蓮曲」調名本此。

解蹀躞　雙調七十五字

四園竹　雙調七十七字

側犯　雙調七十七字，陳暘樂書云：「唐自天后末年，劍氣入渾脫始爲犯聲。明皇時樂人孫處秀善吹笛，好作犯聲，時人爲新意而効之，因有犯調。」姜夔詞註云：「唐人樂書以宮犯羽者爲側犯。」此調調名或本於此。

紅林擒近　雙調七十九字

早梅芳　雙調八十二字，或加近字。

蕙蘭芳引　雙調八十四字，或無引字。

華胥引　雙調八十六字，案列子黃帝晝寢，而夢遊于華胥。既寤，怡然自得。又二十八年天下大治，幾若華胥國矣。調名取名。

塞翁吟　雙調九十二字，或曰取淮南子塞上叟事爲名。

浣溪紗慢　雙調九十三字。

掃地遊　雙調九十五字，周詞中有「占地傳杯，掃花尋路」句，取以爲名。故又曰掃花遊。

塞垣春　雙調九十六字

黃鸝繞碧樹　雙調九十七字

粉蝶兒慢　雙調九十八字

月下笛　雙調九十九字，因周詞有「涼蟾瑩徹」，及「靜倚官橋吹笛」取以爲名。

玲瓏四犯　雙調九十九字

丁香結　雙調九十九字，古詩以「丁香結恨新」句，名或取此。

瑣窗寒　雙調九十九字，一名瑣寒窗，蓋寒食詞也。周詞有「靜瑣一庭愁雨」，及「故人剪燭西窗語」句，故名。

邁佛閣　雙調一百字

渡江雲　雙調一百字

玉燭新　雙調一百一字，爾雅云：「四時和謂之玉燭」。名或取此。

宴清都　雙調一百二字，一名四代好。

慶春宮　雙調一百二字，一名慶宮春。此調有平仄韻兩體；平韻體始自北宋，有美成諸詞。仄韻體始自南宋，有王沂孫諸詞。

憶舊遊　雙調一百二字，或加慢字。

花犯　雙調一百二字，一名繡鸞鳳花犯。

倒犯　雙調一百二字，一名吉了犯。

瑞鶴仙　雙調一百二字，一名一捻紅。

齊天樂　雙調一百二字，周密天基節樂次，樂奏夾鐘宮第一盞觱篥起聖壽齊天樂慢。

晝錦堂　雙調一百二字，此調有平仄兩體；平韻見美成詞，仄韻見陳允平日湖漁唱。

氏州第一　雙調一百二字，一名熙州摘遍。

還京樂　雙調一百三字，唐教坊曲名。唐書：「明皇自潞州還京師，製還京樂曲。」宋詞蓋借舊曲名另翻新聲也。

雙頭蓮　雙調一百三字
拜星月慢　雙調一百四字，或無慢字。
綺寮怨　雙調一百四字
西河　三段一百五字，碧雞漫志云：「大石調西河慢聲犯正平」。張炎名「西湖」。
夜飛鵲　雙調一百六字，或加慢字
過秦樓　雙調一百十一字，一名選冠子。
霜葉飛　雙調一百十一字，或因周詞中有「素娥靑女鬥嬋娟」句，更名鬥嬋娟。
丹鳳吟　雙調一百十四字
大酺　雙調一百三十三字，唐教坊曲有大酺樂。羯鼓錄亦有太簇高大酺樂。周詞蓋借舊名，自製新聲也。
瑞龍吟　三段一百三十三字，黃花菴云：「此調前兩段雙拽頭，屬正平調。後一段屬大石調。末三句仍屬正平調。」
六醜　雙調一百四十字，解見浩然齋雅談，辭長不錄。

以上所錄，長調獨夥。蓋小令諸體，花間尊前諸人已造其極，盡變化之能事，不可復加。故張先以下漸趨向于慢詞發展。小令衹能寫片段之情緒，或一霎之感慨。若陳有統係之敍述，具纏綿悱惻之思，則非長調不辦。余謂小令如折枝，一花一葉固然風姿翩躚。長調如盆花，根莖俱存別有全神焉。自耆卿以來，此風盛熾，美成猶致力其中。于今觀之，詞調流傳之多，未始非二公之力。

「知音」知音與創調本有互相關係，不知音律則調亦無從創制。即有亦不過如清人之曰自度曲之紙上文章而已。宋張樞瑞鶴仙一闋中有「粉蝶兒撲定花心不去」一語，詞成歌之皆協，惟此語「撲」字不協，遂改爲「守」字始協。又作惜花春起早云「瑣窗深」，深字意不協，改爲「幽」字，又不協，再改爲「明」字，歌之始協。此三字皆平聲，胡爲如是。蓋五音有脣、齒，喉，舌，鼻。所以有輕清重濁之分。知音之難如此。美成詞恆曰：「解移宮換羽，未怕周郎」（意難忘）又曰：「周郎逸興黃帽淩雲水」（驀山溪）「休將寶瑟寫幽懷，坐上有人能顧曲」（玉樓春）等等，不一而足，亦以知音自豪也。或云美成自命其堂曰「顧曲」，未知然否？每一詞之成，必歷三種程序：造譜，填詞，度曲是也。三者之中猶以造譜爲最難。古來譜多成于樂工之手，文士爲之填詞焉。填詞必須妥協音律，方不致拗嗓。證之今之南北曲，每有文章極美而不能歌者，此作者不曉音律之弊顯然。閱白石自度曲均傍註樂譜，可知當時填詞造譜者，不得輕易染指也。一詞之作，或先有譜而後有詞，或先有詞而後有譜，或詞，譜並生于一時者。如竹枝，紇回曲，漁歌子，款乃曲，蕃女怨，遐方怨等曲，或輸自外國，或出之民間，文人倚其聲再造新詞，是皆有譜而後有詞者也。先詞而後有譜，或詞，譜並生于一時者，諸家創調俱然。美成當亦不出此例。

「集北宋之大成」美成居北宋之末，其詞亦集北宋之精華，開南渡之疆拓。草窗以「渾化」二字評之，實盡其妙。大致其極善鋪叙，反復往還，布置均貼。故南渡諸人目中「所可倣傚之詞，是一美成而已」●和之者竟畢其全集。周詞如浣溪紗意難忘風流子之寫情，蘭陵王瑞鶴仙浪淘沙慢之寫景，瑞龍吟六醜西河之叙事，求之南宋固未易得、即北宋不多覯也。柳永之詞，每在音律上用功夫，詞句上頗乏整齊。周則除音律之外，兼顧文字，更爲可貴矣。

批評二

以上所述，均指其全集大體而言，過于籠統，未能明其眞相。今錄其蘭陵王風流子二詞爲代表作：讀此亦可推想其全集之詞之價值也。

柳陰直，烟裏絲絲弄碧。隋堤上曾見幾番拂水飄綿送行色。登臨望故國；誰惜，京華倦客。長亭路年去歲來，應折柔條過千尺。　閑尋舊蹤跡；又酒趁哀絃，燈照離席●梨花榆火催寒食。愁一箭風快，半篙波暖，回首迢遞便數驛，望人在天北。　悽惻，恨堆積，漸別浦縈迴，津堠岑寂。斜陽冉冉春無極；念月榭攜手，露橋聞笛。沈思前事似夢裏，

淚暗滴。（蘭陵王）

新綠小池塘，風簾動，碎影舞斜陽。羨金屋去來，舊時巢燕；土花繚繞，前度莓牆。繡閣裏，鳳幃深幾許，聽得理絲簧。欲說又休，慮乖芳信；未歌先噎，愁近清觴。遙知新妝了，開朱戶應自待月西廂。最苦夢魂，今宵不到伊行。問甚時說與，佳音密耗；寄將秦鏡，偷換韓香。天便教人，霎時廝見何妨。（風流子）

沈義父曾評此詞曰：「結句或以情結亦好，往往輕而露。如清眞之——天便教人，霎時廝見何妨——又云——夢魂凝想鴛侶——之類，便無意思。亦是詞家病，却不可學。」此語之當否？毋容余論。蕙風已辨之詳矣。蕙風曰：「元人沈伯時作樂府指迷，于清眞詞推許甚至。惟以——天便教人霎時廝見何妨。夢魂凝想鴛侶——等句爲不可學，則非眞能知詞者也。清眞又有句云——多少暗愁密意惟有天知。最苦夢魂今宵不到伊行。伴今宵對花對酒，爲伊淚落。——此等語愈樸愈厚，愈厚愈雅。至眞之情，由性靈肺腑中流出，不妨說盡，而愈無盡。南宋詞如姜白石云——酒醒波遠，正凝想明璫素韈。——庶幾近之，然已微嫌刷色。誠如清眞等句，惟有學之不能到耳。」後人作詞者，以爲堆砌而雕琢之便得爲佳作。如此則古今類書俱在，何必詩詞爲。樂府指迷頗昧此義，曰：「說桃不可說破桃，須用「紅雨」「劉郎」等字。如詠柳不可說破柳。須用「章臺」「灞岸」等事。又用事如曰「銀鉤空滿」便是「書」

字了，不必更說「箸」字。「玉筯雙垂」便是淚了，不必更說淚……」則分明恐詞之眞樸，必以替代字隔之，以舊典充實之。作詞者果欲如此乎？誠閱古今詩詞之佳者，若脫口而出，毫無作態。詎必搔首彎眉，做弄幾許然後出之哉！義父評清眞之無價值，于此可見。

又詞之長調每有去聲，上聲，去上，上去等必不可移之字，如萬年歡須守去聲十一處，絳都春守去聲去上十五處，夏雲峯守上去，去上，平去等十一處，漢宮漢守去聲十四處之類。都不勝舉。萬紅友詞律極持此論。然此爲當時歌唱音節所繫，不得不然。猶今之曲子務頭，四聲或不得移一字，卽爲此理。清眞詞每多此類須守四聲之調，但今者已無用之，大可毋須追究。倘有孳孳于此者，豈欲宋人復起爲歌此詞耶？故此論施之于曲則然，于詞則不必，徒須亂人耳目耳！

校讎新義商榷

陳振東

昔章氏學誠之著校讎通義也，於目錄之源流類別，言之綦詳，其識可謂卓矣。乃近人杜氏定友，意欲綴章氏之前軌，有所述作，名曰校讎新義，循其名固同於章氏，審其實則不然也；蓋章氏重在目錄之學，而杜氏則重在書目之學；夫目錄云者，所以辨章學術，考鏡源流其學至重要也；書目云者，不過便利檢查，次第甲乙而已，學云乎哉！且杜氏常謂：『校讎不可以名家，但自鄭章而後，其義斯混，茲編仍用舊名，實則末爲可也』，既知校讎之義混，仍用舊名之末可，而終名之，不嫌其義混，是何異唾天以自唾乎！類是者多，竊所不取，翻閱一過，隨筆疏記，願與博雅君子一商榷焉。

自序有云：『劉向部次，先敘六藝，次及諸子，將以辨章學術，考鏡源流，是爲目錄之始。』又類例篇部居次第論云：『目錄之學，肇自劉歆』，振東案隋書經籍志史部簿錄類敘云：『古者史官既司典籍，蓋有目錄以爲綱紀，體制湮沒，不可復知，漢時劉向別錄，劉歆七略，剖析條流，各有其部，推尋事跡，疑則古之制』，又文史通義言公篇亦云：『昔者向歆父子之條別，其周官之遺法乎？聚古今文字而別其家，合古今學術而守於官，非歷代相傳有定式，則西漢之末，無由直溯周秦之源也』；觀此則目錄之由來遠矣，不可謂始於向歆也自序又列舉漢志，中經簿，七志，七錄，隋志，舊唐志，新唐志，崇文總目，元史藝文志，明史藝文志，國史經籍志，四庫總目，天祿琳瑯，宋史藝文志，而總束之曰：『官家書目，無代蔑有』，振東案定盦文集上海李氏藏書志序有云：『目錄之學有三支，一曰朝廷官簿，荀勗中經簿，宋崇文總目，明國史經籍志是也；一曰私家著錄，晁公武郡齋讀書志，陳振孫直齋書錄解題以下是也；一曰史家著錄，則漢志隋志以下是也；』杜氏此序所舉，官史混淆，合而不分，一似目錄學無官史之別也者，失之疎矣。

自序又云：『私家撰述，其最著者，有尤袤遂初堂書目，陳振孫直齋書錄解題，祁承㸁澹生堂書目，黃虞稷千頃堂書目，朱彝尊竹垞行笈書目，瞿鏞鐵琴銅劍樓書目陸心源皕宋樓藏書志，孫星衍孫氏祠堂書目，范氏天一閣書目』，振東案晁陳爲宋代私家目錄之最著者，杜氏獨舉直齋書錄解題，而遺郡齋讀書志，不免疎矣；更以時代論，范氏天一閣書目，當在竹垞行笈書目之後，鐵琴銅劍樓書目之前，孫氏祠堂書目，當在范氏天一閣書目之後，杜氏所舉，又不免顛倒次第矣。

四庫類例論云：『劉氏略錄，原有輯略，班氏以輯略無叙，遂割棄之，而存其六，不知輯略爲羣書之總會，疑卽今之普通類或總類也，豈可缺之』云云，振東案班氏藝文志以總叙代輯略，似不可謂之缺也。

四書類云：『元邱葵周禮補亡序，稱聖朝以六經取士，故當時四書爲經之一』云云，振東案當時蓋於五經之外，別加孝經，非以四書爲一經也。

樂類引四庫經部樂類序云：『大抵樂之綱目具於禮，其歌詞具於詩，非別爲一經，爲聖人手定』，振東案漢志云：『劉向校書得樂記二十三篇，與常山王禹不同』，此樂記正對樂經而言，果如樂類序所云，則聖人定禮樂之樂，將何所指乎？其說殊不足信，杜氏亦未能明辨也。

詔令奏議類云：通攷入集部、通志入文類，振東案經籍攷所列者名章奏，不名奏議也，列章奏於集部，陳氏直齋書錄已然，固不始於經籍攷，此謂通攷入集部，非其朔矣。

史鈔史評類云：四庫因之立史鈔史評二子目於史部，史鈔位於載記之前，史評殿於部末，次第殊欠恰當，振東案載記非正史之比，史鈔則抄正史者也，故以之列於載記之前，史評則考辨史體，或品隲舊聞，抨彈往事者也，必先有史，而後乃有史評，故以史評殿於部末也，杜氏之言，未免失之不察。

地理類云：『阮錄有土地，隋志改爲地理，四庫因之，』振東案王儉七志，已有地域一門，杜氏亦未舉及，阮錄土地，猶在其後也，

類書論云：皇覽始於魏文，晉荀勖中經簿，分隸何門，今不可攷，振東案據隋書經籍志

，知皇覽一書，荀勗中經簿，隸於丙部，中經之丙部，乃爲史書，攷南史謂史林爲皇覽之流，則中經簿入皇覽於丙部信矣。杜氏謂分隸何門，今不可攷，殆未深攷耳。

楚辭論云：『楚辭爲袁屈宋諸賦而成，隋志而後，旣有此門，自可因之，然四庫以楚詞自立一門，而別無他賦，豈屈宋而後無賦體耶？是當於集部，另立賦頌一門，而後楚辭自爲子目可也』，振東案杜氏此說，失之不攷，阮孝緒七錄文集錄，已將楚詞別爲一門，可知楚辭自爲一門，其來已舊，固不始於隋志，而其他賦體，又安能隸於楚辭耶？至謂當於集部另立賦頌一門，殊不知專門賦頌之成集者，寥寥無幾，或一人有賦頌數篇，往往列於別集之內，如杜氏言，殆將割裂文集耶？卽謂如淸人所輯之七十家賦鈔，可以列入，然類此者甚鮮，不能另立一門也。

總集類云：『建安而後，辭賦繁興，衆家之集，日以滋廣，於是摯虞乃有流別之編』，振東按章學誠文史通義詩教篇云：魏文撰徐陳應劉文集各爲一卷，此文集之始，摯虞流別集，猶其後也。

詩文評類云：『詩文評其原出於鍾氏詩品，劉氏文心，』振東案魏文典論，品藻時人，陸機文賦，發揚心得，皆爲一種文評，不可謂原出於鍾劉，四庫詩文評類叙謂：『其勒爲一書，傳於今者，則斷自劉勰鍾嶸』，是也；杜氏所云原出於鍾劉誤矣。

目錄學論云：「目錄之名，昉自鄭玄三禮目錄。但目錄之始，肇於漢劉向，班氏繼之」，振東案文選任彥昇爲范始興求立太宰碑表注引劉歆七略云：「尚書有青絲編目錄」，歆之所見，必爲延閣廣內祕室之書目，而掌於尚書之官者；是則西漢之世，已有目錄之名，其不始於高密審矣。

目錄學論云：「目錄惟便檢查，於學術源流，文章派別，無所與焉」，振東案攷究學術源流，文章派別，正賴目錄之錄，劉氏七錄，剖析條流，故爲千載談目錄者所宗，下而宋之晁陳，其所以超過尤袤者，亦在目錄之錄，非但記書名而已；杜氏所謂目錄惟便檢查，於學術源流，文章派別，無所與焉，殆僅知書目之目，而未知目錄之錄也；且杜氏於書目學論有曰：「目錄學者，圖書簿記之法也……而吾國目錄學者，向不深辨，故今欲以古來流傳之書目，一一判別之，何者爲書目，何者爲目錄，誠乎難矣」；於是益知杜氏重書目而不重目錄，故有目錄惟便檢查，於學術源流，文章派別，無所與焉之論也，而校讎新義全書之旨，於是明矣；著之以爲結論。

文體分類之商榷

戴宏復

——由蕭統文選姚鼐古文辭類纂曾國藩經史百家雜鈔以比較——

文體之分類，由文學之內部組織完全發達而成。故文體之分類，必由簡而繁，由總而別。

我國文學體製分類之源有二：一、為梁昭明太子之文選，後世總集文章者宗之。一、為漢劉歆之七略，後世總集羣書者祖之。前者專主文章，其界狹；後者徧及羣籍，其界廣。至於劉勰摯虞任昉其所著述，或略或繁，或已散佚，未可盡據矣。

文選為梁昭明太子蕭統所纂集，都六十卷，分三十九類，為中國古代自東周至梁一千年間純文學第一部之總集。文選不收經子史，惟取綜輯辭采，錯比文華，事出沈思，義歸翰藻之文，故阮芸臺曰：『昭明所選，必文而後選，』是也，然其分類失之過詳，如司馬相如難蜀父老文另分難之一目。枚乘七發等別立七之一類。若是則九歌九章九辯且將另立九之一名？故姚鼐曰『昭明太子文選分體碎雜，其立名多可笑者。』

姚姬傳選古文辭類纂，號為最佳。然類分十三，尚多未當。曾文正公之經史百家雜鈔總分三門，系十一類，較前人為簡賅，大率前修未密，後出轉精。曾國藩曰：『姚姬傳氏之纂古文辭分為十三類，余稍更易為十一類。曰論著，曰詞賦，曰序跋，曰詔令，曰奏議，曰書牘，曰哀祭，曰傳誌，曰雜記，九者余與姚氏同焉者也。贈序姚氏所有，而余無焉者也。曰敘記，曰典誌，余所有而姚氏無焉者也。曰頌贊，曰箴銘，姚氏所有，而余所附入詞賦之下編。曰碑誌，姚氏所有，余以附入傳誌之下編。論次微有異同，大體不甚相遠。』曾氏分類之方法，可觀其自序。節錄如下：

箸述門三類

論箸類——箸作之無韻者。古文家曰論，曰辨，曰議，曰說，曰解，曰原，皆是。

詞賦類——箸作之有韻者。後世曰賦，曰辭，曰騷，曰七，曰設論，曰符命，曰頌，曰贊，曰箴，曰銘，曰歌，皆是。

序跋類——他人之箸作，序述其意者。後世曰序，曰跋，曰引，曰題，曰讀，曰傳，曰注，曰箋，曰疏，曰說，曰解，皆是。

告語門四類

詔令類——上告下者。後世曰誥，曰詔，曰諭，曰令，曰教，曰敕，曰璽書，曰檄，曰策命，皆是。

奏議類——下告上者。後世曰書，曰疏，曰議，曰奏，曰表，曰箚子，曰封事，曰彈章，曰牋，曰對策，皆是。

書牘類——同輩相告者。後世曰書，曰啓，曰移，曰牘，曰簡，曰刀筆，曰帖，皆是。

哀祭類——人告於鬼神者。後世曰祭文，曰弔文，曰哀辭，曰誄，曰告祭，曰祝文，曰願文，曰招魂，皆是。

載紀門四類

傳誌類——所以記人者。後世記人之私者。曰墓表，曰墓誌銘，曰行狀，曰家傳，曰神道碑，曰事略，曰年譜，皆是。

叙記類——所以記事者。後世不多見。

典志類——所以記政典者。後世不多見。

雜記類——所以記雜事者。後世古文家修造宮室有記，遊覽山水有記，以及器物，記瑣事，皆是。

李偉曰：『從前文章，祇如散錢，至昭明文選分三十九類，始合散爲十；姚氏古文辭類纂分十三類，始合十成百；曾文正經史百家雜鈔分三門十一類，始貫百成千；然綱舉而目未盡張，廬胭瑣細，實不滿千。』是知各家分類，因時代或所著書之性質關係，俱未能臻於完全。而姚氏曾氏則頗爲世所宗仰；玆以三家比較，列表如左：

——文體分類之商榷—— (88)

蕭統三十九類	姚鼐十三類		曾國藩三門十一類	門
論，史論	1	論　辨	論　著	著述門
箴，銘	10	箴　銘		
頌，贊，史述贊	11	頌　贊	詞　賦	
賦，詩，騷，七，難、辭，連珠，設論，符命	12	詞　賦		
序	2	序　跋	序　跋	
詔，冊，令，教，策問、檄	6	詔　令	詔　令	告語門
表，上書，彈事，奏記，牋，對問	3	奏　議	奏　議	
啓，書，移書	4	書　說	書　牘	
誄，哀文，弔文，祭文	13	哀　祭	哀　祭	
	5	贈　序		
行狀	7	傳　狀	傳　誌	記
碑文，墓誌	8	碑　誌		

載	叙記	記
門	典志	志
	雜記	雜記 9

觀上表曾氏三分之法，較爲簡賅，然亦不能謂爲無病也。論其缺點，約有二端：以詞賦入著述門，混美文於實用文，此其求簡之失一也，班固曰：「賦者古詩之流，」古人詩賦，多用陳奏諷諫，或用以言志，或用以贈答，與奏議書牘，同其作用；猶祭祀之文，散之則爲武成金縢，韶之則爲九歌招魂，是詞賦與告語一門，亦有共通之點，其失二也。

然則文章分類，如何而方妥？曰文之爲用，不外說理，記事，言情三種；以三者爲綱，界限似較清晰。惟文與作用，頗不一致，有一體而僅有一種作用者，亦有一體而有二三種作用者，此不可不爲之溝通。茲斟酌三家體類，列表如下：

——文體分類之商榷—— (90)

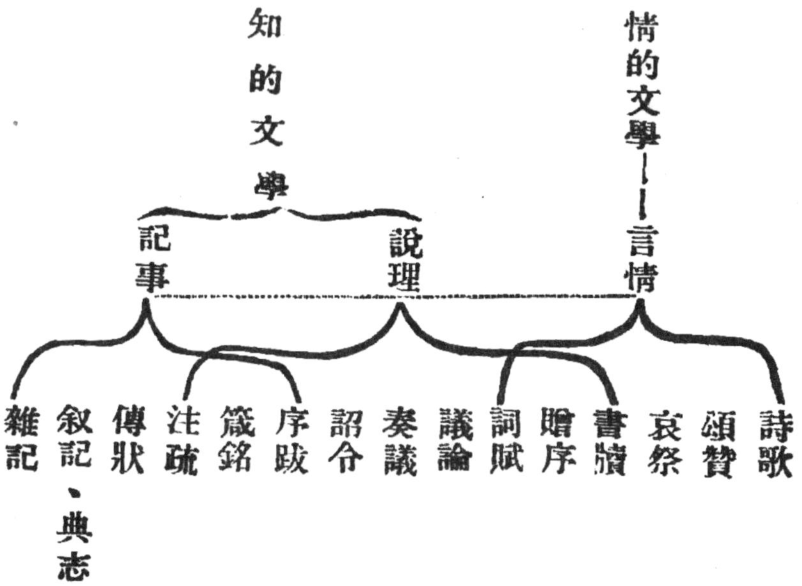

文錄

遊杭漫記

郭則瀓

杭垣余之舊遊地也。民十一年自滬遷杭，十二年乃他徙，居於斯者蓋一年。然以年少又寡儔侶，山之深者未嘗一至，每引以爲憾！今歲，同學十四人，乘春假之便，相約旅杭，余亦與其盛。歷時一來復，躡屐泛舟，登山臨水，於是稍窺其勝矣。爰述崖略，用誌雪鴻。

二日夜三時許，搭快車，七時抵滬。九時轉乘滬杭車，一時許抵城站。乃驅車逕至浙大工學院，寓于圖書教室，校長曾爲先容也。征裝甫卸，即相偕參觀運動場，旋至湖濱公園小憩，而就飲於碧梧軒。略洗征塵，九時頹然就枕。

四日晨，由工學院整隊至湖濱。時瓜艇鱗集，布幔銅檻，赤白交輝。舟子招招攬客，因買舟二，十四人分乘之。艇輕如葉，每一人入，輒左右欹側，盪水激岸，反濺艇中。坐既定，舟子盪槳排旁艇以出，舷相擊，砉然有聲。容與款蕩，放乎中流。山色四面，湖光十里。浮雲壓冢尖，靄靄浮動，山勢參差，雲輒爲補其缺。平眺蘇堤，烟柳凝碧，橋影下鎮如環，水平靜不流，若爲鎖之者。堤如帶，束湖腰，因分而爲裏湖外湖。其羣山環峙，而湖可容舠者，曰裏湖；其湖水淡蕩，有三洲鼎峙其中者，爲外湖。山光湖影，迴護堤上，春曉之勝，有以也，湖上游艇，時可二三十數，或攜佳人，或酌美酒，高歌者有之，持槳撩湖中荳爲樂者有之。余與巢君竹咸，乃布棋局而弈，置子百數，初抵汪莊。莊爲汪氏自新所有，築於三潭雷峯之間。入門有低樹兩行，隨小徑屈曲，以達於橋。依橋臨水，環以假山；山有複道，築亭於其上；曲檻之外，古槐鬱鬱 碧桃十餘株，雜樹其畔，若耆艾老人，攜其幼女子，左右提挈之態。因于亭上留影而去。復因艇至小瀛洲，即所謂三潭印月也。環洲而樹之以柳，艇初抵其下，濃陰覆水，水綠如醪，人影下照，鬚眉都染。登岸後，渡小橋，穿幽徑，憩於迎翠軒；離軒稍進，則爲曲徑通幽，篁竹蕭蕭，宜棲鸞鳳；更左行，有橋九曲，片石巋然，面人而峙，橋四向闢之。憑欄旁矚，有小艇一，人覆艇上，探手入水中，云是采蒓菜，小瀛洲之所產也。湖中如小瀛洲者二，曰湖心亭，阮公墩。即向所謂三洲，而小瀛洲爲之冠。外攬湖山之勝，內多雅靜之趣。終以時促，未能暢遊，乃移舟潭畔，或据潭上，留二影。遂至高莊，花港觀魚，劉莊。獨劉莊屋宇軒闢，古玩斑斕可供遊賞，餘則荒蕪不治矣。出劉莊，舟沿蘇堤，望岳廟行。既抵岳廟，泊舟杏花天酒樓下。進石坊，入大殿，出甬道，覽精忠化石柏於小亭，乃展拜王墓。遂離廟向西冷橋，過秋瑾祠。橋之側爲蘇小墓。下橋東行，經樓外樓下，綠楊枝外，酒旗隨風飄展，若招人者。又東行，達西冷印社。前面湖，後背葛嶺，左窺白沙，右攬六橋。因岩石爲磴，修竹百餘竿雜植其腰 紫荊花一株繽紛下落，鋪石級，殷然可愛；攀石上躋，花墜帽若有聲。又上，有石壁，篆以西冷印社，圍以石欄，貯以清泉，其傍曰闕泉，中奉浙派印祖丁敬身石刻像，鬚眉俱古，神采栩栩如生。西冷獨多泉，此僅記其二，餘不能名之矣。捨西冷至公園，時已薄暮，疾趨繞其一周而出，都不復記憶。時舟子已從岳廟移艇至園前，魚貫而下，晚風相吹，遂至旗下，返工院。斯遊也，幽雅恬淡以小瀛洲，而宏壯莊嚴以岳廟，餘亦多清趣。此舟遊一日之大略也。

五日八時至湖濱，乘公共汽車，至靈隱。靈隱，名刹也。余與同儕購草履，供登山之用。進山門數武，一山旁峙，高可數十丈，奇峯怪石，層疊而出。山壁多鐫佛像，即所傳飛來峯，亦曰靈鷲峯。山前一石塔，亦層層刻石爲像，曰理公塔。更有彌勒佛一尊，高盈丈，腰十大圍，腹累累如大囊，下垂於膝。一女子坐其膝上，探手攀其脣，又撫其乳及腹；佛張口呀然，若無忤者。進射旭洞，有僧執竹竿，示游人以一線天之處，傍佛龕前，有孔大如卵，直透岩巔，天光下漏，或云有金觀音像在其中，而終無見。退而謁靈隱寶殿，出殿至飛來峯前，右折向韜光。時有小童，以筐承甘蔗求售者，與之約曰：「我盡爾筐，爾導我遊。」於是童欣然請先行。過紫竹林，磴道紆迴，高而勢衍；夾以秀竹，清影下蔭，琦琦鋪綠，瘦葉吟風，冷然而作。韜光故以竹名者，偃蹇上躋，至觀海樓。海水爐白接天，環錢江之外。或謂；日初出時，据樓遠望，一輪上騰，映海水色如金，輝耀上下，與波搖撼，瞬息萬變，閃灼奪目，則極朝徹之奇觀矣。下韜光，仍回原路，赴天竺。天竺凡三，而中天竺獨有池魚之觀。魚皆長數寸，羣集池之中央，投以餅餌，唼唼就食，餌盡魚沈，細浪明滅，倏忽成沫。自天竺至此，路幾十里，而不勞問津於迷途者，皆童之力也●至是，小童辭而歸，同學或疲於足，先後歸者八人，遂餘六人焉。六人者，趙子伯慈張子聯芬陳子學東劉子子厚王子羣賢與予也。出天竺右行，透迤里許，羣山簇簇，交錯糾紛，上干雲際。面壁而行，路隨峯轉，而一山殷然當其前者，曰棋盤山。杜鵑如血，巖谷都遍，山爲之染。山徑互折曾累，且登且憩。杜鵑甚可愛，因各折而佩之。其旁有竹蕭蕭而鳴，窮山之腰而竹盡，傾耳下聽，瑟瑟如鳴蘆葦。竹盡又二三里，達山巔。坐而四望，羣山攢蹙，峮嶙邐聯。巉岩峭壁，崷崪竦峙；芳樹茂翳，赭青相間。峻大之勢，清麗之色，閑雅之趣，澹泊之意、接於目而形於心。俯仰左右，釋然以自忘。下顧西湖，僅如杯沼，芥舟可行。小艇張白幔，若羣鷗往來其間。杵而矗者，爲寶叔塔；弓而曲者，爲蘇堤；城邑屋宇，密密如峯房；靑縈其外者，則錢塘之山；白繚其表者，則江與海，嚮之浮游終日，猶未能窮其勝者，今則歷歷可指，若尺幅之圖畫矣。背湖南望，曰鳳凰嶺。自上而下，劃分畛域而爲田者，曰茶由，狀如荔子。田之下，瓦屋數十椽，旁山麓而居者，其地爲龍井，產茶之區也。下棋盤山，度鳳凰嶺，過龍井，遂訪九溪十八澗。行未半里，水聲潺湲，出於道左，而九溪至矣。水淺盈寸，白石爲底，細者如棋，磊磊下鋪；大者如拳，半出水面。水淺流急，因石而爲平衍騰沸之勢。觸砥石，躍而過，激越有聲。石稍大，其流乃左右分，既分而後合，會而後進，乃淙淙而逝。澗雖廣僅數尺，深數寸，而有波瀾之觀，可異也。沿澗行，又半里，道左數女子坐茶樹下，一女子荷笠，以筐加其膝，摘茶而納之，且摘且側其首，仰視予輩。其年可二八，不施脂粉，而自然娟麗。與之語，嚦嚦相答。問以茶？曰：明前；問其値？曰：五角；問何以焙？曰：置茶釜中，以手撩之即得矣。予等未及會，旁有三四齡小童，引手作勢，兜而上下者再，口且形其聲。衆皆笑，女亦笑。又行數武，澗水忽不見。側聞有聲隱隱如玉璫鳴月，鐵馬戰風，隔修竹而鳴者，穿竹而過，果得之。漸行，水微闊，兩旁路盡汨。砅澗石而溯流，水聲激激，石小若不任人踐者，蠛轉搖動，足爲之側；水沒石，浸草履，潤韈及足，涼爽上透。又行數里，水聲相送。澗盡流歇，便得一林。林下陰翳，又得一坊。鋸坊下略顛，更穿幽徑，松濤竹浪，吟嘯並作，虬枝鳳葉，剛健而婀娜。度板橋，橋下堆石爲洞，上方而下尖，水流其下，旁出而中會，勢甚激宕。詢諸山中人何地？曰：此楊梅嶺山麓也。陟嶺而過，至烟霞洞。洞外編竹爲籬，洞旁供坡老像；南口題曰烟霞此地多；石皆赤，以符其名也。洞高二丈餘，深可百步，石壁森然。入洞既半，一人秉燭爲導，洞漸狹隘，其人以火照壁，有石晶瑩，曰：此玻璃石也。俯掇碎石，微敲之不下。乃出洞東去，望南高而行，忽得石屋洞，繚而曲，紆而深藏，非烟霞所及也。出洞沿南高山下行，傍九皋山，過關莊，步蘇堤，出西冷橋，下白沙堤，而至旗下。坐湖濱公園稍醺，望白沙堤上，惟蒼蒼暮靄，渺然辨山影而已。乃至朱恆昇酒家沽春，餐畢，返工學院●所折杜鵑，雖萎謝不棄，冷紅照眼，猶相伴而歸也。

六日八時，偕心竹伯慈聯芬理朴肇賢諸八，仍步行，遊葛嶺，終於玉泉。初沿環湖馬路行，過大佛寺，堅匏別墅。歷石磴而上，有石壁斜倚，若剖大甕，水渟滀其下。倚石路坐，又上山巔，蹀躞寶叔塔畔。塔之前後多屋宇，前樹翠柏而護石欄。憑欄倚柏　下望白沙堤、小亭翼然，翠柳蒙絡如畫。乃坐山頭石，背塔而留影。更度葛嶺，嶺頭石如虎蹲踞，回首而張其口者。下嶺後，訪山中人以紫雲洞所在，遙指殿宇數椽處相示。越嶺而過，遇肩輿數乘，亦往紫雲者，尾之行，得之於棲霞山上。其署曰棲霞古洞。入法雲寺，有洞在其右，榜曰紫雲●初入之，窅然而淺，循石級而下，則呀然而大●幽陰若入古井，寒氣浸潤，石如雨洗。洞可數畝，廓深淵靜，不聞雜響。偶相語，則四壁詶其聲，聲轉洪；靜覓，猶嗡然始已。洞中地甚平坦。上則圓者如闕；方者如簷；參差而垂者，則旋之懸；屈曲而蟠者，則龍之藏；其壁列如屏幛；銳而下插者，象之牙；窅而內陷者，虎之口；舒而張者，則鳥之企翼；横而闢者，則牛之礪角；森如戟；溫如玉；其奇怪瑰麗，蓋不可以名狀。壁上有穴甚昏黑，試入之，傴僂不可仰。石下壓若崩，上下相承，礴然一隙，側納天光，照壁上、奇石齒齒，突怒下刺。石徑崟确，僅能容步●數折後，則豁然開朗，而得石室。供釋迦牟尼像于其中。上有石竇，青葱古木，交蔽其外；綠苔鬖髿，偏封其口。隔樹而望，則天之蒼蒼，雲之冉冉，皆若可即。壁上清泉細細，穴石而出，冷然若鳴琴。其景幽絕，多非湖上諸洞所及也。既遊紫雲，乃訪黃龍洞，過白沙泉，泉水白故名，南海康氏書之。初抵黃龍洞門外，蛙鼓一池，隔牆送響，入竹徑而進，則有假山，結構略與吳下之獅子林留園相仿，然非其匹也。出黃龍洞，仍過白沙泉，紫雲洞，越棲霞嶺，下至岳廟。繞廟一遭，循大路而向玉泉。玉泉又名淸漣寺，以觀魚名。其泉源遠在三十里而外之西山，伏流曲折，至是而匯爲池；又外溢，可以灌溉。池之中，有石塔高數尺。畜魚千尾。時有寺僧以茶果款客，乃坐檻旁，俯而觀魚。水深數尺，瑩徹如鏡，清澈於底，無纖塵之混。青鯖，赤鯉，翡翠之魚，悠然而逝，往來翕忽則相忘於池中。投以餌餅，揚鰭爭食，有躍而出于水者，去水尺許，復下墜而游。其躍也，則矯然而出，水騰而上沸；其墜也，則偃然而下，水擊而四濺。又取細竹一枝，垂水中，魚見之，都不畏避，掠竹而過。蓋居池中，無鉤餌之禍久矣，宜其親人而無所避也。池之畔，桃花如火，影照水，灼若雲霞。魚會其下。每有風引落紅數瓣浮水面，魚亦喁喁欲吞之，其景又奇麗也。又觀寺後清風細雨池，泡影一池，甚細而不絕，斜風疏點，遊人時復驚雨也。出玉泉，相將至孤山，訪林處士放鶴之亭而拜其墓焉。又拜曼殊上人墓於西冷橋東。仍由西冷橋下白沙堤而歸。堤上多亭，各異其式。坐上亭望保叔塔，塔旁某樹某石，所倚之以望白堤者，猶可指也。

七日晨，與清弟步至杏花村一嘗醋魚，阮囊羞澀，甚愁沽酒，有毀米爲炊之苦。餐後，驅車至運動場，觀上海遼甯籃球賽，捷狡萬端，目不暇擊，亦技之至者也。六時返。

八日拂曙，大雨滂沱，九時雨止。與伯慈步至湖濱。坐而望，山光沐雨，青于染靛，平湖初漲，綠波蒸潤。因泛不繫之舟，誦款乃之句。浮遊時餘，薄午而返。遂整歸裝，五時離杭，次晚回錫。坐小窗下，追憶勝遊，翳然神往，因拉雜記之。

十九年四月十二日

宋台州守金華唐仲友悅齋遺書跋

戚元良

右宋金華悅齋唐先生九經發題一卷，詩解鈔一卷，魯軍制九問一卷，愚書一卷，文鈔十卷，凡一十四卷，清道光中其鄉人張丹邨作補輯，宣統辛亥金華教育會印版行世；考先生平生所著書，多至六百餘卷，（依蘇伯衡文仲悅齋文粹序說）因與朱子相軋，（朱唐之相忤事散見於晦庵集按唐仲友狀及周密齊東野語宋史朱熹傳南宋　王淮傳中）七百年來，人不傳其學，洊更兵燹，其書漸漸盡泯滅，不可復求，今所存者止此；此則望道之士，所爲追悼而惋歎者也。元托克托等撰宋史，不爲先生立傳，以嘗得罪於朱子，故斥去之耳；明宋濂溪爲作補傳，（見明史藝文志史部傳記類）其識卓矣；而遺書則闃焉無稱道者。至清高宗時，纂四庫全書，採訪遺著，始從永樂大典中輯出先生所作經世圖譜一十六卷，（經世圖譜宋史藝文志直齋書錄解題文獻通考經籍考玉海藝文門金華先民傳俱作十卷四庫全書作十六卷提要云此書原本十卷永樂大典中所載以圖譜數繁析爲十五卷原次遂不可尋今詳爲釐正依類排比分爲一十六卷）且邀純廟題稱爲萬世帝王經世宏編，（高宗並有題詩載入皇清文穎續編）洵爲異代儒臣之至榮，而朱唐之隙，亦經館臣考定論正，（見四庫全書總目唐仲友帝王經世圖譜提要）公道大昭，陋儒曲說，亦可以解紛矣！自宋以來，悅齋遺書，爲諸家所著錄者，文獻通考經籍考直齋書錄解題則僅錄經世圖譜，（卷數見前）後典麗賦（四十卷按宋史藝文志集部總集類著錄王咸典麗賦九十三卷又明焦竑國史經籍志有宋陽翔典麗賦六十四卷又按直齋書鈔解題云仲文以詞賦稱於時此集自唐末以及本朝盛時名公所作皆在焉紹興間先有王咸典麗賦故此名後典麗賦據此則非悅齋自著明甚矣）二種，玉海則僅錄經世圖譜一種，宋史藝文志，則錄唐史精義（十五卷）續唐史精義（十卷）及經世圖譜三種，一齋書目則錄六經解（一百五十卷）一種，千頃堂書目則錄其文集（四十卷）及別集（三卷）二種，朱氏經義考雖錄其六經解書解（三十卷）詩解（卷數不明●按書解詩解蓋即六經解中分出別行之本也）孝經解（一卷）九經發題（一卷）經子難答（一卷）等六種，然俱稱已佚 此外若愚書（一卷）若諸史精義（一百卷●按唐史精義續唐史精義蓋即諸史精義中分出別行之本也）若乾道祕府羣書新錄（八十三卷）若天文詳辨（三卷）地理詳辨（三卷）故事備要（四卷）詞科雜錄（四卷）陸宣公奏議詳解（十卷）等祇見存目於殘本蘇伯衡悅齋文粹序（書存華亭姚氏）中，而世鮮有傳者；丹邨於六百餘年後，博徵殘編，輯成此書，以備南宋一家著作，並徵引其遺事遺說，至六七十家，俾鄉先哲之絕學，於以不墜，後之人得以知人而論世，亦可謂志士也已！是書余於辛酉歲得自上海書肆，時秉年怠學，未能究心於是，緘諸篋笥者且十年，近始披讀而好之，乃爲之衷其說曰：余稽潛溪所作先生補傳：云先生知台州時發粟賑饑，抑姦扶弱，及擬浮梁以濟艱涉諸端；則知先生立身自有本末，誠不媿爲君子，眞是眞非，後世自有定論，要不可以與朱子相軋，而遂以爲口實也。夫朱唐之有隙，爲之介者，實出於龍川陳氏一有齟齬，終至好惡異趣，黨仇爭訟　各持門戶，不知所止，而先生之學，因之不傳於世，所謂秀才爭閒氣，其禍有至此者！（事見齊東野語文長不錄。按葉紹翁四朝聞見錄考亭以行部劾台守唐氏上將置唐於理王淮與唐爲姻乃以唐自辨疏與考亭章俱取旨未知其孰是淮但微笑上固問之乃以朱程學唐蘇學對上笑而緩唐罪又張楄敝帚編云龍川搆悅齋於文公章疏紛然其實皆浮言非實事善乎王丞相對孝宗曰窮措大爭文章蓋公論也又張楄送唐子順序云或云文公之劾唐太守緣呂伯恭在鄉里時唐呂爭議呂數爲唐屈故事往矣不可追齊東野語亦云朱晦庵按仲友事或云呂伯恭與仲友同里會有隙朱主呂故抑唐是不然也據此則朱唐之相軋必自龍川搆之矣）嗚乎宋史不爲立傳，誠太過矣；使無潛溪補傳之作，則先生之名，仍闇闇然不著于世，而陋儒曲說猶然鼓其如簧之舌，以詆先生，則先生將何以自明於天下後世邪！余悲先生之遇，因考述其略如此；此編雖僅得一十四卷，而先生之學，已可相窺其概，惜乎不能一一從諸家所著錄者而盡有之也。至先生之學博大閎深，其指其歸，非淺學者所能妄贊；世之君子，讀先生書而有得于心，則丹邨綴輯之功，爲不可沒矣！庚午十月望日，武進臧元良跋。

殷契書錄自序

陳振東

我國學者、籀繹文字，許書而外，非上稽鼎彝，卽旁搜碑碣，其所取材，金石而已。光緒中葉以降，安陽小屯武乙之故墟，發見龜甲獸骨，先後數萬，言乎文字，乃在周孔之前，言乎物質，乃在金石之外，積月累歲，流播人間，攻治斯學，寖成風尚，其墨景成書者，禹域之中，則有丹徒劉氏鶚，葉氏玉森、上虞羅氏振玉、天津王氏襄，其在遠西海東者，則有英之明義士，猶太之哈同，日本之林泰輔，其考釋成書者，則有瑞安孫氏詒讓，上虞羅氏振玉，海甯王氏國維，嘉興胡氏光煒，而番禺商君承祚，問字羅氏，忠縣余君永梁，親炙王氏，是皆屬於浙江者也，葉氏玉森，及吾師三陳先生，是皆屬于鎮江者也，天津王氏襄，南陽董氏作賓，松江聞氏宥，則在諸家之外，亦各自名家者，而林泰輔則又屬於日本者也，摩肩相望，愈究愈精，商代世系之次第，可得而言也，商周文字繁簡之變化，可得而說也，商周禮制之同異，可得而徵也，三十年來，揮擊不已，而書日衆，表襮殷商，蔚爲專業，彬彬盛矣！余少習詩書，長嗜金石，汲深綆短，未嘗有所知也，既從丹徒陳先生遊，究心殷契之學，玄搜冥討，匆匆數歲，始稍窺其涯涘，惟魯闇淺陋，略無弋獲，爲滋愧耳，頃者人事稍簡，仿晁陳之例，爲目錄之輯，覼記所及，日爲一篇，匝月而竟，用以自悅，不敢貽孔文舉少年喜謗前輩之譏也。萃於是者，三十餘書，著錄攷釋，分類爲二，校印後先，據以爲序，他如許隲斯學，或旁及之者，姑從略焉，嗚乎，學術無盡，來者無窮，訪古之士，今方發掘於殷墟，烏知續出之書，不益著稱於藝苑乎，予雖不敏，願操觚俟之。

擬本校十週紀念會刊序

薛宗元

聞之吾師唐先生蔚芝之言曰。人生所以求學者。在求宏其德行事業而已。烏乎。吾誦斯語。未嘗不惴然惶然。爲近日之學風憂。而又不禁欣然躍然爲吾院之同學賀。今世何世。非舉國洶洶。競言新知。鄙夷國學爲迂腐陳萎之世乎。今時何時。非羣士囂囂。倡革禮教。敝屣忠孝信義之時乎。吾師唐先生獨丁斯會。逆衆議。背風趨。手剏國學院於惠山之麓。傳道解惑。以存樸學。而裨後生。吾同學又罔恤世訴時病。不遠千里。負笈來茲。習禮修文。安承師訓。於戲。其眞知人生求學。貴能宏其德行事業者乎。歲之十月。値歷十稔。旣集慶祝大會。復輯紀念特刊。殺青成册。區爲四曰。曰校史紀。曰同學錄。曰成績選輯。曰賀辭專載。烏乎。闕宮聖域。樹教匡時。幾經風雨。始奠宏基。世之讀校史紀者。其亦念吾院締造之艱乎。晦冥鷄鳴。豪傑奮起。多學而識。輝揚國粹。世之讀同學錄者。其亦許吾同學志節之卓乎。博文約禮。具見辭章。斐然爛然。聖道其皇。觀成績選輯。吾不敢謂斯文在此。大雅扶論。綱維名教。嘉言儻論。善頌善禱。觀賀辭專載。吾深信人心之未死。雖然。木鐸聲振。足音空谷。天下學風。其將以此刊之行。而重興乎。果也。吾同學宜如何夙夕黽勉。張皇微音。修吾德行。崇吾事業。爲天下先乎。況前修未沫。來軫方遒。否極泰至。砥柱中流。茍吾院繼此而百週千萬週。則唐先生與吾同學之德行事業。不將光輝大宇。作楷後葉。永無窮期乎。

二十，三，十。

讀左傳

徐 則

憶五年前，余從金壇于先生醉六受春秋左氏傳。不熟，夜輒就燈下誦習之。先大母必挾女紅坐余旁。令大聲讀。琅琅不絕口。至漏盡乃已。且語余曰。讀書無精神。匪特古人文章氣魄結構盡失。其人亦不能任大事。汝其誌之。余唯唯不敢忘。未幾先大母以疾卒。余雖不廢書。已不能如先大母挾女紅坐余旁督課時也。去年夏。入無錫國專肄業。習左傳。因他課繁且重。或不熟。試驗懼不及格。乃即夜披讀如先大母生時。無端感觸不覺淚涔涔下也。烏乎。光陰迅速。學業未成。而墓木已拱。豈不辜負我先大毋期望之盛心哉。惟訓余之言。尙能記之於心。印之於腦。繼自今，唯有如先大毋臨之在上。質之在旁。而學業或有成就之一日也。

詩詞

清明

繆文達

清明二月時。柳暗百花暖。上塚思故鄉。終朝離思滿。欲憑夜來夢。復恐風吹斷。

織墩晚歸

雨過碧天清。長松響幽籟。溼雲粘似壁。遠水明於帶。湖南村火生。人家在烟靄。

秋夜

疏星黯不明。風林自蕭索。犬吠山際村。人歸秋城柝。獨夜憶故關。遠夢度寥廓。

西村

西村喬木多。野渡飢烏集。落日下平原。歸人入紅葉。

湖上

扁舟湖上去。人與白鷗羣。日暮人歸盡。青山戴白雲。

溪上

溪上有水亭。亭上寒嶂疊。一夕秋風生。四山下黃葉。

野興

孤城渺渺晚晴初。一抹青山畫不如。遠愛平林秋色好。兩行低雁寫天書。

獰犬窺人似虎蹲。溪邊黃葉數家村。平生最羨農夫樂。原上歸來月在門。

京口旅次

陳振東

兩個奚囊一束書。殷勤伴我到南徐。撩人怕聽秋蟲語。牆角淒涼月墮初。

雨夜與瘦巖等聚飲承謨兄家醉歸賦寄　薛宗元

同是傷心客。萍蹤聚一堂。功名驚歲月。慷慨論行藏。對酒不辭醉。高歌須盡狂。最難風雨夕。攜手願同行。

二月十日夜泛舟冲山　徐則

輕烟裊裊柳梢頭。綠水青山一眼收。記得去年寒食夜。月明送我出蘇州。

三月朔乘舟遊蠡園

流水無邊綠。遙山數點青。長廊通石洞。曲徑繞方亭。柳外游人息。花陰艇子停。春風薰欲醉。未解幾時醒。

太湖口號　陳震

平湖載酒放蘭舫。譃渚風光極目勞。但覺一天秋色好。管他柔櫓與輕篙。

秋日訪水繪園故址

李懷清

名園水繪留遺址。景物蕭條一望秋。隱見黃花迎客笑。恍疑紅葉有詩留。離離禾黍千秋感。渺渺興亡一瞬休。池水鐘聲饒雅趣。教人怎不憶名流。

園爲明末冒巢民所建如臯古跡之一也

秋夜旅懷

徐沂

故友三千里。懷人一片心。鳴琴寒月下。何處覓知音。浙瀝秋聲重。游人不繫舟。無情水浩浩。何日始西流。

秋夜

木葉蕭蕭下。涼飔陣陣生。夜深燈早滅。愁重夢難成。破壁蛩吟急。疏牕月照明。鄉思何處着。歸雁一聲聲。

秋日旅懷

徐仁甫

秋來腸易斷。細雨欲黃昏。合是詩人未。征衫漬酒痕。

李君成年招飲即席口占

相將買醉到街頭。細雨聲中上酒樓。天下滔滔誰獨醒。不妨與世暫沈浮。

秋日泛舟太湖口號

吳毓麟

昔歎畫中行不到。居然今日畫中游。何因乞取倪迂筆。歸去仍摩一段秋。

題秋山曉行圖

秋山烟重不分明。驢背馱來客夢輕。比似曉風楊柳岸。溪流殘月更淒清。

太湖晚歸

新月如刀破雲出。遠山一帶送人歸。憑誰畫此荒寒景。著我扁舟望翠微。

秋夜

商聲在梧桐。明月出東嶺。人立梧桐下。散髮弄清影。寺鐘時一鳴。

悄然四山靜。

思潮落復起。夜漏斷還續。人歸山際村。犬吠烟蘿月。彼美期不來。

孤懷共誰說。

送李菊生避兵呂四

攜手臨衢路。屏營悲正同。別離無限意。相對不言中。宿雨散高樹。

明霞盪曉風。幾時方亂定。海上盼歸篷。

雜詩

山泉瀉古青。海月出深碧。來往不逢人。秋雲大如席。

林梢新月黃。渡口孤烟直。一雁負寒雲。南飛入秋色。

夜泛

出郭五六里。漁村八九家。櫓聲驚宿雁。半夜起蘆花

棋盤山　郭則瀜

登山不辭足重繭。芒鞋踏破一脚跣。羣峯高出但見天。隨山須臾將千轉。千轉初上棋盤山。杜鵑點地紅斑斑。清明登高憶重九。披胸權作茱萸看。絕頂登臨試决眥。陽和景物塞天地。拂袖欲納明湖光。披襟直揖衆山翠。錢塘江水白如馬。六和塔影青山下。傾耳如聽春潮來。江聲滾滾胸前瀉。山前山後皆種茶。山下茅屋野人家。野人有女顏如花。承筐微行臨歧路。纖纖玉手摘新芽。回頭一笑問趙子。（與伯慈同遊）龍井何如古若耶。

堤上

行上長堤望山水。綠楊夾道總依依。最憐一騎暮山外。載得斜陽得得歸。

湖濱晚眺

水光明滅搖難定。山影蒼茫淡欲無。指點白沙堤盡處。兩三燈火是平

湖（平湖秋月）

臨江僊

張君達

十載西湖湖上路。當時不覺春饒。今宵回憶倍魂銷。杏花呼夜渡。明月教吹簫。　千里青山青不斷。春來應念人遙。斜陽醉臥赤欄橋。粉黃雙蛺蝶。飛下繞花梢。

附錄

革命的人生觀

李懷清

——無錫縣全縣黨義演說競進會演詞——

今天我講的題目，是『革命的人生觀。』在未講本題以前，我先要說明幾句話。就是：『人生究竟爲什麼？』那回答我這句話的人，當然是不一：其辭。從前有過一番科學的人生觀與哲學的人生觀之論戰，大家都各自『持之有故，言之成理；』但是仍沒有切實的答案，這似是屬於學術思想的討論，且不管牠。我現在來研究革命的人生觀，似乎應從實際的人生方面，辨識其最大的差異觀點。大概分別，人生觀不外入世與出世兩種，玆不得不先把這兩種拏來比較一下，究竟革命的人生觀，是屬於那一派？後面再說明革命人生觀的眞義與特點。

抱出世的人生觀的人們，以爲人生在宇宙間，是毫無意義的，所以看破世界上一切的一切。雖有人分爲什麼樂天的宇宙派呀；什麼玩世的及自殺的厭世派呀；什麼冀求來生幸福的宗教派呀；………但都是消極的，頹廢的，是阻抑人類進化的公敵。更說明白一點，是不革命的，我們且略而不論。談到入世的人生觀，——這入世二字，並非與一般所謂入世已久，世故很深的相同，牠是抱有救世之心的入世。明白這點，就曉得牠和上一種適立在反對的地位，是肯定的與積極的人生，也可以說是革命的。那末，所謂革命的人生觀，當然是入世的人生觀了。不過革命的人生觀的眞義，又和普通一般所說入世人生觀有些不同。一般人多將入世的人生觀，分爲征服自然派，國家派，家族與個人派三種，而對於偉大的澈底的革命的人生觀的眞諦，反絲毫都沒有認識。我現在用比較的研究法，來作一些簡略的說明：

A,征服自然派與革命的人生觀　征服自然派，主張人定勝天，說人的生存，是專爲對於人類以外的生物和自然界一切現象奮鬥的；而這種奮鬭，不僅爲圖存，並且爲全人類謀幸福。這派的理論，當然不可厚非。不過抱革命的人生觀的人們，不僅是征服或戰勝環境，還要進一步的改造環境。我們知道有些人都不敢反抗環境，這是懦弱不足道的；有的能反抗環境，却未必就能征服環境；能征服環境了，又未必能改造環境。革命者是負着歷史的使命前進的戰士，對於舊社會上的缺陷，拿着大無畏的精神，設法去彌補牠，去創造未來的美滿的新社會與新世界。那末，抱革命的人生觀的人，不消說認爲「人」不是無爲而生的，是應當爲人世間做一番事業，那才算盡了爲「人」的責任，所以比征服自然派的人生觀更深刻，——更有意義。

B國家派與革命的人生觀　抱國家派的人生觀的人，以爲我是小我，國家是大我，國家既是保護本身的生命財產自由，那本身同時也應當爲國家效力，甚至於把整個的「我」獻給國家。不過牠的弱點，僅在發展有界限的國家，並且還要征服其他弱小民族，以演出種種不人道的悲劇來。而抱革命的人生觀的人，眼光比較遠大，認識也不如是之淺狹陋。革命的目標，固然欲求本民族之自由平等，同時也並不妨礙他民族之自由平等；並且還要扶助其他弱小民族，共同奮鬥，以期躋於世界大同，如本黨民族主義之最終目的即在此。抱國家派的人生觀者，豈可與抱革命的人生觀者相提並論嗎？

C.宗族和個人派與革命的人生觀　這派的人生觀，是求一家一族或是個人的幸福的、所以這種人的努力奮鬪，也是無意義的，是無代價的。這種人生觀，假使不幸成了普遍的現象，社會必因之而充滿自私自利的分子，陷人世於混亂的狀態。抱革命的人生觀的人，是對於凡被壓迫的人們，具有同情的，不分種別，沒有國界，一秉大公的貢獻其體力與心力，爲社會服務。人生在社會上，所以貴爲萬物之靈，而與其他草木鳥獸異者，即在這一點利他的同情心。假如單做一家的孝子，或一姓的忠臣，那眞未免太可憐了！

綜述以上各點：可知革命的人生觀，是有入世精神的；但終不是同於一般人所謂征服自然派，國家派，…………入世的人生觀。再顯明的說、所謂革命的人生觀，(一)從個人方面看，是可以犧牲了一切，——體力與心力——爲社會服務，祇求社會的幸福，不顧個人的利益。（二）從社會方面看，我們是社會的服役者，社會有缺陷，就是我們自身有不健全的地方。在從前尚有所謂『天下興亡，匹夫有責；』現在大家既然是社會的主人翁，更當先求新社會的建設。於是革命的人生觀，對社會方面，就是去努力於新社會的建設。我們明白了這一點，再請討論『革命的人生觀的修養怎樣？』我個人以爲至少應有下列兩條：

A犧牲的決心　革命者是被壓迫民衆的救星，是改進社會的志士，革命的情緒是濃厚的，革命的精神是大無畏的，斬荊披棘，見義勇爲，殺身成仁，視死如歸，與其做惡社會下的羔羊，毋甯做惡社會下的叛臣，與其在惡社會潦倒以死，毋甯和惡社會作戰以死，到也光明。如本黨過去許多奮鬬犧牲的志士，其一種可歌可泣的精神，實是修養有素，這種人生觀，多麼的純潔偉大！原來人生只有奮鬬是澈底的，奮鬬來的人生，才是美麗的呀！

B堅忍的毅力　革命是成曲綫進行的，非經過許多挫折，許多失敗，決不會有最後成功的希望。進一步言，失敗不但不足以阻撓我們進取的勇氣，而且反可因此增加我們奮鬬的決心，——也可以說是興奮劑。記得朱光潛先生有一篇無言之美，（民鐸雜志五卷六號）關於此點說得最透澈。他的大意是說：『我們所居的世界是最完美的，就因爲牠是最不完美的。這話表面看來，好像不通已極，但是實含有至理。假如世界是完美的，件件盡滿人意，沒有什麼缺陷，幹事也沒有什麼失敗，自然沒有努力奮鬪的必要，那人生未免太單調，太無聊了！」不過人生既要我們去奮鬪，去創造．而我們奮鬪一過到失敗，——挫折，更當持以堅忍的毅力，臥薪嘗膽，再接再厲，以求得最後的成功。所謂無時而樂，無時而不樂，就是革命者特有的本色，也就是革命的人生觀！

現在我引　孫總理人生哲學上的兩句話，作爲我的結論。　孫總理說：『非爲生存而革命，是爲革命而生存』。這是多麼的精闢而深刻呀！我們的生存既然爲革命，則吾人應當是修養革命的人生觀才是啊！

最後，現在新三民主義的社會，正待建設，甚盼大家能犧牲一己，努力爲公，便是具有革命人生的意義！

二十，二，二十六，

編輯後

編者

稿子編完以後，照例須由編者來說去幾句話。在這裏，先要回顧到第一期上去●第一期上內容的好壞，閱過了的自有批評，不用編者再多說；惟有，第一期上的錯字太多，以後，又以匆匆出版，未能印張勘誤表，這當然要由集稿子的來負責任的。

這一期，在形式上還算整齊，在內容上自己也以爲較上期是進步。但我們，學力淺薄，要對於中國整個的學術界上，有所貢獻，還得期之於不久的將來。

國學在現代已是不時髦的東西，而本刊，又是全用「文言」來行文，恐怕在時髦人眼中，有腐化的嫌疑！不過，在我，以爲「文言」「語體」一樣的發表思想，只要我們的文章真有一讀的價值的，在文字方面，總無關係的吧？談到價值，又是要讀者去估定的了。

本刊原定季刊，可是，經濟不充，册子薄了又使人看不上眼，因之，改出期刊。今不名「期刊」，而名「年刊上册」，這又因我們的封面是請于右任先生題的，他題了「年刊」二字；我們爲了下半年還要出版，所以就定爲現在這個名字了。

出版日期本定五號，現刻算是遲了一星期，然而印刷局裏和我們有意爲難，這眞沒有辦法！

這是學生會出版的刋物，本來，還有篇「學生會大事記」，現在，因爲所謂「記」者，也不過是些「起居注」，故把來删了，不使他佔寶貴的篇幅了。

末了，把本年學生會的職員介紹一下：

李懷清	常務
戴宏復	常務
屠　楨	常務
張君達	會計
孫伯寅	庶務
薛宗元	研究
陳　震	體育
顧增賢	遊藝
郭則湘	衛生
薛玄鶚	文書
吳毓麟	出版

本刊顧問
錢子泉先生
馮振心先生
葉長青先生
陳保之先生
徐管略先生
劉松之先生

無錫國專年刊

一九三一年上册
民國二十年五月五日出版

編輯者　吳　毓麟
出版者　國專學生自治會
代印者　無錫協成印刷公司
發行者　國專學生自治會

（本期定價大洋貳角）

後記

無錫是中國吴文化的發祥地。七千多年悠久歷史與文明，造就了『梁溪明秀之區，衣冠禮樂甲於江左』的城市人文傳統和深厚的歷史文化底藴。數千年來，文脉綿延，永世流芳。邵寶在《錫山遺響》序中曾經這樣描述：『錫之爲邑，在三吴間。山水清麗豐曠，生其地者，多沉雅秀整，以文名家，代不乏人。』文化已經成爲這座城市最本色的氣質。爲傳承吴地文明，建設文化名城，進一步彰顯無錫城市内在精神特質，經過幾年的精心策劃，旨在全面整理地方文化典籍的《無錫文庫》編纂出版工作於二〇一〇年全面啓動，二〇一一年起陸續與讀者見面了。

無錫的城市文化曾經爲中華文化寶庫作出過巨大貢獻。顧愷之、倪瓚、王紱、鄒一桂、賀天健、徐悲鴻、錢松嵒、吴冠中，如松秀群嶺，在中國繪畫史上擁有很高的地位；華秋蘋、楊蔭瀏、劉天華、華彦鈞（阿炳），乃韵動天籟，對中國音樂發展發揮了重要作用；李紳、蔣防、尤袤、蔣捷、陳維崧、顧貞觀、嚴繩孫、周濟、劉半農，皆胸懷錦綉，在中國文學史上可謂各領風騷；計六奇、顧祖禹、顧棟高、秦蕙田、嵇璜、錢基博、錢穆、錢鍾書、錢海岳，可稱堂奥廣庭，學造淵源，在中國學術史上卓然大家；顧憲成、高攀龍之東林，唐文治之『國專』，徐霞客之游記，徐壽、華蘅芳之『格致之學』，陳翰笙、錢俊瑞、孫治方、薛暮橋之經濟學，都堪稱中華文化史上的一座座高峰，至今閃耀着炫目的光芒。

深厚的歷史文化底蘊激發了無錫城市的文化自覺。市委、市政府滿懷對鄉土誠摯之情、對文化敬畏之感，以義不容辭的責任擔當，致力於文化强市建設，以科學的理念和方式對歷史文化遺産作全方位的觀照、深層次的發掘、系統性的保護，匯四海之智，舉全市之力，共襄文化建設盛舉。二〇〇六年十二月，無錫市成功申報國家歷史文化名城，標志着新一輪文化意識的覺醒，并迅速轉化爲文化自覺的實踐。近年來，我市全面啓動惠山、清名橋、小婁巷、榮巷、蕩口等五個歷史文化街區和十個古村落保護修復工程，『護其貌，顯其顔，鑄其魂，揚其韵』；鴻山遺址成功保護的經驗被國家文物局譽爲大遺址保護『無錫模式』，并被授予首批國家考古大遺址公園，闔閭城遺址考古發現則確立了歷史上無錫曾作爲吴王闔閭都城的地位；建成開放六十餘座博物館、名人故居和紀念館；對無錫的非物質文化遺産予以重點保護；每年春天舉辦的中國（無錫）吴文化節、中國文化遺産保護論壇成爲文化亮點，享譽海内外。這些舉措遵循規律，探索文化建設體制和機制的創新，形成了寶貴的『無錫經驗』，得到海内外學者、專家的一致肯定。

在注重保護歷史文化遺存的過程中，發掘、整理無錫歷史文獻著作，展示和弘揚無錫城市的思想精神世界，自然而然成爲大家關注的重點。二〇〇六年，市委宣傳部組織無錫文史專家、學者編撰的十七册三百萬字的《無錫文化叢書》正式出版，引起强烈反響，出版後供不應求，在二〇〇八年再版加印。《無錫文化叢書》集中反映了無錫城市文化精華，展示了無錫城市文化特質，彰顯了無錫歷史文化的厚重，同時也告訴人們，文化精神的傳遞是文化繁榮發展的重要内涵，一旦擦去歲月蒙塵，優秀的歷史文化就會轉化成爲取之不盡的精神財富。

爲了進一步彰顯城市歷史文化底蘊，二〇〇七年，市委、市政府將全面系統整理無錫文化典籍擺上工作議事日程，明確提出編纂《無錫文庫》。由于無錫歷史文化底蘊深厚，卷帙浩繁，内容豐富，編纂工作千頭萬緒，要想整理出一部簡明扼要而又内容翔實、主旨鮮明而又文質彬彬的文獻集成，難度遠大於預想。爲此，我們先後成立了《無錫文庫》工作委員會和編輯委員會，加强對編纂出版工作的組織領導與統籌協調，在尊重歷史、尊重規律、尊重科學、尊重專家的基礎上，積極推進文庫編纂工作。編輯委員會經過反復論證，明確原則，綱舉目張，有條不紊地開展工作。充分憑借地方文史專家的優勢，充分發揮高校人文學院、研究機構的作用，充分依靠出版機構的專業經驗，并邀請國内外著名文史專家指導、把關，形成了文庫編纂的工作合力。

在編輯過程中，我們力求使《無錫文庫》成爲經得起歷史考驗的鄉邦文獻集成。

全面規劃又保持開放結構。面對豐富的歷史文化積澱，没有規劃就不可能形成清晰的編纂思路。在前期編纂工作中，編輯委員會經過二十餘次的論證會和專題研討會，形成并確定了《無錫文庫》總書目，明確了收録範圍和内容主體，立足無錫市區，兼顧江陰、宜興，主要體現無錫本土内容，突出人文科學，適當兼顧其他門類。據此，《無錫文庫》收録圖書五百五十餘種，分爲五輯：第一輯『官修舊志』，收編無錫地方志（含江陰、宜興）；第二輯『地方史料專著』，收編反映無錫地方史料的專著與筆記；第三輯『年譜家乘』，收編無錫（含江陰、宜興）地方名人年譜和望族的家譜；第四輯『無錫文存』，收編歷史上無錫作家詩文和專著的精華；第五輯『近現代名家名著存目』，編撰無錫近現代名家名著的書目提要。爲使文庫具有更大的開放度和包容量，《無錫文庫》注重整體設計，在框架分類上既注意整合，又突出重點，考慮到文庫的涵蓋面和系統性；在書目選擇上既注重經典性，又强調代表性，兼顧到圖書本身質量和作者特點；在出版方式上既總體規劃、循序推進，又采取較爲靈活的方式，成熟一批出版一批，不編序號，爲今後增補書目預留空間。

尊重歷史又反映時代特色。《無錫文庫》注重歷史性與時代性相結合，以嶄新的學術角度和現代學科理念對城市歷史文化進行整理和弘揚。編纂工作充分體現對歷史傳統的尊重，儘可能減少評述性成分，杜絶截割、改篡、增删圖書内容，對節選本祇采取作者的自選本。與此同時，以現代學術視野來看待傳統史料，增加收録有價值的歷史資料和文獻，如對民國時期的一些稿本、期刊、會刊、紀念册也予以應有的關注，收入了部分重要的民間史料。

保持原貌又便于讀者查閲。《無錫文庫》除第五輯外，全部采用原版影印方式，力争選擇最優版本作底本，保持文獻著作的歷史面目。爲了便於閲讀、查證、使用、研究，每一輯均撰寫編輯説明，每種書撰寫提要，并編撰《文庫》書目索引。通過這樣的方式，使《無錫文庫》兼具工具書檢索的作用，增强文化典籍整理的實用功能。

如期完成又精益求精。《無錫文庫》作爲一項重大文化工程，編纂工作面廣量大，必須集中力量，一鼓作氣。我們明確，從編纂工作全面啓動開始，花三年時間完成《無錫文庫》出版工作。《無錫文庫》總書目形成後，五輯的書目編纂工作同時開展、整體推進。我們要求，《無錫文庫》編纂出版工作要强化精品意識，力求思想精深、内容精彩、選編精當、學風精良、裝幀精美。文庫編纂出版的每個環節都反復論證推敲，確保經得起歷史檢驗。

《無錫文庫》的編纂出版工作，得到了鳳凰出版傳媒集團的大力支持，鳳凰出版社在版本選擇、編輯出版方面做了細緻的工作；由於《無錫文庫》收録的資料有三分之二散落在全國各圖書館中，中國國家圖書館、上海圖書館、南京圖書館等一批國内知名圖書館爲此提供了積極的幫助；應邀擔任《無錫文庫》學術顧問的專家，都是無錫籍的文化名人和國内一流的古籍研究專家，他們有的不顧年事已高，有的不顧自身工作繁忙，爲《無錫文庫》的編纂工作付出辛勤勞動；《無錫文庫》工作委員會和編輯委員會成員以及編務人員在文庫編纂出版過程中做了大量的工作。在此，謹向他們表示崇高的敬意和由衷的謝忱！

由於《無錫文庫》收録内容涉及範圍廣、時間跨度長，部分書目已經散佚，可利用資料受到限制，加之編輯委員會水平有限，《無錫文庫》的編纂工作難免會有一些疏漏和錯誤，不當之處敬請讀者指正。

王立人

二〇一一年一月